KB091482

특허
실무
지식 I

특
허 문
서
론

특허
실무
지식 I

특허문서론

고독하게 등불을 들고 있는 모든 실무자에게 바칩니다.

정우성

특허실무자, 39회 변리사, [특허사무소임앤정] 대변인, 『특허전쟁』,
『세상을 뒤흔든 특허전쟁 승자는 누구인가?』, 『나는아빠다』, 『목돈사회』 등의
책을 저술했고, 제2회 카이스트 과학저널리즘상(인터넷부문)을 수상하였다.
고려대학교 전기공학과 졸업, 변리업계 <높은수준캠페인>에 참여하고 있다.

서문

한국의 특허경쟁력은 어떤 수준인가? 특허 통계로 현실을 바라보면
그 수준은 탁월합니다. 경제규모와 인구 수준을 감안한다면 세계
1위 수준임을 통계는 증명합니다. 하지만 나는 지금까지 한국의
특허현실을 찬양하는 목소리를 들어본 적이 없습니다. 양적 팽창이
아니라 질적 경쟁력을 높여야 한다는 주장은 많습니다. 특허에 대한
막연한 환상을 논설하는 이도 있었습니다. 통계와 현실 사이에
큰 강이 흐릅니다. 현실과 이론 사이에도 커다란 협곡이 존재합니다.
누군가는 그 사이에 교량을 만들어야 합니다.

한 기업 혹은 한 나라의 특허경쟁력이 더 높은 수준으로 올라가려면
거기에 걸맞게 현실이 작동해야 합니다. 그 수준이 무엇인지에 대해서
사람마다 생각이 다를 수는 있겠습니다. 적어도 현장에서 일하는
실무자들이 자신들의 역량을 크게 발휘할 수 있는 환경은 마련되어야
합니다. 어떤 비전을 생각한다면 그 비전을 실행할 주체도 생각해야
합니다. 비전은 결국 사람이 실행하기 때문입니다. 현장에서 일하는
사람이 그 비전을 따를 준비가 되어 있지 않다면 그 어떤 비전도
장밋빛 환상에 불과합니다.

특허 현장에는 어떤 이들이 활동하고 있을까? 우선 변리사 시험에
합격한 사람들이 있습니다. 그들은 어떻게 일을 배울까? 도제식으로
이루어집니다. 선배가 후배한테 가르치는 시스템을 통해서 실무자가
양성되고 있습니다. 그러나 이 시스템은 오늘날 현실에는 맞지 않으며,
무엇보다 제대로 작동하지 못하고 있습니다. 또한 도제 시스템의
폐쇄적인 특성을 지적하지 않을 수 없습니다. 다른 루트로 변리사
자격을 취득하는 사람이 사실상 배제됩니다. 변호사 자격증을 취득해서
변리사가 되는 사람과 특허청 공무원으로 활동하다가 퇴직해서
변리사가 된 사람은 도제 시스템을 통해서 특허실무를 익히기

어렵습니다. 여타의 특허전문가들도 도제 시스템을 통해서 경험과 지식을 체득하지는 못합니다. 그런 폐쇄적인 특성만이 문제가 아닙니다. 십 년 이상의 경험을 지닌 노련한 실무자가 다수 있는 로펌을 제외하고는 일을 가르칠 사람이 부족합니다. 배워야 할 사람이 가르칩니다. 부족하거나 잘못된 지식이 전수됩니다. 전해 줄 경험과 지식의 양이 제한되면 배우는 사람은 오만해집니다. 삼사 년이면 다 알 것 같은 특허실무에 그친다면 특허는 그다지 중요하지 않은 셈입니다. 특허실무의 깊이가 잘 전해지지 않는다면 사건의 표면만을 흐르는 수준으로 일을 하게 되고 거기에 맞게 서비스 가격이 정해지게 마련입니다. 낮은 상태의 서비스 가격이 오랫동안 방치되면 창의성은 추방되고 열정은 식고 실무자는 한탄하며 지칩니다. 배울 게 별로 없다고 생각한 사람들은 실무 현장을 뜹니다.

이런 상황에서도 상당수의 실무자는 공부를 합니다. 어떤 이는 사명감으로, 어떤 이는 불안해서 외부 세계를 공부합니다. 과거에는 일본 특허실무를, 그 후로 미국 특허실무를, 유럽과 중국의 제도를 학습합니다. 학문을 하는 사람들은 외국의 법제, 실무, 판례를 다양하고 깊게 공부할 수는 있겠지만, 실무자는 학자가 아닙니다. 한국에서, 한국의 시장에서, 한국의 국가기관을 상대로 일을 하는 실무자라면 외국의 실무를 알기 전에 우선 한국의 실무를 익혀야 합니다. 그러나 한국의 실무를 깊이 있고 다양하게 익히기에는 한국의 도제 시스템이 무너져 있으며, 실무에 참고할 만한 책도 없습니다.

이런 현실이 제가 이 책을 4년에 걸쳐서 준비한 까닭입니다. 관점과 개념 없이 지식과 경험을 체계화할 수 없고, 체계화할 수 없는 지식과 경험은 제대로 전해지지 않습니다. 이 책의 토대가 되는 관점은 시장을 중시하는 비즈니스 관점입니다. 저는 특허의 근원을 '기술'과 '권리'만으로 이해하지 않습니다. 거기에 '시장'이라는 요소를 추가했고,

그것이야말로 특허의 근원 중의 근원으로 이해합니다. 이를 저는 감히 '특허삼원론'으로 칭합니다. 특허는 활동이며, 더 정확하게는 한 산업주체의 시장활동이라는 관점이기도 합니다. 그래서 색다른 논리와 주장이 이 책을 통해 전개되곤 합니다. 또한 익숙하지 않은 개념과 범주들이 종종 나타납니다. 학문적인 용어는 아니며, 지식과 경험을 좀 더 효율적으로 전하기 위한 언어 수단으로 이해해 주시기 바랍니다.

제 1권은 <특허문서작법>에 대해 다룹니다. 한 권 전체가 특허문서는 무엇이며, 구체적으로 어떻게 작성해야 하는지에 관해 논설합니다. 총론에서는 특허문서, 즉 특허명세서를 바라보는 저의 관점을 선언했습니다. 각론에서는 구체적인 방법론을 제시하는데, 독자의 주된 관심사인 청구항 작성 방법을 먼저 다루고 나머지 부분의 작성 방법을 설명했습니다. 실무를 익히고 이 책의 메시지를 현장에 적용할 때 그와 같은 역순서가 더 효율적이라고 생각했기 때문입니다. 우리는 오랫동안 특허청구범위 해석, 침해와 비침해를 둘러싼 각종 소송 문제에 지나치게 많이 경도되어 있었습니다. 특허실무는 권리범위의 판단에만 있지 않습니다. 특허의 창출에 관련한 실무 세계도 넓고 깊다는 점을 보여주고 싶었습니다. 이 책의 안내와 해설에 따라 실무를 한다면 제법 수준 높은 특허문서가 만들어지리라 기대합니다. 특허 도제 시스템 바깥에 있었던 전문가들이 자신의 현장 전문성을 강화하는 데 도움이 되기를 진심으로 희망합니다.

제2권은 <중간사건 실무>와 <침해의 사전공방> 실무를 다룹니다. 중간사건은 특허청 심사관이 특허출원 안건에 대해 거절이유를 통지했을 때부터 특허를 받을 때까지의 실무를 다룹니다. 심사관과 실무자 사이의 양자 관계에서 심사관, 실무자, 고객 사이의 삼자 관계로 재해석합니다. 법리 세계만이 아니라, 논증의 심리적 측면과 논리적 측면을 모두 고려하면 특허실무 세계가 한층 농밀해집니다. 의견서 실무와 보정서 실무에서 언급하는 사례는 실제 케이스입니다. 실제 케이스에 개념과 범주라는 옷을 입혔습니다. 초급 실무자에게는 자신감을 주고, 중급 이상의 실무자에게는 그들의 상상력을 자극하고 싶었습니다. 침해의 사전공방 부분에서는 매우 새로운 실무 세계를 체험하시리라 기대합니다. 그 세계는 감정이 통제된 이성적인 세계이며, 원하는 것을 얻기 위해서 긴장감 있게 행해지는 설득과 타협의 차원입니다. 침해의 사전공방에 관련해서는 중급 이상의 실무자가 좀처럼 없다고 저는 느껴왔습니다. 법리와 감정이 앞선 나머지 협상을 간과하는 실무자가 무척 많았습니다. 뛰어난 전문가는 싸우지 않고도 문제를 해결할 수 있는 사람입니다.

이 책은 기술분야의 구별을 특별히 고려하지 않았습니다. 전기/전자, 기계, 화학/생명 분야 등 다양한 기술분야의 사례를 비교적 공평하게 다루고자 하였습니다. 특허재판에서 판사들은 기술분야의 획정에서 벗어나 정의를 밝힙니다. 기술에 대한 사전 지식이 없는 사람이 특허에 대해 무엇이 올바른 것인지를 판단할 수 있다면, 그런 판사 앞에 서서 그 기술에 관한 사항을 논증하는 사람도 가능한 한 기술분야의 구별에서 자유로운 게 좋습니다. 특허업계에서 일하는 사람들의 관념은 아주 오랫동안 기술분야의 구별에 종속되어 왔습니다. 그러나 분야별 전문성은 남에 의해서 정해지는 게 아니라 자기 자신의 경험과 학습을 통해 스스로 결정하는 것입니다. 그런 결정까지는 적지 않은 시간이 걸립니다. 대학 4년 간의 전공으로 평생의 인생항로를 결정 짓는 환원론적 태도는 인생을 매우 지루하게 만들 뿐입니다.

이 책에는 280개의 예제가 포함되어 있습니다. 예제의 대부분은 실제 케이스입니다. 실무자는 케이스를 통해 성장합니다. 케이스를 다루면서 새로운 것을 배우고 자기의 오류를 교정합니다. 이 책은 그런 현실을 반영하고자 했습니다. 독자로 하여금 실제 있었던 많은 케이스를 학습하도록 함으로써 죽어 있는 지식보다는 살아 있는 지식을 취하도록 하였습니다. 대법원과 특허법원 등의 판례도 실무에 도움이 되는 것을 선별해서 가급적 많이 수록하였습니다. 수험생은 판례요지를 암기합니다. 실무자는 그래서는 안 됩니다. 판례요지뿐만 아니라 그 케이스의 사실관계에서 어떤 인과관계가 적용돼서 어떻게 결론이 도출되었는지를 구체적으로 살펴야 합니다. 그래야만 판례를 통한 케이스 스터디가 제대로 기능합니다. 이 책의 판례는 그런 관점으로 제시하고자 했습니다. 앞으로 판본을 바꿔가면서 예제와 판례를 더욱 강화할 계획입니다.

저는 학자가 아니며, 이삼 십 년 이상 실무에 매진한 사람도 아닙니다. 좌고우면하지 않고 열심히 일해 왔으나 기껏해야 실무자 경력이 십수 년에 지나지 않습니다. 그러므로 부족한 점이 많습니다. 미처 알지 못한 내용도 있을 터입니다. 그런 부분들은 향후 판본을 개정하면서 겸허하게 수정하고 채워나가겠습니다. 장차 특허실무 지식으로 채워나가고 싶은 부분은 특히 '고객 서비스', '해외업무', '심판소송'입니다. 그런 점에서 <특허실무지식>이 지금은 두 권이지만, 언젠가 세 권, 네 권의 구성으로 이루어질지도 모르겠습니다. 이런 이유로 두 권의 책을 무리하게 한 권으로 묶지 않았습니다. 나중에 추가할 내용을 채우기 편리하게 초판은 빈틈과 여지가 많은 것이 좋겠다고 생각했습니다.

이 책의 저자로서 제게는 세 가지 바람이 있습니다.

첫째, 저의 온갖 오류와 미비함에도 불구하고 이 책이 특허현장에서 고독하게 일하는 수많은 실무자에게 용기를 주기를 저는 바랍니다.

둘째, 이 책의 오류와 미비함이 독자의 이성을 자극하는 것입니다. 그래서 우리 특허업계에서는 좀처럼 없는 논의와 토론이 행해져서 더 나은 생각의 결과가 나오기를 희망합니다. 그런 점에서 이 책은

'더 나은 생각'을 위한 마중물입니다.

셋째, 특허실무의 세계는 판에 박힌 대로 행하는 의례적인 세계가
아니라, 실로 창의성이 꿈틀거리는 세계임을 독자가 느끼기를
진심으로 바랍니다.

이 책이 나오기까지 4년 동안 인내해 주신 에이콘출판사의 권성준
사장님께 깊은 감사의 마음을 표합니다. 권사장님께서는 언제나
제게 인생과 문화를 가르쳐주셨으며, 그 배움이 있었으므로
이와 같은 책이 나올 수 있었다고 생각합니다. 이 책에 멋진 옷을
입히기 위해 고생하신 디자이너 구희선 씨에게는 고마움을 담아
여러 번 술을 사야겠습니다. 한편 제 인생의 시간은 저만의 것이
아니라 아내와 아이들도 지분이 있습니다. 곁에서 함께 기다리고
응원해준 가족에게도 고맙다고 말하고 싶습니다.

한편 '명세서'는 '특허문서'라고 표현했으며, '특허청구범위'는
'특허범위'라고 표현을 바꿨습니다. 그렇게 한 까닭은 실무자가 아닌
독자를 배려하기 위함입니다. 전문가의 지식은 널리 공유되어야
합니다. 그래야 잘못된 지식과 오해가 퍼지는 것을 막을 수 있기
때문입니다. 이 책이 전문가를 위한 책이기는 하지만, 일반 독자의
지적 호기심을 배려하지 않을 수 없습니다. 그들을 위해서
전문가에게만 익숙한 일부 표현을 약간 바꿨습니다. 언어 장벽을
낮추면 생각이 더 잘 퍼집니다. 이 책이 이론과 학문을 위한
저작물이 아니므로 넓은 마음으로 이해해주기 바랍니다.

I. 특허문서 작법

특허실무지식 *II*에서 계속됩니다.

II. 중간사건 실무

1. 중간사건의 정의

2. 보고 실무

가. 어떤 언어를 사용할 것인가?
나. 적절한 시간
다. 심사결과 보고서에 담아야 할 것
(1) 어떤 출원인이냐
(2) 형식
(3) 보고서 연습

3. 실무자가 알아야 할 주요 판례

4. 의견서 실무

가. 심리적일 것
나. 논리적일 것
(1) 주장1과 주장 2
(2) 논증과 설명과 진술과 비유
(3) 형식논리와 변증논리
다. 상대적일 것
라. 몇 가지 실무 풍경에 대해
(1) 복사의 남용
(2) 과도한 보정
(3) 쟁점이 되는 차이
(4) 맞춤법, 띄어 쓰기, 비문, 외국어 사용 등
마. 의견서의 구성과 구체적인 작법
(1) 기본적인 구성
(2) 표제부
(3) 심사관의 거절이유
(4) 보정사항

III. 침해의 사전공방

예제 목차

예제 240 (특허 1459337)
예제 241 (특허 1629507)
예제 242 (상표등록 1175682)
예제 243 (특허 1416653)
예제 244
예제 245
예제 246
예제 247 (특허 1317134)
예제 248 (특허 1319453)
예제 249 (특허 1348704)
예제 250 (특허 1272656)
예제 251 (특허 1313541)
예제 252 (특허 1256934)
예제 253 (특허 1473226)
예제 254 (특허 1453866)
예제 255 (특허 1595451)
예제 256 (특허 1454734)
예제 257 (특허 1459338)
예제 258 (특허 1635775)
예제 259 (특허 1409298)
예제 260 (특허 1409298)
예제 261 (특허 1500982)
예제 262 (특허 1317133)
예제 263 (특허 1565232)
예제 264 (특허 1344065)
예제 265
예제 266
예제 267
예제 268
예제 269
예제 270
예제 271
예제 272
예제 273
예제 274
예제 275
예제 276
예제 277
예제 278
예제 279
예제 280

판례 목차

특허실무지식 II에서 계속됩니다.

대법원 2014. 9. 4. 선고 2012후832 판결

대법원 2004. 12. 23. 선고 2003후1550 판결

대법원 2001. 11. 30. 선고 2001후65 판결

대법원 2007. 9. 6. 선고 2005후1486 판결

대법원 2003. 4. 25. 선고 2001후2740 판결

대법원 2007. 9. 6. 선고 2005후3338 판결

대법원 2009. 10. 15. 선고 2008후736 판결

대법원 2003. 10. 24. 선고 2002후1935 판결

대법원 2011. 7. 14. 선고 2010후2872 판결

대법원 2014. 5. 16. 선고 2012후3664 판결

대법원 2012. 8. 23. 선고 2010후3424 판결

대법원 2008. 4. 10. 선고 2006다35308 판결

서울중앙지방법원 2015. 5. 1. 선고 2014가합551954 판결

대전지법 2009. 12. 4, 선고 2008가합7844 판결

대법원 2001. 10. 12. 선고 2000다53342 판결

대법원 2014. 3. 20. 선고 2012후4162 전원합의체 판결

대법원 2012. 1. 19. 선고 2010다95390 전원합의체 판결

대법원 2015. 8. 27. 선고 2014다7964 판결

대법원 2015. 7. 23. 선고 2014다42110 판결

대법원 2011. 5. 26. 선고 2010다75839 판결

대법원 2010. 1. 14. 선고 2008도639 판결

대법원 2008. 10. 23. 선고 2007후2186 판결

대법원 2007. 2. 23. 선고 2005도4210 판결

대법원 2004. 9. 23. 선고 2002다60610 판결

I.

특허 문서 작법

1.

총론

Ⅰ. 특허문서 작법

가

좋은 특허문서란 무엇인가

특허는 문서다(특허명세서). 문서가 아니라면 그것은 특허가 아니다. 어떻게 특허문서를 작성할 것인가? 특허실무 현장에서 가장 기본적이며, 또한 실무자가 가장 고심하는 문제 중 하나가 바로 이 질문에 대한 답변이다. 먼저 어떤 특허문서가 좋은 것인지 평가할 수 있는 기준이 필요하다. 그렇다면 이 질문에 대한 답을 좀 더 수월하게 찾을 수 있을 것이다. 또한 그런 기준이 있다면 실무자가 현장에서 일을 하기에도 좋을 것이다.

　　무엇이 좋은 특허문서인지를 결정하는 평가 기준은 일관성을 띠어야 한다. 일관된 생각은 곧 철학을 부르며, 따라서 특허에 대한 철학이 나온다. 그것이 변리 업무라면 변리 철학이다. 일관된 관점과 일관된 행동은 분리될 수 없다. 관점을 가지면 행동에 깊이가 생긴다. 그것이 이 책이 안내하는 실무다.

전통적으로 실무자들은 특허문서를 <기술>과 <권리>의 관점으로만 바라봤다(특허이원론). 그 결과 넓은 특허 혹은 강한 특허라는 담론이 지배적인 생각이었으며, 이는 특허전문가들의 심리를 규정해 왔다. 이런 담론과 심리는 특허를 받은 이후까지 이어졌다. 가상의 분쟁을 염두에 두면서 특허문서의 기재가 어떻게 넓게 해석될 수 있을 것인지가 실무자들의 주된 관심사였다. 이런 관심사가 지나치게 문헌 해석론에 빠져들자 독단적인 경향을 보였다. 특허문서가 <누구>의 권리일진데, 권리만 남을 뿐 의뢰인이자 권리자인 그 <누구>의 관점이나 입장을 잊고 말았다. 난해함과 복잡함이 특허문서 전체에 짙게 드리워졌다. 심지어 특허권자조차 자기 특허가 무엇인지 제대로 알지 못하는 지경에 이르렀다.

특허삼원론은 특허를 <기술>과 <권리>와 <시장> 세 가지 관점으로 특허 세계를 해석하고, 그중에서 가장 규정적인 요소로서 <시장>을 선택한다. 그러므로 시장을 중시하며 권리자의 비즈니스에 대한 관심을 잃지 않는다. 마찬가지 태도로 특허삼원론은 특허문서를 권리와 기술을 기록한 문헌일 뿐만 아니라 비즈니스 문서로도 간주한다. 이 문서는 기업 조직 내부에서 지식을 공유하고 점검할 수 있는 유력한 수단이다. 또한 특허문서는 의뢰인이 제삼자를 상대로 다양한 비즈니스를 할 때 유용하게 활용될 수 있는 문서이기도 하다. 예컨대 투자자나 영업 파트너를 설득하거나 그들을 심리적으로 안정시키는 데 사용될 수 있다. 특허문서는 단지 해석만을 기다리는 문서가 아니다. 특허삼원론은 특허문서를 특허권자의 다양한 시장 활동에 활용할 수 있는 문서로 여긴다. 특허문서가 언어에 의해 고정돼 있어 해석만 기다리는 것처럼 보이더라도, 사실 그 문서의 가치와 운명은 항상 동적이다. 시장과 특허권자의 비즈니스에 의해 영향을 받기 때문이다.

그러므로 특허범위를 정하는 언어 표현이 법리적으로 이른바 넓게 쓰여 있다고 해서 좋은 특허문서라고 단정할 수는 없다. 해당 기술보다 더 나은 기술이 시장을 주도하면 넓은 특허범위도 힘을 잃는다. 강력한 특허권조차 그 소유권자가 사업에 실패하면 제대로 평가받지 못하고 소멸한다. 게다가 특허는 거절되거나 언제든지 무효가 될 수 있다. 실무자는 율사처럼 권리의 광협만을 따져서는 안 된다. 그런 판단은 쟁송이 있을 때 판사가 할 일이지 실무자가 할 일이 아니다. 실무자는 직업적으로 특허범위를 유념해야 하지만 오직 권리의 광협에 의해 생각이 장악돼서는 아니되며, 고객의 비즈니스가 이 문서에 어떻게 투영될 것인지를 항상 염두에 둬야 한다.

먼저 특허문서의 독자가 누구인지를 명확히 할 필요가 있다. 전통적인 입장에서는 심사관이나 판사를 특허문서의 독자로 가정한다. 이는 특허의 획득과 해석을 중시하는 태도다. 이런 입장 자체는 문제가 없다. 그들도 독자임은 분명하기 때문이다. 그러나 심사관은 특허를 기술 관점으로 심사하는 사람이고, 판사는 법리를 이용해서 권리 범위와 침해 여부를 판단한다. 요컨대 높은 수준의 전문가다. 그런 독자만 생각한다면 특허문서가 난해해질 수밖에 없다. 난해함은 언어에 의해 결정된다. 특허문서는 문서이며, 그러므로 언어에 의존한다. 독자가 언어의 난해함에 크게 속박되지 않는 전문가라면 실무자는 자유롭게 전문용어를 쓰게 마련이다. 특허문서의 작성자가 전문가이고 그것을 읽고 판단하는 독자도 전문가라면 보통 사람들은 그 특허문서를 독해할 수 없다.

전통적인 입장의 치명적인 문제점은 이것이다. 가장 중요한 독자가 간과된다는 점이다. 특허문서의 작성을 의뢰한 고객이 배제되는 것이다. 말하자면 발명은 중요해도 발명자는 중요하게 다뤄지지 않는다. 이 특허문서는 왜 작성됐으며, 누구를 위한 것인가? 이 질문에 대한 답은 단순하고 명쾌하다. 바로 특허출원인이 의뢰했기 때문이다. 특허문서는 의뢰한 사람(기업)을 위해 존재하는 것이다. 특허문서는 실무자의 문서가 아니라 의뢰인의 문서다. 그렇다면 의뢰인이 읽는 데 어려움이 없도록 작성돼야 한다. 적지 않은 비용을 지출하면서 의뢰하는 것이기 때문에 의뢰인도 자신의 특허문서를 읽고 싶어한다. 그리고 자기 발명의 내용이 어떻게 표현됐는지, 제대로 작성됐는지,

그 특허문서가 최선의 상태인지에 대해 궁금해 한다. 단지 무슨 말인지 몰라서 읽지 못할 뿐이다.

의뢰인의 지적 수준이 낮다면 더 쉽게 작성되어야 한다. 반면에 의뢰인이 전문가이거나 전문가에 필적하는 지식을 지녔다면 다소 어렵게 작성되어도 좋다. 그렇더라도 읽는 데 어려움은 없어야 한다. 쉬운 용어를 사용하면 이해하는 데 도움이 된다. 어쩔 수 없이 전문용어를 사용하더라도 논리에 부합하면 이해하는 데 어려움이 없다. 난해한 용어와 비논리가 만나면 이해하기 어려워진다. 이런 점을 감안해서 특허문서에 적힌 의미를 의뢰인에게 잘 전달해야 한다. 실무자가 그 의미를 독점할 아무런 권리가 없다.

전문가 관점에서는 훌륭하게 작성된 것처럼 보이더라도 특허문서가 지나치게 어렵고 복잡하게 작성돼 그 특허를 소유한 권리자조차 무슨 내용인지 알 수 없다면(정작 특허문서를 작성한 실무자 본인도 시간이 흐르면 무슨 내용인지 파악하기 어려운 지경이 많다), 좋은 특허문서라고 보기 어렵다. 거꾸로 특허범위가 좁게 표현된 것처럼 보이더라도 아이디어를 언어로 잘 표현하면서 고객의 비즈니스를 적절하게 보호하고 있다면 좋은 특허문서라고 할 수 있다. 아직 특허를 받지는 못했거나 특허를 받지 못한다 하더라도 그 특허문서에 적힌 지식이 회사의 경영과 시장 활동에 기여한다면 역시 좋은 특허문서다.

특허는 지식을 담는다. 특허문서가 기업 조직 내부에서 형식지 Explicit Knowledge를 공유하는 데 사용되며, 새로운 암묵지 Tacit Knowledge를 자극하고 창의성을 진작하는 역할을 한다면 특허범위의 광협을 불문하고 좋은 특허문서다. 지나치게 경쟁자와의 관계만을 고려한 나머지 공격과 방어만을 강조하는 지식재산경영 Intellectual Property Management만으로는 부족하다. 경영은 경쟁자의 취급과 같은 대외적인 관계뿐만 아니라 회사 내부 조직의 대내적인 관계에 대한 관리를 포함한다. 회사 내부에서 지식을 확산하고 공유하는 것을 중시하는 지식경영 Knowledge Management의 패러다임에서 특허문서를 생각해보자. 특허 실무가 더욱 창의적이며 생산적인 작업으로 변모한다.

한편 특허문서는 연속되는 사건이라는 특성도 지닌다. 작성 완료로 끝나는 문서가 아니다. 계속 읽히면서 수정되는, 말하자면 여전히 완성 중인 문서라는 사실이다. 특허출원, 특허심사, 심사결과에 대한 대응 과정을 거치면서 특허문서는 여러 번 수정되곤 한다. 그럴 때마다 실무자와 의뢰인은 서로 커뮤니케이션을 한다. 의사소통의 대상은 <그 특허문서>다. 그런데 아주 오래된 문제가 있다. 특허문서에 담기는 아이디어는 의뢰인으로부터 비롯되며, 특허문서를 통해 달성되는 여하한의 성과 또한 의뢰인에 속한다. 하지만 특허문서를 만드는 제작자는 의뢰인이 아니라 실무자, 예컨대 변리사다. 이익과 행위의 주체가 분리돼 있다. 이런 분리가 특허 실무의 본질적인 한계이자 어려움이다. 의뢰인은 변리사 작업의 완전성을 기대한다. 특허를 신청하려는 목적이 변리사에 의해 이상적으로 달성되기를 바란다. 하지만 변리사가 작업한 특허문서가 지나치게 난해하기 때문에 특허문서가 잘 작성됐는지 판별하기 어렵다는 현실적인 장벽에 부딪힌다. 의뢰인의 기대는 언제든지 꺾일 수 있다. 또한 의뢰인이 변리사에게 제공하는 지식과 정보는 상당히 불충분하며, 변리사가 특허문서 작성에 사용할 수 있는 시간도 제한적이다. 더욱이 앞에서 말한 것처럼 특허는 특허출원, 특허심사, 심사결과에 대한 대응이라는 일련의 프로세스를 갖기 때문에 그때마다 보고하고 의뢰인의 지시를 받게 된다. 그런데 특허문서 자체가 이해하기 어렵다면 의뢰인은 정작 무슨 내용인지 정확히 알지 못함에도 무엇인가를 지시해야 하는 난처한 상황에 직면한다.

앞에서 다양하게 설명한 관점에 기초해 판단한다면 '① 실무자(변리사)와 의뢰인(권리자) 사이의 커뮤니케이션에 봉사할 수 있을 것, ② 의뢰인 회사 내부 임직원이 자기 특허 내용을 파악하는 데 어려움을 주지 말 것, ③ 의뢰인이 특허문서를 타인에게 건네는 행위가 투자를 촉진하고 영업에 기여하는 데 이점을 제공할 수 있을 것'이라는 세 가지 사항이 일단 좋은 특허인지 아닌지를 결정하는 잠정적인 평가 기

37

준이 될 수 있다. 물론 한국 특허 사회에서 이런 기준은 지금껏 거의 고려되지 않았다. 기술과 권리만 생각하는 관념이 지배적이었기 때문이다. 하지만 통념에서 자유로우면 현실을 더 잘 이해하고 더 나은 실천을 할 수 있다.

특허 신청은 어떤 기술에 대한 독점권을 국가에 청원하는 것이라는 점에서 그 독점권의 범위를 어느 정도로 정할지의 문제가 여전히 해결되지 않았다. 기술 내용을 어느 정도 구체적으로 적어야 하는지의 문제도 남는다. 이 문제는 한편으로 특허제도의 취지, 다른 한편으로는 발명자의 의사 해석에 의해 해결할 수 있다. 이 두 가지가 특허의 존재 이유이기 때문이다. 특허는 당연히 발생하는 소유권이 아니다. 정책적 결단에 의해 비롯됐다. 국가가 기술 진보와 산업 발전이라는 거시적인 관점에서 예외적으로 인정해주는 소유권으로서 존재한다. 아울러 특허는 발명자의 욕망과 비즈니스 전략에 의해 존재한다.

먼저 특허제도의 취지를 살펴보자. 현대의 특허제도는 새로운 기술내용을 공개함으로써 인류에 기여한 부분을 감안하고, 이로써 국가가 그 기여한 부분에 대해 소유권을 특별히 허락해주는 것으로 이해된다. 따라서 원칙적으로 기여한 부분이 없다면 국가가 특허를 허락해줄 수 없다. 특허문서를 작성하는 것은 결국 인류에 기여한 부분을 진술하는 작업이다. 그러므로 특허범위는 기여한 부분의 범위 내에서 정해져야 한다. 물론 정말로 기여했는지 여부는 절대적 지식을 가진 존재가 아니라면 알 수 없다. 단지 실무자가 발명자의 의사를 경청해서 해당 발명의 기여 부분을 가정적으로 정할 수 있을 따름이다. 특허범위를 정하는 것은 곧 소유권의 범위를 정하는 작업이다. 부당하게 넓은 소유권은 타인의 이익을 침해할 수 있음을 간과해서는 안 된다. 괜한 분쟁의 원인이 되며, 산업의 발전을 오히려 방해한다.

이로써 기술 내용의 구체성과 논리성을 통해 인류에 기여하려는 노력은 하지 않으면서 특허범위를 무작정 넓히려는 실무 경향을 반성한다. 이런 실무 경향은 그것이 발명자의 이익에 봉사할 것이라는 막연한 생각에서 비롯된다. 표면적으로는 그렇게 보인다. 특허문서를 통해 청원하는 소유권을 넓혀줬으므로 그만큼 재산적 기대 가치를 높였고, 따라서 마치 유능한 작업을 한 것처럼 비친다. 하지만 이렇게 확장된 소유권은 기여 부분에 그치는 것이 아니라, <남의 땅>을 침범하기 때문에 <침범된 부분>(편의상 이를 'X영역'이라고 표현해보자)을 이용해 기술을 혁신하고 비즈니스를 전개하려는 타인의 이익이 침해될 수 있으며, 이는 사회 복리의 관점에서 문제가 있다.

홍길동이 A라는 발명을 했다고 가정하자. 그리고 발명 A는 독창성이 있고 그만큼 인류에 기여하는 부분이 있다고 전제해보자. 특허제도가 가정하는 순수하고 전형적인 사례다. 도식적으로 이해하자면 그림 1과 같다. 발명 A의 기여 부분은 이미 알려진 기술, 그러므로 인류가 그 기술을 자유롭게 사용하는 자유 영역과 인류가 아직 경험하지 못한 미개척 영역이 맞닿은 어딘가에 존재할 것이다. 기술 진보는 자유 영역의 토대 위에서 미지 영역으로 나아가면서 이뤄진다. 그런 점에서 발명 A의 기여 부분은 기술 진보에 도움을 준다. 그런데 그 기여 부분의 경계 폭이 문제다. 기여 부분의 경계는 확정적으로 정해지는 것이 아니라 불확정적이기 때문에 경계선이 아니라 경계 영역이다. 다만 추론하건대 미지 영역을 향해서는 어느 정도까지 발명 A의 영역이라고 볼 수 있는지 알기 더 어려우므로 경계 영역이 비교적 넓을 것이고, 반면에 자유 영역과의 관계에서는 그 경계 영역이 비교적 좁을 것이다.

39

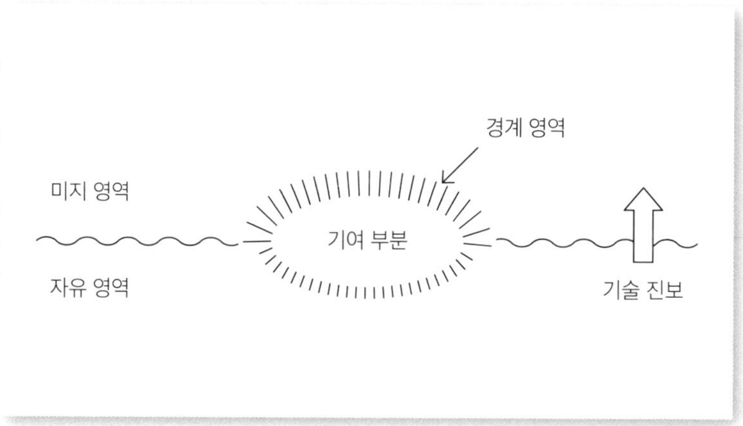

경계 영역

미지 영역

기여 부분

자유 영역

기술 진보

그림 1

넓은 특허범위를 맹목적으로 추구하려는 실무 경향은 예컨대 발명 A의 기여 부분이 우리 인류에게 알려주고 가르쳐주는 지식보다 더 많은 권리를 요구한다는 점에서 문제가 있다.

크게 두 가지 유형으로 구분할 수 있다.[1] 첫째, 미지 영역에서 타인의 이익을 침해하는 유형이다. 그림 2는 발명 A의 기여 부분을 초월해서 특허를 청구하는 경우를 나타낸다. 즉, 아직 더 개발하고 탐험해야 하며, 검증 과정을 거쳐야 할 미지의 영역까지 소유권을 확장하는 유형이다. 이 X영역은 인류의 것이다. 인류의 미래를 위해 가능한 한 많은 이에게 개방돼야 하며, 그것은 X영역에 대한 연구 개발과 사업화를 하려는 타인의 이익 실현의 장이기도 하다. 그러나 그림 2의 사례는 인류의 이익보다 홍길동의 이익을 앞세우면서 타인의 이익을 침해한다.

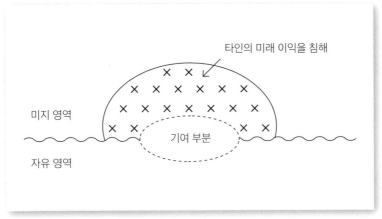

타인의 미래 이익을 침해

미지 영역

기여 부분

자유 영역

그림 2

둘째, 자유 영역에서 타인의 이익을 침해하는 유형이다. 자유 영역은 타인의 권리를 침해하지 않는다면 누구나 자유롭게 이용할 수 있는 기술 영역이다. 두 번째 유형은 이런 자유 영역에서 느닷 없이 소유권을 주장하는 것이다. 그림 3에서 개념적으로 나타냈다. 홍길동의 X영역 특허로 말미암아 그 영역에 속하는 기술을 자유롭게 이용해 사업화하려는 타인의 이익이 침해된다. 이를테면 발명 A가 a, b, c라는 구성 요소로 이뤄졌고, 특히 c에 기여 부분이 있음에도 그 부분을 뺀 다음에 이미 자유 영역에 속하는 a+b로 은근슬쩍 발명 A의 소유권을 주장하는 것이다. 타인의 권리를 부당하게 침해하는 범위까지 소유권이 인정돼서는 안 된다. 국가로부터 독점권을 허여받은 특허가 그와 같은 과도한 소유권을 주장하고 있다면 권리남용의 법리에 의해 정당한 권리 행사로 인정될 수 없다.

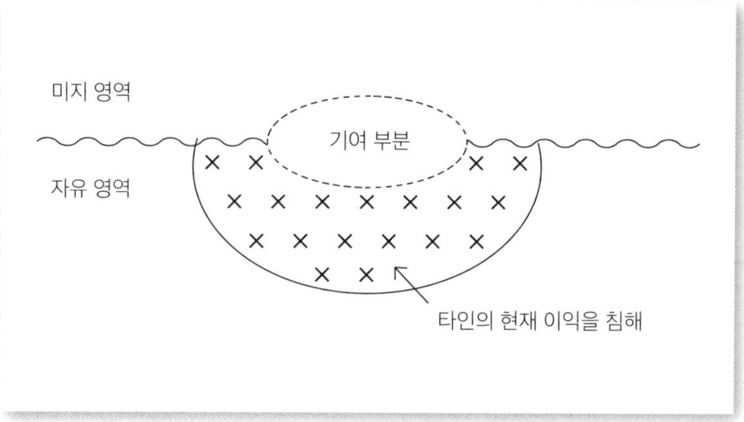

미지 영역

기여 부분

자유 영역

타인의 현재 이익을 침해

그림 3

또한 위와 같은 유형대로 정당하지 않게 특허범위가 확장되면 그것은 출원인에게도 이롭지 않다. 심사 과정에서 그 'X영역'으로 말미암아 기여 부분 자체의 특허 가능성이 낮아지게 된다(특허범위가 넓어질수록 특허 가능성은 줄어든다). 특허를 받아도 장차 무효가 될 확률도 커진다. 여기까지는 합리성의 영역이다. 더 큰 문제는 비합리적인 영역에서 이뤄진다. 망각, 심리, 환상이 묘하게 작용한다. 과거의 사실은 언제든지 현재의 관점으로 재해석된다. 출원인도 처음에는 기여 부분만을 인식했고 그것에 대한 적절한 권리화를 원했을 것이다. 그런데 실무자의 이른바 유능한 작업에 의해 그림 2와 그림 3 같이 확장된 특허범위로 특허를 받았다고 가정하자. 그런 다음에 수년의 시간이 흐르면 출원인은 종종 실무자에 의해 임의로 확장된 범위의 특허 발명이 본래의 자기 발명이었던 것으로 착각한다. 요컨대 'X영역'으로 말미암아 출원인에게 불필요한 환상과 기대가 초래될 수 있다. 그리고 그런 환상과 기대가 불필요한 분쟁을 부른다. 그다지 기업경영에 이롭지도 않다. 이런 점을 두루 고려할 때 특허문서를 작성하면서 의뢰인의 발명의 실체를 초월해서 'X영역'으로까지 특허범위를 넓히는 것은 의뢰인에게 이익이 된다고 보기 어렵다. 따라서 인류에 기여한 부분, 즉 발명의 독창적인 부분에 대해서만 소유권을 청원하는 것이 옳고, 그렇게 특허문서가 작성돼야 한다.

　다음으로 출원인[2]의 의사를 살펴보자. 특허문서는 출원인의 의사를 글로 표현한 것이다. 곧 특허 신청 행위는 특허문서를 통해서 국가를 상대로 소유권을 청원하는 출원인의 의사를 전달하는 것이다. 여기서 말하는 출원인의 의사란 기술 내용의 어느 부분을 독창적으로 생각하는지가 관건이며, 이따금 독창성을 뒷받침하는 근거를 어느 정도 제시할 것인지의 문제가 대두되기도 한다. 그런데 특허제도가 요구하는 <독창성>은 출원인의 의사에 의해서만 좌우되지 않는다. 실무자는 출원인의 주관성과 특허제도의 객관성 사이에서 독창성을 조정해 나가야 하며, 그것이 곧 실무자의 균형감각이다. 또한 특허문서를 작성하기 전에 이뤄져야 하는 사전 작업이다. 독창성의 최종 심급은 대법원의 권능이므로 변리사가 함부로 최종 심급 역할을 해서는 안 된다. 독창성이 없다고 판단되더라도 그 근거와 이유를 출원인에게 제시함으로써 발명자 스스로 판단하게 해야 한다. 독창성이 없거나 적어 보임에도 출원인이 특허출원을 원한다면 출원인이 인식하고 있는 범위 이상으로 특허범위를 확장해서는 안 된다. 때때로 출원인의 지식이 출원인의 의사를 충족하지 못할 수 있다. 그런 경우에는 실무자가 자신의 지식으로 출원인의 지식을 보충하거나 제안할 수 있다. 실무자의 보충과 제안 행위는 앞서 말한 기여 부분의 경계 영역 내에서 이뤄져야 한다. 경계 영역을 최대한 넓히는 것, 그것이 실무자의 역량이자 한계다.

　한편 실무자의 직관, 지식, 경험에 의해 출원인이 인식하지 못한 독창성을 발견하는 경우도 있다. 그때의 발견 부분은 고객의 의뢰에 의해 촉발되는 것이기 때문에 의뢰인인 출원인의 몫이다. 따라서 그것이 출원인의 기여 부분이 되도록 출원인과 소통한 후 특허문서에 포함시키는 것이 좋다. 실무자의 발견이 독립한 발명에 이르는 정도라면 별도의 권리 신청으로 작업하는 것이 좋다. 이런 경우는 출원인의 의사와 불일치하면서 타인의 이익을 침해하는 정도로 특허범위가 넓어

43

지는 게 아니라, 출원인의 기여 부분이 실무자의 능력에 의해서 그 출원인의 이름으로 증가함으로써 새로운 특허범위가 더해지는 것이므로 문제될 소지는 없다. 그러나 기여 부분을 확장하는 것이 실무자 본연의 역할은 아니다. 발명의 기여 부분에 대한 적정성을 유지하면서 특허문서를 작성하는 것이 실무자의 기본적인 소임이다.

출원인 자신이 인류에 기여하는 부분(사실상 공지된 기술의 특허출원으로서 기여하는 부분이 없을 때조차 있다) 이상의 권리를 대리인에게 요구하는 경우가 종종 실무에서 발견된다. 특허권의 신청 행위가 항상 권리 행사를 목적으로 이뤄지는 것은 아니며, 다양한 시장 활동의 일환으로 이뤄지기 때문이다. 그런 경우에는 위임 업무의 특성상 실무자는 출원인의 의사에 따르되 반드시 그 사실을 기록하고 의뢰인에게 일러둘 필요가 있다. 나중에 특허를 받게 되는 경우 자신의 특허범위가 기여 부분 이상으로 특허받았다는 사실을 출원인이 자주 잊기 때문이다. 앞서 말한 것처럼 그런 망각이 불필요한 환상과 분쟁을 불러오는 요인이 됨을 잊어서는 안 된다.

기술 내용을 어느 정도 구체적으로 적어야 할지의 문제는 기여 부분을 어느 정도까지 설명할 것인지의 문제와 같다. 그 기술분야에서 통상의 지식을 가진 자가 특허문서를 읽으면서 그 내용을 이해하고, 그 내용을 보면서 어려움 없이 재현할 수 있는 정도면 일응 충분하다.[3] 모든 기술 내용, 특히 누구나 다 아는 알려진 기술 내용까지 세세하게 적을 필요는 없다. 장치와 시스템을 다루는 전자와 기계 분야의 경우 상세한 설명의 기재 정도는 비교적 엄격하지는 않다. 기술을 재현하는 다양한 수단과 방법론을 공지 기술에서 어렵지 않게 찾을 수 있기 때문이다. 그렇지만 물질의 특성을 다루는 화학물질발명은 구체적인 데이터가 없으면 기술을 재현하기 어렵기 때문에 실험예와 데이터가 매우 구체적으로 기재돼야 함을 유의해야 한다.[4]

그런데 출원인은 대개 자기 기술의 핵심 내용이 타인에게 온전히 전해지기를 바라지는 않는다. 특허는 취득하고 싶지만 적절한 은폐도 동시에 원하는 것이다.[5] 이런 경우의 실무 취급이 어렵다. 특허문서 작성자는 출원인의 의사와 특허제도의 허용 범위를 동시에 고려하여 상세한 설명을 확정하되 특허범위는 적정선에서 이뤄지도록 한다. 특허범위가 지나치게 넓으면 빈약한 상세한 설명도 크게 부각된다. 특허범위가 적정하게 정해져 있다면 빈약한 상세한 설명도 크게 문제가 되지 않을 수 있다.

한편 특허문서의 난이도에 관해 앞에서 설명한 부분을 다시 한 번 강조해서 설명한다. 지금까지의 실무 경향은 상세한 설명의 기재 정도에 있어 타인의 시선만을 중시했다. 타인이 그 내용을 보면서 과연 납득하고 재현할 수 있느냐의 관점이었다. 특허 신청행위가 곧 기술 공개행위이며, 공개로 이익을 볼 당사자는 나라기보다는 타인이라고 여겨졌다. 전통적인 시각이다. 그러다 보니 특허문서가 어렵고 복잡하기 그지 없게 작성되었다. 가장 큰 폐해는 권리자조차 자기 특허내용을 알지 못한다는 점이다. 그러므로 특허문서로 정리된 회사 고유의 형식지가 회사 내의 개발자에게 공유되거나 재인식되기 어려웠다. 따라서 특허는 언제나 결과로서의 특허일 뿐 활동으로서의 특허로 기능하기 힘들었다. 특허가 회사의 창의성을 고취하고 지속적인 연구개발의 촉매 역할을 하는 선순환구조는 불가능했다. 특허문서는 발행되자마자 사장된다. 특허문서 자체가 그런 순환구조를 방해했기 때문이다. 지금까지의 특허문서는 회사 내부 활용에는 관심이 없고 외부 활용에만 주안점을 뒀다. 너무 어렵고 복잡하게 쓰는 것은 당연하게 여겨졌다. 비즈니스 관점의 특허문서 작법은 쉽게 작성되어야 한다는 원리를 고집한다. 특허문서는 발명자(기업의 연구개발 조직의 구성원들)가 훗날 그것을 읽고 새로운 영감을 얻을 수 있을 정도로 기재돼야 한다. 말하자면 지식경영 관점의 특허문서. 그러기 위해서는 우선 특허문서가 이해하기 쉬어야한다. 명확하면서 구체적이야 하며, 또한 논리적으로 기재돼야 한다.

이제 우리는 어떤 특허문서가 좋은 특허문서인지를 가늠할 수 있는 몇 가지 기준을 결과물로 정리할 수 있다. 이로써 어떻게 특허문서를 작성할 것인지에 대한 적절한 답을 스케치할 수 있을 것이다. 실무자가 이 기준에 맞는 특허문서를 쓰면 현장에서 겪는 번민과 고뇌의 짐을 상당수 내려놓을 수 있다. 기술과 권리와 시장을 특허의 세 가지 요소로 바라보는 관점에서는 특허문서를 비즈니스 문서로 간주한다. 시장에서의 기업 주체의 활동은 대외적 활동에만 국한되지 않는다. 내부에서의 문제의식과 지식의 공유 또한 시장 활동이다. 요컨대 특허문서를 비즈니스 문서로 간주한다 함은 특허문서에 대한 출원인의 외적 활용과 내적활용을 함께 염두에 둔다는 의미다. 또한 낱낱의 비즈니스는 사회의 공적 인프라에 의존한다. 특허제도 또한 인프라다. 모든 기업의 비즈니스는 한편으로는 시장, 다른 한편으로는 국가 인프라 안에서 존재한다는 점을 우리가 인식한다면 비즈니스에 봉사하는 특허문서도 그와 같은 좀 더 큰 인프라에 부합하는 것이 좋다. 요컨대 기술의 진보와 혁신 시스템을 고려하는 특허문서를 생각하는 것이다.

그러므로 우리는 좋은 특허문서를 다음과 같이 정리할 수 있겠다. 권리의 광협은 일순위가 아니다.

첫째, 이 특허문서가 실무자와 의뢰인이 서로 소통하는 데 큰 문제가 없이 쓰여졌는가.
둘째, 의뢰인의 개발자들이 이 특허문서를 읽으면서 장차 그 내용을 반성하고, 보완하고, 수정할 수 있겠는가.
셋째, 이 특허문서를 타인에게 건네는 행위가 의뢰인에게 이로운가.
넷째, 인류에 기여하는 부분에 맞게 적정하게 기술에 대한 소유권을 주장하는가.

나

특허문서를
작성하는
실무자의
자세

특허문서는 실무자의 생각과 견해를 적는 문서가 아니다. 이 문서는 의뢰인의 생각을 적는 문서다. 생각의 주체와 발화자의 불일치는 발명의 내용을 왜곡하기 쉬운 조건이다. 우리는 발명이 해결하려는 문제의 식과 구체적인 해결방안이 서로 어울리지 못한채 장황하게 서술돼 있는 특허문서를 자주 목격한다. 그 주된 원인 중 하나가 생각의 주체와 발화자의 불일치에서 비롯된다. 의뢰인의 생각과 실무자의 생각이 한 문서에 섞임으로써 혼란을 야기하는 것이다. 특허문서 작성자는 자기가 글을 쓰고 있더라도 그 문서가 자기의 이름이 아닌 의뢰인의 이름으로 제출되는 것임을 잊지 말아야 한다. 일관되게 의뢰인의 생각과 관점을 유지하기 위해 힘써야 하며, 기술 내용에 대한 자신의 지식과 경험이 지나치게 개입되지 않도록 경계해야 한다.

의뢰인의 생각과 이야기를 경청함으로써 우리는 적절한 특허문서를 쓸 수 있다. 실무자의 지식과 경험은 더 좋은 특허문서를 작성함에 있어서 보충적으로 사용될 수는 있다. 실무자 스스로 발명자가 돼서는 안 된다. 과도함은 언제나 위험하다. 그 까닭은 다음과 같다.

첫째, 기술 내용의 핵심을 흐릴 수 있기 때문이다. 사람들은 누구나 자기가 잘 아는 부분에 대해서는 필요 이상 말을 많이 하려는 경향이 있다. 특허문서 작법 실무에서도 마찬가지다. 특허문서는 독창성 있는 부분으로만 채워지지 않는다. 그럴 수도 없다. 기술 내용에 관해서 모든 문장이 독창적인 구성에 관한 것이라면 도무지 무슨 말을 하는지 알 수 없게 되고 만다. 특허문서가 독자의 지식을 초월하기 때문이다. 그러나 특허문서는 난수표가 아니다. 언제나 독창적인 부분과 공지의 부분이 함께 기재된다. 기존 지식이 문맥을 형성해서 독창적인 부분을 빛내준다. 아이디어의 독창성을 두드러지게 표현하는 것이 특허문서의 덕이라고 할 때 실무자는 독창성에 초점을 맞춰서 기존 지식과 공지 사실을 적절히 활용해 특허문서를 작성해야 한다. 이것은 마치 편집적 창작이라고 말할 수 있겠다. 독창성과 공지성을 적절히 편집해야 하는 것이다. 그것이 특허문서 작성 실무자의 편집 균형 감각이다. 이 감각이 잘 발휘된다면 기술 내용의 핵심이 명료하게 드러난다. 이 감각이 부족하면 기술 내용의 핵심이 모호해진다. 그런데 상당수의 실무자가 자신의 지식과 경험을 신뢰한 나머지 편집 균형 감각을 상실한다. 발명의 독창적인 부분과 무관해서 비본질적인 내용을 지나치게 많이 표현함으로써 독창적인 부분의 비중이 적어지고, 그래서 특허문서가 담고 있는 기술의 요체가 제대로 전달되지 못하는 것이다.

둘째, 특허문서는 실무자와 의뢰인과 소통하는 문서이며, 그 소통을 통해 오류를 정정하고 더 나은 개선을 추구하는 데 실무자의 지식과 경험이 과하게 특허문서에 반영되면 오류 정정과 개선 추구를 방해할 수 있기 때문이다. 과잉신뢰를 낳는다. 즉 실무자가 너무 똑똑한 것처럼 보이면 의뢰인이 침묵하고 만다. 그러면 의뢰인은 실무자가 완성한 특허문서를 대충 읽게 되고, 분명히 잘못된 부분에서조차 전문가를 지나치게 신뢰한 나머지 그것을 간과하는 것이다. 일단 특허문서가 특허청에 접수되면 오류를 바로 잡는 기회를 상실할 수도 있으며, 새로운 개선 사항을 추가할 수 없다. 그런 고로 첫 번째 이유보다 상황을 나쁘게 만든다.

셋째, 그림 4에서 보는 것처럼 엉뚱한 부분에 대해 특허를 받을 위험이 있기 때문이다. 의뢰인의 독창성과는 무관한 부분에 특허를 받는 경우가 허다하다. 물론 특허를 받은 일부 영역은 틀림없이 의뢰인의 아이디어를 포함할 것이다. 하지만 의뢰인의 기술 내용을 자의적으로 판단하고 해석함으로써 의뢰인이 의뢰하지 않은 전혀 엉뚱한 내용으로 특허문서를 만드는 위험은 몇 번을 경고해도 지나침이 없다. 이처럼 엉뚱한 특허를 받게 되었음에도 정작 실무자는 자신의 능력으로 특허를 받게 해줬다고 자만하는 경우도 있다. 의뢰인의 의사(그러므로 의뢰인의 비즈니스)와 지나치게 동떨어진 소유권을 태연하게 청구했으면서 그것이 자신의 유능함을 대변하는 것처럼 생각하는 것이다. 실무자의 특허문서 작성행위는 대리행위이며, 이는 어디까지나 의뢰인의 생각과 판단의 범위에 속박된다. 의뢰인의 진심을 탐구하고 부족한 부분을 보충하는 것, 이것 이상의 일탈은 명시적인 동의가 없으면 함부로 해서는 안 된다. 의뢰인은 대개 특허문서의 문법과 이 분야의 전문 용어를 알지 못한다. 일부 단어와 문장이 자신의 생각을 표현하고 있다면 그것만으로 이 특허문서가 제대로 작성됐을 것이라고 기대한다. 자신의 생각과는 일치하지 않을 뿐만 아니라 오히려 왜곡하는 부분이 있으며, 그런 부분에 특허를 받았더라도 그런 사실이 의뢰인의 눈에 잘 포착되지 않고 은폐된다. 이런 은폐는 특허분쟁이나 사업화 과정에서 나중에 폭로되지만 바로잡을 기회는 거의 없다.

49

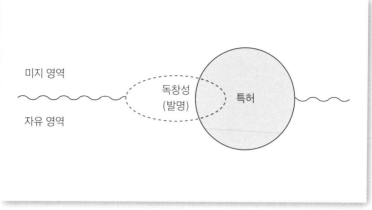

그림 4

이와 같은 위험을 피하기 위한 가장 기본적인 해결책은 먼곳에 있지 않다. 의뢰인의 생각을 경청한다. 의뢰인의 문제의식과 비즈니스 계획을 포함한다. 막연히 듣는 것만으로는 부족하므로 구체적으로 경청해야 한다. 경청하는 것과 믿는 것은 다른 문제다. 우리는 사실관계를 따지는 조서를 쓰는 것이 아니며, 소설이나 전기를 쓰는 것도 아니다. 실무자는 의뢰인의 발명 중 어느 부분에 독창성이 있으며, 아이디어의 어디에 권리를 얻고자 하는지를 들어야 한다. 또한 현재의 비즈니스 상황과 장차의 계획에 관한 의뢰인의 비즈니스 부분도 더불어 경청한다.

물론 발명자의 착각과 무지, 잘못된 지식, 모호한 표현이 실무자의 경청을 방해할지도 모른다. 그럴수록 더욱 경청한다. 모든 발명자가 일목요연하게 자기 이야기를 하지는 못한다. 그럴 경우 실무자가할 수 있는 두 가지 방법이 있다. 첫째, 질문을 적절히 사용하여 의뢰인을 도와주는 방법이다. 둘째, 발명자의 용어의 사용, 기술 내용을 설명하는 문장에서의 조사 쓰임새, 기존 기술에 대한 태도 등을 꼼꼼히따지면서 맥락을 탐색해서 의뢰인의 생각을 추적하는 것이다.

의뢰인인 홍길동의 발명 A가 a, B, c, d라는 요소로 이뤄졌고그중에서 a, c, d 요소는 이미 기존에 사용하는 요소여서 새로운 게 없고 B만이 독창성이 있는 것이라고 가정하자. 홍길동은 다른 의뢰인처럼 모호하게 말하는 경향이 있으며, 하위 요소 B보다는 A 자체를 강조하는 경향이 있다. 실무자는 홍길동의 이야기를 경청하면서 다음 사항들을 메모한다.

- B에 독창성이 있다
- B가 없는 기존 기술들은 이런저런 문제가 있다
- B와 유사한 요소인 b는 과거에 정말 없었을까?
- B가 있음으로 생기는 발명 A의 장점은 어떤 것인가?
- 이 장점 때문에 비즈니스에 어떤 효과를 불러올까?
- 홍길동의 경쟁자로는 임꺽정, 성춘향, 장길산이 있다.
- B만 가능한가? B′, B″에 대해서 홍길동의 생각은 어떨까?

51

I. 특허문서 작법

다

특허문서의

기본

구성

특허문서는 특허출원서, 요약서, 명세서, 도면 이렇게 네 개의 부분으로 이뤄진다. 특허출원서는 법령이 정한 규칙에 따라 적는다. 특허출원서에는 발명의 명칭, 출원인과 발명자의 정보, 대리인 정보, 심사청구여부, 우선권주장에 관련한 사항, 제30조의 공지예외에 관한 사항, 감면사유에 관한 사항, 국가연구과제인 경우의 사사문구 정보 등을 적는다. 위임장이나 감면사유에 해당함을 소명하는 문서 등을 필요에 따라 첨부한다. 특허출원서는 보통 특허청이 제공하는 서식작성기를 이용해서 서지사항을 입력하는 문서다. 그러므로 작성자에게 허락된 자유도는 매우 적다. 더욱이 발명의 내용을 포함하지 않는다. 그러므로 특별한 사정이 없는 한, 이 책에서 '특허문서'라 함은 특허출원서를 제외한 요약서, 명세서, 도면, 이렇게 세 부분의 집합을 지칭한다. 그림 5와 같다.

조직 내에서는 특허출원서를 작성하는 사람과 그 외의 문서를 작성하는 사람이 다르다. 역할이 명확하게 구분돼 있으며, 전자는 관리 스태프가 맡고 후자는 변리사가 맡는다. 특허출원서 작성은 관리 스태프의 역할로 지정돼 있다. 실무자는 특허문서를 모두 작성한 다음에 관리 스태프에게 그 문서를 전달한다. 그러면 관리 스태프는 특허청 서식작성기로 특허출원서를 작성하고 실무자가 작성한 특허문서를 특허출원서에 전자적으로 결합한다. 그렇게 결합된 파일이 인증 절차를 거쳐 특허청에 온라인 접수된다. 거의 대부분 이처럼 인터넷을 통해 접수되며, 접수되자마자 특허출원번호가 할당된다.

특허문서 실무자와 관리 스태프의 역할이 이렇게 명확히 구별돼 있더라도 기회가 되면 실무자들도 직접 서식작성기를 이용해 특허출원서를 작성해보기를 권한다. 그것이 스태프의 업무라 하더라도 어떻게 작성되며, 무슨 정보가 필요한지 안다면 고객과의 커뮤니케이션에 여러 모로 도움이 된다. 특허출원서에 기재된 내용은 공개공보나 특허공보의 서지사항으로 표시된다.

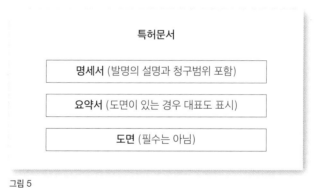

특허문서

명세서 (발명의 설명과 청구범위 포함)

요약서 (도면이 있는 경우 대표도 표시)

도면 (필수는 아님)

그림 5

실무자는 특허문서를 작성한다. 특허문서의 가장 많은 비중을 차지하며, 가장 중요한 부분은 명세서다. 특허문서를 협의의 의미로 사용한다면 곧 명세서를 지칭한다. 명세서는 기술문헌으로서의 역할과 권리장전으로서의 기능을 갖는다. 한편으로는 기술 내용을 공개해서 공중이 두루 참조할 수 있도록 하는 기능을 하며, 다른 한편으로는 발명에 대한 소유권의 경계를 획정한다. 발명의 명칭, 도면의 간단한 설명, 발명의 설명, 특허청구범위로 세분화된다. 이 중에서 발명의 설명은 발명의 내용을 상세하게 설명한 문헌 역할을 함과 동시에 특허청구범위를 뒷받침한다. 발명의 설명은 다시 기술분야, 배경기술, 해결과제, 과제해결수단, 발명의 효과, 발명을 실시하기 위한 구체적인 내용(발명의 구성), 부호의 설명, 산업상 이용 가능성, 도면 부호의 설명, 미생물 기탁발명의 경우 수탁번호, 단백질에 관한 발명의 경우 염기서열 등으로 다시 나뉜다.

특허문서를 읽을 때 일반인과 실무자의 가장 큰 차이는 명세서에 포함되는 특허청구범위에 대해 어느 정도 이해하고 있으며, 얼마나 주목하고 있냐에 의해 결정된다. <특허발명의 보호범위는 청구범위에 적혀 있는 사항에 의하여 정하여진다.>(특허법 제97조). 특허청구범위는 1개 이상의 청구항으로 구성된다. 그리고 거기에서 특허범위가 결정된다. 특허청구범위가 어떻게 글로 표현돼 있느냐에 따라 권리의 자격이 결정되며, 소유권의 경계가 정해진다. 명세서의 모든 언어는 꿈틀거리며 특허청구범위 안으로 수렴된다. 권리를 부여하고 해석하는 판단자들의 시선도 특허청구범위에 집중된다. 권리라는 관점에서 특허문서의 다른 부분은 단지 이 특허청구범위를 거들 뿐이다. 청구범위의 기재가 넓으면 넓을수록 권리는 강해진다. 그러면 그럴수록 권리의 자격은 옅어지고 분쟁이 생길 가능성은 증가한다. 실무자의 작업은 이런 모순을 이치에 맞게 합리적으로 조정하는 일이다. 또한 실무자는 <특허청구범위>를 과실로 보고, 이 과실을 맺는 나무가 <발명의 설명>에 잘 뿌리내릴 수 있도록 전문가다운 문서 작업을 한다.

특허문서 중 요약서는 발명의 개요를 적는 문서이며, 법적으로는 명세서와 별도로 취급된다. 요약서는 대개 발명의 내용을 200자 원고지 한두 매 정도로 짧게 쓰고, 도면이 있는 경우 대표도를 표시한다.

통상 특허문서의 가장 마지막 순서에 요약서를 작성한다. 요약서 작법에 관해서는 나중에 다시 설명한다. 요약서를 제출하지 않으면 절차가 무효가 될 수 있다. 하지만 특허청 전자문서 작성기 소프트웨어에 명세서와 요약서가 불가분으로 결합돼 있는 관계로, 실무적으로 요약서 제출 여부는 문제되지 않는다. 요약서가 작성되지 않으면 전자출원을 할 수 없다.

도면은 명세서에 기재된 발명의 구성을 좀 더 잘 이해할 수 있게 도와주는 역할을 한다. 때때로 도면이 없어도 좋다. 예컨대 화학물질발명의 경우에는 도면이 반드시 필요한 것은 아니다. 그러나 실용신안등록출원의 경우에는 '물건'에 관한 보호 제도이므로 그 물건을 이해할 수 있게 반드시 도면을 첨부한다.

라 /

특허문서

작법
논리

아무리 빼어난 기술이라 해도 특허문서가 엉터리로 작성되면 엉터리 특허일 수밖에 없다. 특허문서가 형편 없게 작성돼 있다고 해서 기술의 탁월한 실체가 훼손되지는 않는다. 문서와 실체는 다르기 때문이다. 그러나 특허는 그 실체에 대한 권리가 아니다. 언어로 표현된 문서에 대한 권리다. 따라서 잘못되거나 불충분한 언어 표현으로 말미암아 탁월한 기술은 권리 영역에서 그 탁월함을 잃는다.

　발명자와 판단자가 있다. 판단자는 특허결정을 내리거나 특허범위를 해석하는 사람이다. 좁게 말하면 특허청 심사관과 판사를 뜻한다. 이들의 판단에 의해 권리로서의 특허문서의 향방이 결정된다. 판단은 인식행위다. 그것은 언어에 의존한다. 사람마다 경험과 학습에 의해 언어가 다르다. 그러므로 발명자가 직접 판단자에게 자기 아이디어를 문자로 설명하는 것은 거의 불가능하고, 또한 위험하다. 발명자의 언어와 판단자의 언어가 너무나 다르기 때문이다. 발명자는 법적인 진술의 유불리와 특허범위의 전략적 문법을 모르는 탓에 자주 실수하는 법이지만, 판단자는 관용을 모른다. 법은 관용을 위해 존재하지 않고 공평한 적용을 위해 존재한다. 판단자는 발명자의 언어를 듣지만 그 언어의 잘못을 냉정하게 추궁한다.

따라서 발명자와 판단자 사이에 실무자가 위치한다. 실무자는 발명자의 언어를 판단자의 언어에 맞게 번역하는 작업을 한다. 이는 단순 번역이 아니다. <설득>을 위한 번역이다. 그런 고로 특허문서는 수사적인 성격을 띤다. 인식행위와 수사학이 만나는 지점에서 우리 인류는 한 가지 도구를 사용했다. 즉, 논리다. 과장만으로는 판단자를 설득할 수 없다. 논리에 입각해서 진술하되 과장을 적절히 사용해서 판단자를 설득해 나간다. 특허문서는 논리적으로 작성돼야 한다. 그러면 그럴수록 판단자는 아이디어의 내용을 빠르게 파악할 수 있으며, 설득의 조건을 마련할 수 있다. 판단자가 아이디어를 이해해야 판단자를 제대로 설득할 수 있다. 논리는 판단자에게만 이로운 것이 아니다. 의뢰인과 실무자 자신에게도 이롭다. 논리적으로 문서를 작성하다 보면 아이디어의 불충분함과 모순이 발견되며, 그것을 치유하는 기회를 얻고 더 좋은 착상도 자연스럽게 발굴되기 때문이다.

어떻게 하면 특허문서를 논리적으로 작성할 수 있을까? 실무자 대부분이 이공계 출신이어서 글쓰기에 익숙하지 않은 사람이 많다. 그러나 글을 잘 쓰는 것과 글을 논리적으로 풀어내는 것은 분명히 다르다. 특허문서는 문학이 아니며, 정치적인 글도 아니다. 레토릭은 중요하지만 그렇다고 문학적인 기교와 정교함이 필요한 것은 아니다. 특허문서는 어디까지나 기술에 관하며, 그 기술을 논리적으로 설명하는 방식으로 쓴다. 훈련이 필요하긴 하지만, 다행히 특허문서에 기록될 대상이 기술이라는 점이 실무자들을 안도하게 만든다. 기술은 이치에 맞기 때문이다. 그렇지 않으면 구현될 수 없다. 즉, 기술 그 자체가 논리적이다. 따라서 보통의 글솜씨만 있으면 충분히 논리적인 설명이 가능하다.

58

실무자는 두 가지 키워드에 유념한다. 첫째 <인과관계>다. 이것이 기술의 이치를 결정한다. 출력이 있다면 입력이 있어야 한다. 결과가 생겼다면 원인이 있어야 한다. A가 B로 바뀌었다면 그런 변화를 만든 동인이나 수단이 있을 것이다. C가 D보다 기술적으로 뛰어나다면 그것을 입증할 만한 증거가 있어야 한다. 귀납적인 실험으로 어떤 결과를 추론한 것이라면 그 실험이 어떻게 이뤄졌는지를 보여야 한다. A가 있었고 그 다음에 C가 있었는데, A에서 C로 바로 전환될 수 없다면 그 사이에 B가 존재할 것이다. 이것은 그저 기술에 대한 기초적인 인과관계다. 이런 인과관계를 특허문서에 적는다. 그러나 이렇게 인과관계를 빠짐없이 글로 표현한다고 해서 설득력있는 논리가 생기는 것은 아니다.

두 번째 키워드는 <맥락>이다. 맥락이 특유의 논리를 만들어준다. 특허문서가 보통의 기술문서와 다른 점은 권리를 주장하는 문서라는 점이다. 그리고 그것은 특허문서에 쓰인 모든 내용에 대한 권리주장이 아니다. 독창적인 부분만이 권리가 된다. 모든 내용에 대해 동일한 비중으로 인과관계를 밝히면서 설명하면 특허로서의 논리를 잃고 만다. 독창적이 있는 부분을 두드러지게 표현해야 한다. 그렇지 않은 부분은 독창성을 보충하는 정도로 설명한다. 그렇게 해서 독창적인 아이디어로서의 맥락을 만들어 나간다. 바로 이 부분에서 특허문서 특유의 작법 논리가 도출된다.

특허문서는 독창적인 부분에 클로즈업하는 작법 논리를 사용한다. 그런 점에서 상당히 변증적이라 하겠다. 종래 기술과 그것의 문제점 사이의 긴장관계를 만든 다음에 그것을 우리 아이디어로 상승해 나가는 논법이다. 다만 독창성에 클로즈업하기까지는 마치 밥 짓는 것처럼 시간이 필요하다는 점을 잊지 말아야 한다. 단도직입적으로 독창성으로 이어지면 더 이상 설명할 것이 없어진다. 사람들의 두뇌 활동은 상당히 게을러서 진부한 이야기를 한다거나 다짜고짜 구체적이고 난해한 설명을 하면 듣는 것을 싫어한다. 심리적인 거부를 낳는다. 특허문서도 마찬가지다. 이런 점들을 감안해서 실무상 '역피라미드 논리

59

전개'로 특허문서를 풀어간다. 넓은 범위에서 시작해서 점점 구체화한다. 추상에서 구체로 나아간다. 그렇게 해서 긴장감을 유지하면서 기술을 설명하고 독자를 설득한다. 그 대강을 설명하면 다음과 같다.

첫째, 넓은 것에서 시작한다. 공감하고 납득할 수 있는 이야기부터 한다. 쉽게 납득할 수 없다면 넓은 것이 아니다. 공감하는 데 이해력을 많이 써야 한다면 그것은 시작지점이 아니다.

둘째, 글에는 속도감이 중요하다. 넓은 정도가 클수록 글의 분량을 짧게 가져가서 속도감을 준다. 당연한 이야기를 길게 하면 독자는 인내심을 잃고, 인내심을 잃은 독자는 중요한 핵심조차 보지 못하게 된다. 내용이 구체화될수록 분량을 늘려나간다.

셋째, 글을 구체화할 때에는 맥락을 만들면서 구체화한다. 모든 이야기가 그렇겠지만 기술도 화제를 자주 바꾸게 마련이다. 설명할 것이 이곳저곳에 산재돼 있고, 그것들을 모두 개별적으로 설명하고 말면 그래서 뭐 어쨌다는 것인지 독자가 알기 힘들다. 항상 다음 단계로 넘어갈 때에는 맥락이 있어야 한다. 그런 맥락에는 특허문서의 각 부분마다 다르겠지만, 문제점, 불편함, 궁금함, 연관성, 해결방법, 장점, 요구, 부작용, 도면, 도면부호 등이 맥락으로 작용한다. 맥락은 글을 자연스럽게 이어준다. 적당한 접속사를 적시에 사용하면 맥락이 생긴다.

넷째, 핵심에 이를수록 글의 속도감을 늦추고 천천히 자세히 쓰면서 글의 분량을 늘려나간다. 디테일로 독자의 집중을 유지한다. 디테일을 잃으면 독자는 실망하고 발명은 설득력을 잃는다. 중요한 구성과 인과관계는 함부로 생략하지 않는다.

다섯째, 좁은 것에 관한 사항이기는 하지만 그 사항이 독창성과는 멀고 공지기술에 불과하다면 가급적 짧게 씀으로써 논점을 흐리지 않는다. 때때로 한두 문장으로 족할 수도 있다.

60

위와 같은 역피라미드 논리 전개에 따라 배경기술을 작성한다. 넓은 것에서 시작해서 종래 기술의 문제점으로 포커싱한다. 청구범위도 마찬가지다. 독립항이 가장 넓고 종속항 번호에 따라 구체화한다. 도면도 마찬가지다. 도 1은 도 2보다 넓은 개념을 나타낼 수 있어야 한다. 발명의 설명도 그렇다. 넓은 것에서 시작해서 좁아진다. 이렇게 일관되게 특허문서를 작성하면 대략 논리가 선다. 이는 특허문서 작법 각론에서 구체적으로 다룬다.

62

마 /

특허문서

작성

순서

특허문서는 어떤 순서로 작성하는 것이 좋을까? 정해진 규칙은 없다. 경험에 의해 모범을 만들 뿐이다. 먼저 실무자는 발명을 이해한다. 발명을 이해함에 있어 도대체 우리 아이디어는 종래와 어떤 차이가 있을까라는 의문에 대한 해답을 찾는 것이 중요하다. 요컨대 차이점을 탐색한다. 차이점을 선별했다고 해서 그 차이점에 의미가 바로 생기는 것은 아니다. 어떤 차이점은 중요하지만, 또 어떤 차이점은 쓸모가 없다. 노련한 실무자는 발명을 이해하는 단계에서 특허문서로 강조할 차이점을 제대로 간파할 수 있다. 그러나 아무리 경험이 풍부한 실무자라 해도 검증을 받아야 한다. 어디까지나 그것은 언어화되기 전의 탐색이기 때문이다. 차이점은 특허문서를 통해 언어화된다. 언어는 차이점을 검증한다. 언어는 종래 기술과 그것의 문제점을 호명하며, 실무자의 사고를 활성화하면서 우리 아이디어의 특색을 변증적으로 만든다. 그렇게 언어화되는 과정에서 차이점은 다양하게 변화한다. 또 그런 과정에서 자신이 이해하고 탐색한 차이점이 틀렸다거나 혹은 다른 언어 앵글이 필요하다는 것을 실무자는 깨닫게 된다. 어쨌든 발명을 이해하면서 선별한 차이점을 기억해둔다. 두뇌활동의 긴장이 필요하다.

그런 관점에서 특허문서 작성 순서를 설명한다. 먼저 실무자는 발명의 명칭, 기술분야, 배경기술, 기술과제의 순서대로 특허문서를 작성한다. 이것이 제1단계 순서다. 이 단계를 거치면서 실무자는 특허문서를 작성함에 있어 아이디어의 어떤 부분에 초점을 맞출지를 조정할 수 있게 된다. 이 단계에서 논리적으로 작성하는 데 성공한다면 아이디어는 실무자의 머릿속에서 제대로 자리를 잡는다.

먼저 <발명의 명칭>을 정한다. 발명의 명칭은 한 줄에 그칠 정도로 짧기 때문에 아무것도 아닐 수 있다. 하지만 발명의 명칭을 신중하게 정하면서 어느 부분에 초점을 둘 것인지 염두에 둔다. 발명의 명칭을 정하면서 작성자가 무슨 생각을 했는지에 따라 특허문서의 향방이 결정되곤 한다. 발명의 명칭은 나중에 여러 번 수정되기 때문에 가급적 자유롭게, 그리고 구체적으로 정하는 것이 좋다.

다음으로 <기술분야>를 적는다. 발명이 속한 기술의 분야만을 적는 것이므로 이곳에서 함부로 발명의 특징을 적지는 않는다. 한두 줄이면 족하다. 기술분야에 적은 표현 중에서 한두 개의 단어를 이용해 <배경기술>을 적기 시작한다. 기술분야에 대한 진술부터 시작해서 점점 종래 기술의 문제점으로 구체화한다. 배경기술에서 실무자는 발명을 본격적으로 스케치하기 시작한다. 특허문서는 결국 독창성에 대한 권리를 주장하는 것이며, 독창성은 스스로 존재하는 절대적 개념이 아니라 무엇과 비교해서 혹은 어떤 점에서 독창성이 있는지를 밝혀야 하는 상대적인 개념이므로 적정한 기준이 필요하다. 그 기준이 배경기술을 통해 진술된다. 그러므로 종래의 기술이 간략하게 서술되면서 그 기술의 문제점이 표현돼야 한다. 여기에서 유의할 사항은 종래 기술의 모든 문제를 나열해서는 안 된다는 점이다. 그렇게 나열해 버리면 변증적인 논리를 전개할 수 없다. 즉 종래 기술의 문제점을 표현할 때에는 실무자의 머릿속에 자리잡고 있는 아이디어의 특징과 대쌍되는 부분만을 선별해서 설명한다. 이렇게 충실하게 기술분야를 적으면, 특허문서가 엉뚱한 곳에서 웅변하는 것을 막아준다.

배경기술에서 지적한 종래 기술의 문제점을 해결하겠다는 의지를 천명한다면 그것이 곧 <발명의 목적>이 된다. 기술과제를 선언하는 것이다. 이렇듯 종래 기술의 문제점과 발명의 기술과제는 긴밀하게 연결된다. 배경기술에서 지적한 종래의 문제점과 명세서의 기술과제에서 선언하는 발명의 목적이 서로 연관성이 적다면 그것은 논리적이지 않은 작법이며, 실무자의 머릿속에서의 긴장감이 해체돼 있다는 증거다.

이렇게 발명의 명칭, 기술분야, 배경기술, 발명의 목적을 쓴 다음에 제2단계로 넘어간다. 제2단계는 <청구범위> 작성이다. 무엇이 문제였음을 지적했고 또 어떤 목적을 달성하려고 하는지를 밝혔다면 이 발명의 독창적인 원리와 차별적인 특징이 긴장감을 유지한 채 정리된 것이다. 이런 상황에서 발명의 설명을 본격적으로 쓰기 시작하면 어렵게 얻은 긴장감을 잃고 만다. 특허문서에서 가장 많은 분량을 차지하는 발명의 설명에는 아이디어의 독창적인 부분과 비독창적인 부분이 함께 작성되기 때문에 혼란이 내재될 수밖에 없다. 혼란을 방지하고 발명의 설명에서 어떤 부분을 강조해야 하는지를 미리 확정할 필요가 있다. 그러므로 발명의 설명을 쓰기 전에 청구범위를 먼저 작성한다. 청구범위를 작성하다 보면 발명의 명칭이 수정되곤 한다. 청구범위 작성을 통해서 아이디어에 대한 소유권의 경계를 미리 결정해 둠으로써 실무자의 머리가 더욱 명료해졌다. 그런 다음에 이 명료함을 가시화하는 단계에 착수한다.

제3단계는 <도면>을 준비하는 것이다. 실무자는 작성한 청구범위를 보면서 도면을 준비한다. 도면에 대한 CAD 작업은 아직 필요하지 않다. 실무자는 어떻게 하면 청구범위에 기재된 내용을 설득력 있게 설명할 수 있을지를 생각하면서 손으로 그림을 스케치한다. 도면부호까지 정한다. 지나치게 많은 도면을 준비할 필요는 없다. 작성된 청구범위의 독창성을 나타낼 수 있고 발명의 내용을 설명하는 데 필요한 개수로 도면을 준비한다. 도면은 도면 그 자체로 의미가 있는 게 아니라 발명의 설명 부분의 논리와 내용을 뒷받침하기 위한 것이므로, 발명의 설명이 어떤 논리로 진술될 것인지를 염두에 둬서 도면을 준비한다. 어떤 도면인지 뿐만 아니라 도면의 순서도 중요하다. '가상의 카메라 기법'을 쓴다. 발명을 조명하는 어떤 카메라가 있다고 가정하자. 이 카메라가 발명의 영상을 촬영하는 작업의 결과가 바로 도면이 된다고 생각하는 것이다. 카메라와 아이디어 사이의 거리와 각도를 생각한다. 먼 거리에서 가까운 거리로 접근하면서 카메라가 찍은 영상 순서대로 도면을 준비한다. 먼 거리에서 찍은 영상이 도 1이 되는 것이고, 클로즈업한 도면이 도 2가 되는 것이다. 어떤 시스템의 특정 부분에 독창성이 있는 발명이라면 전체 시스템 구성이 도 1이 되고, 그 시스템에서 특정 부분을 강조하는 도면이 도 2가 된다. 다음으로 카메라의 각도를 고려한다. 예컨대 발명의 전체를 조망할 수 있는 도면이 도 1이 되고, 카메라 각도가 바뀌어서 좀 더 특정 부분을 비춰준다면 그것이 도 2가 된다. 다른 쪽 각도로 바라본 발명의 내용이 필요하다면 카메라 앵글을 바꾸고 그때의 도면이 도 3이 된다. 이와 같이 가상의 카메라가 존재하고, 그것의 거리와 앵글을 적절히 사용하면서 도면을 완성한다. 개념상 이해를 돕기 위해서가 아니라면 발명의 독창성과 아무런 관련이 없는 것에 대해 굳이 도면을 그릴 필요는 없다.

이처럼 도면까지 완성됐다면 특허문서 작업의 팔할은 끝난 것이다. 이제부터 평온하게 논리적으로 육감을 발휘하면서 <발명의 설명>을 구체적으로 적는다. 발명의 구성을 설명하는 부분이다. 이것이 제4단계. 발명의 설명은 가장 많은 분량을 차지한다. 그러나 어렵지 않다. 작성자에게는 이미 두 개의 안내 지침이 있다. 하나는 이미 작성해 놓은 특허청구범위이며, 다른 하나는 도면이다. 컴퓨터 화면 한쪽에 청구범위를 띄워놓는다. 그리고 다른 쪽 화면에서 발명의 설명을 적는다. 책상 앞에는 스케치한 도면을 놓는다. 그리고 두 가지 가이드와 기준을 참조하면서 발명의 설명을 써 나간다. 특허청구범위에 기재된 사항과도 도면에 표시된 부분과도 아무런 연관성이 없다면 그런 사항은 발명의 독창성과 무관한 부분일 가능성이 크다. 그 부분이 공지기술에 불과하다면 간단하게 설명하고 넘어간다. 그런데 그런 사항이 독창성과 관련된 부분이라면 청구범위와 도면의 수정이 필요할 것이다. 또한 발명의 설명 부분을 적으면서 이미 작성한 부분의 문제점을 발견하거나 생각하지 못했던 필요를 느낄 때가 생긴다. 역시 청구범위가 바뀔 수도 있으며, 도면이 추가되거나 수정될 수도 있다. 이는 매우 자연스러운 현상이므로, 작성자는 그것에 맞춰 수정할 부분을 수정하면서 특허문서를 완성해 간다. 발명의 구성을 설명하면서 그 구성의 기능과 장점을 바로 설명해도 좋다.

제5단계는 마무리 작업이다. 발명의 설명까지 작성이 끝났다면 과제해결수단을 청구범위 기재에 맞춰 작성한다. 발명의 효과를 정리해서 적는다. 나머지 사항도 모두 채워 넣는다. 그리고 요약서를 작성하고 전체적으로 검토하면서 특허문서를 완성한다. 도면 전문가는 그 사이 CAD로 스케치한 도면을 TIFF나 JPG 포맷으로 도면을 준비할 것이다. 이렇게 하면 법이 정한 특허문서가 완성된 것이다. 법적으로는 완성됐는지 몰라도 비즈니스적으로는 완성되지 않았다. 특허문서는 법률문서이기도 하지만 무엇보다 비즈니스 문서다. 그러므로 제6단계로 이행한다.

제6단계는 소통이다. 특허문서가 완성됐더라도 그것은 어디까지나 초안에 불과하고 바로 특허청에 접수될 수 없다. 의뢰인이 그 문서를 검토해야 한다. 특허문서에 적힌 표현이 의뢰인에게 낯설고 난해할지도 모른다. 그러므로 실무자는 의뢰인에게 친절하게 가이드하면서 소통해야 한다. 또한 어떤 전략으로 특허문서를 작성했는지를 간명하게라도 설명해야 한다. 무엇보다 그런 설명은 매우 평이한 단어와 간명한 문장으로 이뤄져야 한다. 가뜩이나 특허문서가 복잡하고 어렵다

면 그것을 안내하는 소통은 더욱 쉬워야 한다. 그런 실무자 설명서를
함께 첨부함으로써 특허문서는 비로소 완성된다.

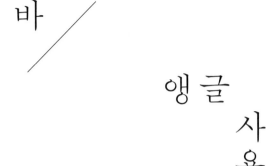

바

앵글

사용법

(1) 개념

실무자는 두 가지의 시각을 사용한다. 실제의 눈과 가상의 카메라다. 보이는 것은 두 눈을 사용한다. 컴퓨터 화면과 종이가 그럴 것이다. 보이지 않는 것은 보이지 않는 눈을 사용한다. 아이디어[6]는 보이지 않으며, 그러므로 그것을 바라보는 특수한 눈이 필요하다. 그것이 가상의 카메라다. 이제부터 가상의 카메라를 이용해 어떻게 아이디어를 특허문서로 다루는지 설명한다. 가상의 카메라는 카메라다. 그러므로 카메라 기법을 흉내 낸다. 동적으로 앵글을 사용한다. 그리고 초점을 다룬다.

특허문서를 작성하는 실무자는 자기 능력에 겸손해야 한다. 인간은 눈에 보이지 않는 것을 완벽하게 언어로 표현할 수 없다. 눈에 보이는 것을 언어로 표현하는 작업도 어렵다. 그런데 비가시적인 것을 언어로 가시화하는 작업은 더더욱 어렵다. 우리는 이러한 숙명적인 한계를 인정하면서 작업을 한다. 실무자의 작업은 아이디어를 완벽하게 표현하는 것이 아니라 아이디어를 인상적으로 표현하는 것에 그친다. 인상은 그 아이디어의 독창성이며, 또한 표현은 레토릭이다. 표현할 수 있는 것만을 적절하게 표현한다.

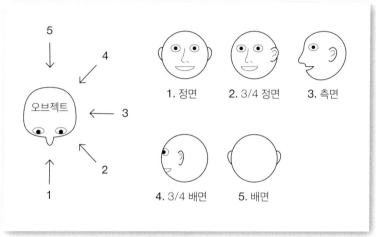

그림 6

그림 6을 보자. 오브젝트[7]가 있다. 이 오브젝트를 아이디어라고 가정하자. 오브젝트를 향해 다섯 가지 방향에서 각각 가상의 카메라 앵글을 향하게 했다. 그 결과 오브젝트의 형태가 달라졌다. 앵글마다 하나의 오브젝트를 갖는다. 따라서 사실상 오브젝트는 다섯 개로 늘어났다. 그러나 중요한 것은 이들 분열된 오브젝트의 본질은 모두 같다는 점이다. 실체는 한 개다. 그러나 관찰자의 시선에 의해서 오브젝트가 달라졌고 늘어났다.

　　실무자는 모든 앵글을 다 사용해서 오브젝트에 대한 특허문서를 작성할 수 있다. 또한 한두 개의 앵글을 사용해서 오브젝트를 설명할 수 있다. 앵글을 많이 사용하면 할수록 오브젝트가 늘어난다. 그만큼 풍부한 설명과 다양한 권리가 생겼다는 장점이 있다. 하지만 두 가지 단점이 있다. 첫째, 실무자의 작업량이 증가한다. 의뢰인이 그 작업량에 대한 대가를 지불할 의사가 있다면 괜찮을 수도 있겠지만, 그럴 의사가 없다면 가혹한 일이다. 둘째, 특허심사를 통과할 가능성이 앵글을 적게 사용할 때보다 더 적어진다. 이것이 법리상의 함정이다. 특허를 취득하는 과정은 무수한 선행기술의 숲과 늪 속을 지나가는 과정이다. 각 앵글 속의 오브젝트마다 유사한 선행기술이 제기될 것이다. 발명은 입체적인 실체다. 그러나 선행기술과 대비될 때 비교되는 그 순간 발명은 입체성을 잃고 평면적으로 바뀐다. 우리 발명의 원리나 인용문헌의 원리가 어찌됐든 입체적인 실체로부터 유사한 구성만을 분리해서 비교 당하기 십상이기 때문이다. 그러므로 분리되는 면이 많으면 많을수록 인용문헌과 더 쉽게 비교 당한다. 그럴수록 진보성이 인정되기 어렵다.

그림 6에서 실무자는 다음과 같이 앵글을 사용한다. 아이디어, 즉 실체의 독창성의 수준이 매우 높고 선행기술이 존재할 가능성이 현저히 낮으며 비즈니스 관점으로도 매우 중요한 특허라면 앵글을 늘려 여러 오브젝트를 획득해 나간다. 의뢰인이 비용을 부담할 의사가 있다면 앵글마다 각각 별도로 특허출원할 수 있다. 반면 아이디어의 독창성 수준이 높지 않거나 선행기술이 존재할 가능성이 있는 경우에는 앵글을 선별해야 한다. 실무자는 특허받기 가장 유리한 앵글을 선택해서 가장 유리한 오브젝트를 획득하고, 초점거리를 조정해가면서 특허문서를 작성한다.

어디에 앵글을 위치하느냐에 따라 언어가 달라진다. 이 앵글은 실제 존재하는 카메라가 아니라 가상의 앵글이며, 그것은 시각화됨으로써 눈으로 보이는 게 아니라 언어화됨으로써 가시화되는 것이기 때문이다. 따라서 실무자는 앵글이 정해지면 그 앵글에 가장 적합하게 언어 표현을 사용한다. 최적의 용어를 탐구한다.

앵글이 달라진다고 해서 특허범위가 크게 영향을 받는 것은 아니다. 그럴 수도 있고 그렇지 않을 수도 있다. 아이디어를 직관적으로 파악하기 좋은 앵글이라면 발명의 내용을 쉽게 이해하고 특허범위 판단도 쉬울 것이다. 특허를 받는다면 침해판단이 쉽고 명료하기 때문에 그만큼 권리행사가 유리하다. 앵글이 많은 경우 더욱 그럴 것이다. 그러나 앵글이 적어졌다고 해도 실체는 동일하다는 사실은 변하지 않기 때문에 특허범위가 치명적으로 제한되지는 않는다. 앵글에 따라 다른 오브젝트가 획득되고, 또한 언어가 달라질 수 있다. 그러나 그 아이디어를 현실에서 실시하는 경우 다르게 실시될 수 없다. 앵글에 포착되는 오브젝트가 무엇이든 실체는 하나이며, 발명의 실시는 그런 하나의 실체를 실시하는 것이기 때문이다. 그런 관점에서 어떤 앵글을 사용했든 특허를 취득하면 논리적으로 그것은 다른 앵글에서의 특허와 같은 효력을 지닌다. 다만 실무자의 언어 능력에 의해 영향을 받는다.

72

(2) 비즈니스와 앵글 사용법

지금까지 실체를 바라보는 기본적인 앵글 사용법에 대해 살펴봤다. 앞의 예에서는 변수가 하나 제거돼 있다. 실체 자체는 결정돼 있다는 것이다. 실체가 아직 결정돼 있지 않고 그 자체가 변수라면 실체를 어떻게 확정할 것인가가 중요한 문제가 된다. 실체를 먼저 확정해야만 앵글을 사용해서 오브젝트를 획득할 수 있다. 그림 7을 보자.

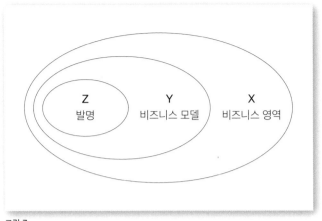

그림 7

일반적으로 산업기술은 기술 그 자체만으로 존재하지 않는다. 시장활동의 일환으로 파악된다. 다양한 시장활동 중에는 기술영역과 비기술영역이 있고, 기술영역 중에서도 재화를 벌어들이는 영역과 그렇지 않은 영역이 있다. 재화를 벌어들이는 기술영역 중에는 우리에게 독창적인 기술이 있는 반면, 범용적인 공지 기술이 있다. 이런 것을 간단하게 도식한 것이 그림 7이다.

　　독창성이 있는 아이디어가 있다고 가정하자. 그것을 Z 집합으로 표시했다. 재화를 벌어들이고 이윤을 창출하는 기술영역이라는 의미의 비즈니스 모델 Y[8]가 있다. 비즈니스 모델 전체가 독창성을 갖는 경우도 극히 드물다. Z는 Y의 부분집합이다. 또한 비즈니스 모델 Y가 가장 커다란 집합은 아니다. 시장활동을 일컫는 비즈니스 X가 있다. Y는 X의 부분집합이다. 기업 입장에서 중요도 순서로 말하자면 X > Y > Z가 되겠다. 이런 중요도 순서는 특허문서에서 역전된다. X와 Y가 특허문서에서 포커싱되기 어렵기 때문이다. X 자체는 특허로 보호받을 수 없는 영역이며, Y는 독창적이지 않은 영역이기 때문이다.

　　그러므로 발명의 실체는 독창성 요소의 집합인 Z에서 결정돼야 한다. 거기에 종래 기술과의 차이점이 있을 것이다. 특허문서의 작법에 필요한 가상의 앵글은 차이점에 맞추는 것이지 그렇지 않은 곳에 앵글을 맞추는 것은 곤란하다. 이상적으로는 Z 전체가 되겠지만, 현실적으로는 Z의 일부가 될 것이다. Z가 아닌 Y 영역과 X영역은 배제한다.

여기까지의 개념적인 설명은 상당히 당연해서 이해하는 데 어려움이 없다. 그러나 실무자가 이러한 개념을 구별하지 못해서 특허문서가 엉망이 되는 경우가 흔하다. 실무자들은 Z 집합에서 실체를 확정해서 오브젝트를 획득하는 게 아니라, Y 영역에까지 오브젝트를 확장하기 일쑤다. 앞에서 전제된 것처럼 발명의 실체는 Z에 있지 Y에 있지는 않다. 그럼에도 Y 영역에서 오브젝트를 획득해서 특허를 신청하면 공지기술까지 소유권을 주장하는 것이므로 온당치 않다. Y 영역까지 확장된 오브젝트가 <청구항>의 오브젝트가 아니라 <발명의 설명>의 대상으로 국한되는 것이라면 법리적으로 큰 문제는 없다. 그렇다고 무작정 앵글을 남용하면 공연히 실무자의 수고를 낭비하게 된다. 발명의 설명에서 Y 영역이 다뤄진다면 그곳에 가상의 앵글을 줌인하지 않는 것이 좋다. 앵글의 줌인은 Z에 맞춰져야 하기 때문이다. 특허문서는 독창성을 권리로 청구하고, 그 독창성을 상세히 설명하는 문서이기 때문이다

예컨대 홍길동이 모바일 광고 기술을 비즈니스 모델로 삼았다고 가정하자. 홍길동이 제안하는 비즈니스 모델은 스마트폰의 잠금 화면에서의 광고를 표현하고, 그 광고를 본 사용자에게 금전적 보상을 해주는 모델이라고 가정하자. 또한 종래에는 잠금 화면에서 광고가 푸시되는 모델이 없었다고 '가정'하자.

그가 갖고 있는 독창성은 스마트폰에 특정 애플리케이션을 설치해 잠금 화면에서 광고를 표현한다는 것에 있다. 물론 잠금 화면에서 광고를 표현하는 모델이 종래에는 없었다고 가정돼 있으므로 잠금 화면에서 광고를 본 사용자에게 금전적 보상을 해주는 모델도 없었음을 추론할 수 있다. 이런 경우에 특허문서가 주로 다뤄야 할 오브젝트는 어떻게 되는가? 광고 사업이 비즈니스 영역(X)이 된다. 비즈니스 모

델 영역(Y)은 잠금 화면에서의 광고 표현에 관련한 모든 수익 모델이다. 콘텐츠 제공자, 플랫폼 사업자, 광고주, 광고대행자, 사용자 등의 다양한 주체가 개입한다. 콘텐츠를 제작하는 기술, 애플리케이션을 제작하는 기술, 광고 콘텐츠를 스마트폰 잠금 화면에 노출하는 기술, 광고가 노출된 것을 카운팅하는 기술, 광고주에게 과금하는 기술, 사용자에게 보상하는 기술, 광고 콘텐츠를 업데이트하는 기술 등 다양한 기술이 사용된다. 그러나 발명 영역(Z)은 광고 콘텐츠를 스마트폰 잠금 화면에 노출한다는 결과에 있다.

그러므로 실무자는 광고 사업에 대해서는 배경기술의 시작 부분에서 한두 문장 언급해주는 것으로 끝내고, 광고로 수익을 내는 공지기술 영역인 비즈니스 모델에 대해서는 발명의 설명에서 간단하게 언급하면 족하다. 독창성은 스마트폰 잠금 화면에 광고 콘텐츠를 노출하는 기술 그 자체에 있다. 거기에서 오브젝트를 획득한다.

금전적 보상을 해주는 부분도 자세히 기록해야 하지 않느냐고 질문할 수 있다. 맞는 말이다. 그 부분도 비즈니스 모델에서 매우 중요한 부분이다. 하지만 금전적 보상은 광고 분야에서 널리 알려진 기술이라는 점, 너무 흔한 공지의 기술이 지나치게 강조되면 심사관의 심리적 거부를 촉발한다는 점, 그러므로 보상 부분에 대한 지나친 강조로 말미암아 잠금 화면에서 광고를 표현한다는 독창성의 인상이 나빠진다는 점, 한편 독창성 있는 부분에서 특허를 받으면 그것을 사용하는 광고모델 자체를 보호받을 수 있다는 점을 종합적으로 고려한다. 따라서 금전적 보상을 해 주는 부분은 간략하게 언급하면 족하다.

임꺽정은 수상 자전거에 대한 발명자다. 그의 비즈니스는 물에서 즐기는 레포츠다. 수상 자전거를 사용한 비즈니스 모델을 기획하고 있다. 수상 자전거라는 제품은 이미 있었고, 그의 발명은 수상 자전거 중에서도 부유체의 구조에 관한 것이었다고 가정하자. 비즈니스 영역(X)은 수상 레포츠, 비즈니스 모델 영역(Y)은 수상 자전거를 타는 것, 발명 영역(Z)은 수상 자전거의 부유체 구조로 정리할 수 있겠다. 아디

이어의 실체는 수상 자전거의 존재가 아니라 수상 자전거 부유체의 구조다. 거기에 앵글을 놓고 특허문서를 작성한다. 물론 자전거이기 때문에 동력을 전달하는 구조도 매우 중요할 것이다. 하지만 그것은 이미 널리 알려진 기술이므로 수상 자전거가 어떻게 움직인다는 것을 납득할 수 있을 정도로 쓰면 된다. 공지 기술에 대해서 지나치게 많은 분량으로 설명을 하면 부유체 구조의 독창성이 희석화된다.

(3) 오브젝트의 선택

우리는 이제 특허문서가 비즈니스 영역과 비즈니스 모델 영역에 초점을 맞추는 것이 아니라 독창성이 있는 발명 영역을 오브젝트 삼아 앵글을 향해야 하는 것을 알았다. 그런데 문제는 여전히 남는다. 발명 영역 모두가 특허의 대상이 되기는 힘들다는 점이다. 발명 영역 안에 있는 독창성은 불확정적으로 존재한다. 실무자의 관찰과 탐색과 선택에 의해 특정되고 언어화됨으로써 확정된다. 더욱이 어떤 부분은 발명의 설명에서만 다뤄지고 그중 일부만이 특허청구항의 오브젝트로 선별된다. 실무자에게 중요한 오브젝트는 <발명의 설명>에서의 오브젝트가 아니라 <청구항>의 오브젝트다. 기본 개념은 그림 6에서 설명한 것처럼 어떤 앵글로 아이디어 실체를 관찰하느냐에 의해 결정된다. 우리는 다시 처음으로 되돌아온다. 그러나 청구항 작성 관점으로 오브젝트에 대해 집중한다면 앵글 사용법은 그림 6의 경우보다는 다른 국면으로 변모한다. 그림 8을 보자.

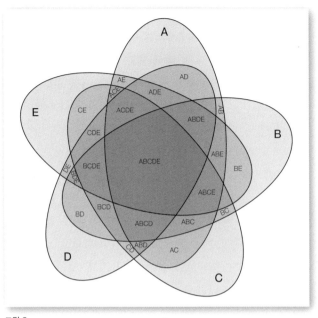

그림 8

청구항은 독창성이 정해지는 곳이다. 이 발명의 독창성은 어디에 있을가? 실무적으로 접근하면 발명의 독창성은 실무자에 의해 '선택되는 것'이다. 원래 존재하는 독창성이 정답처럼 확인되지 않는다. 실무자가 선택해서 언어로 표현될 때 오브젝트가 정해지고 발명의 독창성이 확정된다. 그런 선택이 발명을 바라보는 앵글이며 관점이다. 실체는 하나여도 실무자마다 서로 다른 청구항을 내놓는다. 그림 8의 모델처럼 어떤 실무자는 A로, 어떤 실무자는 B로, 어떤 실무자는 C로 같은 발명이어도 서로 다른 특허범위를 선택할지도 모른다. ABCDE가 공통되었다. 다섯 실무자 모두 ABCDE 부분을 독창적으로 보았으므로 그 부분이 필명 발명의 핵심처럼 보일 수 있겠다. 과연 그러할까? 다섯 실무자의 능력이 과연 동일할까?

그림 8이 나타내는 개념을 조금 바꿔보자. 아이디어의 변경 가능성이라는 개념으로 그림 8을 해석하는 것이다. 아이디어는 아이디어

로 끝나지 않는다. 아이디어가 아이디어로 멈춘다면 그것은 죽은 아이디어다. 아이디어는 시장에서 '실시'된다. 즉, 실제 제품이나 서비스의 실체를 갖고 세상에 나온다. 이때 실체는 복수다. 다양한 형태로 실시된다. 동일한 아이디어라 하더라도 이렇게 만들어질 수도 있고 저렇게 만들어질 수도 있다. 요컨대 동일한 아이디어가 있다. 그 아이디어가 실시될 때 A~E의 다섯 가지 형태로 실시될 수 있다고 가정하자.[9] 또한 실무자는 A 관점으로 특허문서를 작성한다고 가정하자. 청구항은 어떻게 작성할 것인가? 이 개념으로만 보자면 공통 영역을 탐색해서 가장 겹치는 부분, 즉 다섯 가지 실시예에서 모두 적용될 수 있는 부분인 ABCDE가 가장 좋은 청구항의 오브젝트가 된다. 다섯 가지 실시예를 모두 커버할 수 있는 오브젝트다. 타인이 발명을 실시할 때 피해갈 수 없기 때문이다. 반면 AD 영역은 ABCDE 영역보다 훨씬 매력적이지 않다. 특허를 받더라도 타인이 금세 회피할 수 있기 때문이다.

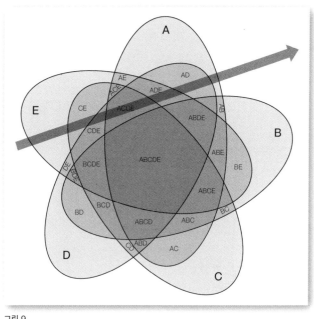

그림 9

그림 9는 그림 8에 비즈니스 관점을 개입시켰다. 시장의 추이를 반영한 것이다. 화살표가 하나 생겼다. 이 화살표를 '시장 경쟁력 벡터'라고 칭해보자. 아이디어는 시장에서 다양하게 실시될 수 있다. 모든 실시가 시장에서 성공하는 것은 아니다. 특허 경쟁력이 있는 실시가 성공에 유리할 것이다. 그런데 기술이 발전하고 시장의 니즈와 트렌드가 변화하는 것처럼 시장은 고정되지 않고 움직인다. 발명의 실시도 시장 활동의 일환으로 행해진다는 점에서 시장의 움직임과 깊은 관계를 갖는다. 그래서 시장의 변화를 고려해서 시장경쟁력을 결정하는 벡터를 도입한 것이다.

모든 기술이 경쟁력이 있는 것은 아니다. 어떤 기술은 탁월하지만 경쟁력이 없다. 어떤 기술은 지엽적이고 사소한 것처럼 보이지만, 시장이 열광하기 때문에 그 기술이 없으면 시장에서 경쟁력을 잃어버린다. 시장 경쟁력 벡터가 발명 실시의 경제적 효과를 결정한다면 이 벡터와 너무 멀리 떨어져 있는 특허문서의 오브젝트는 언어로 표현된 특허범위의 광협과 무관하게 연약하다.

79

그림 9의 상황에서 ABCDE 영역은 전통적인 특허법리 관점만으로 본다면 매우 넓고 훌륭한 오브젝트다. 그러나 시장 관점에서는 전혀 매력적이지 않다. 경쟁자들은 시장경쟁력이 없는 ABCDE 영역의 오브젝트를 모방하지 않기 때문이다. 시장 주체들은 모방하더라도 경쟁력이 있는 기술을 모방한다. AD 영역은 특허법리 관점에서 특허범위가 좁다. 두 가지 실시예밖에 커버하지 못한다. 그러나 특허범위가 더 넓은 ABCDE 영역보다 더 좋은 특허 오브젝트다. 특허범위가 좁아보이지만 시장 경쟁력 벡터가 있는 영역이다. 시장의 주체들이 그 영역에서 시장활동을 하게 마련이며, 따라서 경쟁자가 발명을 실시할 때 AD 영역의 특허를 침해하게 된다. 특허침해를 회피하면 경쟁력을 잃는다. 이런 경우 실무자는 다섯 가지 실시예를 커버하려는 넓은 특허범위 전략을 버리고 두 가지 실시예밖에 커버하지 못하는 좁은 특허범위로 청구항을 작성하는 전략을 수립할 수 있다. 그리고 그 전략은

유효하다.

기술과 권리만으로는 특허 이론이 현실에 부합하지 못한다. 그러나 이처럼 시장이라는 요소를 포함시키면 이론과 현실은 긴밀해진다.

(4) 초점거리

이제 초점거리에 대해 살펴보자. 앵글은 오브젝트를 향해 움직인다. 줌인될 수 있고 줌아웃될 수도 있다. 앞에서 살펴본 것처럼 오브젝트를 향한 앵글을 선택함으로써 특허문서의 언어가 결정된다. 아이디어를 설명하고 묘사할 용어가 선택될 것이며, 그 용어를 통해 설명될 내용이 정해진다. 그러나 그것만으로 아이디어가 충분히 설득되지는 않는다. 특허문서는 아이디어에 관한 이해뿐만 아니라 설득을 목적으로 작성된다. 그러므로 아이디어가 무엇을 나타내는지 독자로 하여금 맥락을 전해야 하며, 또한 두드러지게 어필해야 한다. 그것이 바로 앵글의 줌인과 줌아웃이다. 그런 앵글 조작에 의해 오브젝트와 앵글 사이의 초점거리가 달라진다. 줌인과 줌아웃에 관한 자세한 예제는 각론에서 자세히 다루기로 하고, 여기에서는 개념만 쉽게 설명한다.

갈릴레오 갈릴레이는 17세기초 갈릴레이 위성을 발견했다. 여기에서는 갈릴레이 위성이 오브젝트다. 이제 우주에 대해 모르는 자녀에게 갈릴레이 위성에 대해 설명한다고 가정하자. 이때의 설명법이 대략적인 앵글 사용법이다. 당신은 먼저 갈릴레이 위성에 대해 조사할 것이다. 목성, 즉 주피터를 알게 된다. 그리고 태양계에 대한 설명이 필요하다. 말재주가 좋다면 우주와 은하계를 먼저 설명할 수도 있겠다. 보통 태양계를 설명할 것이다. 그림 10으로 보여주면 목성의 위치를 알게 된다.[10]

그림 10

그런 다음에 앵글을 그림 11처럼 목성에 초점을 맞춰 줌인을 할 것이다.

그림 11

이제 비로소 갈릴레이 위성을 설명할 것이다. 그림 12를 보여주면서 갈릴레이 위성은 목성을 공전하며, 그 이름은 이오, 에우로페, 가니메데스, 칼리스토다. 주피터, 즉 제우스가 사랑한 연인들의 이름을 따서 정해졌다.

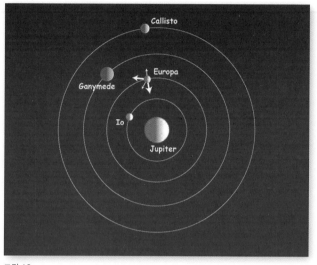

그림 12

갈릴레오 위성에 대해 더 구체적으로 설명해야 한다면 그림 13과 그림 14처럼 앵글을 더욱 줌인할 수 있다. 어느 정도의 크기이며, 표면은 어떻게 이뤄졌고, 위성들의 내부 구성은 어떤지를 차례대로 설명할 수 있다. 이때 그림 13은 목성과의 크기를 비교할 수 있어서 좋고, 그림 14는 각 위성들의 내부 구성까지 자세히 나타냈다.

　특허문서 앵글 사용법의 초점거리는 바로 이런 것이다. 이 예를 통해서 그림들이 점점 더 확대됐음을 알 수 있고, 그에 따라 갈릴레오 위성에 대한 설명이 구체화됨을 알 수 있다. 특허문서도 기본적으로 이와 같다. 각각의 그림들이 도면이며, 순서에 따라 도면번호가 할당된다. 그리고 그 도면에 대한 설명이 <발명의 설명>이 되는 것이다. 점점 구체화될수록 점점 핵심에 접근한다.

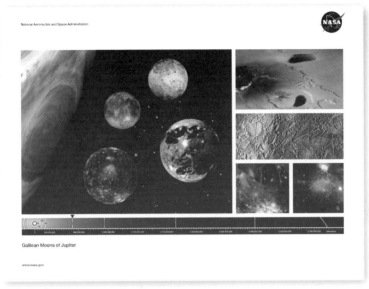

그림 13

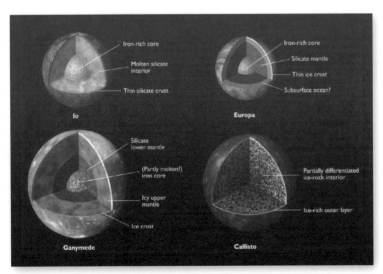

그림 14

1. 총론 · 앵글 사용법

특허문서에는 표도 자주 사용된다. 이처럼 갈릴레오 위성에 대한 설명
에서도 표가 사용될 수 있다. 표 1은 위성의 상세한 물성을 비교 정리
했다. 바로 이런 개념이다.

앵글의 초점거리를 조정함으로써 오브젝트는 구체화되며, 그럴
수록 오브젝트의 특징에 포커싱된다. 특허문서도 이와 같다. 아이디어
의 독창성에 포커싱하면서 아이디어에 대한 이해와 설득을 동시에 도
모한다. 자세한 것은 특허문서 작법의 각론에서 다룬다.

FAST FACTS

Satellite	Distance from Jupiter
Io	422,000 km (262,200 mi)
Europa	671,000 km (417,000 mi)
Ganymede	1,070,000 km (665,000 mi)
Callisto	1,883,000 km (1,170,000 mi)

Satellite	Mean Radius
Io	1821.6 km (1,131.9 mi)
Europa	1,560.8 km (969.8 mi)
Ganymede	2,631 km (1,635 mi)
Callisto	2,410 km (1,498 mi)

Satellite	Orbital Period (Earth Days)
Io	1.769
Europa	3.551
Ganymede	7.155
Callisto	16.689

Satellite	Density (g/cm^3)
Io	3.528
Europa	3.013
Ganymede	1.942
Callisto	1.834

표 1

사

문장
스타일

특허문서는 원칙적으로 쉽게 작성돼야 한다. 이것은 특허문서가 기술 공개의 역할을 충실히 하도록 함과 아울러 특허문서를 읽고 이해하는 데 소요되는 사회적 낭비를 없애기 위함이기도 하지만, 무엇보다 권리자가 자신의 특허를 잘 알도록 하기 위함이다. 특허문서에는 기업의 형식지가 담긴다. 그런 형식지가 조직 내부에서 잘 소통되고 유통돼야 한다. 그렇지 않으면 특허는 기업내부에서 활용될 수 없다. 침해니 소송이니 하는 이슈로만 특허를 활용하기에는 그런 이슈가 발생할 확률이 지나치게 낮다. 그러므로 기업 내부에서 활용될 수 있는 방안이 마련돼야 하며, 그것을 위해서라도 특허문서는 쉽게 작성돼야 한다.

또한 오늘날 기업의 시장활동은 글로벌화되고 있기 때문에 기업의 특허활동도 글로벌 비즈니스에 봉사해야 한다. 자연스럽게 외국에서의 권리화가 후속한다. 그러므로 특허문서가 외국어로 번역될 수 있다는 점을 염두에 둬야 한다. 탁월한 번역자는 난해한 원문도 정확히 번역해 낼 것이다. 하지만 그런 번역자는 극히 드물기 때문에 특허문서 실무자는 원문 자체가 정확히 번역될 수 있도록 간명하게 특허문서를 써야 한다. 이런 점을 모두 감안할 때 특허문서를 난해하고 복잡하게 작성하는 것은 현대의 이치에 맞지 않는다.

쉬운 특허문서라고 해서 그 내용까지 쉬워야 한다는 것을 의미하지는 않는다. 내용 그 자체는 쉽고 어렵고를 따질 영역이 아니다. 여기서 말하는 것은 내용에 접근하기 위한 언어의 문턱이다. 실무자는 언어의 문턱을 낮추기 위해서 노력해야 한다. 발명자가 알아듣기 좋거나 당업자가 이해하는 데 어려움이 없는 적절한 용어를 선택해서 사용한다. 그리고 가능한 한 간단한 문장을 사용한다. 이것은 문장 스타일에 관한 문제다.

바람직한 문장 스타일은 복잡함을 피하는 것이다. 사람들은 망각에 취약하다. 긴 시간 저편의 과거에 대한 망각도 있겠지만, 조금 전에 읽었던 바로 앞 문장의 의미조차 금세 잊고 만다. 그러므로 문장의 길이는 가급적 길지 않은 것이 좋다. 문장을 짧게 끊어 작성한다. 그런 다음에 문장과 문장을 인과관계로 연결한다. 그것이 논리에 민감한 두뇌활동에 적합하기 때문이다. 'x → y → z' 인과관계를 갖는 경우 기호를 'xyz' 순서로 배열하면 인과의 논리가 직관적으로 파악된다. 그런데 이를 'yxz'라거나 'xzy'로 바꿔버리면 머리 좋은 사람조차 그 의미를 이해하기 어렵다. 이처럼 문장과 문장을 이어나갈 때에는 그 순서가 자연스러운지를 고려하면서 의미적 인과관계를 생각한다.

문장과 문장 사이의 의미적 간격이 크면 무엇인가 빠진 것이다. 반면 문장과 문장 사이의 간격이 촘촘하면 의미가 잘 이어진다. 다만 촘촘히 연결된 경우에는 의미의 중복을 조심하면 된다. 의미가 중복되면 독자들이 싫증을 느낀다. 한편 의미적으로 앞뒤 문장이 잘 연결되면 접속사가 굳이 필요없다. 탁월한 문장가들은 접속사를 쓰는 데 인색하다. 그들은 말한다. "접속사가 없어도 충분하지 않은가?" 문장가와 특

86

허문서 실무자 사이의 차이는 이런 것이다. 문장가는 자기 이름으로 문장에 대한 책임을 진다. 그러므로 오만해도 좋다. 그러나 우리는 의뢰인의 이름으로 문장에 대한 책임을 진다. 그런 고로 '충분함'만으로는 부족하다. 충분함의 충분함이 필요하다. 따라서 접속사를 쓰는 데 인색할 필요는 없다. 접속사를 함부로 생략하면 문장 구조가 난해해지고 모호해진다. 접속사의 생략은 기술 내용의 인과관계를 은폐한다. 특히 문장 이해력이 떨어지는 의뢰인을 위해서라도 망설이지 말고 적당한 접속사를 적시에 사용한다.

물론 글을 짧게 끊어 쓰고 그러면서 접속사를 많이 사용하면 글이 다소 유치해지기도 한다. 그렇지만 특허문서는 문학이 아니므로 괜찮다. 접속사의 종류가 다양하므로 역시 괜찮다. 성격은 같으나 다른 표현의 접속사를 사용함으로써 유치함은 어느 정도 모면할 수 있다. 변리사 시험에 갓 합격한 실무자의 경우, 법률과 판례 학습에 지나치게 익숙해진 나머지 장문을 선호하고 단문을 제대로 사용하지 못하는 습관에서 벗어나지 못한다. 그런 습관에 따르면 접속사보다는 '~만', '~의', '~므로', '~는 바', '~고', '~며', '~는데' 등의 연결 어미를 선호한다. 그러면 문장이 길어진다. 문장이 길어지면 구조가 복잡해지고, 따라서 문서 자체가 난해해진다. 번역도 어려워진다. 상당히 바람직하지 않다. 실무자가 작성하는 문서는 무엇이 정의인지를 밝히는 문서가 아니라, 아이디어의 독창성을 납득시키는 수사학적인 문서다. 특허문서는 판결문이 아니다. 장문보다 단문일 때 사람들은 문장의 의미를 쉽게 파악한다. 단문과 단문이 매끄럽게 연결될 때 누군가의 마음이 움직인다.

앞 문장과 뒷 문장이 의미적으로 직접적인 인과관계를 보일 때에는 '따라서', '그러므로', '그렇기 때문에', '왜냐하면', '그래서'와 같은 접속사를 선택적으로 사용한다. 짧은 단락에서 중복 사용하지 않는 것이 좋다. 또한 '그 까닭은'이나 '그 결과'와 같은 단어를 사용해 앞뒤 문장을 연결할 수도 있다.

앞뒤 문장이 역접의 관계(이 또한 넓은 의미로 인과관계로 본다)를 띠는 경우에 '그러나', '하지만', '그렇지만'이라는 접속사를 적극적으로 사용한다. 기술 내용을 설명하다 보면 다른 각도로 같은 내용을 부연해서 설명하거나, 또는 화제를 바꿔서 다른 부분에 대해 진술하는 경우가 생긴다. 그런 경우에는 반드시 '한편', '그런데'라는 단어를 사용하는 것이 좋다. 대개 단락을 바꿔 쓴다. 또한 구분번호를 넣거나 소제목을 사용하는 것도 좋다. 이따금 앞 단락과 전혀 다른 이야기임을 나타내는 짧은 문장으로 새로운 단락을 시작함으로써 화제의 전환을 알릴 수도 있다. 화제를 바꾸는 다양한 수사법을 적절히 사용한다.

앞뒤 문장이 병렬적으로 진행하는 경우에는 '또한', '그리고', '더욱이', '게다가', '즉' 등의 단어를 적절히 사용해 앞뒤를 이어준다. 접속사는 생략할 수 있다. 그러나 그런 생략으로 앞뒤 문장의 인과관계가 모호하게 전달될지 여부를 항상 염두에 둔다.

한편 '그' 또는 '이런'과 같은 지시대명사를 사용할 때에도 유의해야 한다. 그런 지시대명사가 지칭하는 대상이 쉽게 파악되고 잘 전달되는지 항상 따져 본다. 지시대명사의 남용은 조심해야 한다. 문장은 다음을 향해 전진한다. 독해도 문장을 따라 앞으로 나아가야 한다. 지시대명사가 등장하면 '그것이' 지시하는 바를 이해하기 위해서 뒷문장을 향한다. '그것이' 무엇인지 명백하지 않으면 독자는 문장을 놓친다. 지시대명사로 말미암아 문장을 자주 놓치다 보면 독자는 그 문장 구조를 복잡하고 난해하게 여긴다. 그러면 읽기 싫어진다. 구어에서는 지시대명사를 많이 쓰더라도 어렵게 느껴지지 않는다. 화자가 이야기하는 중에 청자가 "그것이 무엇인가요?"라고 물어볼 수 있기 때문이며, 무엇보다 공통 화제를 공유하고 있어서 '그것이 무엇인지' 쌍방이 명확이 알 수 있기 때문이다. 그러나 문어에서 지시대명사 남용은 복잡함과 난해함을 불러온다. 독자는 작자에게 물을 수 없다.

발명의 구성을 지칭하면서 특허문서를 작성할 때에는 구성을 표현하는 단어가 반복적으로 사용되더라도 가급적 '그것'이라는 표현을 쓰지 않는다. 앞에서 설명한 내용을 전체적으로 지칭하는 지시어를 사용하고자 한다면 좀 더 배려해서 표현을 더 추가한다. 번역도 고려해야 하며, 또한 독자에게 어필도 해야 하기 때문이다. 말하자면 이렇다. '그와 같은 문제점들은'이라고 표현하고 그치고 말면 "그것이 무엇이었지?"라는 의문이 든다. 어떤 이는 벌써 망각에 빠져서 앞에서부터 다시 읽기 시작한다. 그러므로 그런 표현보다는 '종래기술의 그와 같은 추가적인 대책을 마련해야 하는 문제점들은'이라고 표현하는 것이 바람직하다. 문제점의 정체가 훨씬 명료해졌기 때문이다.

또한 지시대명사가 지시하는 대상이 너무 멀리 있으면 그 대상이 무엇인지 독자는 알기 힘들다. 그렇다면 좋은 문장 스타일이 아니다. 똑같은 지시어를 계속 반복하면 문장이 진부해진다. 이 또한 좋은 문장 스타일이 아니다.

우리말에서는 주어가 없어도 자연스러운 경우가 많다. 영어는 그렇지 않다. 주어가 명쾌해야 한다. 특허문서는 영어로 번역되기 일쑤다. 그러므로 문장을 만들 때 가급적 주어를 분명히 배치하도록 노력해야 한다. 어느 한 구성 요소를 설명하는 경우 주격 조사는 '이/가'가 아니라 '은/는'으로 하는 것이 자연스럽다. 우리말의 고유한 특성을 강조하는 사람들도 있겠지만, 기술에는 국적이 없다. 다른 곳에서 어떤 에세이를 쓰든 간에 특허문서에서 기술 내용을 설명할 때에는 영어식 수동 문장 표현이 더 적합할 때가 많다.

89

90

아 /

돈
과
장
인

실무자는 장인이 돼야 한다. 세월이 걸릴 것이다. 모든 장인은 수습 시절을 거치며 초심자의 수준을 벗어나기까지 적지 않은 시간과 수고를 쓴다. 사람마다 다르겠지만 물경 10년이 걸린다. 자기가 작성한 특허 문서가 보통의 방법으로 중간 과정을 거치면서 특허등록되는 것을 봐야만 수습 시절이 끝난 것이다. 그래 봤자 초심자다. 특허를 거절한 행정처분에 대한 심판소송도 해보고, 다양한 실패와 좌절도 체험하고, 해외에서의 특허등록을 경험함으로써 대략 초심자를 벗어나게 되는데, 거기까지 걸리는 시간은 자기가 대리한 상표권의 존속기간을 갱신할 시간이 다가올 때까지 걸리는 시간인 10년 정도의 세월분이다. 여러 의뢰인들의 흥망성쇠를 목격하고, 과연 회사경영에 특허가 진실로 중요한가에 대한 심문과 그 시험을 스스로 이겨냄으로써 비로소 장인이 된다.

가만히 기다린다고 해서 장인이 되는 것도 아니다. 일을 해야 한다. 그냥 일을 한다고 해서 시간만 지나면 장인이 되는 것도 아니다. 일을 깊게 해야 한다. 일을 얕게 하는 것의 가장 커다란 문제는 그것이 습관이 된다는 점이다. 얕게 일하는 것이 습관이 되면 좀처럼 깊이 생각하지 못하며, 최적의 솔루션을 찾기보다는 '안건의 처리'가 더 중요해진다. 늙어서도 장인이 될 수 없다.

그런 점에서 한국 사회가 걱정이다. 많은 실무자가 습관적으로 얕은 수준으로 일한다. '지적인 서비스'가 중요하다고 공연히 말하면서도 정작 그 서비스를 제공하는 창작자의 노동 가치는 인정하기를 꺼리는 사람도 많다. 근래 10년간 제품 시장에는 인플레이션이 반영됐다. 자연스럽게 물가와 임금 상승분이 제품에 반영된다. 그러나 제품 시장이 아니라 서비스 시장에서는 그렇지 못하다. 전문가들이 제공하는 '무형의 서비스'는 가격이 통제됐으며, 인플레이션과 임금 상승분이 서비스 가격에 반영되기는커녕 가격이 떨어지곤 한다. 서비스 제공자는 필경 손해를 입을 것이다. 그런데 그들도 바보는 아니다. 특허처럼 전문영역에서의 서비스 경우 그 수요자가 서비스의 품질을 속속들이 알 수 없다. 이런 사정을 이용해서 전문가는 얕고 빠르게 일하면서 이익을 도모한다. 그러면서 부지불식간에 실무자 본인의 능력이 감퇴한다. 결국 이 사회는 전문가를 최대한 이용하는 것이 아니라 전문가를 최소한으로 이용하고 만다. 장인은 드물고 상인은 많다.

한국 사회의 물가와 임금에 비해 특허문서 작성 수수료가 매우 낮다. 특히 대기업과 연구기관이 낮은 수수료 정책과 문화를 주도한다. 전담조직이 오히려 앞장 선다. 한국 변리업계의 오래된 문제다. 수많은 변리사가 이 문제로 고통을 겪는다. 변리사의 다양한 일 중에서 가장 기본이 되는 업무이자 가장 중요한 역할이 정작 현실에서는 홀대를 받는다. 특허경쟁력을 부르짖거나 장밋빛 특허환상에 젖는 것은 그 사람의 자유다. 그런 주장과 환상은 변리사가 제대로 역할을 하고 있음을 전제로 한다. 하지만 실제로 그런 전제는 무너져 있다. 창의성을 다루는 작업이 창의성을 죽이는 문화에서 행해진다.

　　그러나 아무리 현실이 그렇더라도 실무자가 특허문서를 작성할 때에는 장인이 돼야 한다. 대단한 것은 못 되더라도 스스로 만족할 만한 것이어야 한다. 실무자의 작업술은 장삿꾼의 심성보다는 예술가의 심성을 닮았으면 좋겠다.

　　2011년 7월 샌프란시스코의 웨인스테인 갤러리에서 수억 원에 이르는 그림 한 점이 사라졌다. 어떤 남성이 갤러리에서 그림을 들고 나와 택시를 타고 달아났다는 것이다. 피카소의 1965년작 연필 드로잉 『여인의 얼굴 Tete de Femme』이라는 그림이다. 이 스케치는 피카소가 자신의 운전수에게 선물한 것이고, 갤러리는 옥션에서 122,500달러에 구입했다고 한다. 아마 피카소는 이 그림을 가볍게 그렸을 것이며 혼신의 힘을 다하지는 않았을 것이다. 그렇지만 드로잉을 하는 그 순간에는 여전히 예술가였으며 피카소였다.

93

그림 15

다음 그림은 1909년작 『오르타의 공장 Factory at Horto de Ebro』이다. 캔버스에 유채이며, 러시아 상트 페테르부르크 Hermitage 갤러리에 소장돼 있는 작품이다. 존재를 바라보는 시각을 해체하고 새롭게 입체를 분할하는 작품으로 평가받는다.『여인의 얼굴』보다는 훨씬 더 많은 시간과 노력이 들었을 것이다. 하지만 1965년의 연필 드로잉이든 1909년의 유채화든 피카소의 작품이라는 점에는 차이가 없고 저마다 역사와 가치를 지닌다.

그림 16

말하자면 이런 것이다. 실무자가 특허문서를 작성할 때 의뢰인으로부터 받은 대가는 특허문서라는 작품에 영향을 미치겠으나 그것만이 전부가 아니라는 점이다. 돈을 많이 받았든 적게 받았든 특허문서를 만드는 한 사람의 실무자라는 사실에는 변함이 없고, 무슨 작품을 만들든 그 순간은 이름값을 해야 한다는 점이다. 설령 특허사무소가 공장이라 해도 특허문서 하나하나는 자기 자신에게는 작품이어야 한다. 어떤 작품은 드로잉하듯 빨리 해내고 어떤 작품은 심혈을 기울여 유채화를 그리듯 많은 시간이 걸린다. 작품마다 장르마다 다르다. 그렇지만 작품이어야 한다. 영혼없는 특허문서는 영혼없는 그림과 같다. 세상 밖으로 나와도 도리가 없다. 인정받기는 곤란하다. 그러므로 가격은 또 떨어질 것이다.

95

Ⅰ. 특허문서 작법

2.

실무자가 알아야 할 주요 판례

98

I. 특허문서 작법

판시 사항과 사실관계가 결합돼서 하나의 판례가 나온다. 판결 요지를 구성하는 판시 사항을 이해하고 기억하는 것도 중요하지만, 어떤 사실관계며 당사자들은 어떤 주장을 했길래 그런 판시 사항이 나왔는지를 이해하는 것이 더 중요하다. 판결이 나오기 전에 사실관계가 있다. 그리고 그 사실관계를 둘러싸고 당사자들의 지적인 격돌이 있으며, 몰입된 주장이 있다. 그런 격돌과 주장이 없다면 법리 적용이 있을 리 없고, 그러므로 판결이 생기지 않는다. 결론으로서의 판시 사항도 중요하지만, 그런 결론이 나오기 전에 어떤 논리들이 나왔고 판사가 결론을 내리기 전에 어떤 인과관계를 따졌는지를 살피면서 또한 그것을 실무에 어떻게 적용할지를 생각하면서 판례 학습을 한다.

예컨대 아래의 대법원 744 판례를 학습하면서 기계장치 발명의 원리와 구성을 명세서에 기재할 때 에너지 보존 법칙에 위배되지 않도록 유의해야 한다든지, 특허법원 8910 판례를 학습함으로써 BM 발명의 특허문서를 작성할 때 소프트웨어와 하드웨어가 구체적인 상호 협동 수단에 의해서 특정한 목적 달성을 위한 정보 처리의 수행이 글로 잘 기재되도록 하고, 컴퓨터나 인터넷 시스템의 범용적인 기능을 단순 나열해서 기재하면 안 되겠다는 규범을 얻는다든지, 특허법원 916 판례를 학습하면서 특허문서의 기재가 과연 실시 가능한지를 논리적으로 생각하면서 특허문서를 작성해야 한다는 지침을 얻는다든지를 생각하는 것이다. 그러므로 다음의 주요 판례는 단지 판시 사항만을 읽기보다는 어떤 특허였으며, 무엇이 쟁점이 되었고, 어째서 그런 판결을 했는지를 따져가며 사실관계를 이해하는 것이 중요하다.

이하에서 독자의 이해를 위해서 판례 케이스의 주요 사항에 밑줄을 표시하거나, 줄 바꾸기를 했다.

대법원 1998. 9. 4. 선고 98후744 판결

양수조로부터 급수조로 낙하하는 물을 이용하여 수력발전기를 돌려 에너지를 얻고 급수조에 낙하된 물은 다시 제네바 기어장치 노즐회전관 및 복수의 공기실을 이용한 연속적인 수격작용(水擊作用)에 의하여 폐수되는 물이 없이 전량을 양수조로 끌어 올려서 재순환시킴으로써 계속적인 에너지 추출이 가능하도록 하는 것을 요지로 하는 출원발명은 일정한 위치에너지로 유지되는 수조의 물을 수격작용에 의하여 그 수조의 물의 자유표면보다 일정 높이 위에 위치한 수조로 끌어 올리는 공지된 양수펌프에서와 같이 수조로부터 낙하되는 물의 상당 부분을 폐수하고 남는 일부분의 물만을 높은 위치의 수조로 양수하는 것이 아니라 <u>외부의 에너지 공급 없이 급수조에서 낙하하는 물 전부를 폐수되는 물이 없이 보다 높은 위치의 양수조로 끌어 올린다는 것이 되어 에너지 보존 법칙에 위배되므로,</u> 출원발명은 자연법칙에 어긋나는 발명으로서 특허법 제29조 제1항 본문에서 규정한 발명의 요건을 충족하지 못한다.

특허법원 2007. 6. 27. 선고 2006허8910 판결

<1> 특허를 받기 위하여는 먼저 '산업상 이용할 수 있는 발명'이어야 하고, 여기서 '발명'이라고 함은 '자연법칙을 이용한 기술적 사상의 창작으로 고도한 것'을 말하므로(구 특허법 제2조 제1호), 청구항에 기재된 발명이 자연법칙 그 자체나 인간의 정신활동, 논리법칙, 경제법칙을 그대로 이용하고 있는 경우에는 발명에 해당하지 아니한다 할 것이고, 자연법칙 이용 여부는 청구항 전체로서 판단하여야 하므로 청구항에 기재된 발명의 일부에 자연법칙을 이용하고 있는 부분이 있더라도 청구항 전체로서 자연법칙을 이용하고 있지 않다고 판단될 때에

는 발명에 해당하지 않는다(대법원 2003. 5. 16. 선고 2001후3149 판결 등 참조).

<2> 컴퓨터 관련 발명에서 이른바 '영업방법 발명'(이하 일반적으로 부르는 'BM 발명'이라 한다)이라 함은 '정보기술을 이용하여 구축된 새로운 비즈니스 시스템 또는 방법 발명'을 말하고, 이에 해당하려면 컴퓨터상에서 소프트웨어에 의한 정보 처리가 하드웨어를 이용하여 구체적으로 실현되고 있어야 한다(위 대법원 판결 참조). 이는 소프트웨어가 컴퓨터에 의하여 단순히 읽혀지는 것에 그치지 않고, 소프트웨어가 컴퓨터에 읽혀져서 하드웨어와 구체적인 상호 협동 수단에 의하여 특정한 목적 달성을 위한 정보의 처리를 구체적으로 수행하는 정보처리장치 또는 그 동작 방법이 구축되는 것을 말하고, 물론 발명으로서 완성되기 위해서는 청구항의 기재가 단순한 아이디어를 제기하는 수준에 머물러서는 안 되고, 발명의 목적을 달성하기 위한 필수불가결한 모든 구성들이 구체적이고 명확하게 기재되어 있어야 한다.
따라서 BM 발명이 성립하려면, 전체로서 판단된 청구항이 사람의 정신활동 등을 이용한 것이거나 단순히 컴퓨터나 인터넷의 범용적인 기능을 이용하고 있는 것이어서는 안 되고, 컴퓨터 시스템상에서 소프트웨어와 하드웨어의 구체적인 상호 협동 수단에 의하여 특정한 목적 달성을 위한 정보의 처리를 구체적으로 수행하는 정보처리장치 또는 그 동작 방법이 구축됨으로써 컴퓨터나 인터넷이 단순히 이용되는 것 이상의 새로운 효과를 발휘할 수 있는 것이어야 한다.

<3> 구성요소 3, 5는 여행계획과 비용보고에 대한 승인을 여행관리시스템으로 얻는 단계들인바, 일응 여행관리시스템을 통한 소프트웨어 처리단계와 이를 수행하기 위한 여행관리시스템이라는 하드웨어 수단이 포함되어 있기는 하나, 그 소프트웨어와 하드웨어 수단은 매우 추상적인 용어인 '여행관리시스템'으로만 기재되어 있다. 즉, 이 사건 제12항 발명의 청구항과 상세한 설명 및 도면을 살펴볼 때 위와 같은 승인

을 행하는 주체는 회사 내의 승인권자라는 사람일 수밖에 없고, 발명의 실시를 위하여는 위와 같은 사람에 의한 승인 절차가 필수불가결하다고 보이는바,

위 여행관리시스템이 회사 여행자 등으로부터 요청된 여행계획이나 비용보고를 어떠한 구체적인 수단이나 절차를 통하여 위 승인권자로부터 승인받는지, 위 승인 절차에서 승인권자인 사람의 행위와 위 시스템의 행위가 어느 정도로 관련되어 있는지 등에 대한 소프트웨어와 하드웨어의 구체적인 협동 수단 및 그 협동 관계가 불명료하고, 단순히 '여행관리시스템으로 승인을 얻는 단계'라고만 기재되어 있다.

그리고 청구항 전체로도, 여행관리 시스템이 특정한 목적 달성을 위하여 갖추어야 할 구체적인 협동 수단(예를 들면, 여행계획이나 비용보고의 작성과 보고 루트를 자동화하고, 승인권자에게 적절한 승인, 정밀한 비용상환 등을 보장하기 위한 자동화된 요약보고나 구체적인 시스템으로 구현된 승인 화면을 제공하며, 이때 회사 자원의 적절한 관리가 가능하도록 하는 여행계획 및 비용보고 모듈과 위 모듈로부터 발생한 자료를 통합하여 회사 여행관리자나 부서관리자들이 활용할 수 있도록 하는 여행결정 모듈 등이 동시에 작성, 제공되게 하는 수단 등)이 어떻게 구현되는지를 구체적으로 한정하지 않고 있어서,

소프트웨어와 하드웨어가 구체적인 상호 협동 수단에 의하여 특정한 목적 달성을 위한 정보의 처리를 수행하는 정보처리장치 또는 그 동작 방법으로 구축되어 새로운 효과를 발휘하고 있다기보다는, 컴퓨터나 인터넷시스템의 범용적인 기능이 단순히 이용되고 있는 것에 불과하다고 보이므로, 이 사건 제12항 발명은 전체적으로 위와 같은 컴퓨터나 인터넷시스템의 범용적인 기능을 이용하는 사람의 행위 위주로 구성된 것으로서 자연법칙을 이용한 기술적 사상에 해당한다고 할 수 없는 것이다.

특허법원 2006. 11. 23. 선고 2006허916 판결

<1> 특허발명은 산업상 이용할 수 있는 발명이어야 하고, 현실적으로 실시할 수 없는 것이 명백한 발명은 산업상 이용가능성이 없는 발명으로서 특허를 받을 수 없을 것이나, 특허발명이 현실적으로 실시할 수 없는 것이 명백한 발명인지 여부는 특허청구범위만에 의하여 판단할 것이 아니라 특허발명의 명세서 전체에 의하여 판단하여야 할 것이고, 또 특허청구범위의 기재만으로 특허의 기술적 구성을 알 수 없거나 알 수 있더라도 기술적 범위를 확정할 수 없는 경우에는 명세서의 다른 기재에 의하여 보충할 수가 있다(대법원 2002. 4. 12. 선고 99후2150 판결 등 참조).

<2> 이 사건 제1항 발명의 구성 3은 특허청구범위에 상기 캠판 상에 설치된 수평 LM 가이드를 따라 이동가능하게 설치되어 캠판의 승강운동에 따라 간격이 가변되는 복수 개의 픽커라고 기재되어 있는데, 위 기재만으로는 수평 LM 가이드가 캠판 상에 설치되어 있어서 캠판이 상승할 때 수평 LM 가이드가 함께 상승하여 캠판의 캠홈에 끼워진 로드의 위치가 변하지 않게 되어서 로드와 연결되어 있는 픽커가 수평방향으로 이동하지 못하게 되어 픽커의 간격도 변하지 않게 되는 구성이다.

그러나 이와 같은 구성이라면 이 사건 제1항 발명이 의도하는 효과가 전혀 나타나지 않게 되며, 도면 7과 도면 8a에 수평 LM 가이드가 캠판이 아니라 승강판에 연결된 것으로 도시되어 있고, 이처럼 수평 LM 가이드가 승강판에 설치되어 있을 경우에는 승강판에 설치된 수평 LM 가이드의 상승이 제한되고 캠판이 승강판에 대해 상대적으로 상승하여 캠판의 캠홈에 끼워진 로드의 위치가 변화하게 되고, 그 로드의 위치에 따라 픽커가 수평방향으로 이동하게 되어 픽커의 간격이 가변된다. 따라서 이 사건 제1항 발명의 구성 3 중 캠판 상에 설치된 수평 LM 가이드는 승강판 상에 설치된 수평 LM 가이드의 오기로 파

악하여야 하고, 그럴 경우에 이 사건 제1항 발명이 실시불가능한 발명으로서 산업상 이용할 수 없는 발명이라고는 할 수 없다.

특허법원 2004. 7. 15. 선고 2003허6104 판결

<1> 인체를 필수 구성요건으로 하는 발명이 특허의 대상에서 제외된다고 보아 온 근거는, 의료행위는 인간의 존엄 및 생존에 깊이 관계되어 있는 점, 모든 사람은 의사의 도움을 통하여 질병의 진단, 치료, 경감 또는 예방할 수 있는 의료방법을 선택하고 접근할 수 있는 권리가 보호되어야 한다는 점, 의료행위에 관한 발명을 특허의 대상으로 하게 되면 의사가 의료행위를 수행함에 있어 특허의 침해 여부를 신경쓰게 되어 의료행위에 대한 자유로운 접근이 어렵게 되는 점 등을 들 수 있는바, 인체를 필수 구성요건으로 하는 발명이라 하더라도 인체에 행하여지는 수술 또는 치료방법 등 의료행위에 해당하지 않는 한, 그 발명을 실행할 때 필연적으로 신체를 손상하거나, 신체의 자유를 비인도적으로 구속하여 특허법 제32조 소정의 '공공의 질서 또는 선량한 풍속을 문란하게 하거나 공중의 위생을 해할 염려가 있는 발명'에 해당되어 특허가 허용될 수 없는 경우를 제외하고는, 산업상 이용이 가능하여 특허로서 보호받을 수 있다.

<2> 이 사건 출원발명은 '일정한 단계를 특징으로 하는 케라틴 섬유의 영구적 형성 방법'에 관한 발명이고, '케라틴 섬유(Keratin 纖維)'라 함은 경단백질(硬蛋白質)로 이루어진 길고 가늘며 연하여 굽힐 수 있는 물질로서 모발(毛髮)을 말하는 사실을 인정할 수 있는바, 위 인정사실에 의하면 이 사건 출원발명은 모발에 환원 조성물 및 산화 조성물을 사용하여 모발을 영구적으로 재형성하기 위한 처리 방법에 관한 발명(이른바 '모발의 웨이브방법'에 관한 발명)이라 할 것이다. 이러

한 모발의 웨이브방법에 관한 발명은 인체를 필수 구성요건으로 하고
는 있지만, 의료행위가 아니라 미용행위에 해당한다 할 것이고, 그 발
명을 실행할 때 반드시 신체를 손상하거나 신체의 자유를 비인도적으
로 구속하는 것이라고도 볼 수 없으므로 공공의 질서 또는 선량한 풍
속을 문란하게 하거나 공중의 위생을 해할 염려가 있는 발명이라고도
할 수 없다 할 것이다.

<3> 특허청 심사기준(화학분야 산업부분별 심사기준집(II), 화장품 분
야, 3.2.1 산업상 이용 가능성)에는, 산업상 이용 가능성에 대하여, "화
장품을 인체에 사용하여 화장을 하는 방법의 발명은 특허법 제29조
제1항 본문에 규정된 산업상 이용할 수 있는 발명에 해당하지 않는 것
으로 본다. 다만, 염색을 하거나, 웨이브 하는 방법과 같이 화장품을
모발에 사용하여 화장을 하는 방법의 발명은 그 방법에만 특징이 있
어 달리 기재할 수 경우 산업상 이용할 수 있는 발명으로 본다."고 규
정되어 있는 사실을 인정할 수 있고, 이는 특허청이 인체를 필수 구성
요건으로 하는 방법의 발명에 관하여 엄격하게 심사기준을 제시한 것
으로 이해할 수 있으나,

이 사건 출원발명과 같이 의료행위에 관한 방법의 발명에도 해당하지
아니하고 그 발명을 실행할 때 인체에 손상을 가하거나 신체의 자유
를 비인도적으로 구속하는 경우에도 해당하지 않는 모발의 웨이브방
법에 관한 발명에 대하여, 반드시 그 방법에만 특징이 있어 달리 기재
할 수 없는 경우에만 산업상 이용할 수 있는 발명이라고 엄격하게 적
용할 필요는 없다 할 것이고, 또한 특허청의 심사기준은 그 내규에 불
과하여 법원의 판단을 기속하는 것이라 할 수 없으므로(대법원 1985.
2. 26. 선고 82후3 판결), 이 사건 출원발명이 특허청의 심사기준에 정
해진 요건을 결하였다는 피고의 위 주장은 이유 없다.

105

특허법원 2006. 12. 21. 선고 2006허4697 판결

<1> 청구항 1 발명은 정보통신 기술을 이용하여 새로운 영업방법을 실현하는 영업방법(BM)의 발명으로서,

경매법원에 설치되어 경매물건에 관한 정보를 제공하는 경매관할서버, 경매서비스 업체에 설치되어 경매서비스를 제공하는 경매서비스서버 및 경매정보 이용자의 정보단말기를 유무선 네트워크로 연결하여 경매 서비스를 제공함에 있어서(이하 전제부의 구성이라고 함),

경매물건에 대한 권리내용에 대응하는 전문가의 지식을 데이터베이스화하는 1단계,

경매법원에서 제공되는 경매물건 정보를 참조하여 물건 리스트 및 권리내용을 데이터베이스화하는 2단계,

데이터베이스화된 경매물건에 대한 등기권리와 물건화 권리를 우선일자 순으로 배열하여 1차 권리분석을 실행하고, 그 실행결과를 토대로 전문가 지식기반의 기본 분석결과 데이터를 데이터베이스화하는 1차 권리분석을 수행하는 3단계,

유무선 네트워크상에서 접속된 경매입찰자의 정보단말기로 경매물건 리스트와 경매입찰자가 선택한 경매물건에 대한 내역 및 기본 분석 데이터를 제공하고, 경매입찰자가 현재 선택한 경매물건의 권리내용을 수정하는지 여부를 판단하는 4단계 및

경매입찰자가 경매물건의 권리내용을 수정하면 등기부상 권리와 물건화 권리를 우선일자 순으로 다시 배열하여 2차 권리분석을 실행한 후 그 실행결과를 토대로 전문가 지식기반의 분석결과 데이터를 데이터베이스화하여 이용자의 정보단말기로 제공하는 2차 권리분석을 수행하는 5단계로 이루어져 있다. 한편, 청구항 6 발명은 앞서 본 경매관할서버와 경매서비스서버 및 정보단말기로 구성된 법원경매 부동산 분석 시스템으로서, 대부분의 구성요소가 청구항 1 발명과 실질적으로 동일하면서 발명의 카테고리만을 달리하는 발명이다.

<2> 특허발명은 경매법원에 설치된 경매관할서버와 경매서비스를 제공하는 경매서비스서버가 유무선 네트워크로 연결되어 있음을 필수적 구성요소로 한다. 그러나 특허발명의 청구범위에는 경매관할서버와 경매서비스서버 사이에 네트워크를 구축하는 기술적 구성이 명확하게 기재되어 있지 않다. 또한, 발명의 상세한 설명[갑 3호증(등록특허공보) 5면 44-51행]에는 경매관할서버(110)와 경매서비스서버(120)에 경매서비스 업체에서 개발한 경매진행처리를 위한 프로그램이 설치되어 있고, 경매서비스서버(120)가 경매관할서버(110)로부터 각 경매물건에 대한 정보를 제공받는다고만 기재되어 있을 뿐,
경매관할서버(110)와 경매서비스서버(120)에 설치된다는 경매진행처리를 위한 프로그램 이 어떤 내용의 프로그램인지, 경매서비스서버가 경매관할서버로부터 경매물건에 대한 정보를 제공받는 과정이 소프트웨어와 하드웨어가 어떻게 협동하고 동작함으로써 실현되는지에 대하여 구체적으로 명확하게 기재되어 있지 않다. 따라서 특허발명은, 이를 구성하는 소프트웨어의 측면에서만 보면 출원 전 공지된 발명들에 비하여 더 정확한 권리분석결과를 산출할 수 있다고 볼 여지는 있지만, 소프트웨어에 의한 정보처리가 하드웨어를 이용하여 구체적으로 실현되어야 하는 영업방법의 특허발명으로서는 이를 실현하는 방법이 결여된 미완성 발명에 해당하거나, 명세서의 기재가 특허법 제42조 제4항, 제3항의 규정에 위반되어 기재불비에 해당하므로, 특허를 받을 수 없다고 판단된다.

<3> 원고는, 경매관할서버와 경매서비스서버를 유무선 네트워크로 연결하는 구성은 청구항 1 발명의 전제부에 해당하는 구성으로서 특허발명의 기술적 특징을 담고 있는 부분이 아니므로, 위 구성에 해당하는 청구범위와 발명의 상세한 설명이 구체적으로 명확하게 기재되어 있지 않더라도 특허발명이 미완성발명 내지 기재불비에 해당한다고 볼 수 없다는 취지로 다툰다.
살펴건대, 특허 청구범위에는 발명의 구성에 없어서는 안되는 사항만

을 기재하여야 하므로 청구범위에 기재된 구성요소는 특별한 사정이 없는 한 모두 발명의 필수적 구성요소로 보아야 하고, 그것이 전제부의 구성에 해당한다고 하여 달리 볼 것은 아니다. 또한, 청구항이 복수의 구성요소로 되어 있는 특허발명의 경우 각 구성요소가 유기적으로 결합된 전체로서의 기술사상이 보호되는 것이지 각 구성요소가 독립하여 보호되는 것은 아니다. 따라서, 특허발명의 미완성 내지 기재불비 여부를 판단할 때 구성요소의 경중에 따라 판단기준을 달리할 수 없으므로, 원고의 항쟁은 더 살펴볼 필요 없이 이유 없다.

대법원 1990. 2. 27. 선고 89후1080 판결

본원발명에서의 신균주 MW-6643은 신규한 것으로 인정이 되는데 본원발명에 이용된 신규 중간 변이주 MW-6643을 얻기 위한 균주 MW-1672의 입수방법에 관하여 균주 MW-1672가 공지균주인지 또는 용이하게 입수 가능한지 여부가 발명의 상세한 설명에 기재되어 있지 아니하고 설사 모균주를 용이하게 입수한다 하여도 최초 출원명세서에는 변이주를 얻기 위한 처리과정이 구체적으로 기재되어 있지 않아(구체적인 배지조정, 처리시간, 배양조건 등)

본원발명은 이 발명이 속하는 기술분야에서 통상의 지식을 가진 자가 용이하게 실시할 수 있을 정도로 기재되어 있다고 할 수 없다고 판시하고 있는 바 기록에 비추어 살펴보면 원심의 위와 같은 판단은 수긍이 가고 거기에 소론과 같은 심리미진 판단, 유탈이나 법리오해의 위법이 없다.

출원인이 당초 제출한 본원발명의 명세서에 중간 균주인 MW-6643의 구체적인 선발방법이 기재되어 있지 아니하므로 원심이 미생물의 돌연변이 생성에 있어서는 일반화학 반응과는 달리 동일한 실시방법으로 언제나 동일한 변이주를 얻을 수 있다는 보장이 없고 설사 수많은 반복실험을 통하여 동일한 변이주를 얻을 수 있다고는 하여도 이는 실험자에게 과도한 부담을 지우게 하는 것이므로 그와 같이 실시 가능한 확률이 대단히 적을 때에는 용이하게 실시할 수 있도록 개시되었다고 할 수 없다고 판시한 것은 정당하다.

대법원 1987. 9. 29. 선고 84후54 판결

일반적으로 컴퓨터는 제어장치, 논리 연산장치, 기억장치 및 입출력장치로 구성되어 있고, 그 기계적 설비인 하드웨어는 독자적인 작업수행 능력이 없고, 소프트웨어인 프로그램의 작업수행 지시에 따라 지정목적을 위한 제어 논리 및 연산 기억 등의 기능을 발휘하는 것이어서 하드웨어 자체는 범용성이 있다고 할 것이므로 컴퓨터를 기능실현 수단으로 이용한 장치발명의 출원에 있어서 그 장치에 고유한 독자적인 작업수행능력을 갖도록 특별히 고안된 하드웨어를 사용한다면 모르되 범용성이 있는 하드웨어를 사용하는 경우에는 하드웨어 자체의 구성에 관한 상세한 설명을 특허출원서에 일일이 기재하지 아니하더라도 컴퓨터와 관련된 기술분야에서 평균적 기술능력을 가진 자이면 하드웨어의 기능내용을 능히 이해할 수 있다고 보는 것이 타당하다.

대법원 2006. 11. 24. 선고 2003후2089 판결

<1> 특허발명의 청구항이 '어떤 구성요소들을 포함하는 것을 특징으로 하는 방법(물건)'이라는 형식으로 기재된 경우, 그 특허발명의 청구항에 명시적으로 기재된 구성요소 전부에 더하여 기재되어 있지 아니한 요소를 추가하여 실시하는 경우에도 그 기재된 구성요소들을 모두

포함하고 있다는 사정은 변함이 없으므로 그와 같은 실시가 그 특허발명의 권리범위에 속함은 물론이며, 나아가 위와 같은 형식으로 기재된 청구항은 명시적으로 기재된 구성요소뿐 아니라 다른 요소를 추가하여 실시하는 경우까지도 예상하고 있는 것이라고 볼 것이다.

<2> 특허법 제42조 제4항은 특허청구범위에는 보호를 받고자 하는 사항을 기재한 청구항이 1 또는 2 이상 있어야 하며 그 청구항은 다음 각 호에 해당하여야 함을 규정하고 있는데 그 뜻은 다음과 같이 해석하여야 할 것이다. 먼저, 같은 항 제1호는 '특허청구범위가 상세한 설명에 의하여 뒷받침될 것'을 요구하고 있는바, 그 의미는 청구항은 특허출원 당시의 기술 수준을 기준으로 하여 그 발명과 관련된 기술분야에서 통상의 지식을 가진 자(이하 '통상의 기술자'라고 한다)의 입장에서 볼 때 그 특허청구범위와 발명의 상세한 설명의 각 내용이 일치하여 그 명세서만으로 특허청구범위에 속한 기술구성이나 그 결합 및 작용효과를 일목요연하게 이해할 수 있어야 한다는 것이다 (대법원 2003. 8. 22. 선고 2002후2051 판결, 2005. 11. 25. 선고 2004후3362 판결 각 참조).

다음으로, 같은 항 제2호는 '발명이 명확하고 간결하게 기재될 것'을 요구하고 있는바, 그 취지는 특허법 제97조가 특허발명의 보호범위는 특허청구범위에 기재된 사항에 의하여 정하여진다고 규정하고 있음에 비추어 청구항에는 명확한 기재만이 허용되는 것으로서 발명의 구성을 불명료하게 표현하는 용어는 원칙적으로 허용되지 아니하며, 나아가 특허청구범위의 해석은 명세서를 참조하여 이루어지는 것임에 비추어 특허청구범위에는 발명의 상세한 설명에서 정의하고 있는 용어의 정의와 다른 의미로 용어를 사용하는 등 결과적으로 청구범위를 불명료하게 만드는 것도 허용되지 않는다는 것이다.

마지막으로, 같은 항 제3호는 청구항에는 '발명의 구성에 없어서는 아니 되는 사항만으로 기재될 것'을 규정하고 있는바, 이 규정은 출원발명에 대한 특허 후에 그 특허청구범위에 발명의 구성에 필요한 구성요소를 모두 기재하지 아니하였음을 들어 특허 당시 기재되어 있지 아니하였던 구성요소를 가지고 원래 기재되어 있던 듯이 포함하여 해석하여야 한다고 주장할 수 없음은 물론, 청구항에 기재된 구성요소는 모두 필수구성요소로 파악되어야 하며 일부 구성요소를 그 중요성이 떨어진다는 등의 이유로 필수구성요소가 아니라고 주장할 수 없다는 것 (대법원 2005. 9. 30. 선고 2004후3553 판결 참조)을 확인하는 것으로 보아야 할 것이다.

<3> 한편, 특허법 제42조 제3항은 발명의 상세한 설명에는 통상의 기술자가 용이하게 실시할 수 있을 정도로 그 발명의 목적·구성 및 효과를 기재하여야 한다고 규정하고 있는바, 그 뜻은 특허출원된 발명의 내용을 제3자가 명세서만으로 쉽게 알 수 있도록 공개하여 특허권으로 보호받고자 하는 기술적 내용과 범위를 명확하게 하기 위한 것이므로 통상의 기술자가 당해 발명을 명세서 기재에 의하여 출원시의 기술수준으로 보아 특수한 지식을 부가하지 않고서도 정확하게 이해할 수 있고 동시에 재현할 수 있는 정도를 말하는 것이고(대법원 1999. 7. 23. 선고 97후2477 판결, 2005. 11. 25. 선고 2004후3362 판결 등 참조) 명세서 기재에 오류가 있다면, 그러한 오류가 설령 통상의 기술자가 명세서를 면밀하게 살펴보고 통상적인 시험을 거친다면 알 수 있는 것이어서 그 오류에도 불구하고 통상의 기술자라면 그 특허발명을 정확하게 이해하고 재현할 수 있는 정도라고 하더라도 위 규정에 위배된 기재불비가 있다고 할 것이다(대법원 1996. 6. 14. 선고 95후1159 판결, 1999. 12. 10. 선고 97후2675 판결 각 참조).

<4> "한·영 자동전환 방법"이라는 명칭의 이 사건 특허발명(등록 제165591호)의 특허청구범위 중 독립항인 이 사건 제1항, 제16항, 제21항 발명은 모두 '어떤 단계와 어떤 단계들을 포함하여 이루어지는 것을 특징으로 하는 한·영 자동전환 방법' 혹은 '어떤 단계와 어떤 단계들을 포함하는 한·영 자동전환 방법'과 같이 기재되어 있어, 명시

적으로 기재된 구성요소 외에 다른 요소들을 추가하여 실시하는 것까지도 예정하고 있다고 할 것이고, 더욱이 이 사건 특허발명은 어절 데이터의 관리, 저장 및 제어 과정의 개선에 발명의 목적이나 효과가 있는 것이 아니며, 나아가 어절 데이터의 관리, 저장 및 제어 과정을 특허청구범위의 구성요소의 하나로 포함시켜 특허요건의 판단에 있어서는 유리하지만 권리범위는 좁아지게 할 것인지 아니면 위 과정을 특허청구범위의 구성요소로 기재하지 아니함으로써 권리범위를 넓히되 특허요건의 판단에 있어서 불리한 처지에 설 것인지는 출원인의 의사와 판단에 달린 문제이므로, 설령 이 사건 특허발명을 채택한 워드프로세서 등을 실제 컴퓨터에서 실행함에 있어서는 어절 데이터의 관리, 저장 및 제어 과정이 컴퓨터에 의하여 반드시 수행된다고 하더라도 이러한 사정만을 가지고 출원인이 스스로 발명의 상세한 설명이나 도면에도 기재한 바 없는 위 과정을 일컬어 이 사건 특허발명의 청구항에 반드시 기재되어야만 하는 구성요소라고 인정하고 위 단계의 기재가 누락되었기 때문에 특허법 제42조 제4항 제1호 내지 제3호를 위배한 것이라고는 할 수 없을 것이다.

<5> 나아가 이 사건 특허발명의 각 청구항이 그 실시에 있어서 다른 요소를 추가하여 실시할 것을 예정하고 있음은 앞서 본 바이고, 한편 한글 모드와 영문 모드를 자동으로 전환하도록 하는 이 사건 특허발명을 채택하여 프로그램을 작성하거나 그러한 워드프로세서 등을 컴퓨터에서 실행함으로써 이 사건 특허발명을 실시함에 있어서는 어절 데이터의 저장, 관리 및 제어 과정을 포함하여 실시할 것으로 보이지만, 통상의 기술자가 위 과정을 추가하여 프로그램을 작성함으로써 이 사건 특허발명을 실시하도록 하는 것이 출원 당시의 기술수준으로 보아 특수한 지식을 부가하거나 과도한 실험을 거칠 것이 요구된다는 사정을 인정하기 어려운 이 사건에서 위 과정이 발명의 상세한 설명에 기재되지 아니하였다고 하여 특허법 제42조 제3항이나 제4항 제1호에 위반된 기재불비가 있다고 할 수 없다.

<6> 그러나 이 사건 제1항 발명을 인용하고 있는 이 사건 제13항 발명의 제2단계, 이 사건 제16항 발명의 제2단계 및 위 제16항 발명을 인용하고 있는 이 사건 제17항 내지 제20항 발명의 각 제2단계는 어절을 단어와 어미로 혹은 단어와 조사로 분리하는 단계로서(이 사건 특허발명의 명세서는 어미와 조사를 혼용하여 설명하고 있다) 그에 관한 명세서의 발명의 상세한 설명 부분은 도면 22를 가지고 설명하고 있으나, 위 설명 및 위 도면에는 어미나 조사가 없는 단어를 처리하기 위한 분기조건이 누락되어 있어 어미나 조사가 없는 단어를 처리하는 경우에는 프로그램이 발명의 상세한 설명 및 도면 22의 단계 264, 266 및 267만을 반복적으로 실행하여 그 부분에서 벗어나지 못하는 <u>무한 루프(end loop) 상태에 빠지게 되는 오류가 있고, 이러한 오류는 설령 이 사건 특허발명을 채택한 프로그램을 작성하는 과정에서 여러 가지 데이터를 적용하여 시험하는 통상적인 시뮬레이션 과정에서 발견되어 치유될 가능성이 높다고 하더라도, 통상의 기술자가 당해 발명을 명세서 기재에 의하여 정확하게 이해할 수 있고 재현할 수 있을 정도로 기재되었다고 할 수 없음은 물론 특허청구범위와 발명의 상세한 설명의 각 내용이 일치하여 그 명세서만으로 특허청구범위에 속한 기술구성이나 그 결합 및 작용효과를 일목요연하게 이해할 수 있다고 할 수 없</u>어, 이 사건 제13항 발명, 제16항 발명(이 사건 제16항 발명은 원심이 다른 이유로 무효라고 판단하였다), 제17항 내지 제20항 발명은 특허법 제42조 제3항 및 제4항 제1호에 위반된 기재불비가 있다고 할 것이고, 이 점을 지적하는 피고의 상고이유는 이유 있다.

113

특허법원 2006. 11. 1. 선고 2005허10435 판결

<1> 이 사건 출원발명의 청구범위에 의하면, 이 사건 출원발명은 무선 랜과 인공위성을 이용한 인터넷폰장치에 관한 것으로서, 무선랜카드 를 포함하는 무선인터넷폰장치, 위성송수신유선랜카드를 포함하는 위성인터넷폰장치 및 무선위성랜카드를 포함하는 무선위성인터넷폰장 치 등 전체 3개의 발명으로 구성되어 있음을 알 수 있다. 그러나 그 명 세서에는 단지 각 구성요소(무선랜카드, 유선랜카드, 무선라우터, 액 세스 포인터, 안테나, 위성라우터 등)를 나열하고 그 순서에 따라 인터 넷폰 통화가 가능하다고만 하고 있을 뿐 개별 구성요소의 구성, 각 구 성요소 간의 상호 연결관계 및 작용에 관한 기재가 전혀 없다. 따라서 이 사건 출원발명의 명세서의 상세한 설명의 기재만으로는 이 분야에 서 통상의 지식을 가진 자가 그 발명을 정확히 이해하고 재현할 수 없 으므로 특허거절결정의 사유가 된다고 할 것이다.

<2> 이 사건 출원발명의 청구범위에는, 도 1에 의한 무선인터넷폰장 치의 구성과 도 2에 의한 위성인터넷폰장치 및 도 3에 의한 무선위성 인터넷폰장치 등의 3개의 서로 다른 실시예로 이루어진 3개의 발명을 하나의 청구항에 기재하고 있으나, 발명의 상세한 설명에는 각각의 실 시예에 대한 것만 기재되어 있고, 3개의 발명, 즉 3개의 실시예가 통합 된 실시예에 대한 설명은 기재되어 있지 아니하므로 이 사건 출원발명 의 청구범위는 발명의 상세한 설명에 의하여 뒷받침된다고 할 수 없다. 또한 이 사건 출원발명의 청구범위에는 장치의 구성요소(무선인터넷 폰장치, 무선랜카드장치, 위성인터넷폰장치, 위성송수신유선랜카드, 무선위성인터넷폰장치, 무선위성랜카드장치 등)들과 방법의 구성요소 (무선랜에 접속하는 단계, 공중으로 송신하는 단계, 통화 가능한 단계, 데이터가 저장되는 단계 등)들이 섞여서 기재되어 있어 이 사건 출원 발명이 장치의 발명에 관한 것인지 방법의 발명에 관한 것인지가 명 확하지 아니하고(원고는 이 사건 출원발명이 방법에 관한 발명만이라

고 주장하나, 이에 관한 구체적인 기재도 찾아 볼 수 없다), 3개의 실시예인 무선인터넷폰장치, 위성인터넷폰장치, 무선위성인터넷폰장치의 구성요소들 사이의 결합관계도 불명확하다. 따라서 이 사건 출원발명의 청구범위는 발명의 상세한 설명에 의하여 뒷받침되지 않을 뿐만 아니라 발명이 명확하고 간결하게 기재되지도 아니하였으므로 특허거절결정의 사유가 된다고 할 것이다.

특허법원 2006. 11. 23. 선고 2006허1926 판결

<1> 이 사건 제1항 고안의 등록청구범위에는 제2 구성으로서 "텅스텐사(2)를 직물지(7)와 함께 편직하여 직물지(7)의 표면에 텅스텐사(2)가 돌출된 세척부(3)를 일렬로 형성하고"라고 기재되어 있는 반면, 이 사건 등록고안의 명세서(갑 제2호증의 2) 중 고안의 상세한 설명에는 "텅스텐사를 합성수지사와 함께 편직하여 나일론 직물지의 표면에 돌출되게 직조함으로써 돌출된 텅스텐사가 세척부를 형성하고"라고 기재되어 있어, 텅스텐사와 함께 편직되는 대상에 관하여 "직물지(7)"와 "합성수지사"로 등록청구범위와 고안의 상세한 설명에 다르게 기재되어 서로 일치하지 아니한다.

<2> 그런데 광의의 직물(textile, cloth)에는 경사와 위사가 짜인 천을 의미하는 협의의 직물(woven fabrics) 외에도 실 또는 끈으로 떠서 만든 천{1계통의 실이 편환(loop)을 만들고 이들 편환이 전후 좌우 방향에서 서로 조합하여 직물을 구성하는 천}을 의미하는 편물(knitted fabrics)도 포함되고(갑 제19호증), 이 사건 제1항 고안의 등록청구범위와 고안의 상세한 설명에 "편직"이라는 단어가 함께 사용되고 있는 점에 비추어 보면, 이 사건 제1항 고안의 "직물지(7)"는 협의의 직물이 아닌 광의의 직물을 의미하고 구체적으로는 편물에 해당하는 천

으로 해석되는바, 이 사건 제1항 고안의 등록청구범위에 기재된 바와 같이 이미 완성된 편물 형태의 천에 다시 텅스텐사를 위사 또는 경사로 사용하여 편환을 이루도록 편직함으로써 돌출부를 형성시키는 기술이 설사 그 자체가 실시 불가능하지는 않다고 하더라도, 이 사건 제1항 고안이 의도하는 세척부 및 배수홈을 효율적으로 형성시킬 수 없으므로 실제로 수세미를 제조하는 데 이용될 것으로는 보이지 아니하고, 원고들도 이 사건 제1항 고안의 등록청구범위 중 제2 구성 부분은 고안의 상세한 설명에 기재된 대로 바로 잡아 해석되어야 한다고 주장하고 있는 점 등에 비추어 보면, 결국 이 사건 제1항 고안의 등록청구범위에 기재된 "텅스텐사(2)를 직물지(7)와 함께 편직" 부분은 "텅스텐사(2)를 합성수지사와 함께 편직"의 잘못된 기재이다.

그렇다면, 이 사건 제1항 고안은 등록청구범위와 고안의 상세한 설명의 각 내용이 일치하지 아니하여 명세서만으로는 등록청구범위에 속한 기술구성이나 그 결합 및 작용효과를 일목요연하게 이해할 수 없는 경우에 해당하고, 당해 기술분야에서 통상의 지식을 가진 자가 고안의 상세한 설명의 기재에 의하여 이 사건 제1항 고안의 제2 구성을 보완하여 보면 위와 같은 명세서 기재의 오류와 기술구성을 알 수 있다고 하더라도, 이를 가리켜 명세서 기재불비가 아니라고 할 수 없다.

대법원 2004. 12. 9. 선고 2003후496 판결

이 사건 특허발명의 특허청구범위 제1, 2, 4, 5항에는 모두 떡소로서 "크림"을 이용하거나 "크림"을 주입한다고만 기재되어 있을 뿐이며 이를 특별히 한정하는 기재는 없고, 이 사건 특허발명의 기술분야와 같은 떡류를 포함한 과자류에서 '크림'이라고 함은 우유에서 분리한 지방분 또는 이것을 원료로 하여 다른 재료를 배합한 식품을 의미함을 알 수 있으며, 팥소보다 수분 함량이 많은 크림은 떡소로 사용하지 않는다는 것이 그 분야의 기술상식이라고 볼 만한 사정도 없다. 그러므로 이 사건 특허발명의 특허청구범위 제1, 2, 4, 5항에 기재된 "크림"은 수분 함량과 관계없이 우유에서 분리한 지방분 또는 여기에 다른 재료를 배합한 식품이라는 의미로 그 분야의 평균적 기술자에게 명확히 이해되는 용어에 해당할 뿐, 발명의 상세한 설명의 항목에 있는 기재 등을 참작하지 아니하면 이해할 수 없는 용어라거나 그 기재가 오기임이 발명의 상세한 설명의 기재에 비추어 보아 명확하다고 할 수 없다. 그런데 이 사건 특허발명의 상세한 설명에서 '크림'에 관하여 위와 같이 기재한 내용에 의하면, 여기에서는 수분 함량이 적어도 떡(생지)보다 낮아서 떡(생지)으로 수분 이행을 초래하지 아니하는 '크림'만을 떡소로 하는 떡의 구성 및 효과를 설명하고 있다고 보인다. 따라서 이 사건 특허발명의 특허청구범위 제1, 2, 4, 5항의 기재는 발명의 상세한 설명에 기재된 발명의 공헌도에 비추어 지나치게 넓은 경우로서 발명의 상세한 설명에 의하여 뒷받침되지 아니한다.

117

특허법원 2000. 10. 12. 선고 98허8854 판결

<1> 발명의 상세한 설명에는 청구의 범위에 기재된 발명을 당업자가 용이하게 실시할 수 있도록 기재하면 충분한 것으로서, 상세한 설명에 당해 발명의 구성과 관계 없는 실시예가 포함되어 있다고 하더라도 당업자가 그 실시예가 그 발명과 관계없는 것임을 쉽게 알 수 있는 경우에는 그 발명을 실시하는데 장애가 되는 것은 아니므로 이와 같은 경우에 발명의 특허청구의 범위가 상세한 설명의 기재에 의하여 뒷받침되지 않은 것이라고 할 수 없다.

이 사건에 있어서 보건대, 이 사건 출원발명의 청구범위 제1항에 기재된 구성 중 셀벽 사이에 포함된 다색재료가 염료를 의미하는 것임은 앞에서 본 바와 같으므로 이 사건 출원발명은 광흡수수단으로 염

료를 사용하는 구성으로 한정되어 있는 것이라 할 것이고, 갑1호증의 기재에 의하면 10개의 실시예 중에 실시예4에만 광흡수수단으로 염료가 사용되지 않고 있는 사실을 인정할 수 있으므로, 실시 불가능한 실시예4가 상세한 설명에 실시예 중의 하나로 기재되어 있다고 하더라도 당업자로서는 실시예4가 이 사건 출원발명의 실시예가 아님을 쉽게 파악할 수 있다 할 것이어서, 이 사건 출원발명의 특허청구의 범위가 상세한 설명에 의하여 뒷받침되지 못한다고 할 수는 없는 것이다. 따라서, 이 사건 심결에서 실시예4가 이 사건 출원발명의 실시예 중의 하나에 속한다는 전제 아래 그 실시가 불능이라는 이유로 이 사건 출원발명의 특허청구의 범위 제1항이 실시예에 의하여 뒷받침되지 않아 특허를 받을 수 없는 것이라고 한 것은 잘못된 것이라고 할 것이고, 이와 관련된 원고의 주장은 그 이유가 있다.

<2> 특허가 된 발명의 보호범위는 특허출원서에 첨부한 명세서의 특허청구의 범위에 기재된 사항으로 한정되는 것이고(구 특허법 제57조), 특허청구의 범위는 일반 사회에 대하여 자기의 권리로서 주장하는 범위를 정함과 동시에 제3자에 대하여 자유로운 실시를 허용하는 범위를 명확하게 하는 역할을 하는 것으로서 특허청구의 범위에는 특허를 받고자 하는 발명의 구성에 없어서는 아니 되는 사항을 기재하여야 하는 것인바, 그러한 구성에 있어서 수치를 한정하는 것이 의미가 있다고 하더라도 그 구성만을 기재하는 것에 의하여 당업자가 그 발명의 구성 내용을 쉽게 파악할 수 있다면, 그 구체적인 수치까지 반드시 기재하여야 하는 것은 아니다. 다만, 그러한 구성의 수치를 한정하여 기재하지 아니하는 경우에는 특허청구의 범위가 광범위하게 되는 결과 그 발명의 구성이 신규성이나 진보성이 없게 될 가능성이 많아지기는 하겠지만 발명의 구성에 있어서 수치 한정을 하지 않았다고 하여 그 기재자체가 불명확하게 된 것이라고 할 수는 없다.

<3> 이 사건 출원발명에 있어서 보건대, 이 사건 출원발명의 청구범위

제1항에 "상기 각각의 어드레스 가능한 요소가 광투과 상태와 광흡수 상태 사이를 직접 스위치할 수 있고, 날카로운 투과/전압 특성을 갖지만 실질적인 히스테리시스를 갖지 않도록, 상기 재료의 탄성상수 및 유전상수, 상기 표면정렬에 의해 유도된 분자 경사 및 트위스트 각도, 상기 재료의 층 두께 및 자연피치의 상기 장치 파라미터들이 집합적으로 조정(collectively arranged)되는"과 같이 기재되어 있음은 앞서 본 바와 같고, 위의 각 구성부분들은 이 사건 출원발명을 실시함에 있어서 필요한 파라미터들임은 당사자 사이에 다툼이 없으므로 위 기재 부분은 비록 개별적인 파라미터들의 수치를 한정하지는 않았지만, 그로 인하여 이 사건 출원발명의 발명의 상세한 설명에 위 파라미터를 특정하는 기재가 누락되었다는 이유로 기재불비가 되거나 그 특허청구의 범위가 광범위하므로 신규성이나 진보성이 없게 될 수 있는 것은 별도로 하고, 위 기재 자체가 불명확한 것이 되는 것은 아니므로 위 특허 청구의 범위의 기재가 불명확하다는 이 사건 심결의 판단은 잘못된 것이라고 할 것이고 이를 다투는 원고의 주장도 그 이유가 있다.

119

특허법원 2007. 4. 6. 선고 2006허7795 판결

이 사건 특허발명의 특허청구범위 청구항 1에 기재된 배출부(70)에 관한 구성 중 공급롤러블록조정장치(395)는 배출롤러블록조정장치(395)의, 동력전달부(80)에 관한 구성 중 상, 하부롤러(321, 331)는 상, 하부롤러(321, 322)의, 상, 하부롤러(391, 392)는 상, 하부배출롤러(391, 392)의 각 오기임이 명백하고, 역시 동력전달부(80) 중 이송하부롤러기어(510)는 제1이송롤러제1하단기어(510)와 도면부호가 같으면서도 명칭을 달리하여 기재되어 있기는 하다. 그러나 특허청구범위의 위와 같은 오기들은 명세서의 상세한 설명과 도면을 참작하지 않더라도 그러한 오기가 포함되어 있는 청구항의 다른 기재를 대조하여 보면 누구나 아주 쉽게 알 수 있는 도면부호와 구성요소 명칭의 단순한 오기임이 명백하고, 따라서 이러한 정도의 단순한 오기만으로는 특허발명의 구성이 불명료해지고 통상의 기술자가 그 발명의 구성을 정확하게 이해하여 재현할 수 없는 것이 아니므로, 이를 들어 명세서의 기재불비에 해당한다고 할 수 없다.

특허법원 2006. 8. 3. 선고 2005허5693 판결

<1> 이러한 특허출원 명세서의 기재요건에 관한 법리를 이 사건 출원발명과 같은 화학물질의 발명(청구항 1.은 신규 화합물인 화학식 XV 화합물을 함유하는 약학 조성물에 관한 발명이므로 새로운 화학물질의 발명이라고 할 수 있다.)과 관련하여 살펴보면, 화학물질의 발명은 그 구성이 화학물질 그 자체이므로 출원 당시의 명세서에 의하여 그 화학물질의 존재가 확인될 수 있어야 할 것인바, 화학발명은 다른 분야의 발명과 달리 직접적인 실험과 확인, 분석을 통하지 아니하고는 발명의 실체를 파악하기 어렵고, 화학분야의 경험칙상 화학이론 및 상식으로는 당연히 유도될 것으로 보이는 화학반응이 실제로는 예상외의 반응으로 진행되는 경우가 많으므로,

화학물질의 존재가 확인되기 위해서는, 그 화학물질의 합성을 위하여 명세서에 개시된 화학반응이 당업자라면 누구나 수긍할 수 있을 정도로 명확한 것이 아닌 한, 단순히 그 화학구조가 명세서에 기재되어 있는 것으로는 부족하고 출원 당시의 명세서에 당업자가 용이하게 재현하여 실시(제조)할 수 있을 정도로 구체적인 제조방법이 필수적으로 기재되어 있어야 할 것이고, 원소분석치, NMR(Nuclear Magnetic Resonance; 핵자기공명) 데이터, 융점, 비점 등의 확인자료가 기재되어 있는 것이 바람직하고, 특히 출원 당시의 기술수준으로 보아 당업자가 명세서의 기재만에 의하여 화학물질을 제조할 수 있는지 여부가

의심스러운 경우에는 이들 확인자료가 필수적으로 기재되어 있어야 할 것이다.

<2> 이 사건 출원발명의 명세서 중 발명의 상세한 설명에는 "본 발명에 사용된 용어 '레티노이드 길항제'는 하기 화학식 I 내지 XVI 의 화합물을 포함한다."(을 제1호증, 제7면 제3, 4행)고 하면서 a)부터 f)까지 화합물이 나열되어 있는데, 그 중 하나가 "f) 하기 화학식 XV 및 XVI의 RXR 길항제(유럽 특허 출원 제97 107 843.1호, 문헌 [J. Med. Chem. 1996, 39, 3229] 및 [Nature 1996, 383, 450]에 기술되어 있다)"(을 제1호증, 제13면 제3 내지 5행)이고, 그 아래에는 화학식 XV 화합물과 화학식 XVI 화합물의 화학구조식만 기재되어 있을 뿐이며, 위 인용문헌인 유럽 특허 출원 제97 107 843.1호, 문헌[J. Med. Chem. 1996, 39, 3229] 및 [Nature 1996, 383, 450]에도 화학식 XV 화합물의 제조방법이 기재되어 있지 않다. 한편, 이 사건 출원발명의 명세서 중 실시예 가운데 레티노이드 길항제를 시험한 시험결과를 나타낸 표 I 내지 IV에는, 화합물 C인 (2E, 4E, 6Z)-7-[2-부톡시-3,5-비스(1,1-디메틸에틸)페닐]-3-메틸-2,4,6-옥타트리엔산(화학식 XV 화합물의 한 종류에 해당함)이 활성화된 인간 단핵세포에 의해 IL-12생산을 자극하고, 나이브 T 세포의 IL-4-분비 Th2 세포로의 분화를 감소시키며, 알러젠-유도성 기도 염증의 쥐 모델에서 기도 염증 세포 축적 억제를 나타내는 데이터(을 제1호증, 제23, 24, 25, 27면)가 제시되어 있다. 이와 같이 명세서에 단순히 화학구조식과 의약의 용도발명의 약리데이터가 제시되어 있다고 하여도, 이것들만으로는 신규화합물인 화학식 XV 화합물의 고유의 물성을 확인할 수 있는 물성데이터를 알 수 없고, 이를 제조하는 출발물질, 반응공정 및 조건 등과 같은 제조방법 역시 알 수 없으므로, 특별한 사정이 없는 한 이 사건 출원발명은 명세서의 기재로부터 당업자가 그 내용을 명확하게 이해하고 과도한 시행착오 없이 그 발명을 용이하게 실시할 수 없다.

대법원 2015. 1. 22. 선고 2011후927 전원합의체 판결

<1> 특허법 제2조 제3호는 발명을 '물건의 발명', '방법의 발명', '물건을 생산하는 방법의 발명'으로 구분하고 있는바, 특허청구범위가 전체적으로 물건으로 기재되어 있으면서 그 제조방법의 기재를 포함하고 있는 발명(이하 '제조방법이 기재된 물건발명'이라고 한다)의 경우 제조방법이 기재되어 있다고 하더라도 발명의 대상은 그 제조방법이 아니라 최종적으로 얻어지는 물건 자체이므로 위와 같은 발명의 유형 중 '물건의 발명'에 해당한다. 물건의 발명에 관한 특허청구범위는 발명의 대상인 물건의 구성을 특정하는 방식으로 기재되어야 하는 것이므로, 물건의 발명의특허청구범위에 기재된 제조방법은 최종 생산물인 물건의 구조나 성질 등을 특정하는 하나의 수단으로서 그 의미를 가질 뿐이다.

<2> 따라서 제조방법이 기재된 물건발명의 특허요건을 판단함에 있어서 그 기술적 구성을 제조방법 자체로 한정하여 파악할 것이 아니라 제조방법의 기재를 포함하여 특허청구범위의 모든 기재에 의하여 특정되는 구조나 성질 등을 가지는 물건으로 파악하여 출원 전에 공지된 선행기술과 비교하여 신규성, 진보성 등이 있는지 여부를 살펴야 한다.

<3> 한편 생명공학 분야나 고분자, 혼합물, 금속 등의 화학 분야 등에서의 물건의 발명 중에는 어떠한 제조방법에 의하여 얻어진 물건을 구조나 성질 등으로 직접적으로 특정하는 것이 불가능하거나 곤란하여 제조방법에 의해서만 물건을 특정할 수밖에 없는 사정이 있을 수 있지만, 이러한 사정에 의하여 제조방법이 기재된 물건발명이라고 하더라도 그 본질이 '물건의 발명'이라는 점과 특허청구범위에 기재된 제조방법이 물건의 구조나 성질 등을 특정하는 수단에 불과하다는 점은 마찬가지이므로, 이러한 발명과 그와 같은 사정은 없지만 제조방법이 기재된 물건발명을 구분하여 그 기재된 제조방법의 의미를 달리 해석할 것은 아니다.

<4> 이와 달리, 제조방법이 기재된 물건발명을 그 제조방법에 의해서만 물건을 특정할 수밖에 없는 등의 특별한 사정이 있는지 여부로 나누어, 이러한 특별한 사정이 없는 경우에만 그 제조방법 자체를 고려할 필요가 없이 특허청구범위의 기재에 의하여 물건으로 특정되는 발명만을 선행기술과 대비하는 방법으로 진보성 유무를 판단해야 한다는 취지로 판시한 대법원 2006. 6. 29. 선고 2004후3416 판결, 대법원 2007. 5. 11. 선고 2007후449 판결, 대법원 2007. 9. 20. 선고 2006후1100 판결, 대법원 2008. 8. 21. 선고 2006후3472 판결, 대법원 2009. 1. 15. 선고 2007후1053 판결, 대법원 2009. 3. 26. 선고 2006후3250 판결, 대법원 2009. 9. 24. 선고 2007후4328 판결 등을 비롯한 같은 취지의 판결들은 이 판결의 견해에 배치되는 범위 내에서 모두 변경하기로 한다.

<5> 원심은, 이 사건 제6항 발명의 방법에 의하여 제조된 물건인 '편광필름'을 그 특허청구범위로 하여 제조방법이 기재된 물건발명에 해당하는 이 사건 제9, 10항 발명을 비교대상발명들과 대비함에 있어서, 이 사건 제6항 발명의 진보성이 부정되지 않는다고 판단한 다음 곧바로 그에 따라 이 사건 제9, 10항 발명의 진보성도 부정되지 않는다고 판단하였다. 앞서 본 법리에 비추어 볼 때, 제조방법이 기재된 물건발명에 해당하는 이 사건 제9, 10항 발명에 관하여는 <u>그 제조방법의 기재를 포함한 특허청구범위의 모든 기재에 의하여 특정되는 구조나 성질을 가진 물건의 발명만을 비교대상발명들과 대비하여 진보성 유무를 판단하였어야 함</u>에도, 원심은 그에 이르지 아니한 채 제조방법에 관한 발명의 진보성이 부정되지 않는다는 이유만으로 곧바로 그 제조방법이 기재된 물건의 발명인 이 사건 제9, 10항 발명의 진보성도 부정되지 않는다고 판단하였으니, 이러한 원심판결에는 제조방법이 기재된 물건발명의 진보성 판단에 관한 법리를 오해하여 판결에 영향을 미친 위법이 있다. 이를 지적하는 상고이유의 주장은 이유가 있다.

대법원 2001. 11. 13. 선고 99후2396 판결

<1> '그 발명이 속하는 기술분야에서 통상의 지식을 가진 자가 용이하게 실시할 수 있을 정도'라 함은 그 출원에 관한 발명이 속하는 기술분야에서 보통 정도의 기술적 이해력을 가진 자, 평균적 기술자가 당해 발명을 명세서 기재에 의하여 출원시의 기술수준으로 보아 특수한 지식을 부가하지 않고서도 정확하게 이해할 수 있고 동시에 재현할 수 있는 정도를 뜻하는 것이라고 할 것이므로, 특허출원의 명세서가 위와 같은 요건을 구비하지 못한 경우에는 구 특허법 제82조 제1항 제1호에 의하여 특허거절사정의 사유가 된다 할 것이다(대법원 1995. 7. 14. 선고 94후654 판결, 1996. 6. 28. 선고 95후95 판결, 1997. 7. 25. 선고 96후2531 판결, 1999. 7. 23. 선고 97후2477 판결 등 참조).

<2> 의약제에 관한 발명인 이 사건 출원발명은 제약 조성물의 제토제(制吐劑)로서의 용도에 관한 발명으로서 약리효과와 관련하여 그 출원명세서에 "1,2,3,9-테트라히드로-9-메틸-3-[(2-메틸-1H-이미다졸-1-일)메틸]-4H-카르바졸-4-온 화합물(이하 '온단세트론'이라 한다)의 제토 특성은 덱사메타손과 함께 투여하였을 때 증강됨을 알게 되었다."라는 기재만이 있을 뿐이고 약리데이터의 기재는 전혀 없는 바, "온단세트론의 제토 특성이 증강되었다."는 기재는 온단세트론과 덱사메타손의 제약 조성물의 약리효과로서는 매우 추상적인 기재에 불과하여 약리데이터에 대신할 수 있을 정도의 구체적인 기재라고 보기는 어렵고, 제토제로서 공지된 물질인 온단세트론과 덱사메타손을 전제로 하여 이를 병행 투여하였을 때 각 물질이 가지는 제토효과보다 상승된 제토효과를 가진다는 점을 발명의 요지로 하는 이 사건 출원발명의 경우에는 온단세트론과 덱사메타손을 병행 투여한 경우 온단세트론의 제토 효과보다 상승된 제토 효과를 가지는 약리기전이 밝혀지지 아니한 이상 위의 각 물질이 각별로 가지는 제토효과보다 어느 정도의 상승된 제토효과를 가지는가를 비교례 등을 통하여 정량적

내지 수치적으로 제시해야만 비로소 발명의 효과를 당업자가 명확하게 이해할 수 있도록 기재된 것으로 볼 것이므로 결국 이 사건 출원발명은 당업자가 용이하게 실시할 수 있을 정도로 발명의 효과를 구체적으로 기재하였다고 볼 수 없다.

<3> 원심은 제토제로서 이미 공지의 물질인 온단세트론과 덱사메타손 각각의 일반적인 투여량이나 방법 등만이 기재되어 있을 뿐 온단세트론과 덱사메타손의 각 성분의 배합비율이나 투여량과 투여횟수의 근거 또는 치료효과와의 상관관계 등이 전혀 기재되어 있지 아니하여 당업자가 명세서의 기재에 의하여 이 사건 출원발명의 효과를 확인할 수 없고, 또한 실시례에는 이 사건 제약 조성물을 제토제로서 사용한 실시례가 기재되어 있어야 함에도 불구하고 온단세트론과 조성물의 제조 실시례만이 기재되어 있다고 한 다음, 이 사건 출원명세서에는 조성물의 투여형태, 투여량, 투여횟수, 투여방법, 투여경로, 제조실시례 등이 상세하게 기술되어 있어 당업자가 이 사건 출원발명을 이해하고 재현하는데 아무런 문제가 없다는 원고의 주장을 배척하였으며, 가령 이 사건 출원명세서에서 발명의 약리효과가 충분히 확인되지 않는다 하더라도 심사 및 심판과정에서 약리효과를 뒷받침하는 시험성적데이터를 제출하였으므로 명세서의 기재 요건을 위배하였다고 할 수 없다는 취지의 원고의 주장도 배척하였다. 앞에서 본 법리와 기록에 비추어 살펴보니, 위와 같은 원심의 판단은 정당하다.

125

대법원 2003. 10. 10. 선고 2002후2846 판결

<1> 특허출원서에 첨부하는 명세서에 기재될 '발명의 상세한 설명'에는 그 발명이 속하는 기술분야에서 통상의 지식을 가진 자가 당해 발명을 명세서 기재에 의하여 출원시의 기술 수준으로 보아 특수한 지

식을 부가하지 않고서도 정확하게 이해할 수 있고 동시에 재현할 수 있도록 그 목적·구성·작용 및 효과를 기재하여야 하고, 특히 약리효과의 기재가 요구되는 의약의 용도발명에 있어서는 그 출원 전에 명세서 기재의 약리효과를 나타내는 약리기전이 명확히 밝혀진 경우와 같은 특별한 사정이 있지 않은 이상 특정 물질에 그와 같은 약리효과가 있다는 것을 약리데이터 등이 나타난 시험예로 기재하거나 또는 이에 대신할 수 있을 정도로 구체적으로 기재하여야만 비로소 발명이 완성되었다고 볼 수 있는 동시에 명세서의 기재요건을 충족하였다고 볼 수 있다(대법원 2001. 11. 13. 선고 99후2396 판결, 2001. 11. 30. 선고 2001후65 판결 등 참조).

<2> 이 사건 출원발명은 β2-효능제인 포르모테롤과 소염제인 부데소나이드의 혼합물을 기관지 확장작용과 소염작용이라는 약리활성에 기초하여, 호흡기 질환치료용으로 사용하기 위한 용도발명으로서, 기록에 의하면, 먼저, 이 사건 출원발명의 우선권 주장일 이전에 반포된 간행물인 "Annals of Allergy Vol. 63"(이하 '간행물 1'이라고 한다)에는 천식 등과 같은 호흡기 질환의 병리학적 원인이 기도 평활근의 수축과 기도의 염증에 기인하는 것이므로, 그 치료를 위해서는 기관지확장제인 β2-효능제와 소염제를 동시에 사용하는 것이 필요하다고 기재되어 있고, 이 사건 출원발명의 우선권 주장일 이전에 반포된 간행물인 "Lung(1990), Suppl."(이하 '간행물 2'라고 한다)에는 성인 천식에 있어 '첫번째로 사용되는 약물요법'으로 β2-효능제와 소염제인 스테로이드의 복합요법을 사용하는 경향이 있다고 기재되어 있으며, 이 사건 출원발명의 상세한 설명에서 언급하고 있는 유럽특허출원공개 제416950호와 유럽특허출원공개 제416951호는 β2-효능제와 소염제인 스테로이드 중 일부를 선택한 복합제제이고, 간행물 1에는 β2-효능제의 일종인 살부타몰과 소염제의 일종인 BDP의 복합제제가 공지되어 있으므로, 이 사건 출원발명의 출원 우선일 이전에 이 사건 출원발명이 속하는 기술분야에서 β2-효능제와 소염제의 복합요법이 기관지

확장작용과 소염작용이라는 약리활성에 의해 천식 등의 호흡기 질환 치료 용도로서 사용됨은 이미 알려져 있었고, 다음으로, 간행물 1에는 이 사건 출원발명의 첫번째 활성성분인 포르모테롤이 $\beta 2$-효능제의 예시로서, 이 사건 출원발명의 두번째 활성성분인 부데소나이드가 소염제인 스테로이드의 예시로서 각 기재되어 있으므로, 이 사건 출원발명은 그 우선일 이전에 약리기전이 밝혀져 있었다고 봄이 상당하다.

앞에서 본 법리에 비추어 볼 때, 이 사건 출원발명은 이 기술분야에서 통상의 지식을 가진 자의 반복 재현성을 위해 객관적 약리데이터 또는 이에 대신할 수 있을 정도의 구체적 기재까지는 필요하지 않은 발명이고, 기록에 의하면, 이 사건 출원발명은 그 상세한 설명에 이 사건 출원발명의 구성에 의해 달성되는 특유의 효과 및 유효량, 투여방법 및 제제화에 관한 사항을 기재하고 있으므로, 이 사건 출원발명의 상세한 설명은 그 명세서의 기재요건에 위배한 것이라고 할 수 없음에도 불구하고, 이와 달리 판단한 원심에는 특허법 제42조 제3항에 관한 법리를 오해한 위법이 있고, 이를 지적하는 상고이유 제1점의 주장은 이유 있다.

<3> 선행 또는 공지의 발명에 구성요건이 상위개념으로 기재되어 있고 위 상위개념에 포함되는 하위개념만을 구성요건 중의 전부 또는 일부로 하는 이른바 선택 발명은, 첫째, 선행발명이 선택발명을 구성하는 하위개념을 구체적으로 개시하지 않고 있으면서, 둘째, 선택발명에 포함되는 하위개념들 모두가 선행발명이 갖는 효과와 질적으로 다른 효과가 있거나, 질적인 차이가 없더라도 양적으로 현저한 차이가 있는 경우에 한하여 특허를 받을 수 있고, 이때 선택발명의 상세한 설명에는 선행발명에 비하여 위와 같은 효과가 있음을 명확히 기재하면 충분하고, 그 효과의 현저함을 구체적으로 확인할 수 있는 비교실험자료까지 기재하여야 하는 것은 아니며, 만일 그 효과가 의심스러울 때에는 출원일 이후에 출원인이 구체적인 비교실험자료를 제출하는 등의 방법에 의하여 그 효과를 구체적으로 주장·입증하면 된다(대법원

127

2003. 4. 25. 선고 2001후2740 판결 참조).

<4> 이 사건 제8항 발명의 효과와 관련하여, 부데소나이드를 단독으로 사용할 때보다 고용량의 부데소나이드와 포르모테롤의 복합제제를 사용할 때 효과가 크고, 부데소나이드(160μg)와 포르모테롤(4.5μg)의 복합제제가 살메테롤(50μg)과 플루티카손 프로피오네이트(250μg)의 복합제제보다 최대 호기량이 크고, 신속한 효과가 있음이 인정되기는 하지만, 간행물 1, 2에 포르모테롤을 포함하는 β2-효능제와 부데소나이드를 포함하는 소염제를 병용하는 복합제제에 관한 기술내용이 개시되어 있고, 이 사건 제8항 발명이 그 청구범위에서 포르모테롤과 부데소나이드의 배합비를 특정한 수치로 한정해 놓고 있지도 아니하므로, 이 사건 제8항 발명은 그 예상 가능한 모든 배합비에서 위 간행물들에 기재된 발명보다 현저한 효과가 있음이 인정되어야만 특허받을 수 있음에도 불구하고, 원고가 제출한 증거만으로는 간행물 1에 기재된 발명에 비하여 이 사건 제8항 발명이 어느 정도의 현저한 효과가 있는지를 알 수 없을 뿐만 아니라, 이 사건 제8항 발명이 그 명세서에서 이 사건 출원발명의 바람직한 포르모테롤 대 부데소나이드의 배합비라고 기재한 것 (1:4 내지 1:70) 이외의 다른 모든 배합비에서도 현저한 효과가 있음을 인정하거나 이를 추인할 수 있는 자료도 없으므로, 원심이 진보성이 없다고 판단한 것은 정당하고 거기에 상고이유에서 지적하는 바와 같이 특허법 제29조 제2항에 관한 법리를 오해한 위법이 없다.

대법원 2005. 9. 28. 선고 2003후2003 판결

<1> 미생물을 이용한 발명에 있어서 그 발명이 속하는 기술분야에서 통상의 지식을 가진 자가 그 미생물을 용이하게 입수할 수 없는 경우에는 특허청장이 지정하는 기관에 그 미생물을 기탁하고, 명세서에 당

해 미생물의 기탁번호·기탁기관의 명칭 및 기탁연월일을 기재하는 외에 그 기탁사실을 증명하는 서면을 출원서에 첨부하지 아니하면 그 발명이 완성되었다고 할 수 없는 한편, 특허협력조약에 의한 국제출원으로서 특허절차를 위한 미생물 기탁의 국제적 승인에 관한 부다페스트조약에 따라 세계지적소유권기구(약칭: WIPO) 총장이 승인한 국제기탁기관에 기탁한 경우에는 1985. 2. 26.자 특허청 고시 제85-1호에 의하여 국제특허출원의 출원번역문 제출기간이 경과하였다고 하더라도 그 출원이 공개되기 전까지 그 미생물을 한국과학기술원 또는 사단법인 한국종균협회에 다시 기탁하고 그 기탁증명서를 제출하면 된다.

<2> 위 법리와 기록에 의하면, 이 사건 특허발명의 원 출원발명은 국제기탁기관인 미국의 ATCC에 이 사건 미생물을 기탁하였고, 국내에서는 그 출원 공개일인 1987. 2. 28. 이전임이 역수상 명백한 1986. 9. 12. 한국종균협회에 이 사건 미생물을 기탁하였으므로 위 기탁이 기탁 기준일 이후에 이루어진 것이라고 할 수 없음에도 불구하고 이와 달리 판단한 원심에는 미생물 기탁에 관한 법리를 오해한 위법이 있으나, 위 기탁일 이후에 원 출원발명에서 분할되어 출원된 이 사건 특허발명의 출원서에 위 기탁사실을 증명하는 서면이 별도로 첨부된 바는 없고, 이 사건 특허발명의 출원시에 제출된 명세서가 기탁을 증명하는 서면에 해당한다고 할 수 없음은 아래에서 보는 바와 같으므로 원심의 이러한 잘못은 이 사건 특허발명이 미완성 발명이어서 그 권리범위를 인정할 수 없다는 원심의 결론에 아무런 영향이 없다.

<3> 구 특허법 시행령 제1조 제2항이 정한 '기탁사실을 증명하는 서면'은 미생물의 수탁기관이 발행하는 미생물수탁번호통지서나 수탁증 등과 같이 당해 미생물의 기탁사실을 객관적으로 증명하는 서면을 말하는 것이므로, 특허발명의 출원시에 제출된 명세서에 당해 미생물의 기탁번호·기탁기관의 명칭 및 기탁연월일을 기재하였다고 하더라도, 이는 구 특허법 시행규칙 제31조의2 제2항의 명세서 기재요건을 충족

129

한 것으로 볼 수 있을 뿐, 이러한 출원서의 제출을 들어 위 시행령 제1조 제2항의 '기탁사실을 증명하는 서면'이 제출되었다고 할 수는 없고, 이 사건 미생물이 미국의 ATCC에 기탁되어 있다는 사실만으로는 이 사건 특허발명의 우선일인 1984. 12. 4.경 이 발명이 속하는 기술분야에서 통상의 지식을 가진 자가 이 사건 미생물을 용이하게 얻을 수 있는 것이라고 할 수도 없으며, 특허발명의 심사단계에서 미생물 기탁증명서의 미제출을 간과한 채 특허가 되었다고 하여 그 출원절차상의 하자가 치유된다거나 출원에 있어서의 하자를 들어 특허의 효력을 부인하는 것이 금지된다고 보아야 할 아무런 근거가 없다.

<4> 따라서 미생물의 기탁에 관한 요건을 충족하지 못한 이 사건 특허발명은 미완성 발명에 해당하고, 미완성 발명의 경우는 특허무효심결의 확정 전이라도 그 권리범위를 인정할 수 없는 법리이므로, 원고의 확인대상발명이 이 사건 특허발명과 대비할 것도 없이 이 사건 특허발명의 권리범위에 속하지 않는다고 한 원심의 판단은 정당하고, 거기에 상고이유로 주장하는 바와 같이 미생물기탁이나 특허발명의 권리범위에 관한 법리를 오해하는 등의 위법이 없다.

대법원 2003. 5. 16. 선고 2001후3149 판결

<1> 특허법 제2조 제1호는 자연법칙을 이용한 기술적 사상의 창작으로서 고도한 것을 "발명"으로 정의하고 있고, 위 특허법 제2조 제1호가 훈시적인 규정에 해당한다고 볼 아무런 근거가 없으므로, 자연법칙을 이용하지 않은 것을 특허출원하였을 때에는 특허법 제29조 제1항 본문의 '산업상 이용할 수 있는 발명'의 요건을 충족하지 못함을 이유로 특허법 제62조에 의하여 그 특허출원이 거절된다(대법원 1998. 9. 4. 선고 98후744 판결 참조).

<2> 원심판결 이유에 의하면, 원심은 명칭을 "생활쓰레기 재활용 종합관리방법"으로 하는 원고의 이 사건 출원발명을 구성하는 각 처리단계는 그 판시와 같은 이유로 자연법칙을 이용한 것이라고 할 수 없고, 이 사건 출원발명 전체를 살펴 보더라도, 이 사건 출원발명은 바코드스티커, 달력지, 쓰레기 봉투, 그리고 컴퓨터 등을 이용한 바코드 판독 등 하드웨어 및 소프트웨어 수단을 포함하고 있지만,

이 사건 출원발명의 구성요소인 위 각 단계는 위 하드웨어 및 소프트웨어의 결합을 이용한 구체적 수단을 내용으로 하고 있지 아니할 뿐만 아니라, 그 수단을 단지 도구로 이용한 것으로 인간의 정신활동에 불과하고, 위 각 단계로 이루어지고 위 각 단계에서 얻어지는 자료들을 축적한 통계로 생활쓰레기를 종합관리하는 이 사건 출원발명은 전체적으로 보면 그 자체로는 실시할 수 없고 관련 법령 등이 구비되어야만 실시할 수 있는 것으로

관할 관청, 배출자, 수거자 간의 약속 등에 의하여 이루어지는 인위적 결정이거나 이에 따른 위 관할 관청 등의 정신적 판단 또는 인위적 결정에 불과하므로 자연법칙을 이용한 것이라고 할 수 없으며, 그 각 단계가 컴퓨터의 온 라인(on-line) 상에서 처리되는 것이 아니라 오프라인(off-line) 상에서 처리되는 것이고, 소프트웨어와 하드웨어가 연계되는 시스템이 구체적으로 실현되고 있는 것도 아니어서 이른바 비즈니스모델 발명의 범주에 속하지도 아니하므로 이 사건 출원발명은 제29조 제1항 본문의 '산업상 이용할 수 있는 발명'이라고 할 수 없다는 취지로 판단하였다. 기록과 위에서 본 법리에 비추어 살펴보면, 원심의 위와 같은 인정과 판단은 정당하다.

대법원 2003. 3. 14. 선고 2001후2801 판결

<1> 특허출원된 발명이 출원일 당시가 아니라 장래에 산업적으로 이용될 가능성이 있다 하더라도 특허법이 요구하는 산업상 이용가능성의 요건을 충족한다고 하는 법리는 해당 발명의 산업적 실시화가 장래에 있어도 좋다는 의미일 뿐 장래 관련 기술의 발전에 따라 기술적으로 보완되어 장래에 비로소 산업상 이용가능성이 생겨나는 경우까지 포함하는 것은 아니다.

<2> 이 사건 출원발명의 출원일 당시 수지상 세포는 혈액 단핵세포의 0.5% 미만으로 존재하고 분리된 후에는 수일 내로 사멸하기 때문에 연구하기가 쉽지 않아 혈액으로부터 충분한 양의 수지상 세포를 분리해 내는 것은 기술적으로 쉽지 않고, 출원일 이후 기술의 발전에 따라 사람의 혈액으로부터 수지상 세포를 추출하고 이를 이용하여 면역반응을 유발시키는 기술이 임상적으로 실시되고 있다는 것이므로, 결국 이 사건 출원발명의 출원일 당시를 기준으로 수지상 세포를 사람의 혈액으로부터 분리하여 이 사건 출원발명에 사용하는 기술이 장래에 산업상 이용가능성이 있다고 보기는 어렵다고 할 것이다. 그럼에도 불구하고, 원심이 이 사건 출원발명의 수지상 세포를 사람의 혈액으로부터 얻을 수 있어 이 사건 출원발명이 산업상 이용가능성이 있다고 판단한 것은 산업상 이용가능성에 관한 법리를 오해하여 판결 결과에 영향을 미친 위법이 있다

특허법원 2001. 7. 20. 선고 2000허7038 판결

<1> 발명의 완성 여부는 명세서 기재요건의 충족 여부와는 구별되어야 할 것인바, 완성된 발명에 이르지 못한 이른바 미완성 발명은 발명의 과제를 해결하기 위한 구체적인 수단이 결여되어 있거나, 또는 제

시된 과제해결수단만에 의하여는 과제의 해결이 명백하게 불가능한
것으로서,

① 발명이 복수의 구성요건을 필요로 할 경우에는 어느 구성요건을
   결여한 경우,

② 해결하고자 하는 문제에 대한 인식은 있으나 그 해결수단을 제시
   하지 못한 경우,

③ 해결과제·해결수단이 제시되어 있어도 그 수단으로 실행하였을
   때 효과가 없는 경우,

④ 용도를 밝히지 못한 경우,

⑤ 발명의 기술적 사상이 실현가능하도록 완성된 것이지만 그 실시의
   결과가 사회적으로 용납되지 않는 위험한 상태로 방치되는 경우

등에 해당하면 일반적으로 그 발명은 미완성 발명으로 볼 것이며,
어떤 특허출원이 특허법 제42조 제3항에서 정한 명세서의 기재요건을
충족하지 못하였다고 하여 이를 미완성 발명이라고 단정할 수는 없다.

133

<2> 그렇다면 이러한 명세서의 기재로부터 당업자라면 이 사건 제1항
발명의 화학식 1의 퀴누클리딘 유도체를 포함하는 약학 조성물이
물질 P라는 체내물질에 대해서 길항제로서 작용하여 과량의 물질 P로
인하여 야기되는 이 사건 질환의 치료 또는 예방에 효과적이고, 이러한
용도에 적합한 구체적인 활성 화합물이 화학식 1로 표시되는 화합물
임을 알 수 있으며, 나아가 그러한 화합물의 제조방법, 환자에게 투여
하기 위한 제제화, 투여방법 및 투여량에 관한 기재 내용을 근거로 이
사건 조성물을 반복하여 제조하고 투여함으로써 목적 대상으로 하는
질병에 대하여 치료효과를 얻을 수 있을 것이므로, 이 사건 출원발명은
발명의 과제를 해결하기 위한 구체적인 수단이 결여되어 있거나 제시
된 수단만으로는 과제의 해결이 명백하게 불가능한 것 등에 해당한다
고 볼 수 없으니 그 출원 당시에 완성된 발명이라고 봄이 상당하다.

<3> 이 사건 제2항 내지 제8항 발명은 앞서 본 바와 같이 독립항으로서 각각 "치료 또는 예방 방법", "약학 조성물", 길항시키는 방법을 청구하고 있으나, 이들 청구항들은 표현만 달리하였을 뿐 이 사건 제1항 발명과 화학식 및 용도가 동일하여 그 발명의 완성 여부는 이 사건 제1항 발명과 동일한 기준에 의하여 판단되어야 할 것이므로, 이 사건 제1항 발명이 완성된 발명이라고 보는 이상, 이 사건 제2항 내지 제8항 발명도 역시 완성된 발명이라고 봄이 상당하다.

<4> 이 사건 출원발명의 명세서(갑 제1호증의 2)에는 약리효과가 이 사건 출원발명에 속하는 구체적 화합물마다 구체적인 수치로서 기재되어 있지 아니하나, 화합물의 약리효과에 관한 정량적 기재가 발명을 보다 정확하게 이해하는데 도움이 되는 것이라고 하여도, 약리효과에 대한 데이터와 같은 정량적 기재는 발명의 구성으로 볼 것은 아니어서 이러한 정량적 기재가 없다고 하여 이 사건 출원발명이 출원 당시에 미완성된 것이라고 할 수는 없다.

<5> 미완성 발명과 명세서 기재불비는 법적 근거가 상이한 거절사유일 뿐 아니라, 미완성 발명에 해당되는 경우에는 보정에 의해서도 그 하자를 치유할 수 없고, 그와 같은 이유로 거절된 경우에는 선원으로서의 지위도 인정되지 않는 것(대법원 1992. 5. 8. 선고 91후1656 판결 참조)임에 반하여, 명세서 기재불비에 해당되는 경우에는 보정에 의하여 그 하자를 치유할 수 있는 경우도 있고 그 출원에 선원으로서의 지위도 인정되는 것이어서 법률적 효과가 상이하므로, 양자의 거절사유를 혼용할 수 있다는 취지의 피고의 주장은 이유 없다.

대법원 2015. 5. 21. 선고 2014후768 전원합의체판결[1]

<1> 의약은 사람의 질병의 진단·경감·치료·처치 또는 예방을 위하여 사용되는 물건을 말하고(특허법 제96조 제2항), <u>의약용도발명이란 의약물질이 가지는 특정의 약리효과라는 미지의 속성의 발견에 기초하여 의약으로서의 효능을 발휘하는 새로운 용도를 제공하는 발명을 의미한다.</u>

그런데 의약물질은 다양한 속성을 가지고 있으므로, 의약물질 자체가 알려져 있더라도 그 구체적인 약리효과는 다각도의 시험을 거쳐야 비로소 밝혀지는 경우가 많고, 약리효과에 기초한 새로운 용도를 개발하기 위하여는 오랜 기간의 임상시험에 따른 비용과 노력이 소요되는 점에서, 이와 같은 용도의 개발을 특허로써 보호하여 장려할 필요가 있다. 이러한 의약용도발명에 대하여 특허를 부여할 것인지에 관하여 구특허법(1986. 12. 31. 법률 제3891호로 개정되기 전의 것) 제4조는 특허를 받을 수 없는 발명의 일종으로 '화학방법에 의하여 제조될 수 있는 물질의 발명'(제3호)과 '화학물질의 용도에 관한 발명'(제5호)을 규정함으로써 의약용도발명을 특허의 대상에서 제외하였으나, 특허개방정책 도입의 일환으로 1986. 12. 31. 법 개정을 통해 위 규정을 삭제하였으므로 우리 특허법상 의약용도발명의 특허대상성을 부정할 근거는 더이상 존재하지 않게 되었다.

<2> 한편 사람의 질병을 진단·경감·치료·처치하고 예방하거나 건강을 증진하는 등의 의료행위에 관한 발명은 특허의 대상에서 제외되므로(대법원 1991. 3. 12. 선고 90후250 판결 참조), 사람의 치료 등에 관한 방법 자체를 특허의 대상으로 하는 방법의 발명으로서 의약용도발명을 허용할 수는 없지만, 의약이라는 물건에 의약용도를 부가한 의약용도발명은 의약용도가 특정됨으로써 해당 의약물질 자체와는 별개로 물건의 발명으로서 새롭게 특허의 대상이 될 수 있다. 즉 물건의 발명 형태로 청구범위가 기재되는 의약용도발명에서는 의약물질과 그

135

것이 가지고 있는 의약용도가 발명을 구성하는 것이고(대법원 2009. 1. 30. 선고 2006후3564 판결, 대법원 2014. 5. 16. 선고 2012후3664 판결 등 참조), 여기서의 의약용도는 의료행위 그 자체가 아니라 의약이라는 물건이 효능을 발휘하는 속성을 표현함으로써 의약이라는 물건에 새로운 의미를 부여할 수 있는 발명의 구성요소가 된다.

<3> 의약이 부작용을 최소화하면서 효능을 온전하게 발휘하기 위해서는 약효를 발휘할 수 있는 질병을 대상으로 하여 사용하여야 할 뿐만 아니라 투여주기·투여부위나 투여경로 등과 같은 투여용법과 환자에게 투여되는 용량을 적절하게 설정할 필요가 있는데, 이러한 투여용법과 투여용량은 의약용도가 되는 대상 질병 또는 약효와 더불어 의약이 효능을 온전하게 발휘하도록 하는 요소로서 의미를 가진다.

이러한 투여용법과 투여용량은 의약물질이 가지는 특정의 약리효과라는 미지의 속성의 발견에 기초하여 새로운 쓰임새를 제공한다는 점에서 대상 질병 또는 약효에 관한 의약용도와 본질이 같다. 그리고 동일한 의약이라도 투여용법과 투여용량의 변경에 따라 약효의 향상이나 부작용의 감소 또는 복약 편의성의 증진 등과 같이 질병의 치료나 예방 등에 예상하지 못한 효과를 발휘할 수 있는데, 이와 같은 특정한 투여용법과 투여용량을 개발하는 데에도 의약의 대상 질병 또는 약효 자체의 개발 못지않게 상당한 비용 등이 소요된다. 따라서 이러한 투자의 결과로 완성되어 공공의 이익에 이바지할 수 있는 기술에 대하여 신규성이나 진보성 등의 심사를 거쳐 특허의 부여 여부를 결정하기에 앞서 특허로서의 보호를 원천적으로 부정하는 것은 발명을 보호·장려하고 그 이용을 도모함으로써 기술의 발전을 촉진하여 산업발전에 이바지한다는 특허법의 목적에 부합하지 아니한다.

그렇다면 의약이라는 물건의 발명에서 대상 질병 또는 약효와 함께 투여용법과 투여용량을 부가하는 경우에 이러한 투여용법과 투여용량은 의료행위 자체가 아니라 의약이라는 물건이 효능을 온전하게 발휘하도록 하는 속성을 표현함으로써 의약이라는 물건에 새로운 의미를 부여하는 구성요소가 될 수 있고, 이와 같은 투여용법과 투여용량이라는 새로운 의약용도가 부가되어 신규성과 진보성 등의 특허요건을 갖춘 의약에 대해서는 새롭게 특허권이 부여될 수 있다.

<대법관 이상훈, 대법관 김소영의 별개의견>

① 대법원은 의약용도발명에서 특정 물질과 그것이 가지고 있는 의약용도가 발명을 구성하고, 여기서 의약용도는 대상 질병 또는 약효를 의미한다고 판시해오고 있다(대법원 2009. 1. 30. 선고 2006후3564 판결, 대법원 2014. 5. 16. 선고 2012후3664 판결 등 참조). 단지 청구범위에 의약용도를 대상 질병 또는 약효 대신 약리기전으로 기재하더라도 발명의 설명 등 명세서의 다른 기재나 기술상식에 의하여 의약으로서의 구체적인 용도를 명확하게 파악할 수 있는 경우에는 청구항의 명확성 요건을 충족하는 것으로 인정하고 있을 뿐이다(대법원 2004. 12. 23. 선고 2003후1550 판결, 대법원 2009. 1. 30. 선고 2006후3564 판결 등 참조). 이러한 견해에 따르면 의약물질과 그 의약용도로서의 대상 질병 또는 약효가 특정되어 있는 이상 거기에 투여용법과 투여용량을 부가한다고 하여 별개의 새로운 의약용도발명이 된다고 볼 수는 없다.

② 또한 대법원은 사람의 질병을 진단·경감·치료·처치하고 예방하거나 건강을 증진하는 등의 의료행위에 관한 발명은 산업에 이용할 수 있는 발명이라 할 수 없으므로 특허를 받을 수 없다고 보고 있다(대법원 1991. 3. 12. 선고 90후250 판결 참조). 의약물질의 투여용법과 투여용량을 정하는 것은 그 의약물질 자체에 새로운 기술적 사상을 더하는 것이 아니라 그저 용법을 달리하는 것에 불과하다. 그러한 용법의 변경은 의사에 의한 의약물질의 처방이나 시술 또는 환자의 복용 등 의료행위에 의하여 구현되는 것인데, 의사의 의료행위에 대하여는 누구든지 간섭하지 못하는 것이 원칙임(의료법 제12조 제1항 참

조)을 강조할 필요도 없이 의사는 그의 전문지식에 따라 자유롭게 의약물질의 투여용법이나 투여용량을 결정할 수 있어야 할 것이므로, 의약물질의 투여용법이나 투여용량은 특허대상으로 인정할 수 없다.

③ 특허법은 발명의 범주를 물건의 발명, 방법의 발명, 물건을 생산하는 방법의 발명이라는 세 가지 형태로 정하고 있고(특허법 제2조 제3호 참조), 대법원은 의약용도발명을 세 가지 형태 가운데 물건의 발명으로 허용하고 있다.물건의 발명은 그 구성상 '시간의 경과'라는 요소를 가지고 있지 아니하다는 점에서 방법의 발명이나 물건을 생산하는 방법의 발명과 구별된다. 투여용법과 투여용량은 '특정 용량의 의약을 일정한 주기로 투여하는 방법'과 같은 '시간의 경과'라는 요소를 포함하고 있어 이를 발명의 구성요소로 보는 견해는 물건의 발명으로서의 의약용도발명의 성격과 조화되기 어렵다.

④ 특허권은 국가의 특허처분에 의하여 특허출원인에게 부여되는 권리이고, 각국의 특허법과 그 법에 따라 특허를 부여할 권리는 나라마다 독립적으로 존재하여 지역적 제한을 지닌다. 우리나라에서 특허의 대상을 어느 범위까지 인정할 것인지의 문제는 우리나라의 경제상황, 해당 산업의 발달 정도 등을 고려하여 정책적으로 결정할 필요성도 있다. 국제적인 기준과 조화를 이루는 것도 중요하지만, 특허법의 기본 이념과 법리를 어떻게 이해하고 해석하느냐에 따라 얼마든지 다르게 볼 수 있는 사항에 대하여 세계에서 가장 높은 수준으로 특허권을 보호하는 법제를 받아들이는 것만이 올바르다는 시각은 마땅히 경계할 만하다.

⑤ 위와 같은 여러 측면에서 볼 때 물건의 발명인 의약용도발명의 청구범위에 투여용법과 투여용량을 기재하더라도 이는 발명의 구성요소로 볼 수 없다. 그리고 이는 권리범위확인심판에서 심판청구인이 심판의 대상으로 삼은 확인대상발명이 공지기술로부터 용이하게 실시할 수 있는지를 판단할 때에도 마찬가지라고 보아야 한다. 다수의견이 이

와 같은 취지로 판시한 대법원판결들을 변경하려는 것은 타당하지 아니하다. 이상과 같은 이유로 다수의견에 찬성할 수 없음을 밝혀둔다.

특허법원 1999. 1. 14. 선고 98허5145 판결

<1> 하나의 총괄적 발명의 개념을 형성하는 1군의 발명에 해당하는지 여부는 각 청구항에 기재된 발명들 사이에 하나 또는 둘 이상의 동일하거나 또는 대응하는 특별한 기술적 특징들이 기술적으로 밀접한 관계가 존재하는가에 달려있는데, 특별한 기술적 특징이란 각 발명에서 전체적으로 보아 선행기술과 구별되는 개량부분을 말한다 할 것이다.

<2> 특허청구범위 제1항 내지 제7항에 있어서 기술적 특징이 무엇인가에 대하여 보건대, 인용발명의 특허청구범위는 "일반 산업폐기물, 유해 화학폐기물 등의 산업폐기물 70% 내외에 점토 30% 내외를 혼합하여 압형ㆍ건조한 후 700℃∽1,300℃의 소결온도에서 고형화하여 얻어지는 산업폐기물을 이용하여 소결시킨 건축용 벽돌의 제조방법"인 바, 본원발명의 특허청구범위 제1항 내지 제7항과 인용발명은 모두 산업폐기물을 원료로 하여 건축용 벽돌을 제조하고자 하는 것이므로 발명의 목적 및 효과가 동일하고, 그 구성성분도 산업폐기물과 점토 등인 점에서는 차이가 없으며, 제조공정도 소성공정만으로 이루어져 있고 소성온도도 상당부분이 중첩되어 있음에도 불구하고, 본원발명에 관하여 진보성이 인정된다고 볼 수 있는 이유는 인용발명은 구성성분을 포괄적으로 산업폐기물과 점토로 기재하고 있음에 비하여, 본원발명은 수많은 종류의 산업폐기물 중 특정의 성분을 구체적으로 선택하고 있기 때문이므로, 본원발명의 특허청구범위 제1항 내지 제7항에 있어서 선행기술과 분류되는 개량부분인 기술적 특징은 결국 구체적으로 특정되어 있는 구성성분과 그 혼합비율이라 할 것이다.

<3> 또한 특허청구범위 제1항 내지 제7항에 있어서, 그 구성성분과 혼합비율이 서로 동일하거나 대응하는가에 관하여 보면, 각 청구항의 구성성분 및 혼합비율이 전혀 다르고, 나아가 그 구성성분들(예를 들어, 오니, 마사 분진, 플라이애쉬, 알루미늄재)은 동일한 산업분야에서 배출되는 것도 아니고, 상호간에 대체성도 없을 뿐만 아니라, 유사한 물질도 아니며, 각 항에서 중복되는 구성성분도 일정한 양으로 사용되는 것이 아니고 다른 구성성분에 따라 혼합비율이 다양한 바, 선행기술과 구별되는 개량부분인 기술적 특징이 동일하거나 대응한다고 할 수 없다.

따라서 본원발명의 특허청구범위 제2항 내지 제7항은 "하나의 총괄적 발명의 개념을 형성하는 1군의 발명"에 해당하지 않는 별개의 발명이라 할 것인 바, 특허법 제45조 제1항의 요건을 갖추지 아니하여 거절사정될 수밖에 없으므로 본원발명에 대한 거절사정이 정당하다고 한 원심결은 적법하다.

140

대법원 2005. 9. 29. 선고 2004후486 판결

<1> 특허의 명세서에 기재되는 용어는

그것이 가지고 있는 보통의 의미로 사용하고

동시에 명세서 전체를 통하여 통일되게 사용하여야 하나,

다만 어떠한 용어를 특정한 의미로 사용하려고 하는 경우에는 그 의미를 정의하여 사용하는 것이 허용되는 것이므로, 용어의 의미가 명세서에서 정의된 경우에는 그에 따라 해석하면 족하다(대법원 1998. 12. 22. 선고 97후990 판결 참조).

<2> 이 사건 제1, 3항 발명은 그 특허청구범위에 '오일'을 그 구성의 일부로 기재한 후, 이 사건 특허발명의 상세한 설명에는 "여기서 사용된 오일이라는 용어는 지방유 또는 동물의 체온에서 액상인 지방을

의미한다."라고 함으로써 특허청구범위 기재의 '오일'이라는 용어를 별도로 정의하고 있는바,

이 사건 특허발명이 속하는 기술분야에서 '오일'은 화학적 성질에서는 차이가 있기는 하지만 점성, 소수성, 유기용매에 대한 용해성 등의 물리적 성질이 같은 것을 일컫는 말로서, 동물유, 식물유, 광유, 합성유 등으로 분류하는 한편, 트리글리세라이드의 구조를 갖고 상온에서 고체상태로 있는 것을 '지방(fat)'으로, 같은 화학적 구조를 가지면서 상온에서 액체 상태로 있는 것을 '오일' 또는 '지방유(fatty oil)'로 부르는 것이 일반적이며('지방유'는 오일의 한 종류로 분류되기도 한다),

이 사건 특허발명의 상세한 설명에서도 "생체내 적합성의 오일은 본래 트리글리세라이드 즉, 글리세롤의 장쇄(일반적으로 C8-C24, 바람직하게는 C12-C18)의 지방산 에스테르, 또는 트리글리세라이드와 이런 지방산들(바람직하게는 매우 적은 비율로 즉, 유리지방산이 약 10% 이하인)의 혼합물로 조성되어 있다."고 기재한 외에 사용가능한 합성유도 통상적인 의미의 지방유 또는 지방을 구성하는 '글리세롤 또는 프로필렌글리콜의 장쇄의 지방산 에스테르'를 포함하는 것만으로 한정하였고, 이 사건 특허발명의 상세한 설명에 포함된 19가지의 실시예에서도 모두 트리글리세라이드 구조를 갖는 지방산 에스테르인 식물유만을 사용하고 있으며, 이 사건 특허발명의 우선일 전에 출원된 다른 조성물에 관한 발명에서도 식물유나 장쇄 지방산의 글리세롤 또는 프로필렌글리콜에스테르와 같은 합성유만을 사용하여 온 점을 종합하면

이 사건 제1, 3항 발명의 구성인 '오일'은 '트리글리세라이드의 구조를 갖고 상온에서 액체상태로 있거나, 동물의 체온에서 액체상태로 있는 것'으로 해석하여야 한다.

141

대법원 1999. 12. 10. 선고 97후2675 판결

<1> '발명의 상세한 설명'은 그 출원발명이 속하는 기술분야에서 보통 정도의 기술적 이해력을 가진 자, 평균적 기술자가 당해 발명을 명세서 기재에 의하여 출원시의 기술수준으로 보아 특수한 지식을 부가하지 않고서도 정확하게 이해할 수 있고 동시에 재현할 수 있는 정도로 기재되어야 할 것이다.

<2> 명세서가 보정되어 특허청구범위가 통합되거나 변경되었음에도 이를 뒷받침하는 발명의 상세한 설명이 이에 맞추어 보정되지 아니함으로써 특허청구범위와 발명의 상세한 설명의 각 내용이 각 청구항별로 일치하지 하니하여 그 명세서만으로는 특허청구범위에 속한 기술구성이나 그 결합 및 작용효과를 일목요연하게 이해할 수 없는 경우에는 특허청구범위가 발명의 상세한 설명에 의하여 명확히 뒷받침되고 있다고 할 수 없다 할 것이고,

또한 명세서에서 출원서에 첨부된 도면을 들어 당해 발명의 특정한 기술구성 등을 설명하고 있는 경우에 그 명세서에서 지적한 도면에 당해 기술구성이 전혀 표시되어 있지 않아 그 기술구성이나 결합관계를 알 수 없다면, 비록 그러한 오류가 출원서에 첨부된 여러 도면의 번호를 잘못 기재함으로 인한 것이고, 당해 기술분야에서 통상의 지식을 가진 자가 명세서 전체를 면밀히 검토하면 출원서에 첨부된 다른 도면을 통하여 그 기술구성 등을 알 수 있다 하더라도 이를 가리켜 명세서의 기재불비가 아니라고 할 수 없다(대법원 1996. 6. 14. 선고 95후1159 판결 참조).

<3> 이 사건 출원발명의 요지는 "마스터국과 로칼국을 접속하고 있는 전송선을 분단하여 그 분단점에 삽입되고, 위 분단된 전송선 상호의 접속/절단을 행하는 '스위칭수단'과 위 분단된 각각의 전송선의 상태를 검출하는 '검출수단'을 가지는 통상의 신호전송장치에 위 '검출수단'에 의한 전송선의 상태검출 결과 적어도 한 쪽이 이상일 때 위 '스

위칭수단'을 제어하여 전송선의 분단점에서 절단하고 양쪽이 정상으로 되면 위 '스위칭수단'을 제어하여 전송선을 그 분단점에서 다시 접속하는 '제어수단'을 덧붙이고, 위 분단점에서 전송선을 강제적으로 절단하도록 위 '제어수단'에 위 '스위칭수단'을 제어시키는 '테스트스위치'를 덧붙인 신호전송장치"이나,

출원인은 당초 특허청구범위를 위 '제어수단' 부분을 제1청구항으로, 위 '테스트스위치' 부분을 제2청구항으로 하여 출원하였다가 원심에 이르러 특허청구범위를 최종적으로 보정하면서 당초의 제2청구항을 제1청구항에 추가편입하고 당초의 제2청구항은 삭제하였음에도 이에 따른 발명의 상세한 설명을 보정하지 아니하여, 본원발명의 상세한 설명 중 특허청구범위 제1항에 관한 설명에서는 위 '테스트스위치'에 관한 기술구성이나 결합관계가 포함되어 있지 아니하여 결국 특허청구범위가 상세한 설명에 의하여 명확히 뒷받침되지 아니하였다 할 것이고, 또한 발명의 상세한 설명에서 출원서에 첨부된 도면 제3도를 들어 특허청구범위를 설명하고 있으나 제3도에는 테스트스위치가 도시되어 있지 않아 그 구성의 결합 및 작용관계가 불명료한 점 등 본원발명의 명세서의 기재에 다수의 기재불비가 있다고 할 것이다.

143

대법원 2003. 2. 26. 선고 2001후1617 판결

원심은, 명칭을 "소수력 발전을 위한 하수처리장 방류수의 이용방법"으로 하는 이 사건 출원발명의 1999. 6. 23.자 명세서 등 보정서에는 폐수 및 하수 처리장에서 처리된 물의 자원을 활용하여 유실되고 있는 에너지 자원을 회수, 재활용함으로써 자원의 재생효과와 전력수급에 기여하고자 한다는 발명의 목적과 하수처리장의 방류수를 거의 무기한 사용할 수 있고, 댐 조성에 따른 공사비를 절감할 수 있으며, 조력발전의 경우보다 훨씬 양호한 내구성을 유지할 수 있다는 발명의

효과를 기재해 놓았지만,

이러한 발명의 목적을 달성하기 위한 기술적 구성으로 하수처리장 방류지점의 연결수로와 터빈을 나열하고, 그 실시예로 소수력 발전 추정 제원 검토에 따른 정격낙차, 사용수량, 수차의 종류와 출력 및 연간 발전량 등을 기재하는 외에 단순히 소수력 발전의 원리 정도만 기재하였을 뿐, 더 나아가

발전을 위한 방류수의 저장 또는 유도에 대한 기술구성, 하수처리장과 연결수로와의 관계, 위치 조건에 적합한 수차 선정을 위한 기술적 내용, 수차와 전력을 생산하는 발전설비와의 결합관계 등의 소수력 발전을 위한 구체적 구성과 개개의 구성 사이의 작용관계를 방법발명에 적합하도록 시계열적으로 기재하지 않았으므로

이 사건 출원발명의 기술분야에서 통상의 지식을 가진 자가 상세한 설명에 기재되어 있는 구성만으로 하수처리장의 방류수를 이용하여 발전을 할 수 있다고 보이지 않는다고 한 다음, 이 사건 출원발명의 위 일자 보정서의 상세한 설명은 특허법 제42조 제3항이 정하고 있는 명세서 기재요건에 위배된 것이라는 취지로 판단하였다. 기록에 비추어 살펴보면 원심의 위와 같은 인정과 판단은 정당하고 거기에 상고이유 제1점으로 지적하는 것과 같은 위법이 있다고 할 수 없다.

144

대법원 2004. 10. 14. 선고 2002후2839 판결

<1> 이 사건 특허발명 제2항이 인용하는 청구항 제1항의 내용을 합하여 보면 청구항 제2항은,

① 지하 구조물의 벽을 지지하는 격자(격자) 거더(girder)의 다수의 평행 바(bar)들을 서로 연결시키기 위해서 3차원 폐 다각형의 스틸 로드(steel rod)로 형성되어 있는 연결 엘리먼트(connecting element)에 있어서,

② 위 로드는 대체로 표면이 평활(평활)하면서 520 N/㎟의 최소 항복 응력을 가지며,

③ 위 다각형의 굴곡 반경은 위 로드의 직경의 2배 이하이며,

④ 위 로드는 굴곡 가공을 거치기 이전에 압연(압연) 가공 또는 신장(신장) 가공 또는 인발(인발) 성형 가공에 의해 냉간 성형(냉간 성형; cold working)되며,

⑤ 위 로드의 스틸합금의 탄소 함량은 0.16% 내지 0.21%이고, 실리콘 함량은 0.15% 내지 0.2%이며, 망간 함량은 0.75% 내지 1.0%인 것을 특징으로 하는 연결 엘리먼트이다.

<2> 금속가공 기술분야에서 냉간 성형이라 함은 강(강)의 성질을 개선하기 위하여 재결정(재결정) 온도 이하에서 행하는 가공경화(가공경화)를 수반하는 소성가공(소성가공) 기술로서 이 사건 특허발명의 출원 당시 관용(관용)기술에 해당하지만, 냉간 성형을 할 때 가공경화가 일어나는 정도나 가공될 출발소재의 기계적 성질 또는 냉간가공 후에 충족되어야 하는 기계적 특성에 따라 성형 방법, 1회 냉간 성형량, 성형 압력, 성형 전후의 풀림(열처리) 등과 같은 성형 조건이 달라져야 한다.

<3> 그런데 이 사건 특허발명의 명세서 중 상세한 설명의 항목에는 합금재료에 관하여 "바람직하게는 로드의 스틸합금은 0.16% 내지 0.21%의 탄소함량, 0.15% 내지 0.2%의 실리콘함량, 0.75% 내지 1.0%의 망간함량을 가진다."라고 기재되어 있고, 냉간 성형 가공에 관하여 "냉간 성형 가공은 예를 들면 냉간 압연 또는 신장 가공을 뜻한다. 바람직하게는 냉간 성형량은 8% 내지 10%이다."라고 기재되어 있을 뿐이며, 그 명세서에 있는 이 사건 특허발명에 관한 유일한 실시 예는 청구항 제2항에 있는 합금강("스틸합금")의 필수 성분인 규소가 포함되지 않은 합금강을 대상으로 한 것으로서 내용이 서로 일치하지 아니하기 때문에 그 실시 예의 기재만으로는 이 사건 특허발명 제2항의

145

특성(특히 위 (1)의 ②, ③항에 해당하는 사항)이 달성될 수 있는지 확인할 수 없고, 그 밖에 구체적인 냉간 성형 방법 및 조건에 대해서는 명세서에 아무런 기재도 없다.

<4> 그렇다면 평균적 기술자가 이 사건 특허발명의 출원 당시의 '냉간 성형'에 관하여 널리 사용되던 기술을 아울러 고려하더라도 과도한 실험을 하지 아니하고서는 이 사건 특허발명 제2항의 스틸로드에 요구되는 항복응력, 굴곡강도 등의 특성을 충족하려면 그 청구항에서 정한 조성비의 합금강에 대하여 구체적으로 어떻게 냉간 성형작업을 하여야 하는지 알 수 없을 것이므로 이 사건 특허발명의 명세서에 있는 발명의 상세한 설명은 평균적 기술자가 특별한 지식을 부가하지 아니하고도 이 사건 특허발명 제2항을 용이하게 실시할 수 있을 정도로 기재되어 있지 아니할 뿐만 아니라, 그 특허청구범위는 발명의 상세한 설명에 의하여 뒷받침되지도 아니한다.

대법원 1995. 9. 5. 선고 94후1657 판결

<1> 특허출원자가 제출하는 특허출원서에는 "특허청구의 범위"를 기재하여야 하고, 특허청구의 범위에는 명세서에 기재된 사항중 보호를 받고자 하는 사항을 1 또는 2 이상의 항으로 명확하고 간결하게 기재하여야 한다라고 되어 있으며, 구 특허법 시행령(1990.8.28. 대통령령 제13078호로 전문 개정되기 전의 것) 제2조의 3 각 항에 의하면, 특허청구의 범위를 기재함에 있어서는 발명의 구성에 없어서는 아니되는 사항중 보호를 받고자 하는 사항을 독립항으로, 그 독립항을 기술적으로 한정하고 구체화하는 사항을 종속항으로 기재하고, 종속항은 독립항 또는 종속항을 기술적으로 한정하고 구체화하는 데 필요한 적정한 수로 기재하여야 한다고 되어 있는바, 위와 같이 특허청구의 범위

의 기재에 관하여 독립항과 종속항으로 구별하고 각 적정수로 나누어 기재하도록 한 취지는 발명자의 권리범위와 일반인의 자유기술영역과의 한계를 명확하게 구별하고 나아가 특허분쟁의 경우 특허침해여부를 명확하고 신속하게 판단할 수 있도록 함에 있다고 할 것이므로, 독립항은 특허발명으로 보호되어야 할 범위를 넓게 포섭하기 위하여 발명의 구성을 광범위하게 기재하고 종속항은 그 범위속에서 구체화된 태양을 제시하여 주어 그 독립항을 기술적으로 한정하고 구체화한 사항을 기재하여야 한다고 볼 것이다(당원 1989.7.11.선고 87후 135 판결 참조).

<2> 그러므로 앞에서 본 바와 같은 원심 인정사실에 의하여 살피건대, 본원 특허청구범위 제2항은 일반적인 반도체장치 제조에 있어서의 도핑영역을 형성하는 방법에 관한 공지기술을 기재한 것이 아니라, 독립항인 위 특허청구범위 제1항에서의 요부인 "장벽층에의 이온주입 및 열처리공정"이 포함된 반도체장치의 제조방법에 있어서 그 선행단계인 도핑영역을 형성하는 여러 가지 방법중에서 단지 이온주입방법과 확산영역의 방법에 대하여만 그 실시 태양을 지정함으로써 위 독립항을 기술적으로 한정하고 구체화한 사항을 기재한 것이라고 보여지고, 위 특허청구범위 제3항 이하의 경우에도 마찬가지라 할 것이므로 이들은 모두 종속항에 해당한다고 보아야 할 것이며, 따라서 위 특허청구범위 제2항 이하는 선행되는 위 특허청구범위 제1항(독립항)의 전체 특징을 포함한 종속항들로서 위 독립항에 진보성이 인정되는 이상 그 종속항인 위 특허청구범위 제2항 이하에도 당연히 진보성이 인정된다고 할 것이다.

147

대법원 1998. 4. 10. 선고 96후1040 판결[12]

이 사건 등록고안의 청구범위 제1항과 제2항은 그 목적이나 작용효과가 명백히 서로 다르고, 그 제2항에서는 "제1항에 있어서"라는 표현을 사용하고 있기는 하나, 부착시트와는 별개의 장치인 자동약액주입기에 관한 청구범위 제3항과 제4항에서도 "제1항에 있어서"라는 표현을 사용하고 있는 점, 제2항의 "제1항에 있어서"라는 표현은 제1항에서 말하는 절곡된 부착시트를 한정하는 것이 아니라 제1항의 전제 부분인 "…건조물 벽면의 보강 장치에 있어서"까지를 의미하는 것으로 해석한다면 전체적인 의미가 명확해진다는 점을 고려하여 정의와 형평에 따라 합리적으로 해석한다면 이 사건 등록고안의 청구범위 제2항은 제1항과는 다른 독립된 권리를 의미하는 독립항이라 할 것이다(대법원 1995. 8. 11. 선고 94다5564 판결 참조).

대법원 1998. 10. 2. 선고 97후1337 판결

<1> 특허법 제42조 제4항에 의하면, 특허출원서에 첨부되는 명세서의 기재에 있어서 특허청구범위의 청구항은 발명의 상세한 설명에 의하여 뒷받침되고, 발명이 명확하고 간결하게 기재되며 발명의 구성에 없어서는 아니되는 사항만으로 기재되어야 하고, 같은 법 제62조 제4호에 의하면, 그러한 요건을 갖추지 아니한 경우 이는 특허출원에 대한 거절이유가 되도록 되어 있는바, 이 점에서 특허청구범위에는 발명의 구성을 불명료하게 표현하는 용어는 원칙적으로 허용되지 아니하고, 발명의 기능이나 효과를 기재한 이른바 기능적 표현도 그러한 기재에 의하더라도 발명의 구성이 전체로서 명료하다고 보이는 경우가 아니면 허용될 수 없다 할 것이다.

<2> 원심심결 이유에 의하면 원심은, 이 사건 출원발명은 단순포진 바이러스(Herpes Simplex Virus)의 효과를 조절하기 위한 올리고뉴클레오티드(oligonucleotide) 또는 올리고뉴클레오티드 유사체 및 그 조절방법에 관한 것으로, 그 특허청구범위 제1항에는 "단순포진 바이러스 형태 1의 UL5, UL8, UL13, UL29, UL30, UL39, UL40, UL42와 UL52 오픈 리딩 프레임(open reading frame) 가운데 하나에 상응하는 헤르페스 바이러스 유전자로부터 유래한 RNA 또는 DNA와 특이적으로 교잡되고 올리고뉴클레오티드가 상기 특이적 교잡에 효과를 미치기에 충분한 동일성과 수를 갖는 뉴클레오티드 단위들로 구성되는 것을 특징으로 하는 헤르페스 바이러스의 효과를 조절하기 위한 올리고뉴클레오티드 또는 올리고뉴클레오티드 유사체"라고 화합물이 기재되어 있으나,

이는 올리고뉴클레오티드에 대하여 화학적 성질을 나타내는 포괄적 개념의 기능적 표현만으로 정의한 것인데, 실시례 등 발명의 상세한 설명을 참작하더라도 위 특허청구범위에 기재된 뉴클레오티드가 특정되지 아니하여, 결국 구성이 전체로서 명확하지 아니하고 발명의 상세한 설명에 의하여 뒷받침되지 아니하는 광범위한 권리범위를 청구하는 것이 되므로,

이 사건 출원발명은 그 특허청구범위의 기재가 특허법 제42조 제4항에 위배되어 특허를 받을 수 없다는 취지로 판단하였는바, 기록에 비추어 살펴보면, 위와 같은 원심의 판단은 정당하고, 거기에 상고이유로 주장하는 바와 같은 특허법 제42조 제4항에 관한 법리오해 등의 위법이 있다고 할 수 없다. 상고이유의 주장은 받아들일 수 없다.

149

특허법원 2000. 6. 2. 선고 99허4316 판결

발명의 구성을 불명료하게 표현하는 용어는 원칙적으로 허용되지 아니하며, 발명의 기능이나 효과를 기재한 이른바 기능적 표현도 그러한 기재에 의하더라도 발명의 구성이 전체로서 명료하다고 보이는 경우가 아니면 허용될 수 없으나, 이 사건 특허발명 청구범위에는 이를 달성하기 위한 발명의 구성요소가 명확하게 기재되어 있어, "선재의 직경은 같고 인장강도 값은 각 선재의 표면수축정도에 비례하여 증가하도록"과 같은 효과를 기재한 표현이 있다고 하여 발명의 구성이 전체로서 불명확해진다고 보여지지 아니한다.

대법원 2001. 6. 29. 선고 98후2252 판결

이 사건 등록고안은 '공유하는 구동장치(1)의 동력공급부(11)에 부착하기 위한 연결부(2)'와 착유실린더(3), 착유스크류(4), 가열히터(5), 호퍼(6)로 구성되어 있고 그 연결부를 제외한 나머지 구성요소가 공지된 점은 당사자 사이에 다툼이 없으므로,

이 사건 등록고안의 요지는 연결부의 구성이라고 할 것인데, 청구범위의 기재에 의하더라도 연결부의 구성은 '구동장치를 공유하기 위한 연결부'로 한정되어 있으나 '연결부'의 기재는 여전히 기능적 표현이므로, 고안의 상세한 설명과 도면의 기재를 참고하여 실질적으로 그 의미 내용을 확정하여 보면(피고는 이 사건 등록고안의 청구범위에는 '연결부'라고만 기재되어 있으므로 그 문언대로 해석되어야 하고, 도면이나 상세한 설명의 기재를 참고하여 해석할 수 없다는 취지로 주장하나, 이 사건 등록고안의 청구범위에 '구동장치를 공유하기 위한 연결부'라는 의미로 기재하고 있어 막연히 연결부라고 기재한 것과는 다르고, 또 '연결부'나 '연결수단'과 같은 기능적 표현의 경우에는 명

세서 본문과 도면의 기재를 참고하여 해석할 수 있는 것이어서 피고의 주장은 받아들이지 아니한다.), 그 상세한 설명 및 도면에 명백히 기재되어 있는 바와 같이 연결쇠(14)(18)와 연결클립(15)으로 되는 플랜지 타입이나 스크류타입, 볼트조임타입 등의 제작과 조작이 쉬운 연결요소로 구성된 사실을 알 수 있다.

특허법원 2004. 6. 25. 선고 2003허2324 판결

특허발명의 보호범위는 특허출원서에 첨부한 명세서의 특허청구범위에 기재된 사항에 한정되는 것인데 이 사건 출원발명의 상세한 설명에는 그 실시례에서 파일 입출력 처리 루틴의 실행을 가로채는 방식으로 간단하게 정의하고 있을 뿐이므로, 이 사건 출원발명의 청구범위에 기재된 파일 입출력 감시수단이 파일 입출력 처리 루틴의 실행을 가로채는 방식으로 구체적으로 한정된다고 볼 수 없다고 주장하므로 살피건대, 특허발명의 보호범위는 특허청구범위에 기재된 사항에 의하여 정하여지는 것이고(특허법 제97조), 특허의 명세서에 기재되는 용어는 그것이 가지고 있는 보통의 의미로 사용하고 동시에 명세서 전체를 통하여 통일되게 사용하여야 하는 것이지만, 어떠한 용어를 특정한 의미로 사용하려고 하는 경우에는 그 의미를 정의하여 사용하는 것이 허용되는 것이므로, 용어의 의미가 명세서에서 정의된 경우에는 그에 따라 해석하면 족한 것이고(대법원 1998. 12. 22. 선고 97후990 판결 참조),

더구나 이 사건 출원발명과 같이 발명의 기능이나 효과를 기재한 이른바 기능적 표현으로 된 청구항의 경우 기능적으로 표현된 청구항의 의미는 발명의 상세한 설명이나 실시례에 따라서 해석하고 그 보호범위를 한정할 수밖에 없을 것이므로 이 사건 제4구성의 파일 입출력

151

감시수단은 파일 입출력 처리 루틴의 실행을 가로채는 방식으로 보는 것이 상당하다.

3.

청구한항개

I. 특허문서 작법

콜론과 세미콜론

청구항을 작성할 때 구성 요소를 나열하는 방식으로 콤비네이션^{Combi-nation} 방식, 즉 개조식 방식이 많이 사용된다. 이때 콜론(:)과 세미콜론(;)의 용법을 알아 두면 유용하다. 많은 실무자가 이 두 가지 용법을 구별하지 못한다.

콜론과 세미콜론의 관습적인 사용은 미국 실무의 영향 때문이다. 일본 실무의 영향이 컸던 과거에는 청구항에서 구성 요소를 나열할 때 쉼표를 자주 사용했지만 미국 유학파가 늘어나면서 자연스럽게 미국 실무 영향력이 일본 실무 영향력을 대체했다. 미국은 글로벌 기업의 각축장이며, 미국 시장이 갖는 상징적이고 현실적인 의미로 말미암아 미국 실무의 영향력이 커지는 것은 자연스럽다. 한국 기업이 해외 특허출원을 생각할 때 우선적으로 고려하는 국가가 미국이며, 미국으로 특허출원하려면 한국어 특허문서가 영어 특허문서로 번역되고 수정돼야 한다는 점을 두루 고려한다면 콜론과 세미콜론의 사용을 분명히 구별해줄 필요가 있겠다.

세미콜론은 쉼표와 마침표가 합쳐진 기호로 이뤄졌다. 이런 기호 구성의 성질이 세미콜론의 용법에 그대로 반영된다. 쉼표와 마침표가 동시에 사용될 수 있는 곳이라면 세미콜론을 사용할 수 있다. 쉼표의 성질로서 세미콜론은 무엇인가를 '열거'할 때 사용된다. 마침표의 성질로서는 열거된 뒷부분 없이 앞 부분의 진술만으로 독립된 의미를 갖는다면 세미콜론을 사용할 수 있다. 예를 들어 발명이 A, B, C 구성 요소로 이뤄져 있다면 A와 B와 C는 세미콜론으로 연결될 수 있다. 그리고 B와 C 사이에 '및(and)'을 넣는다. 마지막에 마침표를 찍는다. 'A; B; and C.' 형식이 된다. 실무를 살펴보자. 배터리와 터치패드와 터치모션 검출부와 무선통신부로 이루어지는 입력장치에 대한 발명이 있다고 가정하자. 청구항은 기본적으로 예제 1처럼 배열된다. 세미콜론으로 구성 요소가 연결된다.

156

예제 1

터치패드;

터치모션 검출부;

무선통신부; 및

배터리를 포함하는 입력장치.

복수의 단계로 이뤄지는 방법의 경우에도 각 단계는 예제 2처럼 세미콜론으로 연결된다.

예제 2

(a) 애플리케이션 소프트웨어를 실행하는 단계;

(b) 초기 알림 메시지가 있는지 판단하는 단계; 및

(c) 광고 콘텐트를 표시하는 단계를 포함하는 광고 방법.

물론 이렇게 단순 배열만하고 그치면 특허를 받을 수 없다. 세미콜론으로 연결되는 각 구성들이 어떤 관계를 갖는지를 설명해줘야 한다(이에 대해서는 후술한다). 어쨌든 청구항을 구성하는 필수 구성을 나열할 때 위 두 개의 예제처럼 세미콜론으로 연결하면서 기본 골격을 만든다. 그런 다음에 각 구성의 기술적인 의미와 유기적인 관계를 나타내는 적절한 표현을 추가해야 한다.

　　콜론은 하위 리스트를 열거할 때 사용한다. 그리고 콜론 다음에 오는 것들은 하나인 경우에는 그 하나, 여러 개의 리스트인 경우에는 그 여러 개의 집합으로서 콜론 앞에 위치하는 어구와 대등한 관계를 갖는다. 특허실무적으로 보자면 콜론은 세미콜론보다 상위의 등급을 갖는다. 청구항에 전제부를 사용한다면 콜론과 세미콜론이 함께 등장한다. 그 용법은 다음과 같다.

　　예제 3 (US9,136,885)
　　호스트 컴퓨터에 입력신호를 전송하는 입력장치로서:
　　터치패드;
　　터치모션 검출부;
　　무선통신부; 및
　　배터리를 포함하는 입력장치.

한편 세미콜론은 구성을 나열할 때 사용하므로 자연스럽게 여러 번 사용된다. 콜론은 어떨까? 실무적으로는 이례적이겠지만 콜론도 여러 번 사용할 수 있다. 콜론의 용법은 미국 실무에서 전해진 것이다. 예제 4는 콜론을 두 번 사용한 영어 청구항의 예를 보여준다. 한국에서도 마찬가지로 청구항을 만들 수 있다. 예제 5를 참고하라.

예제 4

A method of signaling in a wireless communications network, comprising:

by a user equipment terminal:

receiving a first signal in a first allocated time slot and a first frequency band from a first antenna system of a transceiver system, wherein the first frequency band at least partially overlaps a second frequency band of a second signal transmitted in a second allocated time slot via a second antenna system of the transceiver system, wherein the second allocated time slot is different from the first allocated time slot, wherein the timeslots are allocated via a message to the transceiver, and wherein the user equipment terminal receives the first signal in the first time slot in response to the message.

예제 5

호스트 컴퓨터에 입력신호를 전송하는 입력장치로서:

상기 입력장치는 충전 가능한 배터리를 내장한 것이며:

터치패드;

터치모션 검출부; 및

무선통신부를 포함하는 입력장치.

'호스트 컴퓨터에 입력신호를 전송하는 입력장치'와 {터치패드 + 터치모션 검출부 + 무선통신부 + 배터리}는 서로 동격을 띤다. 세미콜론으로 연결되는 구성 중 어느 하나와 전제부에 위치한 '~입력장치'는 서로 동격이 될 수 없다. 그런 점에서 콜론이 세미콜론보다 상위 등급의 성격을 지닌다. 앞서 살펴본 방법발명에 예제 6처럼 전제부를 하나 넣어 보자.

예제 6

모바일 디바이스의 애플리케이션 소프트웨어의 기동 시의 알림 메시지를 이용한 광고 방법으로서:

(a) 애플리케이션 소프트웨어를 실행하는 단계;

(b) 초기 알림 메시지가 있는지 판단하는 단계; 및

(c) 광고 콘텐트를 표시하는 단계를 포함하는 광고 방법.

콜론과 세미콜론을 명확히 구분할 수 있다면 특허문서 작법의 가장 기초적인 지식을 습득한 것이다. 한편 콜론은 특허문서의 다른 영역에서도 더러 쓰이기도 한다. '동격의 콜론'을 기억한다면 세미콜론과 헷갈리지는 않는다. 예컨대 이런 경우다. 근거리 무선 통신으로 번역되는 Near Field Communication을 약자인 NFC와 병기하고자 한다(특허문서에서는 필요에 따라 이렇듯 한글 용어, 영어 용어, 영어 약자를 함께 표시해줘야 하는 경우가 종종 있다. 한자 병기도 마찬가지다). 'NFC(Near Field Communication: 근거리 무선 통신)'로 표기한다. 이때 콜론 대신에 세미콜론을 쓰는 것은 좋지 않다.

160

나 /

지시
보조어

<지시 보조어>란 그 자체로는 아이디어의 내용을 나타내는 구성은 아니지만, 대명사처럼 그 구성을 지칭하거나 또는 다른 구성과 구별되도록 보조해주는 단어를 말한다. 일반인들은 특허청구항을 읽으면서 낯선 단어를 발견한다. '상기'라는 단어다. 이 단어는 '앞에서 기록한'이라는 뜻의 한자어 <上記>다. 이 단어는 일상 생활에서는 거의 사용되지 않는다. 다만 "상기 내용이 사실임을 확인함"이라거나 "상기 본인은 오직 진실만을 말할 것을 서약합니다"라는 문장 등의 격식을 차린 문장에서 예외적으로 사용될 뿐이다. 그러나 특허청구항에서는 이 낱말이 관습적으로 사용된다. 마치 이 단어가 없으면 청구항을 작성하는 것이 실무상 거의 불가능하게 여겨질 정도다.

예제 7

터치패드;
상기 터치패드에 발생하는 입력수단의 터치모션을 검출하는 터치모션 검출부;
상기 터치모션 검출부에서 검출한 신호를 호스트 컴퓨터에 전송하는 무선통신부; 및 배터리를 포함하고,
상기 터치모션 검출부는 상기 터치패드에서의 복수 터치지점의 궤적을 검출할 수 있는 것을 특징으로 하는 입력장치.

특허법 제42조 제4항 제2호는 "발명이 명확하고 간결하게 기재될 것"이라고 규정하고 있다. 이 규정을 어기면 '청구항 기재불비'로 특허출원은 거절된다. 특허를 받았더라도 무효 사유에 해당한다. 독점적인 권리의 경계를 명확히 해야 할 필요가 있기 때문이다. 지시 보조어는 이 규정을 준수하기 위해 관습적으로 사용돼 왔다. 아마도 그 유래는 영어의 관사에서 비롯됐다고 생각한다. 영어 문법에서는 명사 앞에 관사를 적절히 사용하지 않는다면 그 단어가 무엇을 지칭하는지 불분명해진다. 청구항에는 보통 여러 구성 요소가 함께 기재된다. 예를 들어 청구항에 'controller'라는 구성 요소가 있다고 가정하자. 그런 경우에 'a controller'와 'the controller'는 서로 다른 의미를 지닌다. 'the controller'라면 '앞에서 말한 콘트롤러'로서의 의미를 지닌다. 'the controller'가 출현하기에 앞서서 'controller'라는 기재가 있다면 문법에 맞고 특허법 규정에도 맞다. 그런데 'controller'라는 단어가 선행되어 있지 않음에도 'the controller'라고 표현하면 그것이 무엇을 지칭하는지 모호하고, 따라서 기재불비에 해당한다. 반면 'controller'라는 기재가 있었음에도 'a controller'라면 '이제부터 설명하려는 콘트롤러'라는 의미를 갖거나, 앞에서 언급한 'controller'와는 또 다른 'controller'로 이해될 수 있다. 이처럼 부정관사가 사용되는 경우에는 그 'controller'는 새로운 구성 요소로 취급될 수 있고, 그러면 그것이 무엇인지를 청구항에서 명확히 특정해야 한다.

그러나 영어와 한국어가 다르듯이 미국 실무와 한국 실무는 같

을 수 없다. 한국어 문법에는 관사가 없다. 관사를 사용하지 않는다고 해서 표현이 불분명해지지 않는다. 관사 없이도 맥락에 의해 명사의 의미를 파악하는 언어 문화이기 때문이다. 그러므로 '상기'를 사용하지 않았다고 해서 그것만으로 거절 이유에 해당한다고 말하기 힘들다. 하지만 위와 같은 미국 실무가 한국에 수입돼 있고, 이것이 관습으로 자리잡은 상황에서는 관사가 없는 까닭에 지시 보조어를 잘 사용할 수밖에 없다. '상기', '그', '이', '해당', '제1', '제2' 등을 사용할 수 있다. 예제를 통해 지시 보조어의 실무적 용례를 살펴보자

예제 8

터치패드;
터치패드에 발생하는 입력수단의 터치모션을 검출하는 터치모션 검출부;
터치모션 검출부에서 검출한 신호를 호스트 컴퓨터에 전송하는 무선통신부; 및
배터리를 포함하고,
터치모션 검출부는 터치패드에서의 복수 터치지점의 궤적을 검출할 수 있는 것을
특징으로 하는 입력장치.

163

이와 같은 예제 8 청구항에서는 '상기'라는 표현을 전혀 사용하지 않았고 어떤 지시 보조어도 없다. 그렇지만 한국어의 특징상 이런 방식의 표현이 불명확하다고 보기도 어렵다. 한국어가 모국어인 심사관은 예제 8과 같은 청구항 기재를 문제 삼지 않을 것이다. 특별한 사유가 없는 한 기재불비로 지적되지 않는다.

예제 9

터치패드;
터치패드에 발생하는 상기 입력수단의 터치모션을 검출하는 터치모션 검출부;
터치모션 검출부에서 검출한 신호를 상기 호스트 컴퓨터에 전송하는 무선통신부; 및
배터리를 포함하고,
터치모션 검출부는 터치패드에서의 복수 터치지점의 궤적을 검출할 수 있는 것을
특징으로 하는 입력장치.

3. 청구항 한 개 · 지시 보조어

예제 9 청구항은 기재불비의 청구항이다. '상기'라는 표현으로 말미암아 청구항에 문제가 생겼다. '상기 입력수단'이라는 표현은 적어도 그 앞에 '입력수단'이라는 단어가 선행돼야 한다. 그런데 예제 9에서는 선행 표현이 없다. '상기 호스트 컴퓨터'도 마찬가지다. 이런 경우 기재불비의 거절 이유가 통지된다. 실무자는 '상기'라는 지시 보조어를 삭제하는 보정을 통해 거절 이유를 해소한다. '상기'라는 단어를 삭제하지 않으려면, 그 앞에서 해당 단어를 위치시켜 놓는 보정을 한다.

예제 10

터치패드;

이 터치패드에 발생하는 입력수단의 터치모션을 검출하는 터치모션 검출부;

이러한 터치모션 검출부에서 검출한 신호를 호스트 컴퓨터에 전송하는 무선통신부; 및

배터리를 포함하고,

상기 터치모션 검출부는 상기 터치패드에서의 복수 터치지점의 궤적을 검출할 수 있는 것을 특징으로 하는 입력장치.

위의 예제 10은 예제 8과 동일한 특허범위를 지닌다. 다만 '상기'라는 단어 대신에 '이', '이러한'이라는 단어로 변경했을 뿐이다. 실무자들은 기계적으로 '상기'라는 단어를 사용하지만 꼭 그래야만 할 까닭은 없다.

한편 예제 11에서는 특허범위의 기재가 약간 변경됐다. 앞의 예제들은 제스처를 입력할 수 있는 무선 마우스에 관한 청구항이다. 마우스는 입력장치여서 <클릭 입력>이 빠질 수 없다. 제스처만 입력할 수 있고 제스처가 아닌 보통의 클릭 입력이 불가능한 마우스를 상상해 보라. 그런 제품을 만들 수야 있겠지만 과연 시장에서 팔리겠는가? 그러므로 예제 11의 특허범위는 예제 10의 특허범위와 '실천적으로' 차이가 없다. 이론적으로만 본다면 구성 요소가 부가되었으므로 특허범위가 좁혀졌다. 그러나 부가된 구성은 '당연한 구성 요소'에 불과하고, 그것이 기술적으로는 필수적이지 않을지 몰라도 그런 제품을 만들어

시장에서 판매하기 위해서는 반드시 필요한 기능이기 때문에 '시장에서의 필수 요소'로 간주된다. 이에 관한 자세한 논의는 제2부 5장의 라 목에서 자세히 다룬다.

예제 11

터치패드;

이 터치패드에 발생하는 입력수단의 터치 이벤트를 검출하는 제 1 터치이벤트 검출부;

상기 터치패드에 발생하는 입력수단의 터치 모션을 검출하는 제 2 터치이벤트 검출부;

상기 터치이벤트 검출부들에서 검출한 신호를 호스트 컴퓨터에 전송하는 무선통신부; 및

배터리를 포함하고,

상기 제 2 터치이벤트 검출부는 상기 터치패드에서의 복수 터치지점의 궤적을 검출할 수 있는 것을 특징으로 하는 입력장치.

165

그런데 예제 11의 특별한 의미는 '상기 터치이벤트 검출부들'이라는 복수의 구성을 지시하는 표현을 사용했다는 점이다.[13] 이는 맥락상 제 1 터치이벤트 검출부와 제 2 터치이벤트 검출부를 동시에 지시하는 것으로 이해하는 데 아무런 어려움이 없다. 다만 실무적으로 '상기 터치이벤트 검출부들'이 제 1 터치이벤트 검출부를 지칭하는지 제 2 터치이벤트 검출부를 지칭하는지 불명확하다는 지적을 받는 경우가 있다. 그런 경우라면 '상기 터치이벤트 검출부들'을 '상기 제 1 터치이벤트 검출부 및 상기 터치이벤트 검출부'로 보정해 간명하게 대응한다.

이상에서 살펴본 지시 보조어의 용례는 어디까지나 '청구항'에서의 용례. 청구항은 명확히 기재돼야 한다는 법률의 규정이 있기 때문이다. 그러나 특허문서의 다른 부분, 예컨대 <발명의 설명>에서는 훨씬 큰 자유도를 갖는다. 발명의 설명에서조차 '상기'라는 지시 보조어를 습관적으로 남용하는 실무자들이 많다. 과한 것은 좋지 못하다.

정관사가 필요 없는 한국어 사용자의 언어에 맞지 않다. 불필요한 지시 보조어의 범람은 특허문서의 가독성을 떨어트릴 뿐이다. 기본적으로 특허문서는 '특허문서의 독자'에게 쉽게 읽혀야 한다는 점에서 발명의 설명에서는 '상기'라는 단어를 남용하지 않는다. 전혀 사용하지 않아도 좋다.

다

오브젝트 와 카테 고리

오브젝트Object는 특허청구의 대상을 뜻한다. '무엇에 대한 특허인가'라는 질문에 대해서 전문가와 비전문가는 서로 다르게 답할 것이다. 이 특허가 무엇에 관한 특허인가라는 질문을 받으면 전문가는 발명의 명칭이나 특허청구항의 기재를 보면서 몇 개의 단어로 이어지는 간략한 어구로서 답변한다. 그것이 오브젝트다. 실제로 실무자가 특허쟁송에 관련한 서면에서 특허를 간략히 특정하는 문구를 쓸 때 으레 특허청구의 대상을 언급한다. 좀 더 자세한 답변을 하려고 할 때 비로소 그 특허의 독창적인 부분을 법리적으로 설명한다. 이 특허가 무엇에 관한 특허인지를 묻는 질문을 비전문가가 받았다면 그 아이디어가 종래의 다른 기술과 어떤 차이점이 있는지를 설명한다거나 혹은 만들어진 제품 같은 실체를 언급할 것인다. 그때 언급되는 실체는 오브젝트가 아니다. 오브젝트는 시장에서 실시되는 실체가 아니라 특허문서에 적힌 특허청구의 대상이다.

청구항에서 오브젝트는 대개 마지막 어구에 위치한다. 예컨대 청구항의 기재가 '~를 포함하는 것을 특징으로 하는 A'라고 할 때 오브젝트는 A가 된다. 청구항의 앞쪽에 오브젝트가 위치하기도 한다. 오브젝트는 발명자의 인식을 반영하고 비즈니스의 요청을 전략적으로 고려하면서 실무자가 적절히 결정한다.

이제부터 실제 특허를 받은 다양한 기술분야의 청구항 케이스를 예제로 소개한다. 오브젝트라는 개념은 그다지 어려운 개념이 아니기 때문에 오브젝트만을 설명하기 위한 청구항 케이스는 한두 개여도 족할 것이다. 그러나 타인이 작성한 청구항을 많이 접할수록 실무자의 역량이 향상된다. 초급 실무자라면 예제 청구항의 표현과 구조에 익숙해지기를 바란다. 타인의 모범을 추종해야 할 시기다. 중급 이상의 실무자라면 예제 청구항의 다양성에 관심을 갖기 바란다. 우리가 남을 위해서 일을 하는 것이라면 자기만의 스타일을 고집할 까닭은 없다. 매너리즘을 예방하기 위해서도 타인에게서 자극을 받아야 한다. 한편 자기 전문성을 젊은 날 몇 년의 전공으로 한정한 나머지, 세상을 좁게 보고 자기 활동 영역을 스스로 축소하는 실무자가 많다. 초급 실무자는 그래도 괜찮다. 중급 실무자는 자기의 역량을 더 넓혀야 하기 때문에 자신을 한정하고 축소하는 태도는 바람직하지 않다. 기술을 모르는 판사들이 쓴 고매한 판결문을 보라. 그들이 낯선 기술을 외면하지 않고 연구하면서 판결할 수 있는 것처럼, 실무자도 고객의 아이디어를 외면하지 않고 연구하면서 특허문서를 쓸 수 있다. 그러려면 다양한 청구항 케이스에 관심을 가져야 한다. 특허를 받은 실제 청구항을 많이 접할수록 좋다.

예제 12 (특허 1486001)

하나 이상의 불포화 염화 폴리에스테르 올리고머, 하나 이상의 아크릴레이트 캐리어(carrier), 하이드록시부틸비닐에테르, 하나 이상의 도전성 충전재 및 하나 이상의 광개시제를 포함하는 도전성 잉크 조성물.

예제 13 (특허 1485944)

음극 활물질; 바인더; 용매; 및 SEI 막 형성제를 포함하고,

상기 SEI 막 형성제는 플루오로에틸렌 카보네이트, 비닐에틸렌 카보네이트, 또는 이들의 혼합물이고,

상기 SEI 막 형성제는 음극 활물질 100 중량부 대비 0.5 내지 2 중량부로 포함되고,

상기 바인더는 SBR(styrene butadiene rubber) 및 CMC(carboxymethyl cellulose) 중 1종 이상이고, 상기 용매는 물인 리튬 이차전지용 음극 형성용 조성물.

예제 14 (특허 1485853)

염색체 통합시에 발현 시스템 내에서 목적 유전자의 전사 또는 발현의 증가를 가져오는, TE-13(서열번호 15) 또는 TE-13(서열번호 15)의 단편 또는 이들의 상보적 뉴클레오타이드 서열을 포함하는 핵산.

예제 12의 청구 대상은 '도전성 잉크 조성물'이다. 그것이 예제 12 청구항의 오브젝트다. 즉 이 특허는 도전성 잉크 조성물에 관한 특허라고 선언할 수 있다. 예제 13 청구항의 오브젝트는 '리튬 이차전지용 음극 형성용 조성물'이다. 그러므로 이 특허는 리튬 이차전지용 음극 형성용 조성물에 관한 특허라고 말할 수 있다. 예제 14 청구항의 오브젝트는 '핵산'이다.

예제 15 (특허 1485823)

얼음을 수용하는 얼음 용기(10);

상기 얼음 용기에 연결되며 분말 커피를 수용하는 분말 커피 용기(20);

상기 분말 커피 용기에 연결되며 추출된 커피를 수용하는 추출 커피 용기(30); 및

상기 얼음 용기 내에 수용된 얼음을 가열하는 가열 유닛(80); 을 포함하며,

상기 가열 유닛은 전기 히터(81)와, 상기 전기 히터에서 발생된 열을 상기 얼음 용기 내에 수용된 얼음으로 전달하는 송풍기(82)로 이루어지는 것을 특징으로 하는 더치 커피 추출기.

예제 16 (특허 1486089)

엘리베이터의 카룸의 외부에 마련된 기름용기를 가지며, 해당 기름용기의 기름이 카 가이드 레일에 공급되도록 구성된 엘리베이터의 카 가이드 레일 급유 장치로서,

카바닥 또는 해당 카바닥에 마련된 카벽에 뚫린 창부와,

상기 창부를 개폐 자유롭게 마련된 커버를 구비하고,

상기 기름용기는, 상기 창부를 통하여 직접 급유가 가능한 위치에 배설되어 있는 것을 특징으로 하는 엘리베이터의 카 가이드 레일 급유 장치.

예제 17 (특허 1485959)

하나 또는 그보다 많은 프로세서들에 의해 실행 가능한 명령들이 저장된, 무선 통신들을 위한 컴퓨터 판독 가능 매체로서,

상기 명령들은,

다운링크 제어 채널을 전송하는 데 사용하기 위한 애그리게이션 레벨을 선택하기 위한 명령들; 및

상기 선택된 애그리게이션 레벨 그리고 상기 선택된 애그리게이션 레벨에 의존하며 장치가 상기 다운링크 제어 채널을 적절한 애그리게이션 레벨로 디코딩함을 보장하도록 설계된 하나 또는 그보다 많은 메트릭들을 사용하여 상기 장치에 상기 다운링크 제어 채널을 전송하기 위한 명령들을 포함하고,

상기 하나 또는 그보다 많은 메트릭들은 상기 다운링크 제어 채널을 전송하는 데 사용되는 제어 채널 자원들에 대한 애그리게이션 레벨 의존 시작 인덱스를 포함하는, 무선 통신들을 위한 컴퓨터 판독 가능 매체.

예제 15 청구항과 예제 16 청구항은 장치에 관한 발명이며, 예제 17 청구항은 컴퓨터 소프트웨어 발명을 기록매체 형식으로 표현한 청구항이다. 예제 15 청구항의 오브젝트는 '더치 커피 추출기'이며, 예제 16 청구항의 오브젝트는 '엘리베이터의 키 가이드 레일 급유 장치'이고, 예제 17 청구항의 오브젝트는 '무선통신들을 위한 컴퓨터 판독 가능 매체'가 되겠다.

　　예제 15에서 오브젝트는 청구항 말미에 위치한다. 반면 예제 16과 예제 17 청구항에서 오브젝트는 청구항 말미뿐만 아니라, 청구항

앞쪽 전제부에도 동시에 위치하고 있다. 예제 15 청구항처럼 뒤쪽에 한 번 기재하면 충분한데, 예제 16 청구항과 예제 17 청구항처럼 오브젝트를 앞에 두는 실무적인 이유는 전제부 아래에 적힐 구성 요소를 좀 더 적절히 표현하기 위해서다. 예제 16의 경우 오브젝트가 앞에 없다면 '기름용기'가 어떤 구성인지 설명하기 모호해진다. 예제 17 청구항의 경우 오브젝트가 전제부에 위치하고 있지 않다면 '상기 명령들은' 이라는 표현을 사용할 수 없다. 이제 오브젝트가 '방법'으로 표현된 청구항을 살펴보자.

예제 18 (특허 1485896)

홍차 추출액을 얻는 단계(S10);
상기 홍차 추출액에 균주 사카로미세스를 접종하여 1차 발효액을 얻는 단계(S20);
상기 1차 발효액에서 균주 글루콘아세토박터를 접종하여 2차 발효액을 얻는 단계(S30); 및
상기 2차 발효액에 균주 바실러스를 접종하여 3차 발효액을 얻는 단계(S40)로 이루어지는 것을 특징으로 하는 홍차 발효액을 유효성분으로 하는 항산화, 항염증 및 아토피 개선용 화장료 조성물의 제조방법.

예제 19 (특허 1486177)

일련의 이미지 프레임에 대한 피처(feature) 변환 이미지 데이터를 수신하는 단계와,
상기 일련의 이미지 프레임 중 복수의 프레임과 기준 프레임의 피처 변환 이미지 데이터 간의 차이를 나타내는 비대칭 차이 데이터를 결정하는 단계와,
상기 비대칭 차이 데이터의 교집합에 기초하여 목표 영역을 결정하는 단계를 포함하는 방법.

예제 20 (특허 1486173)

전력 교정을 위해 무선 통신 디바이스에 의해 수행되는 방법으로서,
주파수 스위프를 통해 생산 동안 상기 무선 통신 디바이스의 전송 전력의 출력을 결정하는 단계;
온라인 동작 동안, 상기 주파수 스위프를 통해 측정된 전력 증폭기의 출력을 차감

하는 단계; 및

피크 투 피크 리플(peak to peak ripple)이 추출되는 상기 주파수 스위프를 통해 측정된 전력 증폭기의 출력을 합산하여 상기 무선 통신 디바이스의 실제 전송 전력을 도출하는 단계를 포함하는 방법.

예제 18, 예제 19, 예제 20 청구항은 모두 방법발명에 관한다. 방법발명은 보통 단계나 공정 형식으로 표현된다. 예제 18 청구항의 오브젝트는 '항산화, 항염증 및 아토피 개선용 화장료 조성물의 제조방법'이다. 예제 19 청구항에는 오브젝트가 명시적으로 표현돼 있지 않다. 그저 '~포함하는 방법'으로만 표현돼 있을 뿐이다. 외국 출원인의 특허문서에 이런 방식의 청구항이 종종 있다. 예제 19의 특허권자는 노키아였다. 구성 요소가 잘 표현돼 있다면 오브젝트를 청구항에 명확히 표시하지 않았다 해서 부적법해지는 것은 아니다(단, 카테고리는 명확히 표현돼야 한다). 이런 경우 발명의 명칭이 오브젝트가 된다. 예제 19 청구항의 발명 명칭은 '손 검출을 제공하기 위한 방법 및 장치'였다.

예제 20 청구항에서는 오브젝트가 청구항의 앞쪽 전제부에 위치한다. '전력 교정을 위해 무선 통신 디바이스에 의해 수행되는 방법으로서'가 오브젝트가 된다. 예제 20 청구항의 실무적 장점은 각 단계의 주체를 명시적으로 표현하지 않아도 된다는 점이다. 각 단계의 주체는 공통적으로 '무선 통신 디바이스'다.

예제 21 (특허 1485852)

콘텐트 스트림을 송수신하는 시스템에 있어서,

원본 콘텐트를 세그먼트 단위로 분할하여 각 세그먼트별로 적어도 두 개의 패턴을 삽입하여 적어도 두 개의 패턴 콘텐트를 생성하고, 상기 패턴 콘텐트를 압축 및 암호화하며, 상기 적어도 두 개의 패턴 콘텐트 중 어느 하나를 사용자 식별 정보를 기반으로 선택하여 사용자 디바이스로 전송하는 콘텐트 스트림 전송 장치; 및

상기 선택된 패턴 콘텐트를 수신하여 콘텐트를 렌더링하는 사용자 디바이스를 포함하는 것을 특징으로 하는 역추적성을 갖는 콘텐트 스트림 송수신 시스템.

예제 22 (특허 1486077)

폴리머 필름 상에 광학 이방성층을 적어도 1 층 갖는 광학 보상 필름으로서, 면내 리타데이션이 0~10㎚, 및 두께 방향의 리타데이션이 100~300㎚ 이며, 상기 폴리머 필름이 이하의 관계식 (1-1)~(1-3) 을 만족하고:

식 (1-1) $40㎚ \leq Rth(590) \leq 150㎚$

식 (1-2) $-5㎚ \leq Rth(450) - Rth(550)$

식 (1-3) $0 \leq Re(590) \leq 10㎚$,

광학 보상 필름이 하기 식 (1-6) 을 만족하는, 광학 보상 필름:

식(1-6) $1.06 \leq Rth(450) / Rth(550) \leq 1.30$

여기서, $Re(\lambda)$, $Rth(\lambda)$ 는 각각, 파장 λ에 있어서의 면내의 리타데이션 및 두께 방향의 리타데이션을 나타낸다.

예제 21 청구항의 오브젝트는 '역추적성을 갖는 콘텐트 스트림 송수신 시스템'이다. 오브젝트를 '콘텐트 스트림 송수신 시스템'이라고 봐도 무방하다. '역추정성을 갖는'이라는 표현도 구성 요소로 편입되기 때문이다. 예제 22 청구항의 오브젝트는 '광학 보상 필름'이다. 예제 22 청구항의 형식이 흥미로운데, 중요한 구성 요소가 파라미터로 정해져 있으며, 콜론 기호를 적절히 활용해 청구항을 기재했다. 예제 22의 출원인은 일본기업이다. 파라미터 발명은 일본 청구항에서 유래됐다고 전해진다. 파라미터 청구항은 선행기술을 찾아내기 어렵다는 특성이 있고, 그렇다면 이는 특허 가능성을 높이기 위한 일본 실무자의 전략과 노력의 산물로 이해된다. 근래 일본 청구항 기재 방식이 구성 요소를 분리해서 표현하기보다는 구성 요소를 상당히 긴밀하게 연결해서 표현하는 경향을 실무에서 자주 목격한다. 이 또한 특허가능성을 향상시키기 위한 실무 노력으로 보인다.

　　오브젝트는 크게 두 가지의 법적인 의미를 지닌다. 첫째, 특허의 보호범위, 즉 특허범위에 영향을 미친다. 특허범위는 청구항에 기재된 사항에 의해 정해지며, 청구항 기재의 어떤 표현 문구도 가볍게 볼 수는 없는 까닭에 오브젝트의 표현도 특허범위를 판단함에 있어 중요 고려 사항이라 할 수 있다. 이론적으로 보자면 오브젝트를 넓게 표현하면 특허범위가 넓어지고 반대로 오브젝트를 좁게 표현하면 특허범위가 좁아질 것으로 예상할 수 있다. 같은 논리의 불이익으로서 오브젝트를 넓게 표현하면 특허 받기가 어려워지고, 반면 오브젝트를 좁게 표현하면 특허를 받는 데 유리하다고 볼 수 있을 것이다. 그러나 이런 사항은 어디까지나 상당히 이론적인 차원이다. 왜냐하면 특허범위는 오브젝트만으로 이뤄질 수 없고 다른 필수 사항의 의미와 관계에 의해 이미 결정되기 마련이며, 오브젝트는 그런 결정을 요약해 줄 뿐이기 때문이다. 그렇기 때문에 다른 구성들은 모두 동일하지만 오브젝트만 달라서 특허침해가 성립되지 않는 상황은 극히 예외적으로만 발생한다.[14] 반면 다른 구성들은 공지기술과 비교할 때 서로 대응하지만 오브젝트가 분명히 달라서 특허를 취득할 수 있는 경우는 종종 발생한다. 이런 점을 고려한다면 오브젝트의 표현을 지나치게 좁게 선택할 까닭은 없지만 지나치게 넓히려는 욕망은 바람직하지 않다.

174   오브젝트의 두 번째 의미는 그것이 발명의 카테고리Category를 결정한다는 점이다. 이것은 실무적인 차원의 논점이다. 특허법은 두 가지 카테고리를 제시한다. 특허를 신청하는 발명이 이 두 가지 카테고리 중 어느 하나에도 속하지 않는다면 거절된다. 카테고리 1은 물건이며, 카테고리 2는 방법이다. 물질은 물건에 포함된다.

그러므로 예제 12, 예제 13, 예제 14 청구항의 오브젝트는 카테고리 1에 속한다. 예제 22 청구항의 필름도 카테고리 1의 오브젝트다. 장치는 대표적인 물건이다. 그러므로 예제 15 및 예제 16 청구항 오브젝트는 카테고리 1에 속한다.

예제 17 청구항의 오브젝트는 기록매체다. 소프트웨어 발명을 우회적으로 인정하기 위한 오브젝트이며, 카테고리 1에 속한다. 반면 오브젝트가 방법인 예제 18, 예제 19, 예제 20 청구항은 카테고리 2에 속한다.

예제 21 청구항의 오브젝트는 시스템이다. 시스템 오브젝트가 카테고리 1에 속하는지 카테고리 2에 속하는지는 모호하다. 기술의 맥락을 탐구해 정한다. 거시적인 세계와 미시적인 세계의 취급이 다르다. 먼저 거시적인 세계에서 시스템 발명의 카테고리가 공통된 장소성을 띤다면 카테고리 1의 변형으로 분류하고, 공통된 장소성이 부정돼 원거리에 위치한다면 카테고리 2의 변형으로 분류하는 것이 타당하다고 생각한다. 미시적인 세계의 경우는 주로 바이오 분야에서 자주 사용된다.

특허법원의 판결은 다음과 같이 교시한다. "일반적으로 '시스템'은 방법 또는 장치의 개념으로 사용되므로, '시스템'이란 용어가 기재되었을 경우 과연 그것이 어떤 의미로 기재된 것인지를 알 수 없는 경우가 있을 수 있으나, 특허청구범위에 기재된 청구항의 전체 문맥 구조로 보아 '시스템'이 어떤 의미로 사용된 것인지를 명확히 알 수 있는 경우에는 '시스템'이란 용어를 사용하였다고 하여 불명확한 기재라고할 수는 없는 바, 이 사건 제23항 발명은, '(i) ... 핵산 분자를 함유하는 제1 벡터, 및 (ii) (a) ... 핵산 분자를 함유하는 벡터 및 (b)... 핵산 분자를 함유하는 벡터로 이루어진 군으로부터 선택된 제2 벡터를 포함하는, 세포를 형질 감염시키기 위한 발현 시스템'과 같은 문장 구조로 이루어져 있는데, 핵산 분자는 물(物)을 의미하므로, 물을 함유하는 벡터도 물을 의미하고, 또한 당해 기술분야에서 벡터란 DNA 운반체를 의미하는 것으로 물의 한 형태이므로, (중략) 결국 '시스템'은 '조성물'을 의미함이 명확"하다(특허법원 2007. 3. 22. 판결 2006허5751 판결).

어쨌든 실무적으로 시스템 오브젝트를 인정한다. 예제 21 청구항의 오브젝트는 카테고리 2에 속하는 것으로 간주한다. 오브젝트가 어떤 카테고리에 속하는지 분명하지 않다면 특허법 제42조 제4항 제2호에 의해 거절된다. 그 경우 실무자는 보정을 통해 적절히 대응한다. 오브젝트를 카테고리 1에 속하는 것인지 아니면 카테고리 2에 속하는 것인지 분명하게 표현해주면 거절 이유는 간단히 치유된다.

예제 23 (특허 1551315)

제 1 디바이스에서, 상기 제 1 디바이스가 무선 로컬 영역 네트워크(WLAN)에 연결되고 제 2 디바이스가 상기 WLAN에 연결되지 않은 동안, 확장가능한 인증 프로토콜(extensible authentication protocol: EAP) 교환을 사용하여 상기 제 2 디바이스로의 보안 채널을 설정하는 단계;

상기 제 2 디바이스가 상기 WLAN에 연결하는 것을 가능하게 하기 위해, 상기 WLAN과 연관된 적어도 하나의 크리덴셜(credential)을 상기 보안 채널을 통해 상기 제 2 디바이스로 전송하는 단계;

상기 제 1 디바이스에서, 사용자 입력을 통해 사용자에 의해 제공되는 적어도 하나의 애플리케이션 계층 크리덴셜(application layer credential)을 수신하는 단계; 및

상기 제 2 디바이스가 상기 WLAN의 외부의 네트워크로 액세스하게 하기 위해, 상기 사용자에 의해 제공되는 적어도 하나의 애플리케이션 계층 크리덴셜을 상기 보안 채널을 통해 상기 제 2 디바이스로 전송하는 단계를 포함하는, 방법.

예제 23은 오브젝트를 극단적으로 단순화해서 카테고리와 일치시킨 경우다. 이미 예제 19에서 이런 청구항을 경험했다. 이런 방식의 청구항 기재는 이 발명이 무엇에 대한 발명인지 직관적으로 파악하기 어렵게 하기 때문에 실무적으로 바람직하지 않다.[15] 그렇다고 위법은 아니다.

한편 독립항과 그것을 인용하는 종속항의 오브젝트는 같아야 한다. 그렇지 않으면 기재불비의 거절 이유가 통지된다. 다만 종속항에서는 과감히 생략법을 사용할 수는 있어서 간략하게 '장치' 혹은 '방법'으로만 오브젝트를 표현해도 좋다.

라

트 랜 지 션

오브젝트와 청구항의 구성집합을 연결해주는 표현을 트랜지션^{Transition}이라 한다. 이는 '연결부'라고도 한다. '~포함하는', '~특징으로 하는', '~갖는', '~포함하는 것을 특징으로 하는', '~구성되는', '~이루어지는' 등의 표현이 많이 사용된다. 다음 예제에서 오브젝트는 '입력장치'다. 그리고 '터치패드, 터치모션 검출부, 무선통신부, 배터리'는 구성집합을 결정한다. 구성집합에서 발명의 특징이 결정되며, 특허범위가 거의 결정된다. '~를 포함하는'이라는 표현이 트랜지션이다.

예제 24

터치패드;

상기 터치패드에 발생하는 입력수단의 터치모션을 검출하는 터치모션 검출부;

상기 터치모션 검출부에서 검출한 신호를 호스트 컴퓨터에 전송하는 무선통신부; 및

배터리를 <u>포함하는</u> 입력장치.

한국어와 영어가 다르듯이 트랜지션에 관한 한국 실무와 미국 실무가 같을 수 없다. 미국 실무를 소개할 때 개방형 트랜지션comprising, characterized by, including이니 폐쇄형 트랜지션consisting of이니 반폐쇄형 트랜지션consisting essentially of이니 하는 논의가 있지만, 언어학적 차이로 말미암아 한국 실무에서는 그다지 논쟁적이지는 않다.[16] 한국 실무는 한국어의 기호적 의미에 충실하게 행한다. 아웃고잉 미국 실무는 영어 번역에 유의하되 미국 실무자의 영역으로 이해한다. 그러므로 이하에서는 한국어의 기호적 의미에 따라 한국 실무를 다룬다.[17]

　　과거에는 일본의 영향을 많이 받아서 '～을 특징으로 하는'이라는 트랜지션을 관습적으로 사용했다. 오늘날 실무의 대세는 '～을 포함하는'이라는 표현을 사용한다. '포함'과 '특징'이라는 표현이 연속으로 이어지는 방식도 있다. 예제 25를 보라. 예제 24와 예제 25 사이에 트랜지션의 의미는 거의 차이가 없다. 특허범위를 판단하는 판례실무가 생략발명의 침해를 인정하는 방향으로 태도를 선회한다면 '～을 포함하는 것을 특징으로 하는'으로 표현되는 예제 25보다는 단순히 '포함하는'이라는 의미의 예제 24 청구항이 좀 더 넓게 해석될 여지가 있겠다. 그러나 생략발명[18]을 인정하지 않고 엄격하게 특허범위를 판단하는 판례에서는 예제 24와 예제 25 청구항 사이에는 차이가 없다. 그래도 언어학적으로 보자면 후자보다는 전자가 권장된다.

예제 25

터치패드;
상기 터치패드에 발생하는 입력수단의 터치모션을 검출하는 터치모션 검출부;
상기 터치모션 검출부에서 검출한 신호를 호스트 컴퓨터에 전송하는 무선통신부; 및
배터리를 포함하는 것을 특징으로 하는 입력장치.[19]

예제 26

터치패드;

상기 터치패드에 발생하는 입력수단의 터치모션을 검출하는 터치모션 검출부;

상기 터치모션 검출부에서 검출한 신호를 호스트 컴퓨터에 전송하는 무선통신부; 및

배터리를 <u>포함하고</u>,

상기 터치모션 검출부는 상기 터치패드에서의 복수 터치지점의 궤적을 검출할 수 있는 것을 <u>특징으로 하는</u> 입력장치.

'포함'과 '특징'이라는 표현을 약간 떨어트려 놓고서 함께 사용하는 방식의 병용 예도 있다. 예제 26에서는 '포함하고'와 '특징으로 하는'이라는 두 개의 트랜지션을 사용하였다. 예제 24와 예제 25는 트랜지션 앞에 구성집합만 존재한다. 그러나 예제 26 청구항은 구성집합에 더해서 특징부를 갖도록 할 수 있다.

　예제 26은 실무적으로 특징부를 강조하고자 할 때 혹은 보정을 통해서 선행기술과의 차이점을 강조하거나 종속항의 기재사항을 독립항에 추가할 때 많이 사용하는 방식이다. 이와 같은 방식으로 구성집합과 특징부를 함께 갖는 청구항이 만들어진다. 이에 대해서는 후술하는 구성집합론에서 소상히 살핀다.

예제 27

터치패드;

상기 터치패드에 발생하는 입력수단의 터치모션을 검출하는 터치모션 검출부;

상기 터치모션 검출부에서 검출한 신호를 호스트 컴퓨터에 전송하는 무선통신부; 및

배터리로 <u>이루어지는</u> 입력장치.

'포함하는'이라는 단어와 '구성되는'(혹은 '이루어지는')이라는 단어 사이에 미국 실무를 대입하여 생각하는 태도는 적어도 한국 실무에서는 바람직하지 않다. 그런 대입법은 언어의 차이를 무시한다. 한국어에서 '구성되는'(혹은 '이루어지는')이라는 단어가 폐쇄형 의미를 갖는

다는 언어학적 진단은 근거가 없다. 이는 단지 '구성되는'이라는 단어를 'consisting of'라는 영어 단어와 짝짓기를 했기 때문에 발생하는 언어적 착오라 하겠다. 한국어의 언어적 의미가 영어에 의해서 규정되지는 않는다. 트랜지션을 '~구성되는'으로 표현했다거나 '~이루어지는'이라고 표현했다고 해서 발명자가 폐쇄형 인식을 가졌다고 볼 수도 없고, 기술적으로도 다른 구성을 배제하는 의미로 이해하기는 어려울 것이다.[20] 한국어를 영어에 의존해 해석함으로써 오히려 다른 구성을 추가해 행한 타인의 악의적인 침해행위에 면죄부를 줄 따름이다. 따라서 예제 27 청구항은 앞에서 살펴본 예제 24 청구항과 크게 차이가 없다고 보는 것이 한국어에 맞는 해석이다. 그러므로 타인이 구성집합을 모두 포함하면서, 예컨대 적외선 LED라는 구성을 부가해 실시했을 때 예제 24 청구항이든 예제 27 청구항이든 특허침해를 구성한다.

한편 예제 28 청구항에서 트랜지션은 '~을 만족하는'이다. 때때로 '~인' 혹은 '~한'이라는 표현만으로 오브젝트와 구성집합을 연결하는 트랜지션도 존재한다.

예제 28 (특허 1635654)

배열 번호 2에 기재된 아미노산 배열, 혹은 이 배열 중에 1부터 7개의 아미노산 변이를 갖는 아미노산 배열, 또는 이 배열과 95% 이상의 동일성을 갖는 아미노산 배열로 이루어지는, 비오틴 결합 활성을 나타내는 단백질에 있어서, 이하의 그룹

1) 배열 번호 2의 104번째의 아르기닌 잔기;

2) 배열 번호 2의 141번째의 리신 잔기;

3) 배열 번호 2의 26번째의 리신 잔기; 및

4) 배열 번호 2의 73번째의 리신 잔기

로부터 선택되는 1 또는 복수의 잔기가, 산성 아미노산 잔기 또는 중성 아미노산 잔기로 치환되어 있는, 개변형 비오틴 결합 단백질로서,

이하의 a)-l)

a) 배열 번호 2의 14번째의 아스파라긴 잔기는 개변되어 있지 않거나, 혹은 글루타민 또는 아스파라긴산으로 치환되어 있다;

b) 배열 번호 2의 18번째의 세린 잔기는 개변되어 있지 않거나, 혹은 트레오닌 또는 티로신으로 치환되어 있다;

c) 배열 번호 2의 34번째의 티로신 잔기는 개변되어 있지 않거나, 혹은 세린, 트레오닌 또는 페닐 알라닌으로 치환되어 있다;

d) 배열 번호 2의 36번째의 세린 잔기는 개변되어 있지 않거나, 혹은 트레오닌 또는 티로신으로 치환되어 있다;

e) 배열 번호 2의 40번째의 아스파라긴산 잔기는 개변되어 있지 않거나, 혹은 아스파라긴으로 치환되어 있다;

f) 배열 번호 2의 69번째의 트립토판 잔기는 개변되어 있지 않다;

g) 배열 번호 2의 76번째의 세린 잔기는 개변되어 있지 않거나, 혹은 트레오닌 또는 티로신으로 치환되어 있다;

h) 배열 번호 2의 78번째의 트레오닌 잔기는 개변되어 있지 않거나, 혹은 세린 또는 티로신으로 치환되어 있다;

i) 배열 번호 2의 80번째의 트립토판 잔기는 개변되어 있지 않다;

j) 배열 번호 2의 96번째의 트립토판 잔기는 개변되어 있지 않다;

k) 배열 번호 2의 108번째의 트립토판 잔기는 개변되어 있지 않다; 그리고,

l) 배열 번호 2의 116번째의 아스파라긴산 잔기는 개변되어 있지 않거나, 혹은 글루타민산 또는 아스파라긴으로 치환되어 있다

중 1 내지 모든 조건을 <u>만족하는</u>, 개변형 비오틴 결합 단백질.

한편 조성물에 관한 발명에서는 '~유효성분으로 함유하는' 혹은 '~유효성분으로 포함하는'이라는 표현의 트랜지션이 많이 사용된다. 예컨대 예제 29와 같다.

예제 29 (특허 1481167)

이카리시드 II(Icariside II)을 <u>유효 성분으로 함유하는</u> 피부 재생 촉진용 조성물.

182

전 제 부

전제부는 구성집합 앞에 놓이는 부분이며, 일반적으로 오브젝트를 특정하는 데 사용하는 표현이다. '~에 있어서', '~로서' 등의 표현을 관습적으로 사용한다. 청구항은 일반적으로 전제부, 구성집합(이를 'Body'라고 불리곤 한다), 트랜지션, 그리고 오브젝트, 이렇게 네 가지 요소로 이루어진다. 구성집합과 오브젝트는 필수 요소다. 이런 필수 요소와 달리 전제부는 실무자가 필요에 따라 사용하는 것이어서 임의 요소라 하겠다. 트랜지션은 개조식 청구항에서는 필수 요소이지만, 진술식 청구항에서는 때때로 사용되지 않을 때도 있다. 오브젝트와 트랜지션은 앞에서 자세히 살펴봤다. 이제 전제부Preamble에 대해 설명한다.

(1) 전제부의 필요성

발명을 언어로 정확하게 표현하기는 몹시 힘들다. 어떤 장치가 설계된 바에 따라 기능을 발휘하기 위해서는 그 설계에 따라 모든 요소가 존재해야 하며, 제대로 동작해야 한다. 필수 구성이 빠지면 장치는 동작하지 않는다. 이처럼 기술의 실제 세계에서는 반드시 필수 구성을 다 갖춰야 한다. 그러나 특허 세계는 이러한 실제 세계와 달리 개념에 의존하는 세계다. 설계도처럼 수학에 의존하는 것이 아니라 언어에 의존한다. 그런데 청구항의 역할은 특허범위를 선언하는 데 있다. 감각 세계에서는 이쪽과 저쪽의 경계가 명확하다. 그러나 추상 세계에서는 그 경계를 확정하기가 어렵다. 실제 세계는 감각 세계이며, 특허문서의 세계는 추상 세계다. 보이지 않는 기술의 경계를 이성으로 추론한 다음에 특허범위를 확정해야 한다. 그런 다음에 언어로 적확하게 표현해야 한다. 이것은 매우 어려운 작업이지만 불가능한 작업도 아니다.

경계를 적확하게 표현하기 위해 실무자는 네 가지 방법을 동원한다. 첫째, 앵글 사용법이다. 아이디어를 비추는 가상의 카메라 앵글은 기술 전체를 비추지 않는다. 특허 대상이 되는 기술 중에서 어떤 부분이 특허를 받아야 하는지 결정한 다음에, 그 부분을 앵글로 포착한다. 오브젝트가 결정된다. 가상의 앵글은 언어를 통해 가시화된다. 언어를 이용해서 아이디어의 핵심을 비추는 스포트라이트를 만든다. 스포트라이트 안쪽 부분이 핵심이며, 바깥 부분은 사실상 중요하지 않다. 핵심은 비교적 정확히 묘사돼야 한다. 그런데 스포트라이트 안쪽 부분만 청구항에 기재하면 그것이 무엇을 의미하는지 불명확해질 수 있다. 그런 점에서 중요하지 않은 부분(공지기술)에 대해서도 적절히 진술한다. 대다수의 발명은 공지기술의 구성과 연계됨으로써 그 의미가 파악된다. 한편 앵글 사용법의 구체적인 개념과 중요성에 대해서는 제1장의 '바, 앵글 사용법'을, 실제 적용한 예에 대해서는 5장의 다목과 바목을 보라.

둘째, 트랜지션 용법이다. 실무자는 '~을 포함하는'이라는 표현의 트랜지션을 사용해 오브젝트와 구성집합을 연결함으로써 언어로 표현되지는 않았으나 다른 구성이 청구항에 포함될 수도 있다는 개연성을 확보한다. 이러한 트랜지션은 청구항에 모든 기술 요소를 언어로 표현할 수 없는 한계를 현실적으로 타개한다.

셋째, 지시 보조어를 적절히 사용한다. 구성집합은 단순 나열돼서는 안 된다. 각 구성원소 사이의 관계가 필요하다. 나목에서 설명한 것처럼 한국어의 언어적 특징을 고려하면 지시 보조어가 반드시 필요한 것은 아니지만, 지시 보조어를 일부러라도 사용함으로써 구성과 구성이 자연스럽게 연결된다. 구성 A와 구성 B가 서로 긴밀하게 연결돼 관계가 생길 때마다 아이디어의 맥락이 만들어진다. 맥락마다 특허범위의 경계가 생긴다.

그리고 마지막으로 '전제부'를 사용하는 방법이다. 청구항에 기재될 발명이 어떤 부분에 관한 아이디어인지 그 영역을 독자에게 미리 제시해 버리는 것이다. 전제부는 구성에 대한 표현일 수도 있으며, 효과를 짧게 진술하는 표현일 수도 있다. 목적을 나타내는 표현을 전제부로 삼을 수도 있다. 목적과 구성과 효과가 병행돼 기재될 수 있다. 발명이 속하는 공지기술의 영역에 대한 짧은 진술일 수도 있으며, 발명의 특징을 짧게 요약해서 제시하는 어구일 수도 있다. 전제부의 쓰임새는 구성집합을 언어로 표현할 때 상당한 유용함을 주기도 한다. 전제부에 이미 기재돼 있는 표현을 지시 보조어로 지칭하면서 묘사하거나 진술할 수 있기 때문이다. 청구항의 마지막 종결 어구는 일반적으로 오브젝트다. 전제부는 이런 종결 어구와 동일할 수도 있고 상이할 수도 있다. 적어도 전제부의 마지막 어구와 오브젝트의 마지막 어구는 서로 대응해야 한다.[21]

예제 30 청구항의 전제부를 보자. 이 전제부에는 '모바일 메신저'가 기재돼 있다. 그렇기 때문에 (a) 구성에 '상기 모바일 메신저를 실행'이라는 표현이 가능해진 것이다. 전제부가 없다면 '상기'라는 표현을 쓸 수 없고, 또한 '모바일 메신저'가 무엇인지 모호하게 전해질 것이다.

185

스마트 디바이스에 설치된 애플리케이션 소프트웨어인 모바일 메신저를 이용한 광고 콘텐트 제공 방법으로서:

(a) 상기 모바일 메신저를 실행하는 단계;

(이하 생략)

예제 31 청구항의 오브젝트는 '흡수성 물품'이다. 흡수성 물품의 구체태는 '생리대'이다. 하지만 '생리대'보다는 추상적이며 집합적인 표현인 '흡수성 물품'이 특허범위를 넓히려는 전략에 적합한 언어다. 그런데 예제 31 청구항의 기재를 보면 이것의 특징은 '흡수체의 구조'에 있다. 사실상의 오브젝트는 흡수성 물품의 일부분인 흡수체가 된다. 예제 31 청구항의 실무자는 흡수체를 오브젝트로 삼으면 그것이 무엇을 말하는지 불분명해지기 때문에 흡수성 물품을 오브젝트로 삼았다. 또한 맥락 없이 흡수체의 구성을 기재하기 시작하면 그 구성이 무엇을 의미하는지 모호해지기 때문에 전제부를 설치했다. 전제부에 '투액성 표면 시트와 이면 시트 사이에 흡수체가 개재된 흡수성 물품에 있어서'라는 표현이 존재함으로써 구성집합에서 '흡수체'를 지시 보조어로 받아서 기재하는 것이 가능해진다.

예제 31 (특허 1454734)

투액성 표면 시트와 이면 시트 사이에 흡수체가 개재된 흡수성 물품에 있어서,

상기 흡수체는, 흡수성 물품의 대략 길이방향을 따라 배설된 좌우 일조의 흡수체 요소로 구성되며,

일방 측의 흡수체 요소는 평면시(平面視)에서 '〈'자 모양으로 굴곡한 평면 형상으로 됨과 동시에, 타방 측의 흡수체 요소는 평면시에서 역'〈'자 모양으로 굴곡한 평면 형상으로 되며, 적어도 착용자의 배혈구부에 대응하는 부위를 포함하는 영역에서 교차하도록 배치되어 있는 것을 특징으로 하는 흡수성 물품.

청구항의 독자(심사단계에서는 심사관)에게 발명의 특징을 먼저 제시함으로써 우호적인 심리 편향을 만들기 위한 방법으로 전제부를 설치할 수도 있다. 발명의 특징이 간단한 경우나 선행기술의 숲이 울창한 경우에 다소 유용하다. 독자는 사람이며, 자연스럽게 인지적 편향을 지닌다. 난해하고 복잡한 구성에 대해서는 특허결정에 긍정적인 심리상태에 놓일 수 있겠고, 쉽고 간단한 구성에 대해서는 거절결정에 긍정적인 심리상태에 놓일 수 있겠다는 가정이다. 실무자 입장에서는 고객을 위해서 조금이라도 좋은 결과를 불러오는 데 유리한 방법을 강구하며 실행한다.

이런 관점에서 구성이 간단할수록, 또한 아이디어의 내용을 이해하기 쉬워서 이 발명의 차별성에 의문이 생기지 않을까 걱정이 된다면 먼저 전제부에 아이디어의 차별성을 명시함으로써 심사관의 인지편향을 유리하게 조성할 수 있다.

예컨대 어떤 아이디어에 A라는 특징이 있는데, 그 특징은 기실 X라는 기술분야에서 널리 사용되고 있었고, Y 분야에서는 사용된 적이 없었다고 가정하자. 그리고 아이디어는 'Y 분야에서의 A'라는 점에 특징이 있다고 전제하자. 이런 경우에 선도적으로 전제부에 'Y 분야의 A'를 강조해 둔다면 효과적이다. 예제 32가 그렇다. 전제부의 존재로 말미암아 전체 구성요소가 유기적으로 연결되면서 선행기술의 공격을 방어할 수 있도록 구조화돼 있다. 예제 32 청구항을 극단적으로 단순화한다면 '날씨에 따라서 TV 홈쇼핑의 배경화면을 바꾸는 것'에 특징이 있다. 이런 단순성을 치밀하게 보완하지 않으면 특허를 받기 어렵다.

187

예제 32 (특허 1475449)

셋톱박스가 연결된 디지털 TV를 이용한 T 커머스 데이터방송의 사용자 인터페이스 방법으로서:

(a) 리모콘이 상기 디지털 TV를 온하는 단계;

(b) 텔레비전 방송인 TV 채널 화면에서 상기 리모콘이 T 커머스 데이터방송을 선택하는 단계; 및

(c) 서비스 서버가 T 커머스 데이터방송 사용자 인터페이스를 표출하는 단계로서,
상기 사용자 인터페이스는 리모콘에 반응하는 영역과 리모콘에 반응하지 않는 영역을 포함하며,

상기 리모콘에 반응하는 영역에는 독립된 기능 및 독립된 영역을 갖는 복수의 TV 애플리케이션 영역이 위치하고,

상기 리모콘에 반응하지 않는 영역은 방송 콘텐츠가 재생되는 VOD 영역과 시각성을 변경하는 다이내믹 스크린 영역을 포함하는 것이며

상기 서비스 서버가 상기 셋톱박스의 ID에 의해 특정되는 식별 데이터에 기초하여 상기 다이내믹 스크린 영역의 시각성을 결정하여 상기 디지털 TV 화면을 통해서 상기 사용자 인터페이스를 표출하는 단계를 포함하며,

상기 식별 데이터는 셋톱박스의 ID에 의해 특정되는 지역 데이터이며,

상기 서비스 서버는 상기 지역 데이터에 매칭되는 날씨 정보에 따라 상기 다이내믹 스크린 영역의 시각성을 결정하는 것인, 셋톱박스 ID 기반 T 커머스 데이터방송의 사용자 인터페이스 방법.

(2) 영어와 한국어의 구조적 차이

미국 실무와 한국 실무를 혼동해서는 안 된다. 미국 실무는 미국 변리사에게, 한국 실무는 한국 변리사에게. 이것이 이 업무의 속지주의적 특성이다.

청구항 작성에 대한 미국 실무는 기본적으로 영어의 구조적 특성에 의존하며, 마찬가지로 한국 실무는 한국어의 언어 구조에 기반한다. 영어 청구항의 구조는 다음과 같다. 영어 청구항은 통상 '오브젝트 + 전제부 + 트랜지션 + 구성집합(A; B; and C)' 순서로 기재된다. 이런 구조의 청구항을 한국어로 번역하면 보통은 '구성집합(A; B; and C) + 트랜지션 + 전제부 + 오브젝트' 순서로 번역된다. 순서가 바뀌는 것이다.

영어 청구항에서는 구성집합 앞에 놓이는 Preamble이 한국어로 번역되면서 구성집합 뒤에 위치하게 된다. 한국 실무에서는 그것을 전

제부라 칭하지 않는다. 한편 번역할 때 문장이 꼬이는 경우가 있다. 이 때 실무자는 매끄러운 번역을 위해 때때로 전제부와 오브젝트를 구성 집합 앞에 놓고, 청구항의 말미에 전제부와 오브젝트를 트랜지션과 함 게 반복해 기재하곤 한다. 오직 이런 경우에만 미국 실무에서의 Pre-amble과 한국 실무에서의 전제부가 서로 공통되게 된다.

예컨대 예제 33의 구조를 실무적으로 번역한다면 '~를 포함하는 무선 통신 네트워크에서의 시그널링 방법' 정도가 되겠다. 'of signaling in a wireless communication network'는 영어에서는 당연히 전제 부Preamble가 된다. 그러나 한국어에서는 전제부로 취급되지 않고 특허 의 대상을 수식하는 종결 어구가 된다. 즉 그것은 앞에서 살펴본 바와 같은 오브젝트 어구를 구성한다.

예제 33

A method of signaling in a wireless communications network, comprising:

by a user equipment terminal:

receiving a first signal in a first allocated time slot and a first frequency band from a first antenna system of a transceiver system, wherein the first frequency band at least partially overlaps a second frequency band of a second signal transmitted in a second allocated time slot via a second antenna system of the transceiver system, wherein the second allocated time slot is different from the first allocated time slot, wherein the timeslots are allocated via a message to the transceiver, and wherein the user equipment terminal receives the first signal in the first time slot in response to the message.

(3) 젭슨 청구항

청구항의 기재 방식과 범위 해석에 관하여 한국 실무는 미국 판례와 실무로부터 큰 영향을 받았다. '전제부'라는 개념도 마찬가지다. 다만 앞에서 설명한 번역상의 문제가 오랫동안 간과된 듯하다. 영어에서는 전제부였던 어구가 한국어에서는 오브젝트 어구로 바뀐다.

한편 '~에 있어서, ~로 이루어지는 것을 특징으로 하는 발명'이라는 표현으로 기재되어 있는 청구항을 사람들은 흔히 젭슨 청구항Jepson Claim이라고 부른다. '~에 있어서'라는 표현 앞부분을 '전제부'라 칭하고, 그 뒷부분을 '특징부'라 부르며, 이처럼 전제부와 특징부로 이루어진 청구항을 실무적으로 젭슨 청구항으로 통칭하는 것이다. 전제부에 종래기술로서 공지된 기술인 X를 기재하고, 특징부에 X의 개선사항(X_1+X_2)을 적었다면, 즉 '~ X 장치에 있어서, 상기 X는 X_1+X_2인 것을 특징으로 하는 장치'와 같은 기재인 경우라면 젭슨 청구항으로 이해될 수는 있을 것이다.

그렇지만 전제부가 있다고 해서 '공지기술 선언 – 개선사항 선언'이라는 청구항 구조를 갖는 것은 아니다. 청구항의 구조는 기계적으로 결정되는 것이 아니라 언어적으로 설계됐을 뿐이어서 단순히 구조가 의미를 결정하지 않는다. 마치 영어 청구항 실무에서 Preamble이 있다고 해서 젭슨 청구항이라 말할 수 없음과 같다. '~에 있어서'라는 표현이 있다고 해서 즉시 젭슨 청구항으로 간주될 수는 없다.

먼저 젭슨 청구항이라는 용어가 생긴 사건의 청구항은 다음과 같았다[22](Ex parte Jepson, 243 Off. Gaz. Pat. Off. 525 (Ass't Comm'r Pat. 1917).

In an electrical system of distribution of the class wherein a variable speed generator charges a storage battery and when the battery becomes sufficiently charged a voltage coil becomes effective to regulate the generator for constant potential, the combination with said voltage coil of a coil traversed by current flowing to the battery which is acted upon a decreasing battery current to reduce the potential maintained constant by the voltage coil.

이것을 한국어로 번역한다면 <가변속 발전기가 축전지를 충전하고 그 축전지가 충분히 충전되면 전압코일이 유효하게 되어 상기 가변속 발전기를 정전위로 조절하는 배전 시스템에 있어서, 상기 전압코일과, 상기 축전지에 흐르는 전류에 의해서 트래버스되며 감소하는 배터리 전류가 상기 전압코일에 의해서 일정하게 유지된 전위를 감소시키도록 작동하는 코일의 결합으로 이루어진 배전 시스템> 정도 될 것이다. 이처럼 '~에 있어서'라는 표현이 사용됐다. 즉, 전형적인 젭슨 타입의 영어 청구항은 '~에 있어서'로 번역되는 것이다. 이런 실무 습관이 오랜 세월 축적되면서 '~에 있어서'라는 표현이 마치 젭슨 청구항의 전형으로 오해되곤 했다. 청구항에 대한 온갖 오해는 특허요건에 대한 심사와 특허범위의 해석에까지 영향을 미친다. 말하자면 젭슨 청구항의 전제부를 공지기술로 쉽게 간주해 버리는 것이다. 잘못된 통념이다.

판례는 젭슨 청구항의 논의를 알고 있으나 '젭슨 청구항 = ~에 있어서'라는 등식을 인정하지 않았다.

> "이와 관련하여 피고는 이 사건 등록고안의 구성요소 ① 내지 ④까지는 전제부에 기재된 것으로서 그 기재 자체로서 공지기술을 나타내는 것으로 보아야 한다고 주장하나, '....에 있어서'라는 전제부의 형식을 가진다고 하여 반드시 공지된 구성요소를 나열한 것으로 볼 이유는 없는 것이고, 오히려 이 사건 등록고안의 명세서 본문에 나타난 기술적 목적, 구성 및 효과를 참작하면 원고는 전제부에 기재된 구성요소들을 공지된 것으로 인정하고자 한 것이 아님을 알 수 있으므로(명세서 두 번째 페이지에 기재된 등록 제104628호 실용신안은 원고의 선출원 고안으로서 이 사건 등록고안의 출원 당시 공지된 상태에 있지 않았다) 위 주장은 이유 없다 (특허법원 2000. 11. 16. 선고 2000허2453 판결)"

아래의 특허법원 판례는 실무적으로 깊은 통찰을 보여준다. 젭슨 청구항은 처음부터 그렇게 작성되는 경우도 있지만, 많은 실무자가 심사를 받는 과정에서 특허를 받기 위해서 그와 같은 형식으로 청구항을 보정하기도 한다. 특징이 좀더 강조되기 때문이다. 그런 경우 전제부는 보호범위가 제한된다. 금반언의 원칙이 적용되기 때문이다. 그러나 특허요건을 심사함에 있어서는 단지 젭슨 청구항처럼 보이는 표현이 있더라도 전제부가 당연히 공지구성일 수 없음을 특허법원 판례는 명확히 했다.

"고안의 청구범위를 전제부와 특징부로 나누어 기재하는 방식{통상 젭슨 형식(Jepson type)으로 부르는 방식}에 있어서, 전제부의 의미는, ㉮ 고안의 기술분야를 한정하는 경우, ㉯ 고안의 기술이 적용되는 대상물품을 한정하는 경우, ㉰ 공지의 기술로 생각하여 권리의 보호범위에서 제외하는 경우 등 여러 가지 형태가 있을 수 있다. 그 중 출원인이 공지의 기술 부분을 전제부로, 새로이 창안한 기술부분을 특징부로 나누어 청구범위를 기재한 경우에, 출원인이 출원과정에서 선행기술과의 관계에서 신규성 및 진보성 결여의 거절이유를 극복하기 위하여, 구성요소 중 일부를 전제부로 돌리는 방법에 의하여 전제부에 대하여는 권리의 보호범위로 주장하지 않겠다는 의사를 분명히 한 때에는, 특징부를 포함하지 않고 단지 전제부만으로 구성된 기술, 특히 상위 개념 또는 다양한 실시예를 포함할 수 있는 구성요소를 전제부로 돌리고, 특징부에서 당해 구성요소를 더욱 한정하여 다양한 실시예 중 일부만을 선택하여 기재한 경우에 있어서 특징부에는 해당하지 않고 전제부에만 해당하는 균등한 구성요소를 포함하는 기술의 실시에 대하여는 자신의 권리를 주장하지 않겠다는 의사로 볼 수 있을 것이다 (2002. 6. 14. 선고 2000후2712 판결 등 참조).

그러나 위와 같은 법리는 출원 또는 등록된 고안에 대한 권리의 보호범위에 관한 문제일 뿐이고, 출원된 고안이 선행기술에 비하여 신규성 또는 진보성이 있는지를 판단함에 있어서 어떠한 구성요소가 출원 전에 공지된 것인지 여부는 사실관계의 문제로서 고안의 청구범위의 기재 형식에 따라 역사적 사실관계가 확정되는 것은 아니며, 권리의 보호범위로부터 제외한다는 의사가 있다고 하여 반드시 이를 공지의 기술로 인정한다는 취지로 볼 수도 없다. 더욱이 공지된 구성요소가 포함되어 있다 하더라도, 고안의 신규성 또는 진보성을 판단함에 있어서는, 공지된 구성요소를 포함한 유기적 일체로서의 고안 전체의 기술사상이 비교 대상이 되는 선행기술과의 관계에서 신규성 내지 진보성이 인정될 수 있는 지를 파악하여야 하는 것이어서, 그 중 공지된 구성요소를 제외한 나머지 구성요소만으로 선행기술과 대비할 수는 없는 것이다"라고 판시하였다(특허법원 2007. 10. 5. 선고 2007허2469 판결).

나는 위 특허법원의 판례를 지지한다. 발명자는 발명의 특징을 어필하기 위한 다양한 언어 표현을 모색하게 마련이고, '~에 있어서'이라는 표현과 그 표현을 이용한 전제부의 채택은 그런 목적의 산물로 보는 것이 실무 현실에 부합하며, 당사자의 의사에 적합하기 때문이다. 2469 판결의 '여러 가지 형태'로 언급된 세 가지 사항 외에도 더 다양한 케이스가 존재하기도 한다. 그런 점에서 특허요건에 대한 심사와 특허범위의 해석에 관해서 실무자는 발명의 실질을 검토해야 하며, 청구항의 기재 형식에 기계적으로 복종해서는 안 된다.

예제 34 (US7666279)

A structure for holding substances that are subject to thermal cycling between temperatures that vary by more than about 500 degrees F., that has:

a pressure-tight vessel that has a sloped lower section that extends beneath a knuckle; and

a support element that tapers inwardly beneath the knuckle of the vessel, wherein such support element contacts and bears against the sloped lower section of the vessel, supporting the vessel primarily by bearing and frictional forces, and extends downward to a foundation carrying the weight of the vessel to the foundation.

예제 35 (특허 1447287)

500°F 정도 이상 변화하는 온도 사이의 열적 싸이클을 수행하며, 용기의 연결부 이하로 연장되는 경사진 저부를 구비하는 압력이 가해지는 용기를 구비하는 장치에 있어서,

지지 요소가 상기 용기의 연결부 밑에서 내측으로 테이퍼(taper)지며, 상기 지지 요소는 용기의 경사진 저부에 접촉하고 지지하고, 베어링 및 마찰력에 의해 용기를 지지하며, 기반에 용기의 무게를 전달하도록 상기 기반을 향해 아래쪽으로 연장하는, 장치.

위 예제 34 청구항의 미국 특허와 대응되는 한국 청구항이 예제 35다. 우선권 주장으로 연결돼 있다. 말하자면 예제 34와 예제 35의 실질은 같다. 젭슨 청구항 논의는 미국에서 시작됐다. 그리고 그와 유사한 실무가 유럽에서 일반화됐다. 예제 35처럼 언어의 차이로 말미암아 번역 과정에서 불가피하게 '~에 있어서'라는 표현을 사용하는 경우가 잦다. 번역 헤프닝에 지나지 않은 것을 두고 법리적/학문적 의미로 분석하는 것은, 적어도 한국 실무에서는 지나친 것 같다. 기껏해야 '젭슨식 청구항'이라고 부르기 편하게 칭할 뿐이며, 그 호칭조차 임의적이다. 예제 34 청구항은 젭슨 청구항이 아니다. 그것과 실질이 같은 예제 35 청구항도 젭슨 청구항이라고 부를 수 없다.

한편 예제 34 청구항과 예제 35 청구항이 여기저기 구성이 다르다. 청구항은 각 나라에서 심사받는 과정에서 조금씩 달라지기 때문이다. 눈치 빠른 독자는 예제 34 청구항은 '구조structure'인데 예제 35에서는 '장치apparatus'로 변경돼 있음을 알아챘을 것이다. 이는 오브젝트의 문제이며, 또한 기재불비의 문제가 있었기 때문이다. 심사관에 따라서는 '구조'라는 오브젝트를 인정하지 않는다. 예제 36 청구항이 보정 전의 청구항이다.

예제 36 (예제 35의 보정전 청구항)

500°F 정도 이상 변화하는 온도 사이의 열적 싸이클을 수행하며, 압력이 가해지는 용기를 지지하고 연결부 이하로 확장되는 경사진 저부를 구비한 용기를 지지하는 지지 요소를 구비하는 구조에 있어서,
상기 지지 요소의 일부는 상기 용기의 연결부 밑에서 내측으로 테이퍼(taper)지며, 저부의 경사면과 연결되고 베어링 및 마찰력에 의하여 주로 용기를 지지하는 것을 특징으로 하는 구조.

ㅣ. 특허문서 작법

바

구 성 집 합

론

청구항의 구성집합^{Body}은 전제부, 트랜지션, 오브젝트를 제외한 나머지 부분을 말한다. 구성집합의 원소는 집합 개념의 원리상 1개 이상이면 족하다. 공집합은 허용되지 않는다. 원소를 실무적으로 구성요소라 부른다. 즉, 청구항의 구성집합은 1개 이상의 구성요소로 이뤄진다.

청구항 = (전제부) + 구성집합 + 트랜지션 + 오브젝트
구성집합 = $\{x_1, x_2, x_3, \cdots, x_n\}$(n은 0보다 큰 정수) 또는,
= {x|x는 발명을 파악하고 특허범위를 알 수 있도록 하는
언어 및/또는 기호로 표현되는 작은 단위}

구성요소를 어떻게 표현해야 할지에 대한 구체적이고 확립된 규정은 없다. 첫째, 언어 표현이 나타내는 의미가 명확해야 한다는 점(특허법

제42조 제4항 제2호), 둘째, 보호받으려는 사항을 명확히 특정할 수 있어야 한다는 점이 일응의 기준이 될 터이다. 특허법 제42조 제6항은 '발명을 특정하는 데 필요하다고 인정되는 구조, 방법, 기능, 물질 또는 이들의 결합관계 등을 적어야 한다'고 규정되어 있다. '등'이라는 단어는 청구항 기재의 다양성을 허락한다. 특허범위를 판단할 수 있을 정도로 발명을 특정할 수만 있다면 자유롭고 창의적인 방식으로 청구항의 구성집합을 기재할 수 있다. 첫 번째 기준인 '의미의 명확성'에 대해서는 다른 곳에서 설명하기로 하고, 여기에서는 '발명의 특정' 관점에서 구성집합의 기재에 관해 기초부터 중급실무까지 설명한다. 발명의 특정이라 함은 심사를 할 수 있을 정도로 그 발명의 실체를 파악하면서 또한 특허범위를 명확히 알 수 있도록 표현하는 행위 또는 그 행위의 결과라는 의미다.

196

(1) 구성집합의 원소가 1개인 경우

구성집합의 원소가 1개인 경우는 실무적으로 드물기는 하지만, 화학물질발명에서 자주 발견된다. 그 한 개의 구성원소에 특징이 있고 그것만으로 독창성의 경계가 정해지기 때문에 발명을 특정하는 데 어려움이 없다. 예제 37의 발명은 '굴피나무 열매 추출물이 유효성분으로 포함'됐다는 점에 특징이 있다. 이런 발명에서는 무엇이 더 추가로 포함되는지가 전혀 고려되지 않는다. 그러므로 다른 구성과의 결합관계도 필요가 없다. 단지 원소 1개만으로도 특허범위를 이해하는 데 어려움이 없다. 물론 오브젝트는 특허의 대상이며, 특허의 대상이 특허요건과 특허범위에서 제외될 수 없으므로, 화장료 조성물의 '피부 미백용'이라는 용도 또한 필수요소로 간주될 것이다.

예제 37 (특허 1536224)

굴피나무(Platycarya strobilacea) 열매 추출물을 유효성분으로 함유하는 피부 미백용 화장료 조성물.

전제부	없음
구성집합	굴피나무 열매 추출물
트랜지션	유효성분으로 함유하는
오브젝트	피부 미백용 화장료 조성물

예제 38 (특허 1496803)

서열번호 2로 표시되는 아미노산 서열로 이루어지는 단백질.

전제부	없음
구성집합	서열번호 2로 표시되는 아미노산 서열
트랜지션	이루어지는
오브젝트	단백질

단백질에 관한 발명은 아미노산 서열로 간명하게 특정될 수 있다. 단백질 발명은 새로운 아미노산 서열에 의해서 신규성과 진보성을 획득하기 때문이다. 즉 아미노산 서열을 제시하는 것만으로 청구항에서 발명이 특정된다. 그러므로 예제 38과 같이 간명하게 청구항을 기재할 수 있다. 물론 특허문서에서 아미노산 서열의 서열번호 2가 분명히 제시돼야 한다. 대개 발명의 상세한 설명을 통해 제시하거나 혹은 도면으로 제시한다.

예제 39 (특허 1481416)

Trp-Tyr-Pro-Ala-Ala-Pro의 아미노산 서열로 이루어진 펩타이드.

전제부	없음
구성집합	Trp-Tyr-Pro-Ala-Ala-Pro의 아미노산 서열
트랜지션	이루어지는
오브젝트	펩타이드

펩타이드는 아미노산이 단백질보다는 많이 연결되지 않은 아미노산 중합체다. 이런 경우에도 아미노산 서열만으로 발명이 특정된다. 예제 39처럼 청구항을 작성할 수 있다.

　　이처럼 단백질 관련 발명은 서열을 이용해서 매우 간명하게 표현함으로써 특정할 수 있다. 단백질 그 자체가 신규성이 있다면 그 단백질에 관련한 다양한 형태의 발명에 대해서도 원소 1개만의 구성집합으로 간명하게 특정할 수 있다.

예제 40 (특허 1535717)
개체의 시료 중에 보체인자 I 단백질의 수준을 정량하는 단계를 포함하는 췌장암 진단을 위한 정보의 제공방법.

전제부	없음
구성집합	개체의 시료 중에 보체인자 I 단백질의 수준을 정량하는 단계
트랜지션	포함하는
오브젝트	췌장암 진단을 위한 정보의 제공방법

일반적으로 정보를 제공하는 방법은 어떻게 정보를 제공하는지에 관해서 몇 가지의 공정(단계)을 제시한다. 그러므로 복수의 구성집합 원소가 순차적으로 제시되게 마련이지만, 단백질 관련 발명에서는 예제 40처럼 간명하게 기재할 수도 있다.

　　한편 복수의 구성요소를 선택적으로 기재하는 경우가 있다. 외형적으로는 구성집합의 원소가 복수이지만, 그 실질은 원소가 1개이기 때문에 신규성과 진보성을 판단할 때에도, 특허침해여부를 판단할 때에도 구성요소 1개만을 고찰하게 된다. 가령 복수의 원소 중에서 어느 한 개가 신규성이 없다면 청구항 발명 전체가 신규성을 잃어서 거절된다. 특허성에 있어 구성집합의 원소가 상호 의존성을 지닌다. 반면 특허를 받은 다음에는 복수의 원소 중 하나만을 타인이 침해한다면 결론적으로 청구항 발명 전체를 침해한 것으로 간주해 권리주장을 할 수 있다.

구성집합의 원소는 상호 독립성을 지닌다. 이렇게 복수의 구성요소를 선택적으로 기재함으로써 청구항의 개수를 줄일 수 있는 장점이 있다. 물론 각 구성요소의 특허성이 다른 구성요소에 의존하게 된다는 불이익을 잊어서는 안 된다. 실무자는 구성집합의 원소마다 특허성이 있다는 확신이 있을 때 이런 방식의 구성집합을 사용한다. 예제 41과 예제 42 청구항을 살펴보자.

예제 41 (특허 1551299)

서열번호 1 내지 10으로 이루어진 군으로부터 선택되는 아미노산 서열로 표시된 펩타이드.

예제 42 (특허 1496803)

이하의 (a)~(c) 중 어느 하나에 기재한 염기 서열을 포함하는 핵산:

(a) 서열 번호 36으로 표시되는 염기 서열;

(b) 서열 번호 2로 표시되는 아미노산 서열로 이루어지는 단백질을 코딩하는 염기 서열;

(c) 서열 번호 1로 표시되는 염기 서열.

예제 41에서는 아미노산 서열이 10으로 제시되어 있다. 아미노산 서열마다 특허를 청구함으로써 10개의 청구항을 만들 수도 있겠다. 그러나 예제 41처럼 간명하게 1개의 청구항만을 만들 수도 있다.

예제 42 청구항은 3종류의 핵산에 대해 선택적으로 기재한 것이다. 즉 청구항 3개로 해야 할 구성집합을 청구항 1개의 구성집합으로 만든 것이다. 다음 예제 43의 화합물은 청구항 구성집합 원소가 많이 있는 것처럼 보인다. 하지만 이 역시 복수의 원소를 선택적으로 기재는 방식으로 예제 41 및 예제 42와 같은 특성을 지닌다.

예제 43 (특허 1480481)

(3aR,6aR)-N-(4-(1-(3-플루오로벤질)-1H-인다졸-5-일아미노)-7-메톡시퀴나졸린-6-일)-1-메틸헥사히드로피롤로[3,4-b]피롤-5(1H)-카르복사미드;

(3aS,6aS)-N-(4-(1-(3-플루오로벤질)-1H-인다졸-5-일아미노)-7-메톡시퀴나졸린-6-일)-1-메틸헥사히드로피롤로[3,4-b]피롤-5(1H)-카르복사미드;

(3aR,6aR)-N-(4-(3-에티닐페닐아미노)-7-메톡시퀴나졸린-6-일)-1-메틸-헥사히드로피롤로[3,4-b]피롤-5(1H)-카르복사미드;

(3aS,6aS)-N-(4-(3-클로로-4-(3-플루오로벤질옥시)페닐아미노)-7-메톡시퀴나졸린-6-일)-1-메틸헥사히드로피롤로[3,4-b]피롤-5(1H)-카르복사미드;

(3aR,6aR)-N-(4-(3-클로로-4-(3-플루오로벤질옥시)페닐아미노)-7-메톡시퀴나졸린-6-일)-1-메틸헥사히드로피롤로[3,4-b]피롤-5(1H)-카르복사미드;

(3aS,6aS)-N-(4-(3-클로로-4-(3-플루오로벤질옥시)페닐아미노)퀴나졸린-6-일)-1-메틸헥사히드로피롤로[3,4-b]피롤-5(1H)-카르복사미드; 및

(3aR,6aR)-N-(4-(3-클로로-4-(3-플루오로벤질옥시)페닐아미노)퀴나졸린-6-일)-1-메틸헥사히드로피롤로[3,4-b]피롤-5(1H)-카르복사미드로부터 선택되는 적어도 하나의 화합물

200

드물기는 하지만 오브젝트가 장치, 요컨대 카테고리가 물인 발명의 경우에도 청구항 구성집합의 원소가 1개일 수 있다. 종래기술을 개선하거나 개량한 발명인데, 그 개선/개량 지점을 한 부분으로 명확히 특정할 수 있을 때가 있다. 그런 경우에 자주 사용된다. 장치 자체가 새로운 발명도 있다. 그런 발명에서는 오히려 구성집합의 원소가 늘어나게 된다. 그 장치 자체의 구성과 기능을 명확히 설명해야 하기 때문이다. 반면 장치의 특정 부분에 장점이 있는 발명의 경우에는 그 장점을 발휘하는 구성요소만 강조함으로써 발명이 특정될 수 있다. 예제 44처럼 통상 전제부를 앞에 두는 경우가 많지만 반드시 그런 것은 아니다.

예제 44 (특허 802841)

차량 엔진의 로우 크랭크 케이스 베어링 인서트에 있어서,

상기 베어링 인서트의 표면에 돌기면을 형성하여 접합성을 높이고 안정된 하중

분담을 이루도록 한 것을 특징으로 하는 차량 엔진의 로우 크랭크 케이스 베어링 인서트.

전제부	차량 엔진의 로우 크랭크 케이스 베어링 인서트에 있어서
구성집합	*베어링 인서트의 표면에 돌기면을 형성하여 접합성을 높이고 안정된 하중분담을 이루도록 한 것*
트랜지션	특징으로 하는
오브젝트	차량 엔진의 로우 크랭크 케이스 베어링 인서트

위 예제 44에서 구성집합은 기술구성에 관한 사항('베어링 인서트의 표면에 돌기면을 형성')과 그 기술구성의 기능이나 효과에 관한 사항('접합성을 높이고 안정된 하중분담')이 결합돼 있다. 실무적으로 이런 방식, 즉 구성에 관한 표현과 기능적 표현을 한 쌍으로 묶는 방식으로 구성집합을 기재하는 경우가 많다. 이 경우 '구성 부분과 기능 부분의 한 쌍'이 구성집합의 원소가 된다. 기능 부분을 자연스럽게 강조함으로써 해당 구성이 갖는 기술적 의미를 두드러지게 나타낼 수 있는 장점이 있다. 이로써 심사관에게 의미론적으로 더 강한 어필을 할 수 있다.

　구성만을 중시하는 관점에서는 예제 45처럼 기능 부분을 삭제해도 물론 좋을 터다. 기능 부분을 삭제해 놓고 보니 구성집합이 무미건조하게 기재돼 있는 것처럼 느껴진다. 심사관은 필경 효과를 전혀 고려하지 않는 심리상태에 놓인다. 반면 예제 44의 청구항에서는 심사관은 접합성과 하중분담이라는 표현까지 고려하면서 심사할 가능성이 크다. 어쨌든 예제 44와 예제 45는 사실상 같은 청구항이다. 구성 부분의 특징이 강하다면 예제 45로도 족하다. 반면 구성 부분의 특징이 약하다면 예제 44가 더 좋을 것이다.

예제 45 (예제 44의 변형)
차량 엔진의 로우 크랭크 케이스 베어링 인서트에 있어서,
상기 베어링 인서트의 표면에 돌기면을 형성하는 것을 특징으로 하는 차량 엔진의 로우 크랭크 케이스 베어링 인서트.

예제 44 및 예제 45 청구항은 전제부가 있는 경우다. 이제 전제부가 없는 청구항을 살펴보자.

예제 46 (특허 1201348)
스마트 기기(8)의 보호 케이스 본체(2)와 액정 디스플레이부 보호필름(1)이 일체형으로 결합되어 이루어지는 것을 특징으로 하는 액정 디스플레이부 보호필름 일체형 스마트 기기 보호 케이스.

예제 46 청구항에는 전제부가 없다. 이것의 구성원소는 다소 길지만 '스마트 기기의 보호 케이스 본체와 액정 디스플레이부 보호필름이 일체로 결합'이다. 스마트폰을 보호하는 케이스에 관한 구성이 종래기술로서 명확할 뿐만 아니라, 도면부호를 구성요소가 병기함으로써 발명의 특정 문제를 해결했다.

예제 46 청구항은 예제 47과 예제 48 청구항으로 변경될 수 있다. 이 또한 특허범위는 동일하다. 예제 46 청구항에는 전제부가 존재하지 않지만, 누구나 아는 공지기술의 성격상 전제부가 묵시적으로 들어 있다고 볼 수 있다. 그 결과 예제 47과 예제 48 청구항의 특허범위가 사실상 동일하게 됐다. 한편 예제 46의 구성집합 원소는 1개다. 예제 48처럼 원소를 여러 개로 늘릴 수도 있다. 그러나 특허범위는 역시 동일하다. 이렇듯 구성집합의 원소가 많아질수록, 즉 구성요소의 개수가 많아질수록 반드시 특허범위가 좁아지는 것은 아니다.

예제 47 (예제 46의 변형)
액정 디스플레이부 보호필름 일체형 스마트 기기 보호 케이스에 있어서,
스마트 기기(8)의 보호 케이스 본체(2)와 액정 디스플레이부 보호필름(1)이 일체형으로 결합되어 이루어지는 것을 특징으로 하는 액정 디스플레이부 보호필름 일체형 스마트 기기 보호 케이스.

전제부	액정 디스플레이부 보호필름 일체형 스마트 기기 보호 케이스에 있어서
구성집합	스마트 기기(8)의 보호 케이스 본체(2)와 액정 디스플레이부 보호필름(1)이 *일체형으로 결합*
트랜지션	특징으로 하는
오브젝트	액정 디스플레이부 보호필름 일체형 스마트 기기 보호 케이스

예제 48 (예제 46의 변형)

스마트 기기(8)를 수용하는 보호 케이스 본체(2); 및

스마트 기기(8)의 액정 디스플레이부에 부착되는 보호필름(1);을 포함하고,

상기 보호 케이스 본체(2)와 상기 보호필름(1)이 일체형으로 결합되어 이루어지는 것을 특징으로 하는 액정 디스플레이부 보호필름 일체형 스마트 기기 보호 케이스.

실무적으로 구성집합의 원소가 1개라고 해석할 수 있는 청구항은 앞에서 살펴본 것처럼 화학발명에서 주로 발견된다. 전자, 통신, 기계, 생활 분야의 물건이나 방법은 대개 구성원소 사이의 '관계'에 의해서 유의미성을 갖기 때문에 원소가 한 개인 경우는 극히 이례적이라 하겠다. 다만 물질에 초점을 두는 화학발명에서는 한 개의 원소만으로 구성된 청구항 구성집합을 종종 발견한다. 실무자들은 이런 유형의 간단한 청구항에 익숙해질 필요가 있으므로 몇 개 더 소개한다.

예제 49 청구항은 조성식 파라미터를 구성원소로 함으로써 간명하게 기재한 청구항이다. 조성식과 수치한정은 하나로 결합돼 있다. 유전자 마커에 관한 예제 50 청구항은 '서열번호 7의 염기서열'이 구성원소가 된다. '참돔 이리도바이러스병 원인 바이러스의 검출용'이라는 용도는 '유전자 마커'와 결합해 하나의 오브젝트를 형성한다. 그런 용도가 기재돼 있지 않다면 무엇에 관한 특허인지 특정할 수 없어서 미완성발명이 되기 때문에 구성원소로 볼 것은 아니다.

예제 49 (특허 1569367)

리튬이온 이차전지용 고이온전도성 글라스 세라믹스에 있어서,

상기 글라스 세라믹스는 $Li_{1.2+x}Ti_{2-x}Al_{0.5}(PO_4)_3$ ($0 \leq x \leq 0.4$)를 조성식으로 하는 것을 특징으로 하는 리튬이온 이차전지용 고이온전도성 글라스 세라믹스.

예제 50 (특허 1642783)

서열번호 7의 염기서열로 표시되는 참돔 이리도바이러스병 원인바이러스의 검출용 유전자 마커.

예제 51 청구항은 단계를 하나만 갖게 기재돼 있는데, 이처럼 1개의 단계로만 기재하는 경우에는 진술식 청구항 방식을 택해서 긴장감 있게 청구항을 작성한다. 진술식 청구항에 대해서는 나중에 상세히 살펴볼 것이다. 약학적 조성물은 용도가 특정돼야 하며, 이 용도가 기재돼 있지 않다면 미완성발명으로 볼 것이고, 그러므로 '야맹증 예방 및 치료용'은 '약학적 조성물'과 불가분으로 결합해 하나의 오브젝트를 만들고, 구성원소는 'Otx2(orthodentricle homeobox 2) 단백질'이 된다.

예제 51 (특허 1570698)

에오신 와이(Eosin Y)를 광조사하여 전자공여체로부터 전자를 직접 세포질 내 시토크롬 P450의 헴도메인(Heme domain)에 전달하는 단계;를 포함하는 시토크롬 P450의 활성 방법.

예제 52 (특허 1567921)

Otx2(orthodentricle homeobox 2) 단백질을 유효성분으로 함유하는 야맹증(nyctalopia) 예방 및 치료용 약학적 조성물.

(2) 구성집합의 원소가 2개 이상인 경우

대부분의 청구항은 구성집합의 원소가 2개 이상이다. 실무자는 다양한 방식으로 복수의 구성원소를 배열하면서 구성집합을 기재할 수 있다. 2개 이상의 구성요소를 어떻게 배열할 것인지에 대해서 몇 가지 범주의 방법론이 작용한다. 특히 실무자가 익혀야 할 범주는 다음과 같다. 이들 범주는 학문이나 이론과는 무관하고 오직 현장에서의 실무경험에서 비롯된 개념에 의지한다. 발명의 특정이 가능하다는 전제하에서 실제로는 이보다 더 다양하고 복잡한 형태의 구성집합이 존재할 것이지만, 실무자가 이 세 가지 분류를 충분히 이해하고 익히면 발명의 성격에 맞게 최적의 청구항을 만들어낼 수 있을 것이다.

- 원소 사이의 결합관계를 표현해야 하는 경우와 그런 결합관계를 표현할 필요가 없는 경우
- 개조식 표현 방법과 진술식 표현 방법
- 단층구조와 다층구조

205

첫 번째 범주, 결합관계의 표현

첫 번째 범주를 살펴보자. 원소 사이의 결합관계를 표현해야 하는 경우와 그런 결합관계를 표현할 필요가 없는 경우다. 청구항에 2개 이상의 구성요소가 있다면 보통 발명은 그 구성요소들의 결합관계로 파악돼야 한다. 구성요소로 A와 B가 있다면 A와 B가 어떤 관계가 있는지를 청구항에 표현해야 한다는 의미다. 특히 장치발명에서 그러하다. 원소 사이의 결합관계가 곧 그 발명의 과제해결원리가 된다. 반면 그런 결합관계를 굳이 표현할 필요가 전혀 없는 경우도 있다. A와 B를 제시하기만 하면 충분하고 굳이 그들 사이의 관계를 기재하지 않아도 좋다. 복수의 구성요소들을 단순 나열하는 것만으로 발명이 특정되는

경우라면 굳이 결합관계를 언어로 표현할 이유가 없다. 이는 화학물질 발명 분야에서 특히 자주 발견된다.

예제 53 (특허 1460456)

옆면에 홈(102)이 파여져 있고, 클리너(106)가 걸쳐져 있는 스마트폰 본체를 보호하는 케이스(101)와,

옆면의 홈(102)에 나사(103)와 나사(104)에 의해 걸쳐져서 상하로 움직일 수 있는 클리너(106)로 구성되는 것을 특징으로 하는 클리너가 부착되어 있는 스마트폰 케이스.

전제부	없음
구성집합	옆면에 홈(102)이 파여져 있고, 클리너(106)가 걸쳐져 있는 스마트폰 본체를 보호하는 케이스(101)
	옆면의 홈(102)에 나사(103)와 나사(104)에 의해 걸쳐져서 상하로 움직일 수 있는 클리너(106)
트랜지션	구성되는 것을 특징으로 하는
오브젝트	클리너가 부착 되어있는 스마트폰 케이스

예제 54 (예제 53의 변형)

스마트폰 본체를 보호하는 케이스와,

상하로 움직일 수 있는 클리너로 구성되는 것을 특징으로 하는, 클리너가 부착되어 있는 스마트폰 케이스.

예제 53은 '케이스'와 '클리너'라는 구성요소가 있다. 그리고 이 두 개의 원소 사이의 관계는 '케이스의 옆면 홈에 클리너가 걸쳐져 있는 관계'로 청구항에 표현돼 있다. 그것이 예제 53의 특징이자 차별성이다. 예제 54 청구항처럼 이런 결합관계가 충분히 기재돼 있지 않다면 발명을 특정할 수 없고 기재불비로 거절된다. 예제 53과 달리 예제 54 청구항에서는 '클리너'가 어떻게 상하로 움직이는지 알 수 없다.

한편 예제 53으로 기재된 청구항 발명에 대해서 심사관이 '케이

스'와 '클리너'가 있는 종래의 스마트폰 케이스를 제시하면서 진보성을 부인한다면 변리사는 '케이스와 클리너의 결합관계'에 초점을 맞춰서 차이점을 강조한다. 실무적으로 심사관은 하나하나의 구성요소의 유무를 중심으로, 기계적으로 심사하는 경향을 보인다. 실무자는 이런 경향에 대응해 구성요소의 결합관계를 강조하면서 과제 해결 원리의 차이점을 부각해야 한다.

예제 55 (특허 945981)

상판과 하판으로 이루어진 외곽프레임의 내부에 모터의 구동으로 동작하여 상기 상판의 경사각을 조절하는 경사조절수단이 설치된 구성에 있어서,

상기 모터에는 동일방향으로 회전되는 제1수동기어가 장착되고, 이 제1수동기어에는 교차방향으로 제2수동기어가 치차 결합되며, 상기 모터에는 제2수동기어가 축 장착되는 브라켓이 체결되고, 상판에는 상기 제2수동기어를 외부로 노출하는 수동제어구멍이 형성됨을 특징으로 하는 골프 스윙 연습기의 모터 수동제어구조.

전제부	상판과 하판으로 이루어진 외곽프레임의 내부에 모터의 구동으로 동작하여 상기 상판의 경사각을 조절하는 경사조절수단이 설치된 구성에 있어서
구성집합	모터
	제1수동기어(모터에 장착)
	제2수동기어(제1수동기어와 치차결합)
	브라켓(제2수동기어 장착용으로 모터에 체결)
	외곽프레임의 상판(전제부의 기재)
	수동제어구멍(상판에 설치)
트랜지션	형성됨을 특징으로 하는
오브젝트	골프 스윙 연습기의 모터 수동제어구조

예제 55는 특허를 받기 위해 상당히 노력한 청구항이다. 모터의 제어 기술 자체는 오랜 기술역사를 갖고 있어서 특허 받기는 어렵다고 실무자는 판단했을 것이다. 아마도 이 발명에 사용한 제어기술 자체는 공지기술이었을 것이다. 오늘날 공지기술의 응용이라고 볼만한 아이디

어가 많다. 예제 55는 오브젝트도 '골프 스윙 연습기'에 관한 것임을 분명히 했고, 각 구성요소의 결합관계를 명확히 표현했다. 예제 55의 구성집합은 {외곽프레임(상판), 모터, 제1수동기어, 제2수동기어, 브라켓, 수동제어구멍}이다. 이들이 어떤 관계를 갖는지를 '이', '상기'라는 지시 보조어를 잘 이용해서 설명했다.

예제 56

파일 서버;
복수 개의 단말; 및
제어 서버를 포함하는 파일 전송 시스템.

우리는 지금 복수의 구성요소 사이의 결합관계를 표현하고 있는 청구항 예제를 살펴보고 있다. 이런 청구항의 특징은 결합관계를 표현하지 않으면 발명의 구성을 알 수 없어서 불명확해진다는 점이다. 결합관계가 표현되지 못하면 기재불비의 거절이유에 직면한다. 결합관계가 없는 청구항으로서 예제 56이 제시돼 있다. 대개 초보자들이 작성한 청구항이거나 실무자들의 청구항 작성 스케치 단계에서 나타나는 청구항의 모습이다. 이것은 특허를 받을 수 없다. 파일 전송 시스템의 구성요소가 제시됐는데, 이들의 관계가 전혀 밝혀지지 않아서 '뭐 어쩌자는 것인지'를 알 수 없고 따라서 발명을 특정할 수 없다.

예제 57 (특허 1552001)

공유 대상 파일이 저장되는 파일 서버;
상기 파일 서버, 또는 상기 파일 서버로부터 상기 공유 대상 파일의 적어도 일부를 다운로드한 타 단말로부터 상기 공유 대상 파일을 다운로드하여 저장하는 복수 개의 단말; 및
상기 복수 개의 단말로부터 하나 이상의 그룹을 구성하고, 각 그룹별로 다운로드 시작 오프셋을 다르게 할당하며, 각 그룹에 속한 단말마다의 상기 공유 대상 파일 다운로드를 제어하는 제어 서버를 포함하는 파일 전송 시스템.

예제 57은 예제 56의 결합관계를 구체적으로 밝히면서 발명을 특정한 청구항이다. '제어 서버'가 핵심 구성이다. 구성요소 중 '파일 서버'와 '복수 개의 단말'은 당연한 구성이다. '제어 서버'의 역할을 강조하기 위해서라도 이러한 당연한 구성이 필요하다. 그래야만 '제어 서버'라는 구성이 강조되기 때문이다.

위의 예제 57은 예제 58처럼 변형할 수도 있다. 전제부를 두고 제어 서버의 특징을 강조하는 방식의 청구항이다. 파일을 저장하는 서버(파일 서버)와 이 서버로부터 파일을 내려 받는 사용자 디바이스(복수의 단말)는 당연한 구성이며, 이 발명의 특징은 그룹을 구성해서 그룹마다 할당되는 다운로드 시작 오프셋 개념을 도입함으로써 그룹별로 다운로드를 제어한다는 데 있다. 그러므로 제어 서버를 강조하는 방식으로 예제 58처럼 청구항을 작성할 수도 있다. 특허범위에 차이는 없다.

예제 58 (예제 57의 변형)

공유 대상 파일을 저장하는 파일 서버와, 상기 공유 대상 파일을 다운로드하여 저장하는 복수 개의 단말을 포함하는 파일 전송 시스템에 있어서,
상기 복수 개의 단말로부터 하나 이상의 그룹을 구성하고, 각 그룹별로 다운로드 시작 오프셋을 다르게 할당하며, 각 그룹에 속한 단말마다의 상기 공유 대상 파일 다운로드를 제어하는 제어 서버를 <u>더 포함하는</u> 파일 전송 시스템.

전제부	공유 대상 파일을 저장하는 파일 서버와, 상기 공유 대상 파일을 다운로드하여 저장하는 복수 개의 단말을 포함하는 *파일 전송 시스템에 있어서*
구성집합	제어서버(그룹별로 할당된 다운로드 시작 오프셋을 이용해서 그룹별 파일 다운로드 제어하는 역할)
트랜지션	더 포함하는
오브젝트	파일 전송 시스템

예제 59 (특허 1552326)

금속산화물 반도체로 구성되는 복수의 나노입자가 상호 결착되어 형성되는 원형 단면 형상의 다공성의 나노섬유;

상기 나노섬유의 <u>표면</u>보다 내부에 높은 밀도로 포함되는 제1촉매; 및

상기 나노섬유의 내부보다 <u>표면</u>에 높은 밀도로 결착하는 제2촉매를 포함하는 것을 특징으로 하는 가스 센서용 부재.

예제 59의 구성집합 원소는 나노섬유, 제1촉매, 제2촉매이다. '나노섬유의 표면'을 매개로 각 구성요소가 어떻게 결합되는지 그 관계를 구체적으로 나타냈다.

실무자들은 각 구성요소를 한정하는 표현을 되도록 쓰지 않으려고 한다. 특허범위가 줄어들기 때문이다. 그러나 심사를 받는 과정에서 그런 한정 표현이 늘어나게 마련이다. 특허를 받기 위해서다. 예제 59에서 밑줄 친 부분이 보정을 통해 추가된 표현이다. 즉, 출원 당시에는 밑줄 부분이 없었다.

위의 예제 53~59는 구성집합의 결합관계를 명확히 표현함으로써 발명이 특정되는 사례였다. 결합관계를 충분히 표현하지 못했다면 기재불비의 거절이유를 받는다. 그러나 청구항을 작성할 때 복수의 구성요소 사이의 결합관계를 반드시 분명히 표현해야 하는 것은 아니다. 예컨대 조성물 발명의 경우에는 조성물에 포함되는 원소를 단순 나열해도 청구항 기재에 문제가 없다. 조성물 발명은 무엇이 포함됐다는 사실, 또한 무엇이 얼마만큼 포함됐다는 부분에 특징이 있기 때문이다. 굳이 조성물에 포함되는 물질 사이의 관계를 기재하지 않아도 된다. 다만 오브젝트는 명확히 표현하는 것이 좋다.

예제 60 (특허 1480690)

솔잎추출물 및 몰약추출물을 함유하는 구강용 조성물.

예제 61 (특허 1556793)

실리콘 수지 및 나노-미립자성 단사정계 알파-상 산화 비스무트를 포함하는 충전된 실리콘 조성물.

예제 60에는 솔잎추출물과 몰약추출물 사이에 아무런 관계도 표현돼 있지 않다. 그러나 '그것들을 포함하는 구강용 조성물'로서 특허심사를 받고 특허범위를 판단함에 문제가 없다. 예제 61의 오브젝트는 충전된 실리콘 조성물이며, 구성집합의 원소는 두 개다. '실리콘 수지'와 '나노-미립자성 단사정계 알파상 산화 비스무트'다. 예제 60과 마찬가지로 단순 나열만으로 발명이 특정된다. 양 청구항 모두 구성원소의 결합관계가 없다.

예제 62 (특허 1488858)

폴리에틸렌테레프탈레이트 단독, 또는 폴리에틸렌테레프탈레이트를 90 중량% 이상 함유하는 결정성 수지인 폴리에스터 수지(polyester resin) 100 중량부와, 유리 섬유(glass fiber) 10 내지 50 중량부와, 미네랄 보강제(mineral reinforcing filler) 10 내지 50 중량부와, 지방족 포스파이트(aliphatic phosphite)계 산화방지제(antioxidants) 0.2 내지 5 중량부와, 에스테르계 활제(lubricant) 0.2 내지 5 중량부와, 핵제(nucleating agent) 0.2 내지 3 중량부 및 증점제(thickener) 1 내지 3 중량부를 포함하는 폴리에스터 수지 조성물.

예제 63 (특허 1556887)

미역귀와 다시마 줄기 8~10중량%, 옥수수 10~12중량%, 면실 5.5~6.5중량%, 단백피 7~8중량%, 옥수수 주정박 8.5~9.5중량%, 맥주박 13~14중량%, 당밀 2.5~3.5중량%, 알팔파 8.5~9.5중량%, 연맥헤이 4.5~5.5중량%, 티모시헤이 1.5~2.5중량%, 페레니얼 라이그라스 3.5~4.5중량%, 발효사료 1.0~1.25중량%, 석회석 0.5~0.9중량%, 소금 0.15~0.25중량%, 중조 0.1~0.2중량%, 보호지방 0.1~0.25중량% 및 발효수 13~17중량%를 포함하는 소 사료 조성물.

예제 64 (특허 1482478)

조성식이 $Si_aSn_bNi_cTi_yM_mC_z$(식 중, a, b, c, y, m 및 z는 원자% 값을 나타내고, M은 Fe, Cr 및 Co 중 임의의 하나 이상이며, $25 \leq a \leq 35$, $10 \leq b \leq 20$, $10 \leq c \leq 15$, $1 \leq y \leq 10$, $35 \leq z \leq 45$, $0 \leq m \leq 1$, $z + 0.5 \cdot b > a$이고, $c + y > 0.75 \cdot b$임)인 리튬 이온 배터리용 음극 활성 물질.

예제 62는 폴리에스터 수지 조성물이며, 예제 63은 소사료 조성물이다. 모두 수치한정 발명이기도 하다. 이들 예제는 조성비율이 기재돼 있다는 점에 특징이 있다. 예제 62는 중량부를 기준으로, 예제 63은 중량%로 조성비율을 나타냈다. 각 조성물질 사이의 관계는 전혀 기재되어 있지 않지만, 구성집합을 구성하는 원소를 '포함한다는 점'에서 발명이 특정된다. 한편 조성식을 도입해서 조성비율을 표현할 수도 있는데 예제 64는 그런 예가 되겠다. 이와 같은 조성비를 사용해서 청구항을 기재하는 방법에 관해서는 아목 (3)에서 상세히 살펴볼 것이다.

212

두 번째 범주, 개조식과 진술식

이제 두 번째 범주를 살펴보자. 구성집합의 원소가 두 개 이상일 때 실무자는 개조식으로 구성집합을 표현할 수도 있으며(이를 Combination 방식의 청구항 기재라고 표현한다), 진술식으로 구성집합을 표현할 수도 있다. 때때로 이 두 가지 표현방식이 하나의 청구항에 병용되는 경우도 있다(세 번째 범주의 다층구조 참조). 실무자는 개조식으로 구성집합을 표현할 것인지, 진술식으로 구성집합을 표현할 것인지를 발명의 특성을 고려해서 결정해야 한다. 복수의 독립항을 이용해서 어떤 독립항은 개조식으로 발명을 표현하고, 다른 독립항은 진술식으로 기재할 수도 있다.

먼저 개조식 청구항을 살펴보자. 개조식 청구항은 'A; B; 및 C'로 구성집합을 표현하거나, 'A와 B와 C' 형식으로 구성집합을 표현한다. 개조식 청구항은 발명의 구성을 구성요소별로 명확히 분리해서 표현하기 때문에 비교적 쉽게 구성을 파악할 수 있다는 장점이 있다. 특허요건을 특정하고 그 기술적 범위를 이해하는 데 편리하다.

다만 개조식 청구항에는 실무적인 약점이 있다. 각 구성요소가 서로 병렬적으로 나열돼 있는 까닭에 핵심 구성요소와 그렇지 못한 구성요소가 대등하게 취급될 우려가 있다. 심사관과 판사들('판단자들'이라고 약칭한다)은 특유한 해결원리보다는 구성요소별로 분리해서 인용문헌과 기계적으로 비교하는 경향이 있고, 판단자들의 그런 경향으로 말미암아 핵심적이지 않은 구성요소들에 의해서 편견과 편향이 생길 우려가 있다. 핵심과 비핵심이 동등한 대우를 받기 때문에 핵심원소는 과소 평가되고 비핵심원소는 과대 평가되는 것이다. 특허심사 현장에서는 결합관계보다는 구성 자체의 존재유무를 더 중요하게 여겨지기 때문에 원소와 원소를, 구성요소와 구성요소를 대등하게 나열하면 그 결합관계보다는 구성요소 자체가 눈에 띄게 마련이다.

그런 연유로 구성집합의 원소를 개조식으로 나열했는데, 상당수의 원소가 공지된 구성이고 핵심 구성을 나타내는 원소는 눈에 띄지 않는다면 그 핵심 구성요소의 독창적인 효과에도 불구하고, 진보성이 부인되기 일쑤다. 공지구성을 포함하는 인용참증이 제시되고, 핵심구성 혹은 그 구성으로 말미암아 생기는 특유의 원리나 결합관계는 단순 설계 변경이거나 용이하게 도출되는 정도의 수준으로 격하되기 십상이기 때문이다. 반면 구성집합의 원소가 적은 경우에는 특허범위가 지나치게 넓은 것처럼 오인을 받을 수 있다.

이는 이론적인 차원의 이야기가 아니다. 판단자는 편향과 인상에 의해서 강하게 영향을 받게 되는데, 그런 심리적인 차원의 이야기다. 이런 단점 때문에 개조식 청구항으로 실무자가 작업할 때에는 자기가 작성한 청구항에 대한 심사관의 인상과 심리상태를 고려해서 특징이 잘 드러나도록 섬세하게 신경을 써야 한다. 일단 구성원소 자체의 워딩(단어 선택)을 중시한다. 다음으로 구성집합의 결합관계가 개조식 청구항에서도 눈에 띄게 표현되도록 하는 언어를 고심한다.

예제 65 (특허 1551864)

제품의 위치를 확인하는 제품위치확인부;

공구의 위치를 추적하는 공구위치추적부;및

상기 제품의 위치정보와 상기 공구의 위치정보를 이용하여 상기 공구의 작업지점을 판단하는 제어부;를 포함하는 것을 특징으로 하는 위치인식장치.

예제 65는 장치발명에 관한 개조식 청구항이다. 상당히 간명하게 기재돼 있다. 이것은 '제품과 공구의 위치를 추적하여 공구의 작업지점을 판단하도록 하는 구성'의 특징 때문에 비교적 어렵지 않게 특허를 받은 청구항이다. '제품과 공구의 작업지점 판단'이 아니라 '자동차의 위치를 추적'하는 기술이거나 '사용자의 위치추적'에 관련한 청구항이라면 이런 식의 간명한 개조식 청구항은 특허를 받기 난망할 것이다. 예컨대 통신장치의 경우에는 그 오브젝트 자체가 널리 알려져 있어서 완전히 다른 접근으로 발명을 구체화하는 시도를 하지 않는다면 특허를 받을 수 없고, 또 특허를 받기 위해서는 더 많은 구성요소를 필요로 하게 된다. 요컨대 이런 발명 유형은 대개 제어부가 무엇에 관해서 어떤 일을 하는지가 관건이다.

예제 66 (특허 1551992)

다중 모드 전기통신 장치에 있어서,

주파수 범위에 존재하는 신호들을 수신하도록 배열되는 무선 수신기;

상기 무선 수신기에 의해 수신된 신호들을 주파수 도메인으로 변환하도록 배열되는 변환기;

상기 변환기에 의해 변환된 신호들의 전력 스펙트럼 밀도를 추정하도록 배열되는 전력 스펙트럼 밀도 추정기;

상이한 통신 모드들의 확률을 추정하도록 배열되는 확률 추정기로서, 추정된 전력 스펙트럼 밀도를 상기 상이한 통신 모드들의 전력 스펙트럼 밀도 신호들과 상관시키도록 배열되는 상관기를 포함하는 상기 확률 추정기;

통신 모드에 대한 셀 검색을 수행하도록 배열되는 각각의 복수의 셀 검색기; 및

가장 확률이 높다고 추정된 통신 모드에 따라 셀 검색을 수행하기 위해 상기 복수

의 셀 검색기 중 하나의 셀 검색기를 할당하도록 배열되는 제어기를 포함하는 것을 특징으로 하는 다중 모드 전기통신 장치.

예제 66은 통신장치에 관한 개조식 청구항이다. 예제 66은 매우 전형적인 개조식 청구항인데, 각 구성요소의 결합관계가 명확하게 표현돼 있으며, 구성집합에 긴밀함과 긴장관계가 있다. 실무자들은 예제 66의 개조식 청구항에 유념해서 훈련할 필요가 있다. 기계장치에 관련한 개조식 청구항을 작성하고자 하는 경우라면 예제 67을 참고할 수 있다. 공기조화기에 관한 청구항인 예제 67도 개조식 청구항의 전형적인 형태를 보여준다. 예제 67의 청구항을 작성한 실무자는 구성집합의 결합관계를 표현하기 위해 노력했다.

예제 67 (특허 1552618)
냉매를 압축하는 압축기;
냉매를 실내 공기와 열교환시키는 실내 열교환기;
난방 운전시, 상기 실내 열교환기 측으로부터 냉매가 유입되는 액관;
상기 액관으로부터 분지된 바이패스 배관;
상기 바이패스 배관에 구비된 내부 팽창 밸브;
난방 운전시, 상기 바이패스 배관을 통과하면서 상기 내부 팽창 밸브에 의해 팽창된 냉매를 상기 액관으로부터 유입된 냉매와 열교환시켜 상기 압축기 측으로 토출시키는 내부 열교환기;
상기 압축기로부터 토출된 냉매의 압력을 측정하는 제 1 압력센서;
상기 액관으로부터 유입된 냉매와 열교환한 후 상기 압축기 측으로 토출된 냉매의 압력을 측정하는 제 2 압력센서; 및
상기 액관을 통해 상기 압축기로 유입되는 냉매의 압력을 측정하는 제 3 압력센서를 포함하는 공기 조화기.

전자장치 중에는 부품자체보다는 기능이 더 중요하는 경우가 많다. 새로운 하드웨어를 제안했기 때문에 차별성을 갖기보다는 종래와 비교해서 하드웨어 자체는 공지의 수단을 이용했지만 이전에 없던 기능 구

성을 하기 때문에 차별성을 갖는 전자장치가 있다. 이러한 전자장치에 대한 청구항을 개조식으로 작성하는 경우라면 '제어부'를 강조하는 방식으로 작성하는 것이 실용적이다.

예제 68 (특허 1552617)

소정 모드를 입력하기 위한 입력 버튼을 구비하는 입력부;

상기 입력 버튼 주위를 원형 형태로 둘러싸도록 배치되는 복수의 발광 다이오드를 포함하고, 상기 입력 버튼이 눌려지면 상기 복수의 발광 다이오드를 통해 광을 표시하는 광원부; 및

상기 입력 버튼의 눌려지는 시간에 따라, 상기 광원부에서 발광하는 광량이 상기 입력 버튼 주위의 원형 형태를 따라서 가변되도록, 상기 복수의 발광 다이오드 중 발광하는 것의 개수를 제어하는 제어부; 를 포함하는 것을 특징으로 하는 냉장고.

예제 69 (특허 1552270)

휴대 단말기에 있어서,

태양광에 따라 전원을 생성하는 태양 전지부;

상기 휴대 단말기에 전원을 공급하는 배터리; 및

외부 전원 장치와의 연결 상태 및 상기 배터리의 연결 상태에 따라 상기 태양 전지부와의 전원 패스를 형성하거나 차단하여 상기 외부 전원 장치, 상기 배터리 및 상기 태양 전지부 중 적어도 하나로부터 전원을 공급받아 상기 휴대 단말기의 적어도 하나의 기능을 수행하도록 제어하는 제어부;를 포함하는 것을 특징으로 하는 태양 전지부를 포함하는 휴대 단말기.

예제 68의 경우 하드웨어 관점에서만 보자면 구성집합은 '입력부', '광원부', '제어부'라는 세 가지 구성요소로 이뤄져 있다. 그러나 단어 자체만 본다면 모두 공지의 수단에 불과하다. 예제 68의 청구항의 특징은 '제어부의 기능'에 있다. 이런 청구항에서는 '입력부'와 '광원부'는 '제어부의 특징'을 거들 뿐이다.

예제 68의 전자장치가 냉장고였다면 예제 69의 전자장치는 휴대 단말기다. 예제 69의 청구항도 개조식으로 기재했으나, 핵심은 '제어

부'에 맞춰져 있다. 이처럼 공지의 하드웨어를 이용하되 새로운 기능을 구현한다는 점을 차별적으로 강조하려면 제어부를 어떻게 특징적으로 묘사할 것인지에 집중해서 청구항을 작성한다.

> **예제 70 (특허 1552164)**
> 제어부가 콘텐츠를 디스플레이부의 제 1영역에 표시하는 단계;
> 상기 제어부가 상기 제1 영역에 표시되는 상기 콘텐츠에서 텍스트, 이미지, 음성 중 적어도 어느 하나의 형식으로 표현된 위치정보를 획득하는 단계;
> 상기 제어부가 상기 획득된 위치정보를 기 저장된 지리정보데이터와 비교하여 상기 위치정보와 일치하거나 유사한 명칭을 검색하는 단계; 및
> 상기 제어부가 상기 위치정보에 대응되는 위치를 포함하는 맵을 상기 디스플레이부의 제 2영역에 표시하는 단계;를 포함하는 이동 단말기의 맵 상의 위치표시방법.

예제 70은 방법발명의 개조식 청구항이다. 개조식 청구항의 전형적인 형태를 유지하고 있다. 방법발명의 청구항을 개조식으로 작성하는 경우 기본적으로는 시간 순서에 따른 단계별 행위를 능동형으로 기재하는 것이 바람직하다. 그런데 각 단계의 주체를 기재할 것인가 말 것인가, 혹은 어떤 주체를 기재하는 것이 효과적인가에 관해서는 논쟁적이다. 예제 70의 특허는 모든 단계의 주체로 '제어부'를 표기했다. 특히 컴퓨터 통신분야의 방법발명, 네트워크 시스템에서 이루어지는 방법발명, 비즈니스 모델 성격을 띠는 방법발명의 경우 실무자는 각 단계의 주체가 무엇인지를 염두에 두면서 청구항을 작성하는 것이 좋다. 심사관이 주체가 불명확하다는 이유로 거절이유를 통지하는 경우가 많기 때문이다(예제 70은 심사과정에서 주체불명확으로 거절이유를 받았고 그래서 보정을 통해 '제어부'가 주체임을 나타내는 주어를 추가했다).

　　반면 화학분야나 기계분야의 공정에 관한 발명에서는 각 단계의 주체 기재 여부는 특별히 문제가 되지 않는다. 예제 71이 그렇다. 예제 71은 방법발명에 대해서 구성집합의 시계열적인 배치를 개조식으로 표현하였지만, 예제 70과 달리 주체가 표기되지 않았다.

예제 71 (특허 1551866)

나노 실리카가 내재된 광 경화성 우레탄 아크릴레이트 수지로 이루어지고, 8~20 cps의 점도를 가지는 잉크젯 방식용 광 경화성 코팅 조성물을 잉크젯 헤드 노즐에 충전하는 단계;

상기 잉크젯 노즐을 40~80℃로 가열하는 단계;

상기 충전된 코팅 조성물을 기판으로 토출하는 단계; 및

상기 코팅 조성물이 토출된 기판에 광을 조사하는 단계; 를 포함하는 잉크젯 코팅 방법.

이제 진술식 청구항에 대해 살펴보자. 진술식 청구항은 구성집합을 "A, B, C"로 단락의 구별 없이 나열해 마치 한 개의 문장처럼 표현하는 청구항이다. 구성요소를 단순히 나열하는 방식이라고 단정할 수 없다. 발명의 성격상 단순 나열의 진술이 허용되는 경우가 있고, 허용되기는커녕 기재불비의 거절이유를 피하기 어려운 경우도 있다. 진술식 청구항은 각 구성요소를 등장시키면서 그들의 관계를 진술하거나 설명하는 방식으로 표현된다. '진술'이라 함은 어떤 대상에 대해서 자세히 이야기하는 의미를 지니므로 모호하게 표현해서는 안 된다. 진술식 청구항은 대개 세 가지 국면에서 실무적으로 활용된다.

첫째, 발명의 성격상 개조식으로 각 구성요소를 표현하는 것이 어려운 경우다. 특히 화학발명의 청구항을 작성할 때 그렇다.

둘째, 구성집합을 이루는 원소는 저마다 공지된 구성에 불과하고 그들의 결합관계에 특징이 있을 때가 있다. 이 경우 진술식 청구항을 검토해 볼만하다. 개조식 청구항으로 기재한다면 그 결합관계가 두드러지게 표현되기 힘들 때가 있다.

셋째, 위 두 번째 국면의 변형으로서 개조식으로 기재하면 심사관이 구성요소를 분리해 대비하기 쉽고, 그렇게 간단하게 대비되면 특허 가능성이 높지 않을 것이라고 실무자가 판단하는 경우다.

앞에서 설명한 것처럼 개조식 청구항의 단점은 실무적으로 자주 드러난다. 청구항의 구성요소를 간단하게 분해해서 선행발명과 기

계적으로 대비하려는 판단자들의 관행과 그런 관행으로 만들어진(혹은 그런 관행의 원인이 된) 판단자들의 심리적 관성을 한 번쯤 염두에 두는 것이 좋겠다. 요컨대 개조식 청구항에서는 각 구성요소가 대등하게 평가받을 우려가 있고, 그런 경우 선행발명과의 차이점이 제대로 어필되지 못할 염려가 있다는 이야기다. 반면 진술식 청구항은 판단자들이 구성요소를 분해하기 다소 어려운 점이 있기 때문에 경우에 따라 효과적으로 특허를 취득하는 데 이롭다.

예제 72 (특허 1480688)

수용성 필름포머, 다가알코올, 극성오일 및 탄력개선 효능성분을 함유하며, 상기 탄력개선 효능성분은 올레아놀릭애씨드, 레티놀 및 아데노신으로 이루어진 군에서 선택된 1종 이상임을 특징으로 하는 피부탄력 증진용 화장료 조성물.

예제 73 (특허 1480495)

C형 간염 바이러스 E2 에 특이적으로 결합하고, 서열번호 1 내지 서열번호 4로 이루어진 군에서 선택된 염기서열을 포함하며, U(uracil) 또는 dU(deoxyuracil)에 벤질기가 첨가되어 있는 변형된 염기를 5 내지 15개 포함하며, 총 25 내지 100개의 염기로 이루어진 압타머.

예제 72는 조성물 발명에 관한 청구항이다. 2개 이상의 구성요소를 병렬적으로 나열해 진술한다. 이런 발명의 경우 앞에서 살펴본 것처럼 구성요소 사이의 결합관계는 청구항에 기재할 필요가 없다. 또한 발명의 성격상 구성집합을 개조식 청구항으로 기재하지 않고 발명을 특정하는 데 필요한 요소를 그저 나열하는 것만으로 충분하다. 예제 73은 바이오 발명의 청구항이다. 예제 73의 청구항에서도 실무자는 단순히 구성집합의 원소를 병렬적으로 나열하는 것만으로 청구항을 완성하였다.

예제 72와 예제 73처럼 발명의 속성상 진술식 청구항으로 기재한 것과 달리, 예제 74와 예제 75 청구항은 실무자의 전략적 선택에 의해서 진술식으로 기재됐다.

예제 74 (특허 1516052)

디스크가 탑재되는 스핀들 모터용 베이스로서,

상기 베이스는 디스크에 대항되는 일면에 공기유동홈이 형성되고, 상기 디스크와 베이스 사이에 발생한 공기가 디스크의 회전방향으로 유동되도록 상기 공기유동홈은 디스크의 원주방향과 대응되게 형성된 스핀들 모터용 베이스.

예제 74 청구항의 오브젝트인 '스핀들 모터용 베이스'는 그 자체가 상당히 구체적으로 특정됐다. 말하자면 발명을 비추는 앵글의 초점거리가 매우 가깝다. 이처럼 초첨거리가 가깝게 조정하면 스핀들 모터용 베이스의 외부 구성이 앵글 내에서 사라진다.

예제 74 발명의 특징은 베이스 자체의 구성에 관하되 복수의 개별 구성이 서로 관련을 맺기보다는 베이스에 형성된 공기유동홈이라는 특정 구성의 형성 방식에 있으므로, 실무자는 이 점을 효과적으로 강조하기 위해서 앵글의 초점거리를 가깝게 조정해 '베이스' 자체에 관한 진술식 청구항을 택했다. 디스크를 포함한 다른 구성과 베이스를 개조식으로 표현할 수도 있겠지만, '디스크를 포함한 다른 구성'이 기재돼 있는 선행기술이 존재해 인용발명으로 제시된다면 베이스 자체의 특징이 상대화될 우려가 있다. 그러므로 베이스 외부 구성은 과감하게 생략한다. 그러면 베이스만 남게 되고 이런 상황에서는 굳이 개조식 청구항을 만들 필요가 없다. 한편 예제 74 청구항의 전제부는 구성집합의 진술을 편리하게 하기 위해 설치됐는데, 없어도 그만이다. 다만 전제부가 있음으로써 지시 보조어 '상기'를 사용해서 베이스와 디스크가 스핀돌 모터에 관련되는 구성이라는 점을 간명하게 나타낼 수 있었다.

예제 75 (특허 1551786)

케이싱(casing) 내에 입상물(粒狀物) 원료를 충전하여 상기 입상물 원료의 충전층을 형성하고, 상기 케이싱의 열가스 입구부로부터 상기 케이싱 내에 도입되어 상기 충전층을 아래쪽에서 위쪽으로 이동하여 상기 케이싱의 상단의 열가스 출구부로부

터 배출되는 열가스에 의해 상기 입상물 원료를 가열하는 예열기로서,

상기 열가스 입구부에서 열가스 출구부 사이의 상기 충전층 내에 연이어 통하고, 상기 충전층 내부로부터 상기 입상물 원료의 입자간에 존재하며, 상기 충전층 내부를 체류하는 입상물 원료보다 작은 직경의 소립물 및 분상물(粉狀物)을 상기 열가스와 함께 추출하는 추기부(抽氣部)를 마련한 것을 특징으로 하는 예열기.

예제 75 발명은 열가스를 이용해서 원료를 가열하는 예열장치에 관한 것인데, 종래부터 알려진 예열장치의 어떤 특정 부분을 개량하는 발명이다. 위에서 떨어지는 원료와 아래에서 위쪽으로 이동하는 열가스 사이의 메커니즘에서 발생하는 문제를 새로운 수단(추기부)에 의해 개선하는 장치에 관한다. 이러한 예제 75 발명은 예열장치의 다른 구성에는 관심이 없다(즉, 그런 부분은 예제 75 발명자가 개선하려는 특징이 아니다). 그런데 예제 75 발명이 예열장치에서 차지하는 비중(예열장치 전체 구성에서 차지하는 개선사항의 구성 비중)이 적다. 이런 경우 함부로 개조식 청구항을 사용한다면 그 개선사항의 독창성이 상대화된다. 심사관은 선행발명을 제시하기 쉽고, 또한 발명의 의미가 과소평가될 수 있다. 그러므로 예제 75 청구항처럼 진술식으로 기재한다.

221

그렇다면 어떤 경우에 개조식 청구항보다 진술식 청구항을 전략적으로 선택하는 것이 실무적으로 이로울까? 예제 74와 예제 75 청구항처럼 발명을 비추는 앵글의 초점거리가 가까워서 오브젝트가 구체적으로 특정돼 있는 경우 특성 구성요소가 차지하는 비중이 다른 요소보다 훨씬 큰 경우라면 개조식 청구항보다 진술식 청구항을 선택하는 것이 이롭다. 물 자체의 특징, 예컨대 물의 조성, 특성, 구조에 의해 발명이 특정되는 경우에도 진술식 청구항이 유리함은 물론이다.

또한 그와 같은 경우가 아니어도 개조식으로 청구항을 만드는 것보다 진술식으로 청구항을 기재하는 것이 특허를 받기에 유리하다고 실무자가 판단할 수 있고, 그렇다면 적극적으로 진술식 청구항을 만들어 본다. 그런 경우에는 특허범위를 고려하면서 결합관계를 긴밀하게 표현한다.

예제 76 (특허 1552002)

적어도 편면에 주기적인 요철 형상이 형성된 요철 구조층을 갖고, 상기 요철 구조층의 항복 변형이 1% 이상이며, 또한 인장 신도가 10% 이상이고, 두께 평균이 0.2㎛ 이상 20.0㎛ 이하이고, 상기 요철 구조층의 주성분에 퍼플루오로알킬에테르환 구조를 갖는 불소계 수지를 사용하는 것을 특징으로 하는 자립막.

예제 76은 물 자체의 특징에 의해 발명이 특정되는 경우다. 예제 76은 '자립막' 자체의 특성 중에서도 특히 '요철 구조층'에 앵글이 맞춰져 있으며, 발명을 바라보는 실무자의 앵글은 도무지 움직일 생각이 없다. 즉, 자립막의 요철 구조층 외의 구성에 대해서는 관심이 없으며 간섭받지 않겠다는 실무자의 의도가 반영돼 있다. 진술식 청구항이 적합하다. 예제 76에는 '또한'이라는 접속사가 있다. 청구항에 접속사를 적절히 선택해서 삽입하면 구성의 결합관계가 좀 더 강조되곤 한다. 나는 '또한', '그리고' 등의 등위접속사를 청구항에 사용하곤 했으나, '그러나', '그렇지만' 등의 역접의 접속사 '따라서', '그러므로' 등의 인과관계를 나타내는 접속사를 사용해보지는 못했다. 청구항을 불명확하게 만들지만 않는다면 실무적으로 사용해볼 만하다.

예제 77 청구항은 어떤 마찰제인지를 설명하는 전제부를 뒀다. 인용문헌으로 제시될 선행기술의 범위를 차단하려는 실무자의 의도이며, 청구항이 자칫 너무 간단하게 진술돼 종결되는 것에 따른 심리적 불안감을 해소하기 위한 노력으로 보인다. 물 자체의 특징에 초점을 두고 있다는 점에서 예제 76과 성격이 같다.

예제 77 (특허 1552715)

열변색성 잉크를 사용하여 지면 위에 형성한 열변색성의 형상 또는 필적을 마찰하고, 그때에 발생하는 마찰열로 상기 열변색성의 형상 또는 필적을 열변색시키는 마찰체로서,

상기 마찰체의 마찰부의 열전도율을 0.05~50W/(m·K)의 범위로 설정하고,

상기 마찰체는 연질의 합성수지로 이루어지며, 지면과 접촉하는 상기 마찰체의

일단에 아치형 단면형상이 구비되고, 상기 마찰체의 마찰부의 지면에 대한 마찰계수를 0.2~1.0의 범위로 설정함을 특징으로 하는 마찰체.

예제 78

복수 개의 구동전극-셀을 포함하는 구동전극, 복수 개의 감지전극-셀을 포함하는 감지전극, 상기 각각의 구동전극-셀에 연결되는 복수 개의 구동배선, 상기 감지전극에 연결되는 감지배선, 및 접지배선이 동일층에 형성된 터치감지영역을 포함하는 터치패널로서, 상기 터치감지영역에서, 상기 감지전극-셀과 상기 구동배선 사이에는 상기 접지배선이 배치되어 있고, 각각의 상기 감지전극-셀은, 각각의 상기 감지전극-셀에 정전결합되는 구동전극-셀을 상하좌우 방향으로 감싸도록 되어 있으며, 상기 감지전극-셀에 슬릿이 형성되어 있고, 상기 구동배선은 상기 슬릿을 통과하여 상기 구동전극-셀에 연결되며, 임의의 감지전극-셀과 상기 임의의 감지전극-셀에 둘러싸인 구동전극-셀 사이에는 접지배선이 배치되어 있는, 터치패널.

예제 78은 물의 구조에 의해서 특정되는 발명에 대한 진술식 청구항이다. 예제 78 청구항은 터치패널의 터치감지영역이 어떤 구조로 이루어지는지에 대한 기술이다. 전제부는 구성집합의 진술을 편리하게 하기 위해 설치됐다. 실무자는 터치패널의 다른 전자적 구성이나 기능에는 관심이 없다. 오직 터치패널의 터치감지영역이 어떤 전극과 배선구조를 갖는지에만 관심이 있으며, 실무자의 앵글은, 앵글은 조금씩 움직이기는 하지만 터치패널의 전극과 배선의 관계만을 비춘다. 실무자는 이처럼 진술식 청구항을 선택하기는 했지만, 구동전극, 감지전극, 구동배선, 감지배선, 접지배선을 개조식 청구항으로 기재할 수도 있었다. 다만 개조식 청구항으로 기재한다면 각 전극과 배선의 관계가 상대화될 우려가 있다. 가령 각각의 전극과 배선이 기재돼 있는 선행기술이 인용문헌으로 제시될 때 '구성 간의 결합관계'에서 비롯되는 차이가 단순설계변경 등의 당업자에게 용이한 변형으로 치부될 우려가 있다는 이야기다.

어구가 많은 진술형 청구항은 독자가 읽기가 어렵다. 그래서 실제로는 주요 어구마다 줄바꿈되어 있으며, 예제 79의 형태로 특허를 취득하였다.

예제 79 (특허 1542418)

복수 개의 구동전극-셀을 포함하는 구동전극, 복수 개의 감지전극-셀을 포함하는 감지전극, 상기 각각의 구동전극-셀에 연결되는 복수 개의 구동배선, 상기 감지전극에 연결되는 감지배선, 및 접지배선이 동일층에 형성된 터치감지영역을 포함하는 터치패널로서,

상기 터치감지영역에서, 상기 감지전극-셀과 상기 구동배선 사이에는 상기 접지배선이 배치되어 있고,

각각의 상기 감지전극-셀은, 각각의 상기 감지전극-셀에 정전결합되는 구동전극-셀을 상하좌우 방향으로 감싸도록 되어 있으며,

상기 감지전극-셀에 슬릿이 형성되어 있고, 상기 구동배선은 상기 슬릿을 통과하여 상기 구동전극-셀에 연결되며,

임의의 감지전극-셀과 상기 임의의 감지전극-셀에 둘러싸인 구동전극-셀 사이에는 접지배선이 배치되어 있는, 터치패널.

많은 실무자가 진술식 청구항보다는 개조식 청구항을 선호한다. 개조식 청구항은 구성집합이 비교적 명확히 표현되기 때문에 청구항 발명이 실무자의 머릿속에서 질서 있게 정리된다는 느낌을 준다. 발명이 실무자의 머릿속에 제대로 정리돼 있어야만 전략을 짜고 좋은 특허문서를 작성할 수 있다. 이런 점을 감안하면 개조식 청구항에 대한 실무자들의 선호를 이해하겠다.

그렇지만 진술식 청구항은 발명의 특징을 어필하는 데 효과적이라는 점을 무시할 수 없다. 선행기술은 더욱 많아졌고 거절이유가 통지될 확률이 크게 증가했다. 특허를 받기 힘든 상황에서 전에 없던 노력이 실무자에게 요청된다. 실무자는 다양한 언어술로 발명자의 아이디어를 어필해야 한다. 개조식 청구항만으로는 부족하다는 점을 많은 실무자가 감각적으로 안다. 그래서 순수하게 개조식 청구항을 만들기

보다는 진술식 청구항의 특색을 가미하곤 한다. 이런 형태의 청구항은 상당히 자주 등장하는데, 구성집합의 앞쪽에 개조식 청구항의 형태를 배치하고 뒤쪽(즉, 트랜지션에 가까운 쪽)에 특징을 진술하는 형태를 띤다. 예제 80 청구항이 그렇다. 밑줄로 표시된 부분은 간단한 개조식 표현이다. 그 다음에 가로등지주대에 어떻게 안테나가 설치되는지 그 구조를 구체적으로 진술하면서 특정했다. 이런 형태의 청구항에 대해서는 다음 학습과제에서 더욱 상세히 살펴볼 예정이다.

예제 80 (특허 1541835)

가로등지주대의 안테나 설치구조에 있어서,

가로등지주대의 외측에 형성되는 안테나 커버 브라켓과,

상기 안테나 커버 브라켓에 설치되는 합성수지재의 안테나 커버로 이루어지되,

상기 가로등지주대에는 안테나 삽입공이 형성되어 가로등지주대의 외측으로 노출되도록 안테나가 설치되고, 상기 안테나 커버 브라켓은 상부 및 측부는 가로등지주대 측으로 절곡 형성되어 가로등지주대의 외측에 고정설치되고, 상기 안테나 커버 브라켓의 상부절곡부는 단부가 라운드지게 형성되며, 상기 안테나 커버 브라켓의 하부는 개방되도록 형성되고, 상기 안테나 커버 브라켓은 전면부에 관통공이 형성되어 안테나가 관통공을 통하여 외부로 노출되도록 설치된 것을 특징으로 하는 가로등지주대의 안테나 설치구조.

전제부	가로등 지주대의 안테나 설치구조에 있어서
구성집합	~안테나 커버 브라켓
	~안테나 커버
	상기 가로등지주대에는 ~ 안테나가 관통공을 통하여 외부로 노출되도록 설치
트랜지션	~을 특징으로 하는
오브젝트	가로등 지주대의 안테나 설치구조

방법발명의 개조식 청구항에서는 구성집합의 원소가 '~단계'나 '~공정'으로 표현된다. 진술식 청구항에서는 그와 같은 표현을 사용하지 않아도 된다. 예제 81과 예제 82는 방법발명의 진술식 청구항이다. 예

제 81은 줄바꿈이 없는 청구항이며, 예제 82은 줄바꿈이 있는 청구항이고 지시 보조어가 더 강화된 청구항이다. 줄바꿈에 의해서 특허범위가 달라지지는 않는다.

예제 81

화상 데이터를 복수의 노광 데이터로 변환하고, 이 복수의 노광 데이터를 시간 순서에 따라 나열하고, 시간 순서에 따라 나열된 복수의 노광 데이터 중 같은 열 또는 같은 행에 있는 노광 데이터를 조합하여 새로운 노광 데이터를 생성하고, 이 새로운 노광 데이터를 소정 각도 회전시키고, 압축하는 노광 데이터의 압축방법.

예제 82 (특허 1551777)

화상 데이터를 복수의 노광 데이터로 변환하고,

상기 복수의 노광 데이터를 시간 순서에 따라 나열하고,

상기 시간 순서에 따라 나열된 복수의 노광 데이터 중 같은 열 또는 같은 행에 있는 노광 데이터를 조합하여 새로운 노광 데이터를 생성하고,

상기 새로운 노광 데이터를 소정 각도 회전시키고,

상기 새로운 노광 데이터를 압축하는 노광 데이터의 압축방법.

방법발명에서 실무자는 항상 '침해증명의 문제'를 염두에 둬야 한다. 개조식 청구항이건 진술식 청구항이건 방법발명은 물건의 발명에 비해 침해증명이 어렵기 때문이다. 과연 제3자가 그 방법을 모방한다고 가정했을 때, 그 모방과 침해사실을 용이하게 증명할 수 있는 청구항인가? 오브젝트가 물인 경우에는 그 결과를 놓고서 침해여부를 판단하게 되지만, 오브젝트가 방법인 경우에는 그 과정에 대해서 침해여부를 판단하기 때문에 증명이 쉽지 않다. 합리적인 추론으로 그 과정을 알 수 있느냐가 관건이라면 청구항을 기재할 때 침해의 추론을 염두에 둔다. 개조식이든 진술식이든 마찬가지다. 다만 진술식으로 청구항을 기재할 때 각 구성의 긴밀한 연결에 대한 진술에 지나치게 신경을 쓴 나머지 침해의 추론을 잊어버릴 수 있음으로 조심한다.

예제 83~85 청구항은 다양한 기술분야에서 방법발명의 진술식 청구항 예제들이다. 예제 83과 예제 85 청구항은 침해를 추론하기 어렵지 않은 진술로 보인다. 예제 83 청구항의 경우 성분분석 데이터 입수와 실험을 통한 추론이 가능하다. 예제 85 청구항은 실험과학에 의지하지 않고서도 시공된 결과를 보고 침해 사실을 추론할 수 있도록 기재돼 있다. 예제 84 청구항은 침해를 추론하는 작업에 앞서 침해사실을 탐지하는 것 자체가 쉽지 않아 보인다. 즉, 타인이 예제 84 청구항에 기재된 발명으로 연료전지의 잔류물을 제거했는지 알기 어렵다는 의미다. 침해탐지가 불가능하고 침해의 추론도 어려운 특허는 쓸모 없는 권리인가? 권리만 놓고 본다면 그렇게 생각할 수도 있겠다. 나무는 숲 속에서도 볼 수 있지만 숲 밖에서도 관찰할 수 있다. 특허는 시장활동의 일환이라는 점을 감안한다면 함부로 쓸모 없다고 단정할 수는 없다. 다만 우리에게 당면한 학습과제는 침해론이 아니라 구성집합론이기 때문에 청구항의 다양성을 계속 탐구하자.

예제 83 (특허 1550954)
염화비닐 단량체 100중량부를 기준으로 유화제 및 수용성 개시제를 각각 0.001 내지 10중량부를 첨가하여 시드유화중합하되, 상기 유화제를 승온 완료 후 5분 내지 2시간 시점에 연속 투입하는 것을 특징으로 하는 염화비닐계 수지의 제조방법.

예제 84 (특허 1550930)
연료전지의 캐소드에 공급되는 퍼지가스의 습도와, 애노드에 공급되는 퍼지가스의 습도를 조절함으로써 연료전지 내 물량과 멤브레인 내의 물량이 선택적으로 감소되도록 하고,
연료가스의 상대습도가 연료전지의 운전 중에 조절되어 퍼지 개시 전에 연료전지 내 물량을 선택적으로 조절하되,
상기 애노드에 건조한 퍼지가스가 공급되고, 상기 캐소드에 완전가습가스가 공급되어 연료전지 내의 물량을 줄이고 멤브레인 내의 물량을 유지하는 것을 특징으로 하는 연료전지의 잔류물 제거방법.

예제 85 (특허 1542244)

우선 층간을 구획하는 바닥면의 바닥난방의 시공구조를 파악하고,

파악된 시공구조에 따라 스폰지(10,10a…)의 두께와 밀도 및 비닐지(20,20a…)의 적층 횟수를 정하고,

그 상태에서 상층과 아랫층의 층간을 구획하는 바닥층(100)의 아랫층의 천정(100a)에서 흡음을 위한 스폰지(10)를 긴밀하게 부착하고,

스폰지(10)의 하층으로는 비닐지(20)와 또 다른 스폰지(10a) 또는 또 다른 비닐지(20a)가 합지되어지는 층간소음차단을 위한 시공방법.

세 번째 범주, 단층구조와 다층구조

청구항 구성집합을 분류함에 있어 단층구조 구성집합과 다층구조 구성집합으로 나눌 수 있다. 단층구조 구성집합은 개조식이든 진술식이든 구성요소의 배열이 하나의 층위를 갖는 것을 뜻한다. 반면 다층구조 구성집합은 구성요소의 배열이 <u>2개 이상의 층위</u>를 갖는 형태를 의미한다. 우리는 지금까지 주로 단층구조의 구성집합에 대해서 살펴봤다. 앞에서 살펴본 예제 80 청구항의 구성집합은 예외적으로 다층구조 형태를 보였다. 사실 이런 형태의 구성집합은 예외가 아니다. 오히려 실무적으로는 다층구조 구성집합이 더 많은 비중을 차지하는 것처럼 보인다. 일반적으로 기술은 누진적으로 진보한다. 종래의 기술을 적극적으로 이용하거나 개선함으로써 새로운 발명이 완성된다. 요컨대 오늘날 발명은 완전히 새로운 기술을 제안하는, 이른바 원천기술의 성격을 띠기보다는 기존 기술을 개량하거나 개선하는 특성을 지닌다. 그런 까닭에 청구항에서 그 개량과 개선 지점에 대한 강조가 필요할 수 있겠다.

　　다층구조 구성집합은 'A, B and C를 포함하고(층위 1), 상기 C는 C1인 것(층위 2)을 특징으로 하는 Object'라는 기본 형태를 갖는다. 층위 1은 개조식으로 구성요소가 배열될 수도 있고 진술식으로 표현될 수도 있다. 층위 2는 층위 1의 특정 구성요소를 한정하거나 부가하는 속성을 띤다. 대개 층위 2에 발명의 특징이 표현된다. 그래서 층위 2를

'특징부'라고 칭하기도 하지만, 층위 2의 기재만이 발명의 특징이라고 단정할 수 없으므로 정확한 표현은 아니다('특징부'라는 표현은 청구항마다 개별적으로 검토되어 사용돼야 한다). 이와 같은 형태의 다층구조 구성집합은 특허문서를 최초로 작성하는 시점에서 오브젝트의 특징을 전략적으로 강조하기 위해 만들어질 수 있다. 또한 처음에는 단층구조였다가 심사과정에서 청구항 보정을 통해 다층구조로 수정되기도 한다. 원래부터 다층구조 구성집합이 보정을 통해서 그 층위가 늘어나는 것이다. 특히 단층구조의 독립항에 특허성을 인정받은 종속항을 합체하는 보정을 통해 관습적으로 다층구조가 된다.

다층구조 구성집합에서는 독립된 층위의 구성집합이 존재하기 때문에 오브젝트와 연결되는 트랜지션도 복수로 존재하게 된다. 즉, 층위 1과 오브젝트 사이의 트랜지션, 층위 2와 오브젝트 사이의 트랜지션이 각각 존재한다. 다만 층위 2의 존재로 말미암아 층위 1의 트랜지션은 오브젝트와 떨어져 있다.

예제 86 (특허 1129621)

일정한 폭과 두께를 구비한 금속 스트립; 및
상기 금속 스트립의 폭 방향 일단에 끼워진 솔더링 가능한 금속 클립을 포함하며,
상기 금속 스트립은, 인쇄회로기판에 형성된 접지패턴에 대응하는 형상으로 길이 방향을 따라 절곡 및 절단된 후, 상기 금속 클립의 하면이 상기 접지패턴 또는 상기 접지패턴에 형성된 솔더 부재에 솔더링 되는 것을 특징으로 하는 전자파 차폐 케이스용 금속 스트립 어셈블리.

전제부		-
구성집합	층위1	~ 금속 스크립 ~ 금속 클립을 포함하며
	층위2	상기 금속 스크립은 ~ 솔더링 되는 것
트랜지션		~을 포함하며 / ~을 특징으로 하는
오브젝트		전자파 차폐 케이스용 금속 어셈블리

예제 86은 전형적인 구성요소 한정의 다층구조 구성집합을 갖는 청구항이다. 층위 1은 개조식으로 표현된 구성집합이며, 층위 2는 층위 1의 특정 구성요소를 한정한다. 층위 1에 있는 '금속 스트립'을 층위 2에서 구체적으로 한정했다. 한정은 진술식으로 표현한다. 대개 이런 형태의 청구항에서는 발명의 차별성과 특징이 층위 2에 기재되어 있다.

예제 87 (특허 1552736)
필터 물질을 함유하는 여과 영역; 및
상기 필터 물질 내에 분산된, 민트 식물 잎의 입자, 또는 민트 식물 줄기의 입자, 또는 민트 식물 잎 및 줄기의 입자인 천연 담배연기 강화 식물 향미 입자를 포함하고,
상기 천연 담배연기 강화 식물 향미 입자는 잘게 썰어져 여과 영역에 매립된 식물 향미 입자인, 담배연기 강화 필터 로드.

예제 87 청구항도 구성요소 한정의 다층구조 구성집합으로 표현돼 있다. 다만 예제 87은 층위 1의 '여과 영역'과 '천연 담배연기 강화 식물 향미 입자'의 결합관계를 층위 2가 규명해주는 방식이다.

예제 88 (특허 974725)
모터의 코일 접속용 버스바에 있어서,
절연 피막이 형성된 평각선의 양단부를 폭 방향으로 구부리고, 구부려진 양단부를 비틀어 형성된 버스바 부재를 다수로 연결하여 구성되되,
상기 버스바 부재의 중앙 부분을 반원형으로 구부려 형성된 외부 입출력 단자부를 구비하는 버스바 단자를 포함하여 원주방향의 일부가 개구된 원형으로 형성되는 것을 특징으로 하는 모터의 코일 접속용 버스바.

전제부		모터의 코일 접속용 버스바에 있어서
구성집합	층위1	절연 피막이 버스바 부재를 다수로 연결
	층위2	~버스바 단자를 포함하여 원주방향의 일부가 개구된 원형으로 형성
트랜지션		~구성되되 / ~을 특징으로 하는
오브젝트		모터의 코일 접속용 버스바

예제 88 청구항은 구성요소를 부가하는 방식의 다층구조 구성집합의 예가 되겠다. 층위 1의 구성집합에 층위 2의 구성을 더하는 형태다. 먼저 층위 1에서 절연 피막이 형성된 평각선의 양단부 형태와 버스바 부재의 연결 구조를 진술한 다음에 층위 2에서 버스바 단자의 형태를 부가하는 진술을 부가했다. 예제 88 청구항 발명은 모터 버스바의 시각적인 구조와 형태에 특징이 있는 까닭에 그것이 무엇을 의미하는지는 청구항에 기재된 언어 표현만으로는 알기 힘들고, 결국 도면과 상세한 설명을 참조할 수밖에 없을 것이다. 언어에 의존하는 기술특허의 한계이기도 하지만, 상세한 설명과 도면의 존재 의의이기도 하다.

예제 89 (특허 1522042)

하기를 포함하는 액체 세제 제제:

(a) 1 중량% 내지 75 중량% 의 계면활성제 ;

(b) 10 중량% 내지 95 중량% 의 물 ;

(c) 0.01 중량% 내지 5 중량% 의 중성 메탈로프로테아제 ; 및

(d) 사용 전에, 억제제가 90% 내지 100% 의 중성 메탈로프로테아제 분자에 결합하도록 하는 양의 중성 메탈로프로테아제 억제제, 여기서, 세제 제제의 희석은 억제제가 결합된 중성 메탈로프로테아제 분자 중 25% 내지 100% 로부터 억제제가 해리되게 하고, 상기 중성 메탈로프로테아제 억제제가 단백질 가수분해물임.

예제 89 청구항은 구성요소를 한정하는 표현과 부가하는 표현을 다 함께 갖는 다층구조 구성집합의 예다. 예제 89 청구항의 표현방식은 매우 흥미롭다. 층위 1의 구성집합에는 계면활성제, 물, 메탈로프로테아제, 중성 메탈로프로테아제 억제제가 포함된다. 그 다음에 층위 2에서는 액체 세제 제제의 희석에 관한 사항을 부가함과 동시에 중성 메탈로프로테아제 억제제가 단백질 가수분해물이라는 한정을 더했다. 청구항의 시작을 '하기를 포함하는'이라는 표현을 이용해서 개조식 청구항을 거꾸로 기재했는데, 실무자가 미국 특허 청구항을 그와 같은 표현으로 번역한 효과다. 이런 표현은 실무적으로 시사하는 바가 있다. 외국 클레임

을 번역할 때 예제 89처럼 표현할 수 있다면 애당초 청구항 작성 시에 다양한 자유도가 있음을 체감할 수 있다는 것이다. 즉, 한국어로 청구항을 만드는 작업을 하면서 판에 박힌 형식에 얽매일 것이 아니라 다양한 형식을 시도하면서 최적의 청구항을 만들 수도 있음을 실무자는 잊지 말았으면 한다.

> 예제 90 (특허 1542096)
> 내부전극 지지체; 및
> 상기 내부전극 지지체의 외면을 둘러싸며 헬릭스형으로 형성되고, 일측 방향으로 연장된 스트립 구조인 시트형의 내부전극-분리층-외부전극 복합체;를 포함하되,
> 상기 내부전극-분리층-외부전극 복합체는, 내부전극, 전극의 단락을 방지하는 분리층 및 외부전극이 일체화되도록 압착하여 형성되고,
> 상기 분리층은 상기 내부전극 및 상기 외부전극보다 폭과 길이가 더 큰 케이블형 이차전지.

232

예제 90 청구항의 다층구조 구성집합은 층위 2가 층위 1의 구성요소를 한정하고, 연쇄적으로 층위 3이 층위 2의 구성요소를 다시 한정하는 구조를 갖는다. 층위 1에는 내부전극 지지체와 내부전극-분리층-외부전극 복합체가 구성요소로 포함돼 있다. 층위 2는 이 중에서 내부전극-분리층-외부전극 복합체를 한정했다. 그리고 층위 3은 다시 층위 2의 복합체 중에서 분리층의 폭과 길이를 한정했다. 이와 같이 연쇄적인 한정을 갖는 다층구조의 구성집합을 갖도록 청구항을 표현함으로써 청구항의 특징을 좀 더 강하게 어필할 수 있다.

당연한 이야기지만 방법발명에서도 다층구조를 가질 수 있다. 방법발명의 다층구조에서는 세 가지 방식이 있다.

- 첫째 층위 2가 추가적인 단계를 부가하는 방식,
- 둘째 층위 2가 층위 1의 특정 단계 자체를 한정하는 방식,

- 셋째 층위 2가 층위 1의 단계에 포함되어 있는 물(物)을 한정하는 방식이다.

이런 방식의 다층구조를 잘 익히면 발명의 특징에 맞게 최적의 청구항 기재 전략을 실행할 수 있다.

예제 91 (특허 1526991)

사용자가 선택한 코스에 따라 세탁장치를 구동시키는 구동단계;

상기 구동단계의 종료 후에 상기 구동단계의 구동횟수 또는 구동시간과 관련된 적어도 하나의 구동정보를 수집하는 수집단계;

상기 수집단계에서 수집된 상기 구동정보를 미리 설정된 기준값과 비교하는 비교단계; 및

상기 비교단계에서 상기 수집된 구동정보가 상기 기준값 이상인 경우, 상기 세탁장치의 내부 청소를 권고하는 제1 알림단계;를 포함하고,

상기 세탁장치는 상기 세탁장치의 내부에 구비된 터브를 청소하는 터브청소코스를 구비하고,

상기 제1 알림단계 이후에 사용자가 상기 터브청소코스를 선택하지 않고, 사용자가 상기 세탁장치를 다시 온하는 경우에 상기 세탁장치의 터브 청소를 권고하는 반복알림단계를 더 포함하는 것을 특징으로 하는 세탁장치의 제어방법.

233

예제 91은 첫 번째 방식과 세 번째 방식을 동시에 사용한 다층구조 구성집합을 예시한다. 층위 1은 구동단계에서 제1 알림단계까지의 구성집합이다. 층위 2는 세탁장치의 내부 구성인 '터브청소코스'를 부가했다. 층위 3은 층위 2의 구성을 이용해서 반복알림단계라는 추가적인 단계를 부가했다. 이런 방식의 다층구조는 대개 심사과정에서 특허를 받기 위해서 보정을 통해 만들어진다. 층위 2와 층위 3은 출원당초의 청구항에는 없던 구성인데, 심사관이 선행발명을 제시하면서 청구항 제1항의 진보성을 부인하자, 층위 2와 층위 3을 청구항에 추가한 것이다.

예제 92 (특허 1526985)

기설정된 분당회전수에 따라 드럼을 회전시켜 세탁물을 탈수하는 단계;

상기 탈수단계중 세탁기의 진동량을 계속적으로 측정하는 단계; 및

측정된 진동량에 기초하여 공진이 발생하지 않도록 상기 드럼의 분당회전수를 제어하는 단계;로 이루어지며,

상기 측정단계는 세탁기의 레그에 설치된 진동센서를 이용하여 수행되는 세탁기 제어방법.

예제 92는 두 번째 방식의 다층구조 구성집합에 관한다. 층위 2는 층위 1의 측정단계를 한정했다. 이런 방식의 다층구조는 '탈수단계 중 세탁기의 진동량을 계속적으로 측정하는 단계'가 이 발명의 핵심공정이며, 특히 이 공정의 특징은 층위 2에 기재되어 있는 것처럼 '세탁기의 레그에 설치된 진동센서를 이용'한다는 점이 강조됐다. 예제 93은 예제 92의 변형이다. 서로 동일한 특허범위를 갖는다. 그러나 실무자는 언어 표현의 뉘앙스에 민감해야 한다. <u>설령 예제 92가 예제 93과 동일한 의미를 가진다 하더라도 예제 92의 다층구조가 이 발명의 핵심 특징을 좀 더 어필하는 느낌을 줄 수 있다.</u> '세탁기의 레그에 설치된 진동센서를 이용'하는 구성이 별개의 문장으로 독립해서 표현돼 있기 때문이다.

예제 93

기설정된 분당회전수에 따라 드럼을 회전시켜 세탁물을 탈수하는 단계;

상기 탈수단계중 세탁기의 레그에 설치된 진동센서를 이용하여 세탁기의 진동량을 계속적으로 측정하는 단계; 및

측정된 진동량에 기초하여 공진이 발생하지 않도록 상기 드럼의 분당회전수를 제어하는 단계;로 이루어지는 세탁기 제어방법.

예제 94 (특허 1551622)

(1) 무기계 예사성 졸 용액을 조제하는 공정,

(2) 상기 무기계 예사성 졸 용액과, 용매와, 상기 용매에 용해 가능한 유기 폴리머를 혼합해서, 방사액을 조제하는 공정,

(3) 상기 방사액을 방사해서 무기계 겔과 유기 폴리머의 무기 함유 유기 섬유를 형성하는 공정을 포함하고,

상기 용매가, 상기 무기계 예사성 졸 용액과 상기 용매와 상기 유기 폴리머를 혼합할 때에, 상분리나 겔화를 일으키지 않는 용매인 것인, 무기 함유 유기 섬유의 제조 방법.

개조식 청구항의 형태를 갖는 예제 94 청구항은 세 번째 방식의 다층 구조다. 층위 2에서 한정하는 '용매'는 (2) 단계 자체를 한정하는 것이 아니라 (2) 단계에 사용되는 물에 불과하다. 그러나 용매를 한정함으로써 (2) 단계의 기술적 의미가 강조되는 효과를 거둘 수 있다.

예제 95 청구항은 예제 94 청구항과 마찬가지의 성격을 지닌다. 예제 95에서는 통신발명에서 흔히 쓰이는 지시 보조어(제1, 제2)를 사용했다. 층위 1은 두 단계의 진술식 청구항의 구성집합을 가지며, 층위 2는 각 지시 보조어가 무엇을 의미하는지 명확히 규명하는 방식으로 구성집합이 만들어졌다. 여기에서도 층위 2의 표현은 층위 1의 특정 단계 자체를 한정하거나 부가한다고 보기는 어렵지만, 층위 1의 두 번째 단계의 기술적 의미를 강조하는 효과를 거둔다.

235

예제 95 (특허 1551496)

무선 통신 시스템에서,

기지국으로부터 제1 주기 및 제2 주기에 관한 정보를 수신하고,

상기 제1 주기마다 제1 피드백 메시지를 또는 상기 제2 주기마다 제2 피드백 메시지를 상기 기지국으로 1차 패스트 피드백 채널(PFBCH; Primary Fast Feedback Channel) 상으로 전송하되,

상기 제1 피드백 메시지는 복수의 서브밴드들 중 선택된 서브밴드에 대한 CQI(Channel Quality Indicator)를 포함하고, 상기 제2 피드백 메시지는 상기 선택된 서브밴드의 서브밴드 인덱스를 포함하는 피드백 메시지 전송 방법.

236

I. 특허문서 작법

용어
사용법

모든 사상은 적확한 개념어에 의해 뒷받침된다. 인문학과 사회과학만 정제된 개념어를 기반으로 이뤄지는 것은 아니다. 과학기술 또한 개념어의 왕국에서 자란 지식체계다. 모든 지식체계를 제대로 알고 그것을 잘 사용하기 위해서는 먼저 그 지식체계에 사용된 개념을 이해하는 단계를 거쳐야 한다. 이 단계에서는 대단한 추론능력까지 필요하지는 않다. 인간의 지적능력은 수집, 이해, 추론 세 가지로 분류할 수 있겠는데, 칸트 철학에 따르면 세상에 대한 정보 수집은 감성Sensibility이, 수집된 정보를 이해해 지식을 만드는 것은 오성Understanding이, 지식을 이용한 참된 진리에 관한 추론은 이성Reason이라는 지적능력이 각각 사용된다고 한다. 개념을 만들고 이해하는 작업은 주로 오성이 담당하는데, 그것의 핵심은 한편으로는 무엇인가를 분류해서 '범주화'하는 지적인 능력이며 다른 한편으로는 세상을 이해하는 '이해력'이 된다. 한편으로는 개념어를 만들고 다른 한편으로는 개념어를 이해한다. 특허문서 작법에도 마찬가지다. 실무자는 청구항을 작성함에 있어 어떤 용어를 사용할 것인지를 결정해야 하며, 또한 다른 사람이 작성한 청구항의 의미를 파악하기 위해서도 그 청구항에 사용된 개념어를 먼저 이해해야 한다. 이런 지적인 능력을 사용해서 먼저 개념어를 이해한 다음에 비로소 좀 더 종합적인 이해를 할 수 있다. 학문과 과학기술처럼 지식체계를 이루는 모든 분야에서 이뤄지는 지적활동이 그러하며, 특허문서가 발명이라는 하나의 지식체계를 글로 구현하는 것이기 때문에 마찬가지로 그렇다. 개념어, 즉 용어를 정의하고 이해하는 작업부터 지적활동을 시작한다.

특허문서는 기술사상을 표현하며 개념어를 사용한다. 휴대폰은 소형 무선 전화기를 지칭하는 단순한 명사다. 그러나 이를 '이동통신 단말' 혹은 '모바일 단말'로 표현하면 특정한 범주를 만들고 그러므로 개념어가 된다. '사용자 단말'이나 '컴퓨팅 디바이스'도 컴퓨터, 휴대폰, 스마트폰, PDA, 태블릿 PC, 노트북 컴퓨터 등 사용자가 사용하는 다양한 장치를 추상화해 표현하는 개념어의 일종이다. 생리대, 기저귀, 팬티라이너는 인체에 착용해 액체를 흡수하는 물건을 지칭하는 단순 명사며, 각각 서로 지칭하는 바가 다르다. 그러나 이들은 개념어인 '흡수성 물품'이라는 용어를 사용함으로써 모두 하나의 의미집합으로 범주화된다.

물론 '휴대폰'이나 '생리대'라는 단어 또한 기술용어며, 개념어의 일종이라고 말할 수도 있겠다. 하지만 특허문서에서의 개념어는 좀 더 집합적인 의미를 가지면서 여러 단어를 범주화하는 성격을 띤다. 명사에 대해서만 놓고 보자면 개념어는 여러 가지 유형의 물을 하나의 범주로 묶어내는 단어지만, 단순 명사는 하나의 물을 직접 지칭하는 단어다. 그러므로 개념어는 의미집합을 형성하는 단어며, 단순 명사는 그 의미집합에 포함되는 원소다.

실무자는 원칙적으로 특허청구항에서 사용할 용어를 탐색함에 있어 단순 명사보다는 적당한 개념어를 먼저 찾는다. 개념어로 기술을 표현하면 그 의미가 자못 풍부해지며, 특허범위도 넓어진다. 물론 단점도 있다. 특허범위가 넓어지는 대신에 그만큼 특허받을 가능성은 작아진다. 개념어를 다음과 같이 단순 명사의 집합으로 모델링해보자.

$$개념어\ (W) = \{W_1, W_2, W_3, W_4\}$$

의미집합 개념어(W)를 사용함으로써 특허범위는 4개의 단순명사까지 포함할 수 있어 유리하다. 이 의미집합의 원소들은 종속항의 한정요소로 사용할 수 있다. 그런데 단순명사 W_1에 대한 선행기술이 존재한다면 의미집합 전체의 독창성을 잃는다. 그런 경우 W_2, W_3 또는 W_4로 의미를 감축하는 보정을 할 수도 있을 터다. 하지만 이미 개념어 W로 동종의 것임을 나타내는 집합으로 묶어놓고서 이를 다시 다르다고 주장해야 하는 논리적 궁색함이 있다.

이런 점에 개념어 사용의 단점이 있다. 실무자는 무작정 특허범위를 넓히려고 과욕을 부린 나머지는 개념어를 과용하고 그로 말미암아 특허 취득 자체가 실패할 수 있다는 점을 항상 잊지 말아야 한다. 한편 동일한 개념어에 속하는 하위 단어인 W_1, W_2, W_3, W_4는 이론적으로는 대등한 지위가 있는 것처럼 보인다. 그러나 비즈니스 세계에서 이들 원소는 언제나 차등적이다. 어떤 원소는 경쟁력을 결정하고 어떤 원소는 시장에 거의 영향을 미치지 못한다. 이런 점을 고려해서 아이디어에 대한 특허가능성이 그리 높지 않다고 실무자가 판단한다면 개념어 사용을 단념하고 시장에서 가장 큰 경쟁력이 있는 단어만으로 청구항 용어를 택할 것을 권한다. 예컨대 '모바일 디바이스'라는 의미집합에는 스마트폰, 태블릿 PC, PDA, 픽처폰, MP3 플레이어, 리모콘 등 다양한 장치가 포함된다. 어떤 애플리케이션 소프트웨어에 관한 발명이고 특허가능성이 높지 않을 것으로 판단한다면 과감하게 '모바일 디바이스'라는 용어를 버리고 '스마트폰'을 청구항 용어로 선택하는 것이 좋다. 다른 장치가 시장에 미치는 영향력이 미미한 반면, '스마트폰'이 발명 실시의 경쟁력을 좌우하기 때문이다. 스마트폰을 제외하고는 발명을 실시할 수 없다. 시장에서 행해지는 모방은 경쟁적이다. 경쟁력 없는 모방은 좀처럼 행해지지 않는다.

　　개념어 사용의 두 번째 단점은 특허청구항이 난해해질 우려다. 특허문서의 독자는 그 의미를 파악하기 위해 머릿속에서 끊임없는 이해 행위를 해야 한다. 낱말이 어려우면 문장 전체의 의미가 잘 전달되지 않게 만들고, 결국 문서 전체를 난해하게 만든다. 그런데 사람은 보통 어려운 문서를 읽기 싫어한다. 심리적으로 게을러서 적극적인 두뇌 활동을 꺼린다. 과도한 개념어 사용은 독해를 방해한다. 의사소통에 도움을 주지 못한다.

　　또한 기술내용과 개념어의 사용이 조화를 이루지 못하면 기술 자체가 모호해진다. 이따금 발명의 내연이 확정되지 못해서 기재불비의 불이익에 직면한다. 반면 개념어를 사용하지 않고 단순 명사에 의존해 기술을 설명한다면(대개 비전문가가 작성한 특허문서에서 자주 발견된다) 이해하기는 쉬울 수는 있어도 기술이 제대로 평가되지 못하거나 잠재적 가치를 잃는다.

　　특허문서는 기술내용을 설명하고 독자를 설득하면서 공적 권위에 의해 기술의 가치를 인정받겠다는 의지가 담긴다. 그러므로 개념어 사용에 의해 난해해지는 단점이 생긴다 해도 기술의 가치를 강화하고 특허범위를 확대하는 개념어 사용을 단념할 수 없다. 특허 의지는 확대와 강화를 원한다. 축소지향적이지 않다. 따라서 원칙적으로 개념어를 사용한다. 다만 실무자는 앞에서 설명한 단점을 유념하면서 적절한 개념어를 탐색한다.

　　초급자들은 무작정 특허범위를 넓히려는 성급함을 보인다. 발명자가 의뢰한 기술내용을 적확하게 표현할 수 있는 가장 좋은 용어를 선택해야 한다. 독창성이 강한 기술이라면 좀 더 넓은 범위의 의미를 지니는 개념어를 사용한다. 반면 독창성이 적고 특허 받기가 쉽지 않은 상황이라면 앞에서 말한 것처럼 개념어를 선택하기보다는 특허범위가 축소되더라도 명료한 의미의 단어를 선택하는 것이 좋다.

　발명은 여러 가지 구성이 모여서 완성되는 것이고, 그런 구성들은 모두 언어에 의존한다. 실무자는 각각의 구성에 해당하는 언어를 잘 탐색해서 정확하게 표현해야 한다. 전문가의 함정을 조심한다. 특허문서를 작성하는 실무자는 자기의 지식과 경험에 의존해서 작업을 한다. 종종 임의로 용어를 선택한다. 실무자의 지식과 경험은 물론 중요하고, 그 혹은 그녀가 선택한 용어는 정말로 정확한 것일지도 모른다. 그러나 특허문서에는 주인이 있다. 특허문서를 작성하는 실무자가 특허문서의 실제 발화자라 하더라도 진정한 발화자가 아니다. 어디까지나 그 '발화'의 자격은 대리인의 이름으로 행해지는 것이다. 이 특허문서에는 생각이 담기고, 그 생각은 실무자의 것이 아니다. 의뢰인의 것이다. 그러므로 의뢰인은 자기 특허문서를 쉽게 이해할 권리를 갖는다. 자기 생각의 표현물을 쉽게 이해할 당연한 권리를 지닌다. 자기 생각의 표현물을 당사자가 이해하기 어렵다면 이것은 어딘가 잘못된 것이다. 더욱이 자기 생각을 이해하기 어렵다면 그 표현물의 활용도 어려울 터다. 난해성은 내용보다는 언어 표현에서 비롯된다. 의뢰인도 이해하기 어려운 난해한 용어 사용, 문법에 맞지 않는 문장 구조, 그리고 복잡한 논리전개가 난해성을 유발한다. 그러므로 실무자는 자기한테 유용한 용어보다는 의뢰인이 이해하기 쉬운 용어를 선택하는 것이 좋다.

　그럼에도 실무자가 '자기 의뢰인에게 난해한 언어'를 사용하는 이유는 무엇일까? 아마도 특허문서의 독자를 심사관이나 판사 등의 특허문서에 대한 판단자만을 생각하는 경향 때문이 아닐까 싶다. 교과서적인 경향이다. 특허취득과 특허분쟁만을 염두에 둔 생각이다. 그러나 이들보다 더 중요한 독자가 있으니 그 특허문서의 시발점이자 시혜자인 의뢰인이다. 의뢰인과 판단자(심사관과 판사)의 지식 수준이 다르며, 관심사가 동일하지 않다. 전문가들은 전문적인 지식에 지나치게 휩쓸린 나머지 가장 기본이 되는 시야를 잃곤 한다. 전문가가 작성한 문서는

241

전문가가 보고 평가하기 전에 의뢰인이 먼저 읽는다. 그리고 그 문서는 의뢰인의 이름으로 국가에 제출되며, 온전히 의뢰인의 소유가 된다. 노련한 실무자는 자신이 제작한 특허문서로 말미암아 의뢰인한테 칭찬을 받는다. 그/그녀는 능숙하게 일을 해냈을 뿐만 아니라 자신의 의뢰인이 그 사실을 알아챌 수 있도록 문서를 작성했을 것이다. 무슨 말인지 모를 정도라면 칭찬을 받을 수 없다. 의뢰인이 칭찬할 기회를 얻지 못했기 때문이다. 한편 때때로 제3자(경쟁자)가 독자가 될 수 있고, 이론적으로는 공중이 독자가 될 수도 있겠다. 너무 먼 독자들이다. 그런 독자까지 현실적으로 고려하기는 힘들다. 실무자는 현실감각을 지녀야 한다.

발명 내용을 잘 나타내는 용어를 사용했다면 발명자가 이해하기 쉬울 것이다. 실무자가 사용한 용어가, 발명자가 발명의 내용을 설명하면서 사용했던 표현이었다면 소통하는 데 어려움이 없다. 변리사가 발명자로부터 전달받은 용어를 변경하고자 한다면 발명자의 용어에 근접한 단어를 사용하는 것이 효과적이다. 그런데 좋은 특허문서 작성을 위해서 발명자가 사용한 용어를 완전히 바꿔야만 할 때가 있다. 그런 경우라면 실무자는 어째서 발명자가 사용한 용어 대신에 다른 용어를 선택했는지 그 취지와 의미가 의뢰인에게 잘 전달되도록 노력해야 한다.

어쨌든 실무자는 특허문서에 사용할 적절한 개념어를 탐색하기 시작하며, 그런 작업을 위해서라도 발명자가 어떤 용어를 사용해서 기술·내용을 설명했는지를 탐구한다. 발명자가 사용한 용어표현을 중시하면서도 발명자의 지식 수준, 경험, 내심의 의사, 발명의 내용과의 연관성도 함께 고려하는 것을 잊지 말자. 해박하고 명철한 지식을 지녔으며 디테일이 강한 발명자가 있는가 하면 부족한 지식을 지녔으며 디테일이 약한 발명자도 있기 때문이다. 또한 지식과 경험은 높으나 작문능력이 없어서 전달력이 낮은 발명자도 많다. 숙련된 실무자는 이와 같은 발명자 유형을 구별하면서 그들의 용어 사용을 탐색한다.

또한 실무자는 원칙적으로 그 분야에서 통상 쓰이는 용어를 선택한다. 그럴수록 특허문서는 쉬워진다. 그렇지만 통상 사용되는 용어로는 부족할 때가 있다. 발명의 독창성과 소유권을 넓히려는 의지 때문이다. 그런 경우에는 특허문서에 용어를 정의해 사용할 수 있다.[23] 용어를 정의하는 방법으로는 "A는 B를 뜻한다" 식의 간명한 문장으로 정의하는 방법이 통상 사용된다. "A는 B와 C와 D를 포함한다" 식으로 좀 더 복잡한 진술로 용어를 정의할 수도 있다.

발명의 핵심이 여러 가지 기능을 실현하는 데 있거나 그런 기능을 실현하는 데 복수의 구성요소가 관여하는데, 그 여러 가지 기능이나 복수의 구성요소를 하나로 묶어서 표현할 필요가 있다면 새로운 개념을 만들어내서 용어를 정의할 수 있다. 그런데 특허문서에 사용된 어떤 용어가 통상의 의미와 다르거나 충돌할 수도 있다. 그런 경우 원칙적으로 실무자가 특허문서에 정의한 의미의 용어가 우선순위를 갖는다. 이런 점을 감안한다면 기술내용에 대한 실무자의 지식이 정확하지 못해도 특허문서를 탁월하게 쓸 수 있음을 알게 된다. 용어 정의를 통해서 부족한 지식을 보충할 수 있기 때문이다.

단, 두 가지 조심해야 할 사항이 있다. 첫째, 그와 같은 정의 기법은 때때로 오히려 특허범위를 제한할 수도 있음을 유념해야 한다. 둘째, 정의가 지나치게 상식에 반하면 안 된다. 특히 화학물질발명의 경우에는 유의해야 한다.[24]

특허문서의 용어는 국립국어원이 정하는 표준어 규범으로부터 자유롭다. 언어의 국적이나 유래를 따지지 않는다. 기술지식은 국제적으로 통용되며, 기술지식을 담아내는 용어 또한 국제적으로 사용되기 때문이다. 실무자는 사전에 등재돼 있는 용어를 사용할 수 있으며, 또한 당업자 사이에서 관례적으로 통용되는 용어를 사용할 수도 있다. 다만 심사관의 이해력이 달라지고 있는 점을 참고할 필요는 있겠다. 과거에는 일본식 용어가 많이 사용됐지만 점점 영어식 표현으로 대체되고 있다. 시간이 지남에 따라 일본식 용어에 익숙한 심사관이 줄어들고 영어에 익숙한 심사관이 늘어남에 따라 과거에는 아무 문제 없던 일본식 용어가 기재불비로 지적 받는 경우도 늘어난다. 그런 기재불비는 대개 치명적이지는 않아서 쉽게 해결할 수 있지만 번거롭기는 하다.

　　실무자는 외래어와 순우리말의 사용에 대해서 실용적인 입장을 취한다. 특허문서에서는 외래어를 사용하는 것 자체를 지나치게 경계할 필요는 없다. 외래어 혹은 외국식 표현이 용어의 의미를 분명히 하고 소통하는 데 유리하다면 적극적으로 차용할 만하다. 소프트웨어와 IT 분야에서는 영어식 표현이 많고, 기계와 장치 분야에서는 일본식 표현이 많다. 순수 한글은 개념어에 적합하지 않을 때가 많다. 개념어는 그것이 추상적이라도 지칭하는 바가 명확해야 한다. 하지만 순수 한글은 지식체계에서는 모호하거나 또는 모호한 표현으로 인식되기 쉬울 때가 많고, 그래서 심사관에게 지적받기도 쉽다. 예를 들어 "A는 기다랗고 B는 짧은 C"라고 진술할 때 특허청 심사관은 어느 정도 길고 어느 정도 짧은지 불분명하다고 문제 삼을 가능성이 있다. 동일한 의미로 "A는 장형이고 B는 단형인 C"라고 표현한다면 심사관은 필경 문제 삼지 않는다.

　　요컨대 발명의 핵심이 되는 구성요소는 순수 한글 사용을 지양한다. 대부분의 명사 용어는 한자어로 이뤄져 있으므로 그것을 선택한다. 영어 표현이나 일본식 표현이라고 하더라도 그 용어가 해당 분야에서 자연스럽게 통용되는 단어라면 무리하지 않고 그 용어를 선택한다. 형용사, 동사, 부사와 같은 수식어는 가급적 친숙한 한자어를 선택한다. 순우리말을 사용해야 하는 경우라면 상세한 설명이나 도면에 의해 그 의미가 분명히 파악될 수 있음을 전제로 한다. 한편 국어사전이나 백과사전에 없는 단어지만, 발명에서 중요한 용어로 취급되는 경우에는 상황에 따라 원어(영어 알파벳, 한자, 일본어 등)를 병기한다. 때때로 영어 발음을 한글로 옮겨서 사용해도 좋다. '신청'이라는 낱말 대신에 'request'의 한글 음역인 '리퀘스트'라는 단어를 사용할 수도 있겠다. 학문적 근거는 없지만, 이처럼 한글 음역으로 영어 단어를 사용할 때 기술 수준의 향상감을 느끼게 한다. 남용하지 말되 발명의 내용에 맞는 언어의 쓰임새를 찾아 전략적으로 선택한다. 또한 외국어를 선택해서 사용하는 쪽이 '그 분야의 관점'에서 좀 더 의미가 분명하게 전달된다면 그 외국어를 선택하는 데 망설일 필요가 없다. 특허문서는 우리말을 발굴하고 빛내는 문학이 아니다. 특허문서는 기술문서고, 비즈니스 문서며, 게다가 권리문서다.

　　한편 청구항에서 용어의 사용법은 앞에서 자세히 설명한 앵글 사용법과 밀접한 관련이 있으므로, 실무자는 저마다 발명을 바라보는 가상의 카메라를 사용해서 어떤 앵글로 발명을 바라볼 것인지를 유념하면서 언어를 선택한다.

245

246

불명확한 표현

(1) 청구항 불명확성의 판단 기준과 해결 방법

특허는 국가에 의해 소유권이 허락된 발명이다. 그것은 아이디어에 관한 소유권이다. 발명의 소유권은 내연(內延: connotation)과 외연(外延: denotation)을 지닌다. 내연이라 함은 특허권이 미치는 기술의 알맹이다. 외연은 언어로 표현됨으로써 명확해진 경계를 뜻한다. 내연은 이 소유권의 내용을 결정하고 외연은 이 권리의 형식을 결정한다. "내용 없는 형식은 공허하며 형식 없는 내용은 맹목이다." 특허제도는 '문서주의'에 입각하기 때문에 특허문서를 통해서 언어로 표현돼야 하고, 그러므로 언어 표현에 전적으로 의존한다. 기술 아이디어는 그것이 상품으로 세상에 나올 때에는 감각적이다. 눈으로 볼 수 있으며 만질 수도 있다. 하지만 특허는 감각적인 상품을 보호하는 것이 아니라 감각

이전의 상태, 즉 아이디어를 보호하는 것이어서 소유권의 경계를 확정하기가 어렵다. 국가는 '지적소유권'을 특별히 허락할 것이다. 그러나 그 소유권의 경계가 모호하다면 타인의 자유권을 침해할 우려가 있다. 국가는 이러한 우려를 예방할 의무가 있다. 경계의 확정을 위해서 특허법은 언어 표현의 엄격함을 선언한다.

특허법 제42조 제4항 제2호는 청구항은 <발명이 명확하고 간결하게 적혀 있을 것>이라고 규정하고 있다. 이 규정은 청구항에 기재된 사항은 언어 표현의 엄격성을 준수해야 함을 선언한 것이다. '간결함'은 '명확함'의 보조적인 규정이다. 실무적으로 명확하게 표현돼 있다면 간결함은 실무적으로 크게 문제되지 않는다. '발명의 명확'이라 함은 특허범위를 판단함에 있어 문제가 없고, 그러므로 타인의 자유권을 침해할 염려가 없음을 뜻한다. '내연적인 명확성'과 '외연적인 명확성'으로 구별할 수 있다. 전자는 기술적으로 불가능하거나 내용이 모순됨으로써 특허를 주장할 기술의 범위를 판단할 수 없음을 뜻한다. 자연법칙을 위반한 발명, 반복재현이 불가능한 심각한 기재불비, 미완성 발명은 여기에 해당한다. 후자는 어디까지 특허범위가 미치는지를 결정하는 언어 요소에 관련된다. 대부분의 보정을 통해 해결할 수 있는 불명확성은 여기에 해당한다. 청구항의 언어 표현이 이 두 가지 명확성을 지니지 못하면 기재불비에 해당하며, 소유권의 청원은 거절된다. 기재불비가 지나치면 특허를 받더라도 무효가 된다.

무엇이 명확한지에 관해서는 이론적인 차원이어서 실무적으로 분명한 기준은 없는 것 같다. 실무자는 대개 어떤 표현이 명확하지 않은지를 숙지하면서 청구항을 작성한다. 즉, 적극적으로 판단하기보다는 소극적으로 판단한다. 이것은 이래야 한다는 입장보다는 이런 표현은 문제적이라는 관점으로 실무에 임한다. 판례와 특허청 심시지침에 입각하여 판단하되, 기계적으로 적용해서는 안 되며 내연에 맞게 외연을 고려한다.

특허청구범위 해석에 관한 다양한 방법론은 이상과 현실 사이

248

에서 합리적인 길을 모색한다. 언어학적 방법론이 특허분야에서 명시적으로 논의된 적은 없으나, 언어학적 방법론도 암묵적으로 고려된다. 텍스트의 의미는 기호에 의해서만 판정되지 않는다. 기호의 명시적인 표현에도 불구하고 그것의 진정한 의미가 맥락context에 의해 교정되기도 한다. 특허청구범위 해석은 기술내용을 고려해 언어 해석을 하는 것이기 때문에 언어학적 방법론이 은연중에 작용한다. 특허청구범위의 해석에 관한 대강의 원리는 이러하다. 청구항의 기재 표현이 명확하다면 명세서를 참작할 것도 없이 언어 표현대로 해석한다. 그렇지만 언어 표현의 엄격성은 때때로 완화된다. 특허란 무형의 기술이 언어로 형상화되는 것이어서 완벽하게 표현될 수 없다는 한계가 실무적으로 고려되며, 판례에 의해 교시된다. 청구범위 언어 표현은 불가피하게 어느 정도의 모호성을 동반하며, 문제가 생길 때마다 해석의 원리에 의해서 판단한다. 최종심급은 대법원이다.

어쨌든 특허라는 소유권의 경계는 결정돼야 한다. 특허청구범위의 기재를 해석함에 있어 청구항의 언어 표현만으로는 의미를 알기 어렵다면 그 의미의 맥락을 찾는다. 그 표현은 대체 어떤 기술에 관한 것이며, 무슨 기술원리를 표현하려고 했는지를 탐구한다. 그러므로 명세서의 다른 기재를 참조한다. 이처럼 특허청구범위의 해석이 발명의 설명과 도면 등을 참조해 이뤄지는 것과 균형되게 특허청구범위의 기재 불비에 대한 판단도 마찬가지로 명세서의 다른 기재를 참조해 이뤄진다. 따라서 청구항의 어떤 표현이 문제적이라는 사안에서, 판례는 보통 명세서를 참작하면서 기술의 맥락을 탐구하는 태도를 보인다. 대법원은 "특허발명의 범위는 특허청구의 범위에 기재된 것뿐 아니라 발명의 상세한 설명과 도면의 간단한 설명의 기재 전체를 일체로 하여 그 발명의 성질과 목적을 밝히고 이를 참작하여 그 발명의 범위를 실질적으로 판단하여야 할 것이다(대법원 1995. 10. 13. 선고 94후944 판결)"라는 입장을 제시했다.

실무자는 이러한 대법원 판례를 명심하고 특허문서 청구항의 언어 표현을 다룬다. 상세한 설명의 내용과 청구항에 기재된 언어 표현에 모순이 없도록 한다. 모순에 의해서 특허범위가 제한될 수 있으며, 모순이 심하면 기재불비의 덫에 걸린다. 상세한 설명과 청구항에 모순이 없고, 상세한 설명의 구체적이고 다양한 표현에 의해서 아이디어의 내용이 명확하게 파악될 수 있다면 청구항의 언어 표현의 불가피한 모호함도 크게 문제되지 않는다. 실무자는 아이디어의 특성, 특허 취득 가능성의 향상, 의뢰인의 요청, 시장의 상황, 장차의 분쟁 가능성을 종합적으로 따지면서 청구항 언어 전략을 디자인할 수 있다. 그 경우 모호한 표현을 전략적으로 택할 수도 있다. 실무자가 기재불비를 두려워해 지나치게 경직되면 풍성하고 유연한 청구항 세계로 진입하는 문턱을 넘지 못한다. 발명의 특성은 창의성에 있으며, 이를 다루는 실무자 또한 창의적이고 자유로운 사고를 지녀야 한다.

불가피한 모호성과 의미의 불가해성은 구별해야 한다. 전자는 전략적인 선택이지만, 후자는 실무자의 부족한 언어 능력의 소산이다. 이 책에서 여러 번 강조하지만 원칙적으로 특허문서는 쉽게 해독돼야 한다. 그래야만 불필요한 오해와 송사의 낭비를 방지한다. 또한 특허가 망각에 취약하다는 점에서도 그러하다. 특허는 금세 잊힌다. 대기업은 너무 많아서 잊히며, 중소기업은 난해해서 잊힌다. 실무자는 의뢰인이 대기업이라면 특허범위 판단에 소요되는 시간을 절약해줘야 한다. 의뢰인이 중소기업이라면 청구항 언어를 해독하는 데 땀흘리지 않도록 언어 표현에 의뢰인을 배려한다.

심사관이 기재불비를 지적했다면 보통 보정을 통해 해결한다. 논리보다는 보정을 선호한다. 대부분의 논리는 진보성 쟁점에 투자되기 때문이다. 특허범위에 크게 영향을 미친다거나 문제로 지적된 표현에 대한 수정을 의뢰인이 원하지 않는다는 등의 특별한 사정이 없다면 실무자는 가급적 다음 네 가지 방법 중 어느 하나를 선택해서 간명하게 기재불비를 해결한다.

① 문제된 언어 표현을 삭제

② 문제된 언어 표현을 다른 명료한 표현으로 대체

③ 문제된 언어 표현을 지지하는 기호(언어 또는 숫자를 포함한다)
   를 부가

④ 문제된 언어 표현을 그대로 두되 다른 곳에서 수정해 해결

① 언어 표현을 삭제하는 경우는 이러하다. 그 표현을 삭제하더라도 특허범위에 변화가 없다면 삭제를 일차적으로 고려한다. 이론적으로는 변화가 있으나 사실상 변화가 없는 경우가 있다. 예컨대 청구항에 '거의', '대략', '약' 등의 표현의 경우가 그러하다. 기술을 언어로 완벽하게 표현할 수 없는 까닭에 이런 단어가 자주 사용된다. '거의 A'는 완벽한 A만을 뜻하지 않는다. 완벽한 A에 근접한 의미까지 포함한다. '거의 A'를 삭제하면 'A'만 남는다. 그렇다면 특허범위는 '완벽한 A에 근접했지만 완벽한 A가 아닌 의미'는 제외되며, 오직 '완벽한 A'만 남는다고 해석하는 것이 타당할까? 이론적으로는 그렇겠지만, 실제로는 그런 일은 일어나지 않는다. 네 가지 이유 때문이다.

첫째, 가령 특허는 완벽하게 수치화된 제품 설계도를 보호하는 게 아니며, 그런 제품 설계도를 이용해서 구현할 수 있는 모종의 원리를 보호하려는 것이기 때문이다. 그런 원리 안에서 '완벽한 A'가 차지하는 비중은 현저히 적다.

둘째, 특허법리의 관점에서 'A'라는 언어 표현은 '물리적 개념'으로서의 완벽함을 뜻하기보다는 그와 같은 물리적 개념을 '차용하여' 표현한 A로 해석되는 것이 온당할 때가 많기 때문이다.

셋째, 해석자가 그와 같은 사정을 잘 이해하고 있기 때문이다. 청구항의 해석 이슈는 특허침해 이슈를 전제로 한다. 타인이 특허를 침해하는 경우 해석자는 기계적인 판단자에 그치지 않고 구체적인 타당성까지 밝히려 한다. 그 경우 침해자가 다른 사정이 동일한 상황에서

251

'완벽한 A'가 아니라 '거의 A'의 차이만을 주장하기는 어렵기 때문이다.

넷째, 실무자가 애당초 'A'라고 표현하지 않고 '거의 A'라고 표현했으며, 그것이 개념적으로 타당했다면 '완벽한 A'는 사실상 불가능하기 때문이다. 예컨대 어떤 장치의 일부 구조에 대해 '거의 삼각형태'라는 표현이 청구항에 있었고, 이에 대해서 심사관이 불명확하다고 기재불비를 통지했으며, 실무자가 '거의'를 삭제했다고 가정하자. 삭제라는 행위는 단순히 심사관의 기재불비의 거절이유를 간명하게 치유하기 위함인데, 이로 말미암아 해당 발명의 특허범위가 '완벽한 삼각형태'로 감축됐다고 해석하는 것은 기술사상으로서의 특허가 아니라 설계도면으로서의 특허로 특허제도를 형해화하는 것이다. 이성적인 해석자 또는 판단자는 이런 형해화를 주장하지 않는다.

그럼에도 위와 같은 삭제보정에 실무자는 누구든지 한 번쯤 망설이게 마련이다. 실무자는 언제나 보정에 의해서 특허범위가 축소되는 것을 경계하기 때문이다. 의견서를 통해 해결한다. <이와 같이 보정함으로써 심사관님의 기재불비 거절이유를 간명하게 해소하였습니다. 다만 '삼각형태'는 삼각형이라는 물리적 개념을 차용하여 표현한 것이지, 삼각형이라는 물리적 개념에 완벽하고 정확히 따라야 한다는 것은 아닙니다. 이런 사정은 '거의'라는 단어를 삭제했다고 해서 달라지지 않습니다>라는 표현을 의견서에 넣으면 실무자의 염려는 상당히 해결된다.

② 지적된 언어 표현을 다른 명료한 표현으로 대체하는 실무는 위에서 설명한 ①번 사항을 참조해 적용한다. 실무자는 특허범위에 보정이 미치는 영향을 항상 고려한다. 대체어를 탐색함에 있어, 기술내용에 입각해 대체 한국어를 탐색하되 외국어까지 넓게 고려한다. '중앙 부근'에서 '부근'이라는 표현이 불명확하다고 지적됐다면 '중앙 부분'으로 보정해 해결할 수 있다. '기다란 막대'에 대해 심사관이 어느 정도 기다란 것인지 불명확하다고 지적했다면 '장형의 막대'로 보정해 기재불

비를 치유할 수 있다. '사용자'라는 표현에 관해서 인간을 행위의 주체로 삼았다며 거절이유를 통지하였다면 '사용자 단말'로 보정하면 족하다. 배치해 설치한다는 의미의 '배설'이라는 단어를 사용했는데, 심사관이 이를 문제 삼았다면 '배설(配設)'과 같이 한자를 병기해 해결할 수 있다. 한글만으로 불명확함을 해결하기 어렵다면 영어 병기를 적극적으로 고려한다.

③ 기호를 부가하는 보정은 이러하다. 그 기호는 숫자일 수 있으며, 도면부호를 사용하는 경우가 많다. 심사관이 어떤 구성요소가 무엇을 지칭하는지 다른 구성요소와 어떤 결합관계를 갖는지 모르겠다며 기재불비의 거절이유를 통지하는 경우에 도면부호를 병기하는 것만으로 기재불비를 용이하게 해결할 수 있다.[25] 청구항에 동일한 단어로 표현됐지만 개념적으로 구별되는 경우라면 '제 1'과 '제 2' 같은 지시 보조어를 사용하거나 괄호 안에 영어 알파벳 한두 개를 병기해서 구별해주면 족하다. 때때로 괄호 안에 문장을 부가할 수도 있다. 어떤 단어의 의미를 알기 어렵다는 거절이유가 통지된 경우 괄호 안에 해당 단어의 의미를 정의하는 표현을 추가하는 보정도 가능하다. 그 밖의 사항에 관해서는 ①번과 ②번 사항을 참조한다.

④ 문제된 언어 표현을 그대로 두되 다른 곳에서 수정해 해결할 수 있다. 복수 청구항의 인용관계에서 다중종속항의 문제가 발생한 경우 인용하는 항(기재불비 거절이유가 통지된 청구항)의 인용관계를 수정하지 않고 인용되는 청구항의 인용관계를 수정함으로써 거절이유를 극복할 수 있다. '상기'라는 지시 보조어가 문제가 된 경우 해당 단어 앞에 있는 '상기'라는 표현을 삭제해 문제를 해결할 수 있다. 또한 그 단어는 그대로 두고, '상기'라는 지시 보조어를 받는 표현을 청구항 위쪽에 추

가해 해결할 수도 있다. 실무자는 다른 거절이유(예컨대 진보성 이슈)의 대응방법을 함께 고려하면서 보정안을 마련한다. 청구항에 기재돼 있는 일본식 표현인 '당접'을 심사관이 문제 삼았다면 발명의 설명 중 '당접'이라는 단어가 처음 표현된 위치에서 '당접(서로 맞닿음)'이라고 보정할 수 있다. 괄호를 단어에 붙여서 그 의미를 부가하는 보정방법이다.

청구항에서의 기재는 발명의 상세한 설명과의 불가분의 관계를 지닌다. 청구항의 기재가 발명의 상세한 설명에 의해서 뒷받침되지 못한다는 기재불비의 경우 청구항은 그대로 둔 채 해당 표현을 상세한 설명에 추가하는 보정방법을 강구해 볼 수 있다. 또한 발명의 상세한 설명에 청구항의 불명확한 용어의 의미를 명확하게 정의하는 표현을 추가할 수도 있다. 이런 경우 <신규사항 추가>에 해당되지 않도록 명세서 전체의 언어 표현과 도면에서의 표현을 두루 고려한다.

(2) 몇 가지 불명확한 표현으로 취급되는 예

특허청 심사지침은 <'소망에 따라', '필요에 따라', '특히', '예를 들어', '및/또는' 등의 자구와 함께 임의 부가적 사항 또는 선택적 사항이 기재된 경우>를 불명확하게 하는 표현으로 예시한다. 이를 기계적으로 적용하기는 곤란하다. 심사지침도 발명의 특정에 문제가 없다고 인정되는 경우라면 불명확한 것을 취급하지 않겠다고 선언하고 있다.[26] 그런 표현을 사용하더라도 발명의 내연적인 명확성과 외연적인 명확성을 판단하는 데 어려움이 없을 수 있고, 그렇다면 이를 기재불비에 해당하는 표현으로 취급하기는 어렵다. 다만 내용과 형식을 구체적으로 고려해서 내연적인 명확성과 외연적인 명확성이 동시에 결여되었을 때에 한해서, 예컨대 '이것인지 저것인지' 혹은 '이렇다는 것인지 저렇다는 것인지'를 형식적으로나 내용적으로나 확정하기 힘들 때에 한해서 불명확한 표현으로 간주하는 것이 옳다고 본다.

　　이제부터 불명확하다고 취급되는 몇몇 표현을 살펴본다. 실무자의 자유로운 상상력과 다양한 표현은 매우 중요해서 함부로 제한돼서는 안 된다고 생각한다. 그러므로 문제되는 몇몇 표현은 무조건 불명확하다고 간주돼서는 안 되며, 단지 불명확하다고 지적 당할 수 있다는 정도의 실무자의 인식이 필요하다. 이하에서는 그런 인식의 타당성을 위한 예제가 제시될 것이다.

〈소망에 따라〉

먼저 '소망에 따라'라는 어구 표현을 살펴본다. 이 어구는 어떤 구성의 특성을 수식하는 표현이다. '소망에 따라'가 '복수 요소 중의 어느 하나에 해당함에 따라'라는 의미여서 그 단어의 의미만을 탐구한다면 발명의 외연을 불명확하게 만드는 모호함이 없지 않다. 하지만 단어의 의미만을 탐구하는 태도에서 벗어나 앞뒤에 위치한 언어의 맥락에 의해서 그 단어의 진정한 의미를 추론하는 것은 당업자에게 어려운 일이 전혀 아니다. 특히 이 수식어가 발명의 특징에 차지하는 비중이 매우 작고 또한 비본질적이라면 외연의 불명확성은 앞뒤 맥락에 의해 자연스럽게 해결될 것이다. 발명의 내연의 명확성이 확보돼 있다면 기재불비라고 단정하기는 어렵다.

　　통상 '소망에 따라'라는 표현을 없애도 특허범위에 영향이 없다면 단순 수식어로 볼 것이다. 예컨대 어떤 장치가 기계적으로 혹은 전자적으로 제어된다고 가정할 때 그 기능제어의 요소는 복수로 존재하게 마련이다(가령 온/오프 제어도 제어 요소는 2개다). 그런 요소는 조건, 상태, 선택, 명령 등 다양할 수 있다.

예제 96 (특허 946952)

제1브레이크 조작자의 조작에 따라서 프론트 브레이크 마스터 실린더에 생기는 유압을 유압 계통을 통하여 전륜 실린더로 전달 가능하게 하는 동시에, 제2브레이크 조작자의 조작에 따라서 리어 브레이크 마스터 실린더에 생기는 유압을 유압 계통을 통하여 후륜 실린더로 전달 가능하게 되는 한편, 상기 전륜 실린더의 브레이크액을 소망에 따라서 전방 리저버로 배출 가능하게 구성되어 이루어지는 동시에, 후륜의 떠오름의 유무를 검출 가능하게 구성되어 이루어지는 전자 제어 유닛을 구비하는 자동 이륜차의 브레이크 제어장치로서,

상기 전자 제어 유닛은 후륜의 떠오름이 검출되었을 때에, 상기 전륜 실린더의 브레이크 액을 상기 전방 리저버로 배출시키고, 즉시 전륜의 브레이크압을 감압시키는 동시에, 상기 브레이크압의 감압량을 전륜의 브레이크 압의 크기 또는 브레이크압의 증압량의 크기에 따라 설정하도록 구성되는 것을 특징으로 하는 자동 이륜차의 브레이크 제어장치.

예컨대 예제 96은 '전륜 실린더의 브레이크액을 소망에 따라서 전방 리저버로 배출 가능하게 구성'이라는 표현이 있지만, 오브젝트인 자동 이륜차의 브레이크 제어장치에서 '이 수식어'가 차지하는 비중이 매우 작다. 또한 구성집합의 층위 2에서 전륜 실린더의 브레이크액은 '후륜의 떠오름이 검출되었을 때에' 전방 리저브로 배출한다는 구성이 명확히 기재돼 있고, 거기에서 발명의 내연과 외연이 결정되고 있으므로, 전체적으로 보자면 특허범위를 판단하는 데 어려움이 없다. 더욱이 '소망에 따라서'라는 표현을 삭제해도 예제 96 청구항의 특허범위는 동일하게 유지된다. 그러므로 그런 표현에도 불구하고 명확한 기재로 볼 것이다. 같은 맥락으로 '소망에 의해', '소망하는' 등의 표현도 마찬가지로 본다. 심사관이 '소망에 따라서'라는 표현이 불명확하다는 지적을 한다면 해당 어구를 삭제함으로써 간단하게 대응한다. 특허범위는 이 수식어의 유무에 의해 영향을 받지 않기 때문이다.

예제 97

제1브레이크 조작자의 조작에 따라서 프론트 브레이크 마스터 실린더에 생기는 유압을 유압 계통을 통하여 전륜 실린더로 전달 가능하게 하는 동시에, 제2브레이크 조작자의 조작에 따라서 리어 브레이크 마스터 실린더에 생기는 유압을 유압 계통을 통하여 후륜 실린더로 전달 가능하게 되는 한편, 상기 전륜 실린더의 브레이크액을 전방 리저버로 배출 가능하게 구성되어 이루어지는 동시에, 후륜의 떠오름의 유무를 검출 가능하게 구성되어 이루어지는 전자 제어 유닛을 구비하는 자동 이륜차의 브레이크 제어장치로서,

상기 전자 제어 유닛은 후륜의 떠오름이 검출되었을 때에, 상기 전륜 실린더의 브레이크 액을 상기 전방 리저버로 <u>소망에 따라서</u> 배출시키고, 즉시 전륜의 브레이크압을 감압시키는 동시에, 상기 브레이크압의 감압량을 전륜의 브레이크 압의 크기 또는 브레이크압의 증압량의 크기에 따라 설정하도록 구성되는 것을 특징으로 하는 자동 이륜차의 브레이크 제어장치.

한편 예제 97은 예제 96의 '소망에 따라서'라는 표현의 위치를 변경해 봤다. 비중이 작고 삭제해도 무방했던 층위 1의 위치에서 발명의 특징이 강조되는 층위 2의 위치로 변경해봤다. 이런 위치 변경으로 말미암아 '소망에 따라'라는 어구가 차지하는 의미 비중이 커졌다. 발명의 클라이맥스에 해당하는 시점, 즉 '후륜의 떠오름이 검출되었을 때'의 제어기작이 모호해지고 말았다. 그로 말미암아 전자 제어 유닛이 전륜 실린더의 브레이크 액을 어떻게 전방 리저버로 배출시키겠다는 핵심 구성이 결정되지 못했다. 즉, 발명의 내연이 명확하지 않다. 뿐만 아니라 어느 정도까지 혹은 어떻게 브레이크 액을 배출시킬 때 타인의 침해를 구성하는지 판단할 수 없으므로 발명의 외연도 불명확하다.

　그러므로 예제 97의 '소망에 따라서'라는 표현은 예제 96과 달리 불명확한 표현이라 하겠다. 이 경우 심사관은 거절이유를 통지할 것이다. 실무자는 '소망에 따라서'라는 표현을 삭제하거나 구체성을 보강하는 차원의 보정을 함으로써 문제를 해결한다.

〈필요에 따라〉

'필요에 따라'라는 표현도 '소망에 따라'처럼 어떤 구성의 특성을 수식하는 표현이므로, 마찬가지로 판단한다. 요컨대 이 수식어가 발명의 특징에 차지하는 비중이 매우 작고 또한 비본질적이라면 외연의 불명확성은 앞뒤 맥락에 의해서 자연스럽게 해결될 것이다. 발명의 내용을 참작하건대 내연의 명확성도 유지된다면, 그 표현만으로 기재불비라고 단정하기는 어렵다. 통상 '필요에 따라'라는 표현을 없애도 특허범위에 영향이 없다면 단순 수식어로 볼 것이다.

> **예제 98 (특허 1483569)**
> 하우징(10);
> 상기 하우징(10)의 내부에 회전가능하도록 설치된 회전부(20, 70)와;
> 상기 회전부(20, 70)를 회전시킬 수 있는 비틀림 탄성에너지를 저장하고 있는 탄성부(30)와;
> 상기 회전부(20, 70)를 필요에 따라 선택적으로 구속할 수 있는 구속수단(40, 80)과;
> 상기 회전부(20, 70)의 회전에 따라 상기 하우징(10)으로부터 분리되는 분리핀(50)과;
> 상기 구속수단(40, 80)의 작동을 제어하는 형상기억합금 액츄에이터(60);를 포함하는 것을 특징으로 하는 인공위성용 분리장치.

예제 98 청구항에서 '필요에 따라'는 구속수단(40, 80)을 수식하고 있다. 일단 인공위성용 분리장치 발명에서 이 수식어가 차지하는 비중은 매우 작다. 의미적으로 살펴보자면 이 구속수단이 회전부를 '선택적으로' 제어하겠다는 것인데, '필요에 따라'라는 표현은 '선택적으로'라는 표현을 더 강조하는 의미에 불과하다. 즉 '필요에 따라'라는 표현을 빼더라도 예제 98 청구항의 특허범위는 동일하게 유지된다. 즉, 발명의 특정에 문제가 없다.

　그러므로 심사지침에는 '필요에 따라'라는 표현이 불명확한 표현이라고 예시돼 있음에도 명확한 기재로 볼 것이다. 같은 맥락으로 '필요시', '필요로 하는' 등의 표현도 마찬가지로 취급한다. 심사관이 '필요에 따라'라는 표현이 불명확하다는 지적을 한다면 해당 어구를 삭제함으로써 간단하게 대응한다. 특허범위는 이 수식어의 유무에 의해 영향을 받지 않기 때문이다.

예제 99

하우징(10);

상기 하우징(10)의 내부에 회전가능하도록 설치된 회전부(20, 70)와;

상기 회전부(20, 70)를 회전시킬 수 있는 비틀림 탄성에너지를 저장하고 있는 탄성부(30)와;

상기 회전부(20, 70)를 선택적으로 구속할 수 있는 구속수단(40, 80)과;

상기 회전부(20, 70)의 회전에 따라 상기 하우징(10)으로부터 분리되는 분리핀(50)과;

상기 구속수단(40, 80)의 작동을 제어하는 형상기억합금 액츄에이터(60);를 필요에 따라 포함하는 것을 특징으로 하는 인공위성용 분리장치.

259

예제 99는 '필요에 따라'라는 어구의 위치를 변경해봤다. 트랜지션 앞에 위치시킨 결과 '어떤 경우에 구성집합을 포함하는 것인지' 불분명해지고 말았다. 이런 경우에는 기재불비에 해당해 특허출원은 거절된다. 통상 트랜지션 앞에 불명료한 수식어(예컨대, 본질적으로, 특히, 필요에 따라, 소망에 따라 등)를 사용하면 이렇듯 문제가 된다. 실무자는 해당 표현을 삭제함으로써 거절이유를 간명히 극복한다.

〈특히〉

심사지침서에는 불명확한 표현의 예시 단어로 '특히'가 포함돼 있다. 일견해서는 그럴싸하다. 그러나 실제 청구항의 세계에서는 다르다. '특히의 역설'이 있다.

"나는 과일 중에서도 특히 사과를 좋아한다"라는 문장과 "나는 과일 중에서도 사과를 좋아한다"라는 문장의 의미적 차이는 무엇일까? 사과를 좋아한다는 점에서는 동일하다. 단지 앞쪽의 문장이 사과를 좋아하는 정도가 더 강하다는 뉘앙스를 제공한다. '특히'라는 단어가 문장의 의미를 명료하게 만드는 데 기여하고 있기 때문이다. 그러므로 청구항에 '특히'라는 단어가 있다는 이유로 불명확한 표현이 사용됐다고 단정해서는 안 된다.

예제 100 (특허 1387454)

소프트웨어가 제공된 저장 매체에 있어서, 상기 소프트웨어는,
샘플에 적어도 하나의 제1 전자기 복사를 제공하며 또한 기준에 적어도 하나의 제2 전자기 복사를 제공하되, 상기 제1 전자기 복사 및 상기 제2 전자기 복사 중 적어도 하나는 시간에 걸쳐 변화하는 스펙트럼을 갖도록 되어 있는 단계;
상기 적어도 하나의 제1 전자기 복사와 연관된 적어도 하나의 제3 전자기 복사의 제1 편광 성분과 상기 적어도 하나의 제2 전자기 복사와 연관된 적어도 하나의 제4 전자기 복사의 제2 편광 성분을 서로 결합시키되, 상기 제1 편광 성분 및 상기 제2 편광 성분은 특히 적어도 서로에 대해 직교하도록 제어되는 단계; 및
상기 제1 편광 성분 및 상기 제2 편광 성분 사이의 간섭으로부터 유도된 적어도 하나의 신호를 검출하는 단계를 수행하도록 처리 배열에 의해 실행될 수 있는 것을 특징으로 하는 저장 매체.

또한 '특히'라는 단어가 청구항에 포함돼 있는 특허가 적지 않다. 대개 유럽기업의 특허에서 자주 발견된다. 예제 100 청구항에서 '상기 제1 편광 성분 및 상기 제2 편광 성분은 특히 적어도 서로에 대해 직교하도록 제어되는 단계'에서 '특히'라는 단어는 강조하는 의미 쓰임새로

작용하고 있다. 이 단어가 있건 없건 간에 두 개의 편광 성분이 서로에 대해 직교하도록 제어하는 기작은 명확하게 전달된다. 오히려 '특히'가 있음으로 해서 그렇게 제어하는 구성이 핵심적인 구성이며, 그런 구성이 없다면 이 특허범위가 미치지 않는다는 메시지가 선언되고 있다. 발명의 외연을 불명료하게 만들기는커녕 오히려 발명의 외연을 명징하게 확정한다. 이 특허에 대해서 심사관은 '특히'라는 단어를 문제삼지 않았다. 올바른 태도다. 심사관이 '특히'라는 단어의 불명확성을 문제 삼았다면 실무적으로 해당 단어를 삭제함으로써 간명하게 대응할 수 있다. '특히'가 없어도 발명을 특정하는 데 문제가 없고, 특허범위도 동일하기 때문이다.

〈예를 들어〉

'예를 들어'나 '예컨대'와 같은 낱말은 그 의미를 확정적으로 전하는 표현이 아니어서 일견 모호하다. 청구항에 '예컨대 a'라는 표현을 썼다고 가정하면 외연이 명확히 정해지지 않는다. 발명에 a가 포함된다는 구성이 가능성인지 확실성인지 모호하다. 특허를 취득한 다음에 '그것은 단지 예로 든 구성이므로 실은 없어도 된다'고 주장할 여지도 있다. 이렇듯 특허가 모호성을 지니면 타인의 자유를 해칠 위험이 있다. 게다가 a가 아닌 b라는 구성이 포함되는 것인지 아닌지도 명확하지 않다. 이런 점으로 말미암아 특허청 심사지침서에는 불명확한 표현으로 제시된 것 같다. 하지만 이 표현 또한 기계적으로 단정할 수는 없다. 상위개념으로서 A를 분명히 제시한 다음에 상위개념 A에 속하는 하위개념 a를 예시하는 경우에 상위개념 A의 의미가 명확하다면 '예를 들어'나 '예컨대'를 문제 삼을 이유가 없다. '예를 들어' 다음에 오는 사항을 종속항으로 부가해서 표현하는 것보다는 이렇게 하나의 청구항으로 함께 표현하는 것이 실무경제 관점에서는 오히려 바람직하다고 볼 수 있다. 청구항이 쓸데없이 늘어나는 것을 방지할 수 있다.

반면 상위개념 A 없이 '예를 들어'라는 선택적인 어구를 사용한다면 발명의 외연을 확정할 수 없다. 상위개념 A가 불명확하다면 하위개념 a를 '예를 들면'으로 부가하는 것만으로는 불명확함을 해소하기 힘들 수 있겠다. 또한 상위개념 A와 하위개념 a가 상충되면서 '예컨대'로 연결된다면 불명확하다 하겠다.

> **예제 101 (특허 1044876)**
> 옷위에 장착되어, 뇌성마비 환자의 근력강화 교정을 보조하는 옷 보조기에 있어서,
> 탄력성을 지닌 소재로 이루어지며 스트레인게이지부를 장착하고 있으며, 어깨부위와 겨드랑이 부위를 감싸도록 착용되는 어깨 교정스트랩;
> 탄력성을 지닌 소재로 이루어지며 스트레인게이지부를 장착하고 있으며, 갈비뼈 하단의 복부부위를 횡으로 감도록 착용되는 복부 교정스트랩;
> 탄력성을 지닌 소재로 이루어지며 스트레인게이지부를 장착하고 있는 스트랩 2개로 이루어져, 상기 2개의 스트랩이 서로 엇갈려 등부위에 X자형으로 장착되되, 상기 스트랩의 일단은 일측(예를 들어 오른쪽) 등부의 상기 어깨 교정스트랩에 장착되며, 상기 스트랩의 다른 일단은 다른 일측(예를 들어 왼쪽) 등부의 복부 교정스트랩에 장착되도록 이루어진 등 교정스트랩;을 포함하는 것을 특징으로 하는 옷 보조기.

예제 101 특허는 기계적 구성을 표현함에 있어 '일측'과 '다른 일측'이라는 단어를 사용했다. '일측은 이러하고, 다른 일측은 저러하다'는 의미여서 불명한 표현이 아니다. 여기에 '예를 들어'라는 단어를 사용했는데, '일측'이 상위개념이라면 '오른쪽'은 하위개념이 되겠다. 더 축소된 것이 분명하고, '예를 들어'라는 단어를 사용함으로써 이 특허청구항을 읽는 독자로 하여금 그 의미를 더 명확하게 파악하도록 도와줬다. 그러므로 발명의 외연은 명확하다.

예제 102

혼합가스 내에 포함된 이산화탄소를 포집하는 암모니아수에 예컨대 구리염 및 코발트염으로 구성되는 그룹으로부터 하나 이상 선택되는 금속염을 첨가하는 암모니아 슬립 억제 방법.

예제 103 (특허 1527453)

혼합가스 내에 포함된 이산화탄소를 포집하는 암모니아수에 금속염을 첨가하는 암모니아 슬립 억제방법.

예제 102 청구항은 상위개념 없이 '예컨대'라는 단어가 사용됐다. 이런 표현 방식은 문제가 있다. 예컨대 구리염이나 코발트염을 선택적으로 예시하는 것인지 아니면 금속염을 수식하는지가 불명하다. 구리염이든 코발트염이든 금속염이든 무엇이 확실히 첨가되는 것인지를 명쾌하게 알기 힘들다. 심사관이 이를 지적한다면 실무자는 보정해서 해결해야 한다. '예컨대'라는 표현을 삭제하면 된다. '구리염 및 코발트염으로 구성되는 그룹으로부터 하나 이상 선택되는' 사항은 종속항으로 위치시키는 것이 좋다. 예제 103 청구항은 예제 102의 문제를 간명하게 해소하면서 견고한 특허범위를 만들었다.

263

예제 104 (특허 78358)

가청 음성을 전기적인 신호로 변환시키는 마이크로폰 장치(예를 들어 210)와, 전기적인 신호를 가청 음성으로 변환시키는 확성기(예를 들어 217)와, 상기 마이크로폰 장치 및 상기 확성기를 전화선에 전기적으로 연결하는 대화망(speecj netvork 예를 들어 211-219)을 구비하는 확성되는 전화 장치로서, 상기 마이크로폰 장치는 여러 방향에서 보다 하나의 방향에서 방사되는 음성에 더욱 민감하게 되는 방향성 극 응답 특성을 갖는 확성되는 전화 장치에 있어서, 방향성 마이크로폰의 극 응답 특성은 주요 로브, 하나 이상의 측면 로브, 및 로브쌍 사이의 무효 범위(null)를 포함하며, 상기 확성기는 주요 로브 및 인접한 측면 로브사이에 위치하는 상기 극 응답 특성의 무효 범위내에 위치되는 것을 특징으로 하는 확성되는 전화 장치.

예제 104 청구항의 작성자는 도면부호를 병기함에 있어 조심스런 태도를 취했다. 행여 도면부호에 의해 도면의 표현으로 청구항 발명이 좁게 해석되는 것을 염려한 작성자는 도면부호 앞에 '예를 들어'라는 단어를 넣었다. 특허범위는 도면에 의해서 정해지지 않고 청구항에 기재된 사항에 의해 결정된다는 점을 우리가 알고 있다면 실무자는 군이 도면부호를 사용하지 않고 청구항을 작성하게 마련이다. 그러나 여러 가지 사정으로 도면부호를 병기해야만 하는 경우도 생긴다. 예제 104 청구항의 작성자는 그런 경우에 조심스럽게 '예를 들어'라는 단어를 부가했다. '예를 들어'라는 단어 없이 도면부호를 적는 경우와 그렇지 않은 경우에 특허범위에 차이가 생길까? 이론적으로는 차이가 없다. 도면부호는 특별한 사정이 없는 한 특허범위에 영향을 미치지 않는 보조적인 기호로 취급되기 때문이다. 판례도 같은 입장인 것으로 해석된다.[27] 다만 실무적으로 청구항에 기재된 사항에 도면부호를 병기하는 방법을 실무자가 택했다면 그것은 심사관에게 발명의 차별성을 더 구체적으로 어필하기 위한 수사적 도구로 사용된 것이다.

예제 105 (특허 1148016)

압전체인 ZnO 나노선이 외부로부터 전계를 인가받아 형태 변형에 따른 진동을 발생시키는 다수의 압전체를 구비한 나노선 제너레이터 분석 장치; 및
상기 나노선 제너레이터 분석장치로부터 발생된 진동에 따른 기전력을 생성하는 나노선 제너레이터를 포함하며,
상기 기전력(예컨대, 정공의 흐름양)은 상기 나노선 제너레이터 분석장치로 출력되며, 상기 기전력(예컨대, 전자의 흐름양)은 상기 나노선 제너레이터를 통해 출력되는 것을 특징으로 하는 나노선 제너레이터를 이용한 기전력 측정 시스템.

예제 105 청구항에서는 기전력이라는 단어에 괄호를 통해서 '예컨대, 정공의 흐름양', '예컨대, 전자의 흐름양'이 부가돼 있다. 나노선 제너레이터를 통해 출력되는 기전력과 나노선 제너레이터 분석장치를 통해 출력되는 기전력을 효과적으로 구별하기 위해서 이런 기재를 했던

것으로 보인다. 서로 다른 장치를 통해 출력되는 기전력의 성격이 상이함을 이해시키기 위함이다. 그런데 '정공의 흐름양으로서의 기전력'과 '전자의 흐름양으로서의 기전력'이 각각 출력되는 위치를 치환할 수 있는지가 불명확하다는 느낌이 든다. 이것은 발명의 내연에 관련한다. 기술적으로 그렇게 치환하는 것이 가능하다면 예제 106의 청구항으로 기재하는 것이 더 바람직하다고 생각한다. 정공의 흐름양인지 전자의 흐름양인지는 종속항에서 한정할 수 있다. 기술적으로 그렇게 치환하는 것이 불가능하다면 예제 107 청구항으로 간명하게 기재하는 것이 실무자의 바람직한 태도라고 생각한다. 그렇게 함으로써 청구항의 내연적 명확성과 그 외연의 명확성을 동시에 확보할 수 있을 뿐더러 공연한 오해의 분란을 예방할 수 있다.

예제 106

압전체인 ZnO 나노선이 외부로부터 전계를 인가받아 형태 변형에 따른 진동을 발생시키는 다수의 압전체를 구비한 나노선 제너레이터 분석 장치; 및

상기 나노선 제너레이터 분석장치로부터 발생된 진동에 따른 제 1 기전력 및 제 2 기전력을 생성하는 나노선 제너레이터를 포함하며,

상기 제 1 기전력은 상기 나노선 제너레이터 분석장치로 출력되며, 상기 제 2 기전력은 상기 나노선 제너레이터를 통해 출력되는 것을 특징으로 하는 나노선 제너레이터를 이용한 기전력 측정 시스템.

예제 107

압전체인 ZnO 나노선이 외부로부터 전계를 인가받아 형태 변형에 따른 진동을 발생시키는 다수의 압전체를 구비한 나노선 제너레이터 분석 장치; 및

상기 나노선 제너레이터 분석장치로부터 발생된 진동에 따른 제 1 기전력 및 제 2 기전력을 생성하는 나노선 제너레이터를 포함하며,

정공의 흐름양인 상기 제 1 기전력은 상기 나노선 제너레이터 분석장치로 출력되며, 전자의 흐름양인 상기 제 2 기전력은 상기 나노선 제너레이터를 통해 출력되는 것을 특징으로 하는 나노선 제너레이터를 이용한 기전력 측정 시스템.

〈및/또는〉

'and/or'라는 영어식 표현에서 비롯된 '및/또는'이라는 낱말은 특허분야에서 가장 널리 사용되는 국제적인 특허문서 관용어구 중의 하나다. 일반적으로는 기재불비로 문제삼을 수 없다. 예제 108 청구항처럼 한국 등록특허 중에서는 '및/또는'이라는 단어가 사용된 청구항이 매우 많다. 심사실무에서 '및/또는'이라는 단어를 사용한 것만으로 기재불비의 거절이유를 통지하는 경우가 종종 있다. 잘못된 관행이다. 'A 및/또는 B'는 'A 및 B'와 'A 또는 B'라는 두 가지 의미를 간명하게 표현한 것이다. 청구항에서 이 단어 사용에 대해서 문제 삼고자 한다면 청구항 외연의 불명확성에 관한 문제기보다는 기술내용 자체에 관한, 즉 청구항 내연의 불명확성 문제가 될 것 같다.

> **예제 108 (특허 1498134)**
> 챔버 내에 위치한 반도체 기판을 큐어링하기 위하여, 상기 챔버 내에 제공된 투과 유리 윈도우(transmission glass window)를 통하여 자외선(UV) 광이 통과하는 단계;
> 상기 투과 유리 윈도우의 조도 업스트림(illuminance upstream) 및 상기 투과 유리 윈도우의 조도 다운스트림(illuminance downstream)을 모니터하는 단계; 및
> 모니터된 상기 업, 다운 조도스트림들에 근거하여 상기 투과 유리 윈도우의 세정 시기 및/또는 지속 시간, 상기 투과 유리 윈도우의 교체 시기, UV 램프의 교체 시기, 및/또는 상기 UV 광의 출력을 결정하는 단계;를 포함하는 반도체 기판을 큐어링하기 위한 UV 조사 관리 방법.

A와 B가 기술적으로 서로 양립할 수 없는 관계여서 동시에 포함되는 것이 불가능한 경우다. 그렇다면 'A 또는 B'라고 기재하는 것이 옳다. 'A 및 B'라는 표현은 모순을 초래하는 기재불비에 해당하고, 따라서 'A 및/또는 B'도 불명확해진다. 뿐만 아니라 개념적으로는 A와 B가 동시에 사용될 수는 있겠지만, 그 아이디어의 원리와 구성과의 관

계를 살펴볼 때 A와 B가 동시에 사용될 수 없는 경우도 있다(내연적인 불명확성). 그런 경우라면 'A 및/또는 B'는 불명료한 표현이다. 이런 경우를 제외하고 '및/또는'이라는 표현을 불명확하다고 단정하기는 곤란하다. 심사관이 단지 '및/또는'의 불명확성을 지적했다면 'A, B, 또는 A와 B'라는 의미로 보정해서 간명하게 대응할 수 있다. 'A와 B 중 적어도 1개 이상'으로 표현해도 좋다.

한편 발명의 설명에서 A에 관한 실시예와 B에 관한 실시예가 기재돼 있을 뿐 'A 및 B'에 관한 실시예가 기재되지 않는 경우가 있다. 이런 경우에 기계적으로 판단한다면 청구항 기재가 발명의 상세한 설명에 의해 뒷받침이 되지 않는다고 볼 수 있겠다. 그러나 특허발명을 기술사상으로 이해한다면 판단을 유보하는 것이 올바르다. 특허문서는 기술사상을 언어로 표현함으로써 만들어진 것이고, 완벽한 언어 표현이 어렵다는 한계를 고려한다면 그 언어 표현의 맥락과 드러난 아이디어의 내용을 종합적으로 판단해 기술사상의 실체를 추론하는 것이 바람직하다 하겠다. 더욱이 이 특허문서를 읽는 당업자의 지식 수준 관점에서 보자면 언어로는 명시적이고 직접적으로 표현되지는 않았으나 기술 자체의 내용과 인접한 표현에 의해 용이하게 적용 가능하다고 여길 수 있는 영역이 있을 것이다. 이 영역을 자명한 영역이라고 한다. 드러나지는 않았으나 감춰지지도 않은 영역이다. 예컨대 상세한 설명에 'A 및 B'에 관한 실시예가 기재돼 있지 않더라도 기술내용을 보건대 'A 및 B'에 관해서도 자명하다면(구체적으로 따져봐야 하겠으나) 그런 경우 청구항에 씌인 'A 및/또는 B'라는 표현을 기재불비로 단언할 수 없다.

'및/또는'이 청구항 작법에서는 편리함을 주는 표현이기는 해도 항상 이롭지는 않다. 'A 및/또는 B' 중 어느 하나라도 신규성이나 진보성이 부인될 만한 선행문헌이 있다면 'A와 B를 모두 포함함으로써 생기는 장점'을 주장할 수 없기 때문이다. 즉, 'A 및/또는 B'의 특허성은 A와 B 모두에 의해서 영향을 받는다. 그러므로 심사관은 엄격하게 특허여부를 심사해야 한다. 사실 이 표현이 문장을 복잡하게 만드는 특성이 있기 때문에 청구항에서 지나치게 반복 사용되어서 그 의미를 파악하기 어려울 것 같으면 심사관은 거절이유를 통지하는 것이 좋다. 그래서 출원인의 정확한 의사를 기록에 남기도록 유도하는 것이다.

예제 108 청구항의 "모니터된 상기 업, 다운 조도스트림들에 근거하여 상기 투과 유리 윈도우의 세정 시기 및/또는 지속 시간, 상기 투과 유리 윈도우의 교체 시기, UV 램프의 교체 시기, 및/또는 상기 UV 광의 출력을 결정하는 단계"라는 표현에서 '및/또는'이 두 번 사용됐다. 이로 말미암아 청구항을 해석하는 데 번거로움을 주고 말았다. 이런 경우에 심사관이 심사과정에서 이를 지적해뒀으면 알기 쉽게 표현이 수정되었으리라 생각한다. 해당 문장은 이렇게 해석된다. 편의상 구두점과 번호를 넣어봤다.

> "모니터된 상기 업, 다운 조도스트림들에 근거하여, (1) 투과 유리 윈도우의 세정 시기 및/또는 지속 시간, (2) 투과 유리 윈도우의 교체 시기, (3) UV 램프의 교체 시기, (4) UV 광의 출력 중, 어느 하나 이상을 결정하는 단계"

〈거의, 대략, 약〉

청구항을 기재할 때 모호한 표현을 사용하지 않는 것이 실무적으로 바람직하다는 관점에서, '거의, 대략, 약'이라는 표현을 가급적 사용하지 않는 것이 좋다. 마찬가지로 특허청 심사지침서에는 이런 낱말을 불명확한 표현으로 예시하고 있다. 하지만 어쩔 수 없이 사용할 수밖에 없는 경우도 생기게 마련이다.

청구항의 어떤 구성의 형상, 위치, 크기, 정도 등의 물리적 특징을 표현함에 있어 '물리적으로 정확한 의미'를 표현하기보다는 '물리적인 개념을 차용'해서 그 특징을 설명할 때가 있다. 물리적으로 정확한 의미를 표현하는 경우라면 '거의, 대략, 약'이라는 낱말을 쓰지 않는다. 그러나 물리적인 개념을 차용하려는 언어 장치라면 그런 표현들을 써도 괜찮다. 청구항의 독자(심사관을 포함해서)는 드러난 언어 표현뿐만 아니라 그 언어를 통해서 설명되는 기술의 내용까지 읽는다. 내용까지 염두에 두고 청구항을 읽는다는 점을 감안하면 독자가 '거의, 대략, 약'이라는 표현을 읽고, 그런 낱말이 물리적으로 정확한 의미를 방해하는 표현인지 아니면 청구항 작성자가 물리적인 개념을 차용하기 위해서 그런 표현을 썼는지를 어렵지 않게 판단할 수 있다.

　　어떤 구성이 삼각형상을 갖는다고 할 때 기하학에서 말하는 엄격한 의미의 삼각형은 아니지만, 다소 비뚤어졌거나 찌그러지졌든 혹은 내각의 180°를 넘거나 그보다 작든 간에 어찌되었건 상식적으로 삼각형상이라고 인정할 만하다면 '거의 삼각형' 혹은 '대략 삼각형'이라는 표현을 불명확하다고 말할 수 없다. 이런 표현은 그저 삼각형이라는 개념을 차용한 것에 불과하기 때문이다. 오히려 이런 경우라면 '거의', '대략'이라는 표현 자체가 더할 나위 없이 명확한 표현이라 하겠다(특허 1538167호). '찌그러진 삼각형'이라거나 '내각의 합이 180°가 넘는 삼각형'이라고 표현할 수는 없지 않은가? 전자는 어느 정도 찌그러져 있는 구성인지 불명확하고, 후자는 자연의 공리에 반한다.

　　행여 심사관이 이런 표현들을 불명확하다고 지적한다면 삭제 보정한다. 그렇게 하더라도 특허범위가 축소된다고 보기 힘들다. 삭제하지 않고 대응한다면 그 표현이 '물리적인 정확함'을 뜻하는 것이 아니라 '물리적인 개념을 차용'하는 의미임을 논리적으로 진술하고, 아울러 그런 표현이 청구항에 사용된 선행특허들을 제시한다.

269

〈대부분〉

'대부분'의 사전적인 의미는 '절반이 훨씬 넘어 전체량에 거의 가까운 정도의 수효나 분량'이다. 일반적으로는 모호한 표현이라 하겠다. 하지만 기술적인 구성에 관한 특성이 100%에 이르지는 않지만 '대부분'

이라고 말할 수 있는 경우가 있고, 그런 상황이나 상태 자체가 기술의 진보와 관련될 수 있다는 점을 생각하지 않을 수 없다. 특허제도는 그런 경우를 배제하지 않는다. 따라서 '대부분'이라는 표현이 있다고 해서 곧 불명확한 단어가 되지 않는다. 앞뒤 맥락을 검토해 불명확성 여부를 판단한다.

예제 109 (특허 1518077)

입자 집단을 포함하는 나노 에멀젼으로서, 입자의 <u>대부분</u>은 10 내지 300nm 의 직경을 가지며, 나노입자는 EYKTTKSSRL, GKTVIEYKTTKS, GKT-VIEYKTTKSSRL, WGKTVIEYKTTKSSRLPIID, 및 CTSHTGAWGKT-VIEYKTTKS로 이루어진 군으로부터 선택되는 아미노산 서열의 변형된 펩티드를 1종 이상 포함하는 것이고, 피부, 피하 조직 또는 인접 근육에 대한 생물학적 활성을 갖는 화장용 나노 에멀젼.

예제 110 (특허 1519674)

플레이튼의 최상부면 상에 웨이퍼를 지지하는 단계;

상기 플레이튼 주위에서 상기 플레이튼의 상기 최상부면 아래에 그리고 시일 위로 정의되는 액체 보유 볼륨을 형성하기 위해 상기 플레이튼과 유체 보울 사이의 시일을 인게이지하도록 상기 유체 보울로 상기 플레이튼을 내리는 단계로서, 상기 액체 보유 볼륨은 상기 유체 보울의 내면 및 상기 플레이튼의 외면 사이에서 정의되고, 상기 플레이튼 위에 가로놓이는 볼륨에 개방된, 상기 플레이튼을 내리는 단계;

상기 시일의 위와 상기 플레이튼의 최상부면 밑의 하나 이상의 위치들에서 액체 보유 볼륨 내에 무전해 도금 용액을 분사하는 단계로서, 상기 무전해 도금 용액은 상기 액체 보유 볼륨을 채우고, 상기 웨이퍼의 최상부면의 주변부로부터 상기 웨이퍼의 상기 최상부면의 중심으로 내향 확장하는 균일한 방식으로 상기 웨이퍼의 상기 최상부면 위로 상승 및 유동하도록 분사되는, 상기 무전해 도금 용액을 분사하는 단계;

상기 웨이퍼의 상기 최상부면으로부터 상기 무전해 도금 용액의 <u>대부분을 제거하도</u>록, 상기 액체 보유 볼륨으로부터 상기 무전해 도금 용액을 배출하는 단계; 및

상기 액체 보유 볼륨으로부터 상기 무전해 도금 용액을 배출하는 즉시 상기 웨이

퍼의 상기 최상부면을 린스하는 단계를 포함하는, 반도체 웨이퍼 무전해 도금을 위한 방법.

예제 109 청구항과 예제 110 청구항에서 '대부분'이라는 단어를 사용했다. 이런 표현이 불가능하다면 어떨까? 예제 109의 경우 나노 에멀전의 모든 입자가 10 내지 30nm의 직경을 가져야만 한다는 것이다. 지나치게 형식적 명확성을 추구한 나머지 기술의 실체를 핍박하고 만다. 낱말 하나 때문에 기술의 공헌에 비해서 특허범위를 지나치게 협소하게 만든다. 예제 110에서도 '대부분'이라는 용어를 허용하지 않는다면 웨이퍼 표면의 무전해 도금 용액을 완전히 제거해야만 특허가 인정된다는 이야기인데, 반(反)기술적인 태도다. 오히려 '완전히'라는 단어가 '기술적으로' 불명확하다. '대부분'이라는 표현이 있으나 무사히 특허를 받은 안건이 매우 많음을 참고할 만하다.

〈많은, 높은, 큰, 무거운〉

청구범위에 어떤 구성의 양질을 나타내는 표시는 그 범위가 정확한 것이 바람직하며, 그러므로 숫자와 단위로 정량적으로 표현되는 것이 좋다. 그러나 정량적인 표현을 사용하기 어려울 때가 많다. 그래서 '많은, 높은, 큰, 무거운'과 같은 정성적인 표현을 사용할 수밖에 없는 경우도 종종 발생한다.

　　그런 경우에는 외연을 특정하기 위해서 '기준'을 제시한다. 예제 111 청구항을 보라. 기준이 명확히 제시돼 있다. 마땅히 기준이 없는 양질 표현이라면 기재불비에 해당할 수 있고, 이에 심사관은 거절이유를 통지할 것이다. 그러면 보정을 통해서 해결한다. 이따금 아무런 기준 없이 청구항에 양질 표현을 사용하는 경우가 있다. 실무자는 차후에 보정으로 극복할 수 있도록 적어도 상세한 설명에는 기준이 될만한 사항이 기재될 수 있도록 조치한다.

예제 111 (특허 1500050)

가열된 피처리체를, 냉각 기구를 갖는 냉각 부재를 사용해서 냉각하는 피처리체의 냉각 방법이며,

(1) 상기 가열된 피처리체를, 이 피처리체를 지지하는 피처리체 지지 핀 상에 진공 처리의 압력 하에서 적재하고, 상기 피처리체를 상기 냉각 부재로부터 이격시킨 상태에서, 상기 피처리체를 냉각하는 냉각 가스를 제1 유량으로 공급하여, 상기 피처리체의 주위의 압력을 상기 진공 처리의 압력보다도 높은 제1 압력으로 올려서 상기 피처리체를 제1 시간, 냉각하는 공정과,

(2) 상기 피처리체를 상기 피처리체 지지 핀 상에 적재하여 상기 냉각 부재로부터 이격시킨 상태 그대로, 냉각 가스의 공급을 멈추고 대기하는 공정과,

(3) 상기 피처리체 지지 핀을 하강시켜, 상기 피처리체를 상기 냉각 부재 상에 적재 또는 근접시킨 상태에서, 상기 냉각 가스를 상기 제1 유량보다도 많은 제2 유량으로 공급하여, 상기 피처리체의 주위의 압력을 상기 제1 압력보다도 높은 제2 압력으로 올려서 상기 피처리체를 제2 시간, 더 냉각하는 공정을 구비하고,

상기 (1) 및 (2)의 공정의 동안, 상기 피처리체 지지 핀을 움직이지 않는, 피처리체의 냉각 방법.

예제 112 (특허 359141)

관형체 (17) 및 그 관형체상에 설치된 표면확장부재들을 포함하고, 그 표면확장부재들은 관형체의 외측에서 그 관형체에 용접되어 상기 관형체로부터 바깥으로 신장하는 다수의 핀(18)으로 구성되고, 상기 관형체 및 상기 핀들이 탄소강으로 제조되는 열교환 튜브에 있어서,

상기 핀들 (18)은 상기 관형체 (17)를 제조하는 재료보다 상당히 낮은 탄소함량을 갖는 재료로 제조되는 것을 특징으로 하는 열교환 튜브.

예제 112 청구항에서는 '상당히 낮은'이라는 표현이 문제가 됐다. 실제 소송 사건에서 문제가 됐던 청구항이다. 이 표현의 기재불비 여부에 관해서 특허법원이 어떻게 판단하였는지는 실무자에게 좋은 가이드를 준다(특허법원 2007. 4. 12. 선고 2006허114 판결). 그렇지만 실무자가 실제 청구항을 작성할 때에는 '상당히 낮은'이라는 표현보다는 단순히 '낮은'이라는 표현을 선택할 것을 권한다. 실무자는 판례를 공부해야 하며,

또한 필경 그 공부의 결과가 문제 해결에 지혜를 주겠지만 문제의 발생보다는 문제를 예방하는 것이 실무자의 올바른 덕목이기도 하다.

특허법원 114 판결은 청구항의 기재뿐만 아니라 명세서의 기재와 해석자인 당업자의 지식 수준을 참조해 '상당히 낮은'이라는 표현의 진실한 의미를 맥락을 통해 탐구했다. 이는 다음과 같다.

이 사건 특허발명의 상세한 설명에 의하면, "매우 낮은 탄소함량을 갖는 강을 핀들에 사용하면 크랙 형성 위험의 감소효과 외에 다른 우수한 효과를 낳는다. 보다 구체적으로 ⋯(중략)⋯전체로서의 총 열관류 계수를 증가시킨다", "관형체는 관형체를 그의 소망강도로 하기에 적합한 재료로 제조되며 약 0.1% 이상의 탄소함량을 갖는 것이 바람직하다", "본 발명에 따라 핀들은 관형체를 제조하는 재료보다 상당히 낮은 탄소함량을 갖는 재료로 제조되어야 한다", "핀들을 제조하는 재료는 약 0.05%를 초과하지 않는 탄소함량을 갖는 것이 바람직하다"고 기재되어 있다.

위 기재내용에 의하면, 청구항 1 발명의 '상당히 낮은'이란, 관형체와 핀의 제조시 허용되는 단순한 탄소함량의 오차 범위 내지 그와 유사한 정도로 낮은 것이 아니라, 관형체와 핀의 용접시 균열 형성의 위험을 감소시키고 총 열관류계수를 증가시키는 이 사건 특허발명의 목적을 실질적으로 달성할 수 있을 정도로 낮아야 하는 것으로 이해되고, 그 바람직한 실시예로서 관형체의 탄소함량 상한치(약 0.1% 이상)와 핀의 탄소함량 하한치(약 0.05% 이하)가 제시되어 있어 이에 의하면 수치상으로 적어도 약 0.05% 이상의 상대적 차이가 있는 경우를 의미함을 알 수 있다. 따라서, 위 '상당히 낮은'은 이 사건 특허발명의 목적을 구현하기 위해 구체적인 실시형태에 따라 다른 값을 갖는 관형체의 탄소함량(탄소강은 탄소를 1.7% 이하 함유하는 강이므로 상세한 설명에 따른 관형체의 탄소함량 범위는 약 0.1~1.7%이다)보다 핀의 탄소함량이 바람직하게 약 0.05% 정도 더 낮은 것을 표현한 것으로서, 이 기술분야에서 통상의 지식을 가진 사람이 이 사건 특허발명의 상세한 설명을 참조하여 '상당히 낮은'의 의미와 정도 등을 충분히 이해할 수 있다고 할 것이다. 결국 청구항 1 발명은 불확정개념을 사용하기는 하였지만 이 사건 특허발명의 목적과 그 상세한 설명에 의하여 그 의미와 정도 등이 충분히 뒷받침되어 있으므로, 특허법 제42조 제4항 제1, 2호의 기재불비 사유에 해당된다고 할 수 없다.

273

〈주로, 주성분으로〉

어떤 구성이나 성분이 어떤 기작을 갖거나 포함된다고 할 때 그것이 어느 정도까지인지 분명하게 표현하기 어려울 때가 많다. 숫자로 표현하면 좋겠지만 숫자의 임계치가 언제나 정해지는 것은 아니다. 임계치를 정할 수 없는 경우 숫자는 사실상 의미를 잃는다. 결국 언어로 표현되어야 하는데, 언어로 명확하게 표현하지 못한다는 이유로 기술적인 의미를 함부로 부인하는 것은 곤란하다. 언어는 의미를 전하는 데에는 강하지만 의미를 확정하는 데에는 나약하다. 그 강점으로 말미암아 특허범위는 언어에 의해 정해진다. 그러나 언어의 약점으로 말미암아 기재불비의 문제가 생기며, 이 문제는 일괄적으로 해결 곤란하다는 태생적 한계가 있다. 이런 한계를 우리가 인식할 때 기재불비의 판단을 지나치게 형식적으로 적용해서는 안 된다는 실무감각을 얻을 수 있다.

'주로', '주성분으로'와 같은 표현은 명목상으로는 기재불비에 해당하는 것처럼 보인다. '주로'의 의미가 무엇이며, 어느 정도가 '주성분'인지 의미론적으로는 알 수가 없다. 그러나 주로든 주성분이든 그것이 포함된다는 사실은 부인하기 어렵고, 그럼으로써 증진된 효과가 있다는 사실 또한 부인할 수 없다면 그런 경우까지 심사 단계에서 기재불비라고 거절이유를 통지하는 것은 지나치다. 상세한 설명의 기재를 보건대 발명의 내연을 확정할 수 있다면, 즉 기술적으로 실시 불가능하다거나 내용적인 모순이 없다면 '주로', '주성분으로'라는 표현을 이유로 습관적으로 거절이유를 통지하는 것은 잘못된 관행이라고 생각한다. 그것이 정말로 특허범위를 불명확하게 만들어서 발명의 외적 범위를 특정할 수 없게 한다면 당사자 사이의 무효심판을 통해 다투도록 하는 것이 바람직하다.

예제 113 (특허 1528920)
기판과;
제1 범위의 표면 에너지값을 갖는 제 1 물질 및 제 1 범위의 표면 에너지값보다

낮은 제 2 범위의 표면 에너지값을 갖는 제 2 물질이 혼합되어 이루어지는 코팅층을 포함하며,

상기 제1물질은 상기 기판과 접촉하는 상기 코팅층의 제1측에 주로 분포하고, 상기 제2물질은 상기 제1측과 반대쪽인 상기 코팅층의 제2측에 주로 분포되는 것을 특징으로 하는 디스플레이 장치용 광학필름.

예제 114 (특허 1532137)

주성분으로 포함되는 $BaTiO_3$; 및

부성분으로서 포함되는 xB_2O_3-$(1-x)BaO$ 화합물;을 포함하고,

상기 x는 0.25 내지 0.8이며,

상기 부성분은 상기 주성분의 몰수를 100 몰이라고 할 때, 0.1 몰 내지 2.00 몰 포함되는 저온 소성용 유전체 조성물.

예제 113에서는 '주로'가, 예제 114에서는 '주성분으로'라는 표현이 사용됐다. 모두 특허를 받았다. 불명료함이 완전히 해소되지는 않았으나, 그렇다고 해서 특허범위를 확정하기가 어렵다고 보기는 힘들고, 그런 한계 이상의 기술의 진전이 있다고 보는 것이다. 화학물질발명에서 'X를 유효성분으로 포함하는 Y'라는 표현이 관행적으로 인정된다면 '주성분'이나 '주로'라는 표현을 금기시하기는 어렵다.

〈지시 보조어 문제〉

청구항에서 가장 많이 사용되는 낱말은 '상기'와 같은 지시 보조어다. 너무 자주 사용되는 나머지 잦은 실수가 발생한다. '상기 사용자 단말'이라고 표현했으나, 그 앞에 '사용자 단말'이 없는 경우다. 이런 실수가 실무적으로 자주 발생하는 까닭은 실무자가 특허문서를 작성하면서 청구범위를 여러 번 수정하기 때문이며, 그때 구성요소의 순서가 바뀌기 일쑤인데 실무자가 지시 보조어의 문제를 깜빡 잊어버리기 때문이다. 크게 문제되지는 않지만 기초적인 실수이므로 유의하는 것

이 좋다. 거절이유가 통지되면 보정을 통해 간명하게 극복한다. 특허청 심사지침은 '지시의 대상이 불명확하여 발명의 구성이 불명확한 경우'로서 지시 보조어의 잘못을 규정하고 있다. 다음과 같은 경우 거절이유가 통지된다:

> 청구항에 여러가지 종류의 기어가 기재되어 있고 그 중 어느 특정기어를 지시할 때 '상기 평기어', '전기 베벨기어' 등과 같이 지시의 대상을 명확히 기재하지 않고 '상기 기어', '전기 기어' 등과 같이 기재한 결과 어느 기어를 지시하는지가 불명확한 경우

(3) 수치의 기재

276 청구항을 기재함에 있어 수치를 사용하는 발명을 흔히 수치한정발명이라고 부른다. 수치한정발명에 대한 다양한 실무 취급에 대해서는 나중에 살펴보기로 하고, 여기서는 청구항 기재불비의 실무적 쟁점에 대해서만 살핀다.

특허청 심사지침은 <수치한정발명에서 '… 이상', '… 이하', '0~10'과 같이 상한이나 하한의 기재가 없는 수치한정이나 0을 포함하는 수치한정(0을 포함하는 성분이 필수성분이 아니라 임의성분인 경우에는 제외한다)을 한 경우>와 <'120~200℃, 바람직하게는 150~180℃'와 같이 하나의 청구항 내에서 이중으로 수치한정을 한 경우>를 대표적인 기재불비 사항으로 규정하고 있다. 그러나 발명의 외연이 특정되지 않아서 기재불비에 해당할 수 있을지도 모른다는 우려의 관점에서 관심 있게 살펴야 한다는 취지로 해석하는 것이 바람직하다. 무조건 기재불비에 해당한다고 판단하면 비합리적일 때가 있다.

예제 115 (특허 359141)

제 1 항에 있어서, 상기 관형체(17)는 약 0.1 % 이상의 탄소 함량을 갖는 재료로 제조되고, 상기 핀들(18)은 약 0.05 % 이하의 탄소함량을 갖는 재료로 제조되는 것을 특징으로 하는 열교환 튜브.

예제 115는 앞에서 예시한 예제 112 청구항의 종속항이다. 이 수치 표현에는 상한이나 하한이 없다. 그래서 심결취소소송에서 원고는 기재불비에 해당하므로 무효가 돼야 한다고 주장했다. 특허법원은 상세한 설명을 참작하되 당업자의 지식 수준을 적극적으로 고려해서 기재불비에 해당하지 않는다고 선언했다(특허법원 2007. 4. 12. 선고 2006허114 판결). 즉, "청구범위에는 관형체와 핀이 탄소강으로 제조되고, 관형체는 약 0.1% 이상의 탄소함량을 갖는 재료로 제조되며 핀은 약 0.05% 이하의 탄소함량을 갖는 재료로 제조된다고만 기재되어 있을 뿐이므로, 관형체의 탄소함량 상한치 및 핀의 탄소함량 하한치가 명시되어 있지는 않다. 그러나 이 기술분야에서 통상의 지식을 가진 사람들에게 탄소강은 탄소함량이 최대 1.7% 이하의 강을 의미하고, 또한 그 함량이 최소 0%를 넘어야 함은 자명하다고 할 것인바, 비록 청구항 2 발명의 청구범위에 관형체의 탄소함량 상한치 및 핀의 탄소함량 하한치가 명시되어 있지 않더라도 이 기술분야에서 통상의 지식을 가진 사람이라면 관형체에 대한 탄소함량의 범위를 충분히 이해할 수 있다"는 것이다.

〈조성물 발명에서는 관용적으로 수치가 사용된다.〉

그 수치를 통해서 조성물 발명의 구성 성분의 조성비를 표현함으로써 조성물 발명의 외연을 확정하게 마련이다. 이때 조성비를 %로 표시했을 때가 특히 문제다. 특허법원은 "조성물 발명의 구성을 명확하게 하기 위해서는 그 구성 성분의 조성비 등이 명확하게 기재되어 있어야 하는데, 발명을 특정하기 위한 사항인 조성비의 기재가 모든 경우에

각 성분의 임계치를 취하여 정확히 100%를 만족시킬 필요는 없는 것이지만, ① 모든 성분의 최대성분량의 합이 100%에 미달하는 경우, ② 모든 성분의 최저성분량의 합이 100%를 초과하는 경우, ③ 하나의 최대성분량과 나머지 최저성분량의 합이 100%를 초과하는 경우, ④ 하나의 최저성분량과 나머지 최대성분량의 합이 100%에 미달하는 경우 등과 같이 조성비의 기술적인 결함이나 모순이 있는 경우에는 발명의 구성이 명확하게 기재되어 있다고 할 수 없다"고 판결했다(특허법원 2007. 3. 28. 선고 2006허4765판결).

이 특허법원 4765 판결의 사례는 이러하다. 원적외선 훈열제의 구성 성분과 조성비로 청구항에, 원적외선 방출물질 분말 20~50중량%, 연소재 분말 40~80중량% 및 물 30~50중량%로 기재되어 있는데, 위 성분 중 가장 많은 양으로 사용될 수 있는 연소재 분말 80중량%와 나머지 성분들의 최저성분량인 원적외선 방출물질 분말 20중량% 및 물 30중량%의 합이 100중량%를 초과하게 되므로(80 + 20 + 30 = 130) 그 조성비가 적법하게 특정되어 있다고 볼 수 없다는 것이다.

특허법원의 이 판례기준은 특허청 심사지침으로 반영됐다. 다시 한 번 정리하자면 조성비가 %로 기재된 조성물 발명의 경우 아래의 ① 내지 ④의 경우와 같이 조성비의 기술적인 결함이나 모순이 있는 경우에는 기재불비에 해당한다는 것이다.

① 모든 성분의 최대성분량의 합이 100%에 미달하는 경우
② 모든 성분의 최소성분량의 합이 100%를 초과하는 경우
③ 하나의 최대성분량과 나머지 최소성분량의 합이 100%를 초과하는 경우
④ 하나의 최소성분량과 나머지 최대성분량의 합이 100%에 미달하는 경우

그러나 청구항의 트랜지션 표현이 <~를 포함하는>인 경우와 같이 특정 성분들로만 구성돼 있지 않고 다른 성분도 포함될 수 있는 개방형 청구항의 경우에는, ①의 경우 명시된 최대성분량의 합이 100%에 미달하더라도 다른 성분을 포함하면 100%가 될 수 있다. 그 경우 기재불비가 아니다. 마찬가지로 ④의 경우 명시된 하나의 최소성분량과 나머지 최대성분량의 합이 100%에 미달하더라도 다른 성분을 포함하면 100%가 될 수 있으므로 명확한 기재에 해당한다.

예제 116 (심사지침)
40~60질량%의 A성분과, 30~50질량%의 B성분과, 20~30질량%의 C 성분으로 이루어지는 조성물.

예제 116 청구항은 세 성분 중 하나인 A의 최대치와 나머지 성분들 B, C의 최소치의 합이 100%를 넘으므로 발명이 기재불비에 해당한다.

예제 117 (심사지침)
a) 크레졸 노블락형 에폭시수지 5-20중량%
b) 페놀 노블락형 경화제 5-20중량%
c) 실리카 및 알루미나에서 선택된 무기 충전제 50-80중량% 및
d) 아민계 경화촉진제 0.5-1중량%
로 이루어지는 반도체 소자 밀봉용 에폭시 수지 조성물.

예제 118 (심사지침)
a) 크레졸 노블락형 에폭시수지 5-20중량%
b) 페놀 노블락형 경화제 5-20중량%
c) 실리카 및 알루미나에서 선택된 무기 충전제 50-80중량% 및
d) 아민계 경화촉진제 0.5-1중량%
를 포함하는 반도체 소자 밀봉용 에폭시 수지 조성물.

예제 117 청구항의 경우 성분 c)를 그 최솟값인 50중량%로 선택할 경우 나머지 성분인 a), b), d)를 모두 최댓값으로 해도 총합이 91중량%가 되어 100중량%에 미달하므로 역시 기재불비에 해당한다. 그러나 예제 118 청구항은 다른 표현은 예제 117 청구항과 동일하지만, 트랜지션만 <~를 포함하는>으로 수정돼 있다. 그렇다면 하나의 최소성분량과 나머지 최대성분량의 합이 100%에 미달하더라도 다른 성분을 포함될 수 있으므로 기재불비를 면한다.

이처럼 조성물 발명의 경우 실무자는 수치와 백분율(%) 기호를 함께 사용할 때 발생하는 기재불비 문제를 유의해야 한다. 그래서 백분율로 조성비를 표현하기보다는 중량부를 사용하는 경우가 많다. 중량부는 일반적으로 하나의 기준 물질을 정하고 이에 따른 다른 성분의 함량을 표현하는 기재방식이다. 예제 119 청구항의 경우 '원료고무 100중량부'라는 기준이 제시돼 있다. 예제 119처럼 기준 물질을 정한 다음에 다른 성분의 함량을 표현해도 좋고, '전체 조성물 100 중량부에 대하여'라는 표현을 기준으로 삼을 수도 있다. 심지어 그런 기준조차 없어도 된다. 기준 물질이 특정돼 있지 않아도 한 성분을 기준으로 하여 다른 성분의 함량을 상대적인 비로 환산할 수 있기 때문이다. 예컨대 예제 120 청구항은 기준 물질이 제시돼 있지 않다.

예제 119 (특허 1572106)

<u>원료고무 100중량부에 대하여</u>, 보강성 충진제 10 내지 100중량부 및 비닐트리스(2-메톡시에톡시)실란(vinyltris(2-methoxyethoxy)silane) 1 내지 20중량부를 포함하며,
상기 원료고무는 스티렌 부타다이엔 고무 40 내지 90 중량부 및 부타다이엔 고무 10 내지 60 중량부를 포함하는 타이어 트레드용 고무 조성물:

예제 120 (특허 1572566)

건조효모균 0.3 내지 0.7 중량부, 광합성 세균 배양액 0.7 내지 1.5 중량부, 엔테로코커스 패시움 배양액 0.7 내지 1.5 중량부, 락토바실러스 플란타룸 배양액 0.7 내지 1.5 중량부, 비피더스균 배양액 0.7 내지 1.5 중량부, 증류수 90 내지 110 중량부로 이루어지는 것을 특징으로 하는 육상 가두리 새우 양식장용 수질 정화 및 저질개선용 조성물.

이제 실무자는 백분율의 중량%와 중량부의 실무적 취급을 명확히 이해할 수 있다. 그렇지만 중량%와 중량부 중 어느 하나를 선택해야만 조성비를 나타낼 수 있는 것은 아니다. 발명을 특정할 수만 있다면 다른 방식으로도 조성비를 표현할 수 있다.

예제 121 (특허 1572218)

전체 화장료 조성물 100 중량부 대비 소금 4~12 중량부, 왁스 4 중량부 이상, 및 오일 10~40 중량부를 포함하며, 상기 오일의 전체 중량에 대해 실리콘류 오일이 70 중량% 이상으로 포함되고, 상기 소금은 수상부에 해리된 것을 특징으로 하는, 유중수형 화장료 조성물.

예제 121 청구항은 '전체 화장료 조성물 100 중량부 대비'라는 기준을 제시하면서 중량부로 조성비를 표현하다가, '오일 전체 중량에 대해' 중량% 표현을 사용했다.

예제 122 (특허 1574568)

(a-1) 코크스를 포함하는 하부층과,

(b-1) 고로슬래그 및 석탄회를 포함하는 과립분말, (b-2) 유연탄 분말, 및 (b-3) 초임계 유체를 포함하는 상부층으로 이루어지고,

상기 (b-1) 과립분말은 고로슬래그 97 내지 98.5 중량% 및 석탄회 1.5 내지 3 중량%를 포함하고,

상기 (b-1) 과립분말은 코크스 총 중량에 대하여 10-15 중량부로 포함되고,

상기 (b-2) 유연탄 분말은 상기 코크스 총 중량에 대하여 20-30 중량부로 포함되고,

상기 (b-3) 초임계 유체는 코크스 총 중량에 대하여 1-5 중량부로 포함하는 것을 특징으로 하는 유연탄 분말을 바인더로 사용하는 성형탄.

예제 122 청구항도 마찬가지다. 중량부와 중량%를 중층적으로 사용함으로써 발명의 조성비 특징을 표현했다. 반면 예제 123 청구항은 중량비라는 비례식을 사용했다.

예제 123 (특허 1574967)

아크릴계 중합체, 점착 부여제, 경화제 및 다이메틸카보네이트와 물보다 어는점이 낮은 용매가 90 : 10 ~ 50 : 50의 중량비로 혼합된 혼합용매를 포함하는 아크릴계 점착제 조성물.

한편 합금의 경우에는 합금을 구성하는 첨가 성분의 종류 또는 양에 의해서 조직상태, 용도, 성질 등이 달라질 수 있다. 그러므로 주성분의 한정만으로는 청구범위가 특정될 수 없고 나머지 첨가 성분이 모두 한정돼야 한다(특허청 심사지침). 그러므로 합금을 구성하고 있는 각 성분의 조성범위의 총합은 100%가 되도록 기재해야만 한다. 청구항을 폐쇄형('이루어지는'의 형식) 또는 개방형('포함하는'의 형식)의 어느 트랜지션을 사용하더라도 조성범위의 총합이 100%를 초과하거나 미달해서는 안 된다고 특허청 심사지침을 규정하고 있다. 이것은 지나치게 엄격한 규정이다. 그래서 실무자들은 '잔부' 혹은 '부득이한 불순물'을 차용해서 이 엄격함을 회피한다.

예제 124 (특허 1571143)

합금으로서, 다음 요소(특성은 합금의 wt% 단위로 표시된다), 즉 Cr: 23 내지 34wt%, Ti: 0.2 내지 5wt%, Ta: 0.5 내지 7wt%, C: 0.2 내지 1.2wt%, Ni: 5wt% 미만, Fe: 3wt% 미만, Si: 1wt% 미만, Mn: 0.5wt% 미만을 함유하고, 나머지는 코발트 및 부득이한 불순물로 구성되는 것을 특징으로 하는, 합금.

예제 125 (특허 1575420)

Si 17~18wt%, Ti 2.5~5wt%, B 1~2wt%, Mg 2.5~5wt%, Cu 4~5wt%, 잔부 Al 및 기타 불가피한 불순물을 포함하며, Ti:Mg=1:1~1.5인 것을 특징으로 하는 알루미늄합금.

예제 126 (특허 1575637)

$AlTM_xMM_z$(0≤x≤10, 0≤z≤10)의 조성식으로 표현되고, TM은 Fe, Ni, Co, Cu 중에서 선택된 적어도 2종류 이상의 원소이고, MM은 미시 금속(misch metal)인 것을 특징으로 하는 알루미늄계 비정질 합금.

예제 124 청구항은 '나머지는 코발트 및 부득이한 불순물'이라는 표현을 사용했으며, 예제 125 청구항도 '잔부 Al 및 기타 불가피한 불순물'을 사용했다. 조성식 파라미터를 이용해서 합금 수치의 엄격함을 회피하기도 한다. 예제 126이 그러하다.

한편 앞서 설명한 것처럼 특허청 심사지침에는 '120~200℃, 바람직하게는 150~180℃'와 같이 하나의 청구항 내에서 이중으로 수치한정을 한 경우를 대표적인 기재불비 청구항으로 예시하고 있다. 그렇지만 예제 127 청구항을 보라. 심사를 통과해서 특허를 받은 청구항이다. 전체적으로 모호한 부분이 많기 때문에 실무자로서 권할 만한 청구항 기재는 아니다. 그러나 발명의 내연적인 명확성이 인정되고 수치의 임계적 의의가 부인되지 않는다면 이 청구항을 무효라고 선언할 수 있을지는 의문이다.

예제 127 (특허 1575692)

표준 ASTM D-896에 의해 결정된 BN이 15mg KOH/g 이상, 바람직하게 20mg KOH/g 이상, 바람직하게 30mg KOH/g 이상, 유리하게 40mg KOH/g 이상인 실린더 윤활유로서,
a) 하나 이상의 선박기관용 윤활 기유(lubricating base oil),
b) 선택적으로 하나 이상이 중성 세제와 함께, 카르보네이트 금속염(metallic

carbonate salt)으로 과염기화된(overbased), 알칼리 금속 또는 알칼리토금속 기반이 적어도 하나의 세제(detergent), 및

c) 표준 ASTM D-896에 의해 결정된 BN이 150 내지 600 mg KOH/g, 바람직하게는 200 내지 500 mg KOH/g인 하나 이상의 유용성(oil-soluble) 지방 아민(fatty amines) 및/또는 지방 아민 유도체(fatty amine derivative)를 포함하며,

상기 지방 아민 및/또는 그 유도체에 의해 제공되는 BN이 상기 실린더 윤활유의 총 BN에 대하여 적어도 10 mg KOH/g, 바람직하게 적어도 20 mg KOH/g, 바람직하게 적어도 30 mg KOH/g, 더 바람직하게 적어도 40 mg KOH/g가 되도록 상기 윤활유의 총 중량에 대하여 상기 지방 아민 및/또는 그 유도체의 질량 백분율을 선택하며,

상기 카보네이트 금속염(metallic carbonate salt)에 의해 제공되는 BN이 상기 실린더 윤활유의 총 BN에 대하여 많아야 20 mg KOH/g를 나타내도록 상기 윤활유의 총 중량에 대하여 과염기화된(overbased) 세제의 질량 백분율을 선택하는 실린더 윤활유.

286

〈카테고리〉

오브젝트가 카테고리를 결정한다. 카테고리는 크게 물의 발명과 장치 발명만이 인정된다. 오브젝트가 이 둘 중 어느 하나의 카테고리에 속하는지가 명확해야 한다. 그렇지 않으면 법의 요건을 충족하지 못한다. 이에 대해서는 오브젝트에서 살펴본 바가 있다.

예제 128 (특허 738488)
수심이 깊은 강이나 바다의 연약지반(110)에서 교량의 가설에 있어서;
수면위가 아닌 수중의 연약지반(110)에 근접한 위치에서 RCD 파일(120)의 희생강관을 절단하고 육상에서 제작된 브라켓(200)을 운반하여 설치하는 단계;
브라켓(200)의 지압판(230)에 프리캐스트 콘크리트 블록(150)의 유도공이 삽입되는 형태로 설치하는 단계;
프리캐스트 콘크리트 블록(150)의 유도공 상부로 돌출된 브라켓(200)에 철근

보강대(270) 및 철근을 조립하고 지수재 삽입홈(180)을 형성할 수 있는 형상틀을 설치하는 단계;

수중 불분리 콘크리트를 이용하여 레벨링 콘크리트(170)를 타설하는 단계;

지수재 삽입홈(180)에 지수재(190)를 설치하고 케이슨(300)을 설치하고 배수 후 건식 작업으로 교각기초(130) 구조물을 시공하는 단계;

케이슨(300)을 해체하고 교각기초(130) 구조물의 시공을 완료하는 단계를 포함하는 것을 특징으로 하는 프리캐스트 콘크리트 블록을 이용한 교각기초 케이슨 설치구조.

예제 129 (예제 128의 정정심판에 의해 정정된 청구항)

수심이 깊은 강이나 바다의 연약지반(110)에서 교량의 가설에 있어서;

수면위가 아닌 수중의 연약지반(110)에 근접한 위치에서 RCD 파일(120)의 희생강관을 절단하고 육상에서 제작된 브라켓(200)을 운반하여 설치하는 단계;

브라켓(200)의 지압판(230)에 프리캐스트 콘크리트 블록(150)의 유도공이 삽입되는 형태로 설치하는 단계;

프리캐스트 콘크리트 블록(150)의 유도공 상부로 돌출된 브라켓(200)에 철근 보강대(270) 및 철근을 조립하고 지 수재 삽입홈(180)을 형성할 수 있는 형상틀을 설치하는 단계;

수중 불분리 콘크리트를 이용하여 레벨링 콘크리트(170)를 타설하는 단계;

지수재 삽입홈(180)에 지수재(190)를 설치하고 케이슨(300)을 설치하고 배수 후 건식 작업으로 교각기초(130) 구조물을 시공하는 단계;

케이슨(300)을 해체하고 교각기초(130) 구조물의 시공을 완료하는 단계를 포함하는 방법에 의해 시공되는 것을 특징으로 하는 프리캐스트 콘크리트 블록을 이용한 교각기초 구조물.

285

예제 128 청구항과 예제 129 청구항은 무효심판과 정정심판을 오가면서 여러번의 심결/판결을 남긴 흥미로운 사건의 청구항이다(최종 무효).

정정 전 청구항인 예제 128 청구항에 대해 특허법원은 물건의 발명을 방법적으로 기재하였으나 발명의 대상이 되는 물건의 구성이 명료하게 기재되지 않았다고 판단하였다. 예제 128 청구항은 청구범위 말미에는 '프리캐스트 콘크리트 블록을 이용한 교각기초 케이슨 설치구조'라 하여 물건의 발명으로 기재하고 있으면서도 그 구성요소들은 '…설치하는 단계'. '…타설하는 단계', '…시공하는 단계', '…시공을 완료하는 단계'와 같이 순차적인 시공방법의 각 단계로 기재하고 있다. 청구범위 말미의 '교각기초 케이슨 설치구조'라는 기재만 보면 이 사건 발명은 '교각기초 시공을 위한 케이슨 설치구조'에 관한 발명으로 보이나, 다른 한편으로는 위 말미의 기재를 제외한 나머지 청구범위 기재로만 보면 케이슨은 일시적으로 설치됐다가 해체되는 구성요소에 불과하고, 최종적으로는 교각기초 구조물만 남는 구성으로 읽히므로 오히려 '교각기초 구조물'이 발명의 대상이 되는 물건이라고 볼 여지가 많다. 결국 이 사건 발명은 청구범위 자체로도 발명의 대상이 되는 물건이 명확하게 특정되지 않는다는 것이다(특허법원 2009. 8. 20. 선고 2008허11484 판결 참조).

특허권자가 예제 128 청구항을 정정심판 청구를 하여 예제 129 청구항으로 정정한 후에 계속되는 무효심판 사건에서 특허법원 재판은 이러하였다(특허법원 2011. 8. 26 선고 2010허8382 판결). 이 사건은 변리사가 대리하지 않고 본인 특허출원했으며, 심사를 통과해서 특허를 받은 안건이어서 흥미롭고, 제조방법으로 물건을 특정한 카테고리의 청구항, 즉, PBP Product by Process 청구항에 관한 것이 소재여서 또한 실무적으로 흥미롭다.

사실관계는 이러하다.

    1) 원고는 2007. 9. 20. 피고를 상대로, 이 사건 특허발명은 지수재 삽입홈 이 레벨링 콘크리트로 매설되므로 실시불가능한 발명이어서 구 특허법(2007. 1. 3. 법률 제8197호로 개정되기 전의 것, 이하 같다) 제42조 제3항의 요건을 갖추 지 아니하였거나, 방법발명인지 물건발명인지 그 카테고리가 명확하지 않은 발 명이어서 구 특허법 제42조 제4항 제2호의 요건을 갖추지 아니하였거나, 이 사 건 특허발명이 속하는 기술분야에서 통상의 지식을 가진 자(이하 '통상의 기술 자'라 한다)가 비교대상발명 1~4에 의하여 용이하게 발명할 수 있는 것이어서 구 특허법

제29조 제2항에 규정된 발명에 해당한다고 주장하면서, 이 사건 특허 발명에 대한 특허무효심판을 청구하였다.

2) 피고는 무효심판이 계속중이던 2008. 2. 25. 이 사건 제1항 발명의 특허 청구범위 중 '단계를 포함하는 것'을 '단계를 포함하는 방법에 의하여 설치되는 것'으로 정정하는 정정청구를 하였다(이하 '2008. 2. 25.자 정정청구'라고 한다).

3) 특허심판원은 2008. 8. 29. 2007당2639호로, 2008. 2. 25.자 정정청구가 분명하지 아니한 기재를 명확하게 하는 것으로 적법하고, 이 사건 정정발명은 지수재 삽입홈이 레벨링 콘크리트로 매설되지 않아 구 특허법 제42조 제3항의 요건을 갖추었고, 방법적 기재가 포함되었다 하더라도 발명이 불명확하지 않아 구 특허법 제42조 제4항 제2호의 요건도 갖추었으며, 통상의 기술자가 비교 대상발명 1~4에 의하여 이 사건 제1항 정정발명의 '브라켓' 구성을 용이하게 채택할 수 없어 구 특허법 제29조 제2항에 규정된 발명에도 해당하지 않는다는 이유로, 원고의 심판청구를 기각하는 이 사건 심결을 하였다.

4) 이에 원고가 이 법원에 심결취소의 소를 제기하였고, 이 법원은 2009. 8. 20. 2008허11484호로 이 사건 정정발명은 발명의 대상이 되는 물건이 명확하게 특정되지 않아 특허법 제42조 제4항 제2호의 요건을 갖추지 않았다는 이유로, 이 사건 심결을 취소하는 환송전 판결을 선고하였다.

5) 피고는 환송전 판결에 대하여 상고를 제기하는 한편, 2009. 10. 6. 특허심판원에 이 사건 제1~4항 발명의 특허청구범위 중 '교각기초 케이슨 설치구조'를 '교각기초와 케이슨을 지지하는 지지구조'로 정정하는 정정심판을 청구하고, 2010. 2. 17. 정정심판청구의 내용을 다시 '교각기초와 케이슨을 지지하는 지지 구조'에서 '교각기초 구조물'로 보정하였다.

6) 특허심판원은 2010. 2. 26. 2009정86호로 2010. 2. 17.자 정정청구를 인용하는 심결을 하였고, 그 심결이 확정됨에 따라 대법원은 2010. 10. 28. 2009후3206호로, 이 사건 특허발명의 특허청구범위는 구 특허법 제136조 제8 항에 의하여 정정 후의 명세서에 의하여 특허출원 및 특허권이 설정등록된 것으로 보아야 하므로 정정 전의 이 사건 특허발명을 대상으로 하여 무효 여부를 심리ㆍ판단한 환송전 판결에는 재심사유가 있다는 이유로, 환송전 판결을 파기하는 환송판결을 선고하였다

재판부의 판단은 다음과 같다.

살피건대, 발명을 명확하고 간결하게 기재하도록 한 구특허법 제42조 제4항제2호의 규정은 특허출원자로 하여금 특허권으로써 보호를 요구하는 범위를 명확히하게 하고, 일반 공중의 입장에서는 당해 특허권의 효력이 미치는 한계 영역을 설정해 주는 등 발명의 기술적 범위를 결정하는 것으로서 장래 권리의 행사에 있어극히 중대한 영향을 주는 사항이므로 그 기재를 특정, 명확히 할 필요가 있다는 데에 그 취지가 있다(대법원 1989. 6. 27. 선고 88후967 판결 참조). 이러한 이유로 청구항에는 명확한 기재만이 허용되고 발명의 구성을 불명료하게 표현하는 용어는 원칙적으로 허용되지 않는다(대법원 2007. 10. 11. 선고 2007후1442 판결 등 참조). 그런데 구 특허법 제2조 제3호가 발명을 '물건의 발명', '방법의 발명' 및 '물건을 생산하는 방법의 발명'으로 구분하면서 '물건의 발명'인 경우에는 '그 물건을 생산.사용.양도.대여 또는 수입하거나 그 물건의 양도 또는 대여의 청약(양도 또는 대여를 위한 전시를 포함한다)을 하는 행위'를, '방법의 발명'인 경우에는 '그 방법을 사용하는 행위'를 그 발명의 '실시'로 규정하고 있는 점에 비추어보면, 물건의 발명의 경우에는 보호를 받고자 하는 사항이 물건 그 자체임이 분명하므로, 물건의 발명의 특허청구범위는 그 물건 자체의 구성을 직접 특정하는 방식으로 기재하여야 하는 것이 원칙이다. 다만, 발명의 대상이 되는 물건의 구성을 제조방법과 무관하게 직접 특정하는 것이 곤란하거나 부적절한 경우에는 그 물건의 제조방법에 의하여 물건을 특정할 수 있다.

이 사건에서 보면, 이 사건 최종정정발명은 모두 각 특허청구범위 끝에 '프리캐스트 콘크리트 블록을 이용한 교각기초 구조물'이라고 하여 발명의 대상을 물건으로하면서도 그 구성들은 (중략) 제조방법으로 발명을 특정하고 있다. 그런데 '교각기초 구조물'은 주위에서 흔히 볼 수 있듯이 특정한 형상과 구조를 가지는 물건이므로 제조방법에 의하지 아니하더라도 그 구성을 직접 특정할 수 있는 물건이다. 물건의 발명의 특허청구범위에 그 물건을 제조하는 방법이 기재되어 있다고 하더라도 그 제조방법에 의해서만 물건을 특정할 수밖에 없는 등의 특별한 사정이 없는 이상 그 제조방법 자체는 이를 고려할 필요 없이 그 특허청구범위의 기재에 의하여 물건으로 특정되는 발명만을 특허출원인이 보호 받고자 하는 발명의 내용으로 보아야 할 것인데(대법원 2006. 6. 29. 선고 2004후3416 판결 참조[28]), 그 특허청구범위에서 제조방법 자체를 고려하지 않을 경우, 이 사건 최종정정발

288

명에 '교각기초 구조물'이면 어느 것이든 다 포함되는 것인지(이 사건 제1항 최종정정발명의 특허청구범위에는 '······ 교각기초(130) 구조물을 시공하는 단계, ······ 교각기초(130) 구조물의 시공을 완료하는 단계를 포함하는 방법에 의해 시공되는 것을 특징으로 하는 ······ 교각기초 구조물'이라고 되어 있는데, 여기에서 특허청구범위 마지막의 '교각기초 구조물'을 특허청구범위 중간의 '교각기초(130) 구조물'과 같은 것으로 보게 되면, 이 사건 제1항 최종정정발명의 '교각기초 구조물'은 '레벨링 콘크리트' 위에 가설되는 부분만이), 아니면 'RCD 파일, 브라켓, 프리캐스트 콘크리트 블록, 레벨링 콘크리트, 지수재, 교각기초(130) 구조물'로 이루어지는 '교각기초 구조물'만이 포함되는 것인지 명확하지 아니하고, 구체적으로 어떤 형상과 구조인지도 정확히 특정하기 어렵다.

가사 이 사건 최종정정발명을 특정할 수 있다 하더라도, 그 특허청구범위를 어떻게 특정하느냐에 따라 그 권리범위가 달라지게 되므로 그 특허청구범위가 불명확하다. 만약, 이 사건 최종정정발명의 특허청구범위를 '강바닥으로부터 수면 쪽으로 희생강관, 프리캐스트 콘크리트 블록, 브라켓, 레벨링 콘크리트, 교각기초 구조물 순으로 적층된 교각기초 구조물'로 특정(지수재는 교각이 설치된 후에는 별다른 역할을 하지 않으므로, 이를 교각기초 구조물을 구성하는 부분으로 보지 않을 경우에 그러하다)하게 되면, 비교대상발명 1에 개시된 '희생강관, 프리캐스트 콘크리트 블록, 연결밴드, 레벨링 콘크리트, 교각기초 구조물 순으로 적층된 교각기초 구조물'이 그 권리범위에 속할 여지가 있게 되나, '강바닥으로부터 수면 쪽으로 희생강관, 프리캐스트 콘크리트 블록, 브라켓, 지수재가 삽입된 레벨링 콘크리트, 교각기초 구조물 순으로 적층된 교각기초 구조물'로 특정하게 되면, 비교대상발명 1에 개시된 교각기초 구조물은 그 권리범위에 속하지 않게 되기 때문이다.

그리고 이 사건 최종정정발명 명세서에는 '본 발명은 상기와 같은 종래의 문제점을 해소하기 위하여 발명된 것으로 ······ 프리캐스트 콘크리트 블록을 이용하여 연약지반에 근접한 위치에서 케이슨을 설치하여 건식 시공으로 고품질의 교각기초 구조물을 시공할 수 있는 방법을 제공하는데 그 목적이 있다. 또한, 본 발명은 ······ 고품질의 교각기초 구조물 시공방법을 제공하는데 또 다른 목적이 있다.', '이하, 본 발명의 바람직한 실시예를 첨부한 도면에 따라 설명한다. ······ 본 실시예에 따른 프리캐스트 콘크리트 블록(150)을 이용한 교각기초(130) 구조물의 시공방법은 먼저, 시공위치 및 현황조사 시추(boring)측량을 포함하는 사전조사를 시행하여 상세한 시공계획 및 제작도면을 작성한다. ······ 본 발명의 프리캐스트 콘크리트 블록(150)을 이용한 교각기초(130) 구조물의 시공은 완료된다.'라고 각 기재되어 있는바, 이와 같은 이 사건 최종정정발명의 명세서의 기재를 참작하여 보더라도, 이 사건 최종정정발명이 보호받고자 하는 사항은 '물건'이 아니라 '방법'임을 알 수 있다. 따라서, 이 사건 최종정정발명의 특허청구범위는 그 특허청구범위가 명확하지 아니하므로, 구 특허법 제42조 제4항 제2호의 요건을 갖추지 못하였다.

예제 128 청구항과 마찬가지로 예제 130 청구항은 변리사가 특허문서를 만들지 않았다. 대리인 없이 비전문가가 작성한 청구항이 문제가 됐다는 점이 공통된다. 예제 128 청구항은 비교적 숙련된 비전문가가 잘못을 범한 케이스임에 비해서 예제 130 청구항은 숙련되지 못한 비전문가가 그르친 청구항이다. 특히 예제 130 청구항의 경우 특허문서 자체에도 심각한 문제가 있었다(실시예에서 조성물의 조성비가 100%를 초과). 나중에 대리인을 선임하여 특허법원에 이르기까지 대응했으나 결국 권리화는 실패했다. 심판과 소송에 소요된 비용을 고려하자면 애초부터 변리사를 대리인으로 선임해서 올바른 특허문서를 작성하는 것이 더 경제적이다.

예제 130 (심결취소소송의 대상이 된 청구항)

숙성된 된장을 강력분, 설탕, 유지, 이스트, 이스트프드, 탈지분유, 물과 적당량 혼합반죽하여 실내온도 27℃, 상대습도 75~80% 상태에서 최초 용적의 2.5~3배가 팽창될때까지 발효하여 Punch하여 만든 식빵으로서 된장 영양강화의 장점을 인간의 몸에 유익하게 전달할 수 있도록 고안된 식품임.

예제 130 청구항의 기재불비 쟁점은 첫째 Punch라는 기술 용어였다. 새로운 용어가 명세서에 구체적으로 정의돼 있지 않더라도 업계에서 관용적으로 사용되는 용어라면 기재불비로 볼 수 없다는 것이 특허법원의 판결이었다(특허법원 2005. 3. 28. 선고 2004허5962 판결). 판결은 다음과 같이 진술했다.

"특허청구범위에 새로운 기술용어를 사용할 경우에는 그 용어가 기술적으로 어떤 의미를 가지는 것인지 발명의 상세한 설명에 기재하여야만 특허청구범위가 발명의 상세한 설명에 의하여 뒷받침되고 있다고 볼 수 있을 것이고, 발명의 상세한 설명에 그 기술분야에서 통상의 지식을 가진 자가 용이하게 실시할 수 있을 정도로 발명의 구성이 기재되어 있다고 볼 수 있을 것이다. 그러나 위와 같은 기술용어가 그 업계에서 통상 관용적으로 사용되는 기술용어인 경우에는 그 용어에 대한 설명을 발명의 상세한 설명에 굳이 기재하지 않더라도 그 기술분야에서 통상의 지식을 가진 자라면 위 관용적 기술용어가 어떠한 기술적 수단을 의미하는지 충분히 이해하고 또한 그 발명을 실시하는데 아무런 어려움이 없을 것이므로 단지 명세서에 기재가 없다는 이유만으로는 특허법 제42조 제3항이나 제4항에서 말하는 명세서 기재불비에 해당한다고 볼 수 없다 할 것이다."

다음으로 오브젝트가 명사로 끝나지 않고 '~임'으로 기재돼 있다는 것이 과연 기재불비에 해당하느냐. 카테고리의 문제. 특허법원은 "청구범위 전체를 보면 이 사건 출원발명은 구성성분 및 제조방법으로 한정한 식품, 즉 '물건의 발명'임을 알 수 있고 당업자라면 위와 같이 이해하는 데 별다른 어려움이 없다"고 보아 기재불비를 인정하지 않았다. 다만 예제 130 청구항의 특허출원은 발명의 상세한 설명에서 제시된 반죽 재료의 조성성분이 어느 한 성분의 최대치와 다른 성분들의 최소치의 합이 100%를 초과하는 기재불비를 피하지 못해서 거절 확정됐다.

292

4.

복 수 청 구 항

294

가

특허법 제
시행령 5
조

특허법 시행령 제5조는 복수 청구항의 기재 형식에 관한 준칙을 선언
한다. 이 규정에 어긋난 청구항은 기재불비로 간주돼 거절이유가 통지
된다. 그러므로 심사단계에서 실무자는 이 규정을 잘 준수해야 한다.
일반적으로 이 규정은 내용에 관한 준칙이 아니며 타인의 권리를 침
해하지도 않기 때문에 일단 특허를 받으면 무효사유에는 해당하지 않
는다. 다만 이 규정에 대한 일탈이 심하면 청구항 간의 인용관계로 말
미암아 특허범위를 확정하기 어렵게 된다거나 기술적으로 불가능해지
는 상황이 초래될 수는 있다. 이론적으로는 특허법 제42조 제4항 제2
호의 불명확한 청구항에 해당한다는 이유로 무효 공격을 받을 수도 있
다. 그러나 실무적으로는 그렇지 않다. 실무자의 실수는 자주 발생한
다. 하지만 대개 미미한 수준에 그치고, 설령 일탈에 대한 지적이 있어
도 보정이나 정정을 통해서 치유하는 것이 어렵지 않기 때문에 특허법

시행령 제5조에 의해서 특허가 최종 거절되지는 않는다. 또한 이 규정의 위반이 특허법 제42조 제4항 제2호 위반으로까지 치달아 결국 무효가 되는 실무상황은 거의 발생하지 않는다.

> **제5조(청구범위의 기재방법)**
> ① 법 제42조제8항에 따른 청구범위의 청구항(이하 "청구항"이라 한다)을 기재할 때에는 독립청구항(이하 "독립항"이라 한다)을 기재하여야 하며, 그 독립항을 한정하거나 부가하여 구체화하는 종속청구항(이하 "종속항"이라 한다)을 기재할 수 있다. 이 경우 필요한 때에는 그 종속항을 한정하거나 부가하여 구체화하는 다른 종속항을 기재할 수 있다.
> ② 청구항은 발명의 성질에 따라 적성한 수로 기재하여야 한다.
> ③ 삭제
> ④ 다른 청구항을 인용하는 청구항은 인용되는 항의 번호를 적어야 한다.
> ⑤ 2 이상의 항을 인용하는 청구항은 인용되는 항의 번호를 택일적으로 기재하여야 한다.
> ⑥ 2 이상의 항을 인용한 청구항에서 그 청구항의 인용된 항은 다시 2 이상의 항을 인용하는 방식을 사용하여서는 아니 된다. 2 이상의 항을 인용한 청구항에서 그 청구항의 인용된 항이 다시 하나의 항을 인용한 후에 그 하나의 항이 결과적으로 2 이상의 항을 인용하는 방식에 대하여도 또한 같다.
> ⑦ 인용되는 청구항은 인용하는 청구항보다 먼저 기재하여야 한다
> ⑧ 각 청구항은 항마다 행을 바꾸어 기재하고, 그 기재하는 순서에 따라 아라비아 숫자로 일련번호를 붙여야 한다.

(1) 독립항, 종속항, 의사종속항

특허법 시행령 제5조 제1항은 독립항과 종속항의 개념을 선언한다. 독립항과 종속항이 각각 개념 정의되지는 않는다. 종속항의 개념은 적극적으로 정의돼 있는 반면, 독립항은 정의돼 있지 않다. 그러므로 종속

항의 개념에 해당하지 않으면 독립항으로 간주한다. 종속항의 개념은 이러하다. <다른 청구항을 한정하거나 부가하여 구체화하는 종속청구항>이다. 요컨대 종속항은 다른 청구항을 '한정'하든지 '부가'해야 한다는 것이다. 이 두 가지 성격이 없으면 종속항이 아니다. 종속항은 대개 먼저 기재된 청구항의 번호를 적어서 명시적으로 인용관계를 표현한다. '~항에 있어서'라는 표현이 있다면 그것은 일견해서 종속항으로 볼 수 있다. 그러나 그런 인용관계 표현에도 불구하고 다른 청구항을 '한정'하거나 '부가'하는 성격이 없다면 종속항이 아니다. 종속항을 가장한 독립항으로 본다. 법령이 규정한 종속항과 구별하기 위해서 이를 '의사종속항'이라고 표현해보자.

예제 131 (실용신안 48593)

[예제 131 특허에 대한 간략한 개요] 이 특허는 콘크리트 건축물의 벽면을 보강할 때 사용하는 장치에 관한 것이다. 콘크리트 타설 후 시간이 지남에 따라 콘크리트 수축으로 말미암아 벽면에 크랙이 발생할 수 있다. 이에 대한 대책으로 크랙에 보강 약액을 주입해야 한다. 이때 보강 약액을 콘크리트 벽면에 효과적으로 주입하는 장치에 대한 개량이 예제 131의 요지이다.

[청구항 1]
콘크리이트 건조물 벽면의 크랙 상에 부착하기 위한 원판부(3)와 튜우브부(2)로 구성된 부착 시이트(1)와 상기 부착 시이트(1)의 튜우브부(2)에 주입 노즐(11)에 의해 착탈이 가능한 자동 약액 주입기(10)로 구성되며, 상기 자동 약액 주입기(10)가 주입 노즐(11), 주입 노즐(11)에 나사식으로 장착되는 벨로우즈형의 약액 캡슈울(20), 약액 캡슈울(20) 내에 충전된 약액에 대하여 추력을 가하기 위한 코일 스프링(24), 코일 스프링(24)의 전단부에 고정된 원판부(25), 약액 캡슈울(20)과 코일 스프링(24)을 수용하기 위한 케이스(27), 케이스(27)의 전단부와 후단부에 나사식으로 연결된 캡(28,29) 및, 원판부(25)에 그 일단부가 직결되어 그 타단부에 매달려 있는 링(40)을 당김으로써 코일 스프링(24)을 압축시키기 위한 레버(36)로 구성되는 콘크리트 건조물 벽면의 보강 장치에 있어서, 상기 부착 시이트(1)의 튜우브부(2)가 원판부(3)의 중심부로부터 직교되게 돌출된 짧은 부분(4)과 그 부분(4)과 약 30° 내지 70°(그 중에서도 약 55°가 가장 바람직

함)의 각도를 이루며 이어지는 긴 부분(5)으로 구성되는 것을 특징으로 하는 콘크리이트 건조물 벽면의 보강 장치

[청구항 2]
제 1 항에 있어서, 상기 부착 시이트(1)의 원판부(3)의 저면에 3개 이상의 동심의 원환돌조(7)를 형성함으로써 그 사이에 2개 이상의 요홈부(8)가 형성되는 것을 특징으로 하는 콘크리이트 건조물 벽면의 보강 장치.

[청구항 3]
제 1 항에 있어서, 상기 레버(36)의 중심부에 서로 반대 방향으로 돌출한 2개의 돌출부로 된 계량스토퍼(38)가 복수조 형성되고, 상기 후방측 캡(29)의 관통 구멍(31)이 상기 계량스토퍼(38)가 통과할 수 있는 형상으로 형성되고, 상기 후방측 캡(29)의 후면에 상기 관통 구멍(31)과 직교하는 방향으로 상기 계량스토퍼(38)와의 계합으로 상기 레버(36)의 코일 스프링(24)의 복원력에 의한 전향 이동을 저지하기 위한 요부(32)가 형성되는 것을 특징으로 하는 콘크리이트 건조물 벽면의 보강 장치.

[청구항 4]
제 1 항에 있어서, 상기 전방측 캡(28)의 전면 외주 부근에 원환돌조(34)가 형성되는 것을 특징으로 하는 콘크리이트 건조물 벽면의 보강 장치.

예제 131 청구항은 4개의 복수 청구항으로 이루어졌다. 기재형식만으로 일견해서 보자면 청구항 1이 독립항이며, 청구항 2 내지 청구항 4는 종속항이다. 그러나 시행령 제5조 제1항이 규정한 종속항의 정의에 따라 판단하면 청구항 2는 종속항이 아니라 독립항이다. 밑줄 친 부분이 서로 대체 관계여서 청구항 2가 청구항 1을 한정하는 것도 아니며, 부가하는 것도 아니기 때문이다. 즉, 청구항 2는 '~항에 있어서'라는 표현에도 불구하고 의사종속항에 해당한다. 반면 청구항 3과 청구항 4는 진정종속항이다.

예제 131의 청구항 1과 청구항 2 사이의 관계에 대해서 대법원은 다음과 같이 판결했다(대법원 1998. 4. 10. 선고 96후1040 판결).

살피건대, 실용신안권의 권리범위 내지 실질적 보호범위는 실용신안 등록출원서에 첨부한 명세서의 청구범위에 기재된 사항에 의하여 정하여지는 것이 원칙이고 다만 그 기재만으로 실용신안의 기술적 구성을 알 수 없거나 알 수는 있더라도 기술적 범위를 확정할 수 없는 경우에는 명세서의 다른 기재에 의한 보충을 할 수는 있으나 그 경우에도 명세서의 다른 기재에 의하여 실용신안권 범위의 확장 해석은 허용되지 아니함은 물론 청구범위의 기재만으로 기술적 범위가 명백한 경우에는 명세서의 다른 기재에 의하여 청구범위의 기재를 제한 해석할 수 없음도 원심의 설시와 같다(대법원 1993. 10. 12. 선고 91후1908 판결 참조).

그러나 그러한 청구범위의 문언을 해석함에 있어서는 당해 기술분야에서 통상적으로 인식되는 용어의 의미에 따라야 할 것이고, 그 의미가 불명확하거나 문언 그대로의 해석이 명세서의 다른 기재에 비추어 보아 명백히 불합리한 경우에는 출원된 기술사상의 내용과 명세서의 다른 기재 및 출원인의 의사와 제3자에 대한 법적 안정성을 두루 참작하여 정의와 형평에 따라 합리적으로 해석하여야 할 것이다.

이 사건에 돌아와 기록에 의하여 보건대, 이 사건 등록고안의 청구범위 제1항과 제2항은 그 목적이나 작용효과가 명백히 서로 다르고, 그 제2항에서는 "제1항에 있어서"라는 표현을 사용하고 있기는 하나, 부착시트와는 별개의 장치인 자동약액주입기에 관한 청구범위 제3항과 제4항에서도 "제1항에 있어서"라는 표현을 사용하고 있는 점, 제2항의 "제1항에 있어서"라는 표현은 제1항에서 말하는 절곡된 부착시트를 한정하는 것이 아니라 제1항의 전제 부분인 "…건조물 벽면의 보강 장치에 있어서"까지를 의미하는 것으로 해석한다면 전체적인 의미가 명확해진다는 점을 고려하여 정의와 형평에 따라 합리적으로 해석한다면 이 사건 등록고안의 청구범위 제2항은 제1항과는 다른 독립된 권리를 의미하는 독립항이라 할 것이다(대법원 1995. 8. 11. 선고 94다5564 판결).

(2) 다중종속항의 문제

복수청구항을 기재할 때에 어떤 청구항을 인용하지 않고 모두 인용관계 없이 순수한 독립항으로 기재하는 것도 가능하다. 그러나 실무적으로는 인용관계를 이용해서 청구항을 연쇄적으로 이어놓는 것이 보통이다. 그렇게 하는 것이 편리하기 때문이다. 한 개 항을 인용하는 것은 크게 문제가 안 된다. '~항에 있어서'라는 표현을 사용해 간명하게 기재하면서 인용되는 항과 오브젝트를 일치시키면 올바른 종속항이 된다. 오브젝트를 일치시키지 않으면 기재불비로 지적될 수 있다. 오브젝트가 달라진다면 해당 청구항이 독립항임을 분명히 나타내도록 인용형식을 점검한다.

문제는 복수 개를 인용할 때 발생한다. 인용되는 청구항을 택일적(or)으로 기재한다면 그 자체로 적법한다. '제1항과 제2항에 있어서'라거나 '제7항 및 제8항에 있어서', '제1항 내지 제3항 및 제7항에 있어서'와 같은 표현은 'and'로 연결돼 있기 때문에 위법하다. 반면 '제1항 또는 제2항에 있어서', '제1항 내지 제3항 중 어느 한 항에 있어서'라는 표현은 인용되는 청구항이 'or'로 연결돼 있으므로 적법하다.

그런데 시행령 제5조 제6항은 2 이상의 항을 인용한 청구항에서 그 청구항의 인용된 항은 다시 2 이상의 항을 인용하는 방식을 사용해서는 아니 된다. 2 이상의 항을 인용한 청구항에서 그 청구항의 인용된 항이 다시 하나의 항을 인용한 후에 그 하나의 항이 결과적으로 2 이상의 항을 인용하는 방식에 대하여도 또한 같다. >라고 규정한다. 즉, 다중종속항은 괜찮다. 그러나 다중의 다중종속항은 위법하다는 것이다. 시행령이 이처럼 다중의 다중종속항은 위법한 기재라고 천명했고, 이것을 모르는 실무자가 거의 없음에도 그와 같이 위법한 청구항 기재가 실무상 자주 등장한다. 그 까닭은 유럽과 일본에서는 그런 기재가 적법하기 때문이며, 유럽과 일본의 특허출원을 우선권 주장하여 한국에 들어오는 특허출원 안건이 적지 않기 때문이다.

예제 132 (특허 1581610)의 출원시 청구항

[청구항 1]
오목한 형상의 수납부를 갖는 트레이와,
상기 수납부에 수용되고, 반도체 소자 및 배선용 부재를 갖는 회로부와,
상기 수납부에 주입되고, 수용되어 있는 상기 회로부 및 상기 트레이의 측벽 정상부를 포팅(potting) 봉지하는 봉지 수지를 구비하고,
상기 배선용 부재의 일부는, 상기 봉지 수지의 상면에 외부 전극으로서 노출되고,
상기 봉지 수지는, 상기 트레이를 냉각기에 접합하는 땜납의 융점을 넘는 내열 온도를 갖는 것을 특징으로 하는 반도체 장치.

[청구항 2]
제 1 항에 있어서, 상기 트레이는, 상기 외부 전극 중, 고전압 대전류를 취급하는 전력용 전극에 가까운 측벽이, 그 외의 측벽과 비교하여 낮게 형성되어 있는 반도체 장치.

[청구항 3]
제 1 항 또는 제 2 항에 있어서, 상기 트레이는, 상기 수납부를 형성하는, 고측벽과 저측벽을 갖고, 상기 고측벽은, 그 연장 방향인 제 1 방향을 따라서 상기 회로부를 복수 조, 병렬하여 수용하는 길이를 갖고, 상기 저측벽은, 서로 대향하여 상기 제 1 방향에 있어서의 복수 부분에 배치되고, 포팅 봉지된 각 회로부를 개 편화(個片化)하는 절단부가 되는 반도체 장치.

[청구항 4]
제 1 항 내지 제 3 항 중 어느 한 항에 있어서, 상기 트레이에 장착 가능한 프레임으로서, 상기 외부 전극을 포함하는 상기 배선용 부재를 일체적으로 형성한 리드 프레임을 더 구비하고, 이 리드 프레임을 상기 트레이에 장착한 상태에서 봉지 수지가 상기 수납부에 주입 되는 반도체 장치.

[청구항 5]
제 1 항 내지 제 4 항 중 어느 한 항에 있어서, 상기 트레이는, 상기 수납부의 저면에 통 형상의 돌기를 더 갖는 반도체 장치.

예제 132는 종속항을 작성함에 있어 인용되는 항을 누적해서 인용하는 전형적인 일본식 청구항이다. 청구항 3은 적법한 다중종속항이다. 그러나 청구항 3을 인용하는 청구항 4는 다중의 다중종속항이므로 위법하다. 청구항 5의 인용관계는 더 심해졌다. 청구항 6이 있다고 가정하고, 그 청구항이 청구항 4만을 인용하는 경우를 생각해보자. 이것은 다중종속항이 아니라 청구항 4만을 한 개 인용했을 뿐이다. 그러나 시행령 제5조 제6항 후단 규정에 의해서 기재불비에 해당한다. 청구항 6은 청구항 4의 종속항으로서 청구항 4의 다중의 다중종속항 기재불비를 그대로 갖고 있기 때문이다. 예제 132 청구항 세트는 청구항 4와 청구항 5의 인용관계를 청구항 3과 동일하게 보정함으로써 적법해진다. 물론 모든 종속항이 청구항 1만을 인용하도록 보정해도 좋다.

어쨌든 이런 복수 청구항 세트의 문제가 심사관에 의해서 지적된다면 반드시 보정해야 한다. 그렇다면 언제 보정을 할 것이며, 어떻게 보정해야 하는지에 관한 실무적 고민이 생긴다.

먼저 보정 시기에 대해 살펴보자. 이런 방식의 청구항을 지닌 특허출원의 의뢰인은 대개 외국기업이다. 파리조약에 의한 우선권 주장 특허출원이거나 PCT 루트를 통해서 한국에 진입하는 경우가 되겠다. 한국에 진입할 때에는 가급적 수정하지 않고 그대로 번역해서 동일하게 특허출원한다(단, 의뢰인이 청구항을 보정하라고 지시를 내렸다면 그 지시에 따라 보정한다). 그다음에는 두 가지 방법 중 어느 하나를 선택한다. 첫째, 심사청구 시에 알맞게 보정하는 방법이다. 둘째, 심사청구 시에도 보정하지 않은 채 심사를 받고 심사관의 심사결과통지서(의견제출통지서)를 받은 다음에 보정하는 방법이다.

전자는 한국 특허실무에 맞게 청구항 세트를 깔끔하게 정리해서 심사를 받는다는 점에서 이론적인 장점이 있다. 그러나 나는 후자의 방법도 꽤 합리적이라고 생각한다. 청구항 세트의 보정은 누구에게나 중요한 이슈로 여겨지므로 의뢰인의 집중과 시간을 빼앗는다. 아직 심사에 착수하지 않았고 심사결과 향방도 모르는 상황이라면 의뢰인으로 하여금 사건 파일을 여는 수고를 덜어주는 것도 실무자의 덕목이라고 생각한다. 무엇보다 심사청구된 안건 중 팔할 이상이 1차로 거절되는 현실을 감안하면 그때 가서 다른 거절이유에 대응하면서 함께 보정하는 것이 효과적이다. 이 문제 자체는 전혀 어렵지 않기 때문에 다른 어려운 거절이유를 다루면서 자연스럽게 함께 해결하는 방법이다. 보정을 전혀 하지 않은 채 진보성을 부인한 심사관의 거절이유를 정면으로 맞서서 의견서를 제출할 때 실무자는 심리적으로 부담을 느낀다. 그것은 아마도 심사관도 마찬가지일 것이다. 심사관이나 대리인이나 중간사건을 처리할 때 피차 청구항 보정을 선호한다. 이런 점을 종합적으로 생각한다면 심사관의 심사결과통지서를 받은 다음에 다중의 다중청구항의 문제를 해결하는 것이 바람직하다고 생각한다. 다른 거절이유가 없고 시행령 제5조 제6항 위반만 지적됐다면 그것만 치유할 경우 특허를 받는다는 의미가 되겠다. 고객에게 즐겁게 보고하고 비용을 낮춘다.

다음으로 해결방법이다. 다중의 다중종속항을 해결하는 방법은 가급적 간명하게 한다. 청구항 1개만 인용하도록 하는 것이 실무적으로 가장 간명하다. 또한 예제 132의 예에서는 청구항 4 이하의 종속항의 인용관계를 청구항 3처럼 청구항 2개를 택일적으로 인용하도록 보정해도 좋다. 복수의 항을 인용하는 종속항은 인용하는 항의 개수만큼 분리할 수 있다. 청구항 3은 청구항 두 개로 분리할 수 있다. 청구항 4는 여섯 개로 분리할 수 있다. 청구항 5는 여덟 개로 분리 가능하다. 그렇게 많은 청구항이 다중종속항으로 묶여 있던 것이다. 다중의 다중종속항은 이처럼 청구항 개수를 줄이는 효과가 있다. 그렇다면 다중의 다중종속항 문제를 해결한다면 청구항 개수가 늘어나야 한다. 과연 그럴까? 가령 다중의 다중청구항의 거절이유를 해결하기 위해서 청구항 4와 청구항 5를 청구항 1만의 종속항으로 보정한다면 청구항 13개를 신설하는 것은 어떨까? 종속항의 특허범위는 독립항의 특허범위보다 좁고, 독립항에 대해서 특허를 취득한다면 충분히 특허로서의 권위를

303

발휘한다. 요컨대 특허범위 관점에서 신설의 필요성이 적다. 반면 심사청구비용과 특허등록비용과 연차료 등의 급증을 초래한다. 실익이 적은 대신 비경제적이다. 그러므로 다중의 다중종속항의 문제를 해결하면서 청구항을 추가하는 것은 그다지 바람직하지 않다.

304

나

독립항
과
독립항

제3장에서 130개에 이르는 청구항 예제를 살펴봤다. 제3장은 단지 청구항 한 개가 주제였다. 청구항 한 개에 대해서 이토록 많은 청구항을 예제로 삼아 연습한 까닭은, 청구항 한 개를 잘 작성하면 청구항 두 개, 세 개도 능히 작성할 수 있기 때문이다. 앞서 살펴본 청구항 한 개는 주로 '독립항'에 관한 해설이었다. 독립항 하나만 완성되면 종속항을 비교적 쉽게 만들 수 있다. 독립항이 두 개라면 종속항은 더욱 용이하다. 종속항은 일단 나중 문제다. 독립항이 먼저다. 마찬가지로 복수 청구항을 다룰 때 가장 기본이 되는 것은 1개 이상의 독립항을 어떻게 만들 것인지, 그 방법론이다. 요컨대 독립항과 독립항의 관계 문제다. 이론적으로 청구항은 한 개로 족하기 때문에 독립항이 복수일 필요는 없다. 독립항 한 개와 그것에 딸린 종속항으로 구성된 청구항 세트여도 좋다. 다만 복수 청구항이 두 개 이상의 독립항을 포함하게 된다면

이것은 다음과 같이 실무적으로 크게 세 가지 국면으로 나뉜다.

- 카테고리가 다른 독립항과 독립항의 관계
- 카테고리가 같은 독립항과 독립항의 관계
- 인용하는 독립항과 인용되는 독립항의 관계

카테고리가 다른 독립항과 독립항의 관계는 예컨대 독립항 1은 물건에 관한 발명이고, 독립항 2는 방법에 관한 발명일 때다. 발명을 바라보는 앵글을 물건의 관점에서 바라본 결과를 독립항 1로 만들고, 앵글을 이동시켜 방법의 관점에서 바라본 결과를 독립항 2로 만드는 것이다. 이렇게 함으로써 실무자는 발명에 대한 두터운 보호를 의도한다. 아이디어를 이중삼중으로 보호하는 전략은 상이한 카테고리의 독립항 작법에만 그치지 않는다. 동일한 카테고리여도 여러 개의 독립항을 만들 수 있다. 이때 사용자는 아이디어를 비추는 가상의 카메라 앵글을 잘 컨트롤해야 한다. 방법발명이라 하더라도 미묘한 앵글의 차이, 즉 언어의 차이를 두면서 독립항 1과 독립항 2를 만들 수 있다. 일반적으로 독립항은 다른 청구항을 인용하지 않는다. 인용될 뿐이다. 그러나 종속항의 정의가 다른 청구항을 인용하면서 한정하거나 부가하는 형식으로 작성된 청구항을 지칭한다는 점에서 다른 청구항을 한정하지도 부가하지도 않으면서 단순히 인용하기만 하는 것이라면 그것은 인용되는 항을 반복해서 기재하는 것을 피하기 위한 간명한 표현이라고 볼 일이다. 그러므로 그것은 독립항이다. 독립항 1이 물건이라면 독립항 2가 그 물건을 제조하는 방법을 청구하면서 독립항 1을 인용할 수 있다.

　　대강의 작법은 이러하다. 실무자는 독립항 1을 작성한다. 그런 다음에 독립항 1과 동일한 카테고리의 청구항으로서 독립항 1의 구성원소를 변경, 대체, 삭제하는 특허범위를 모색할 수 있다. 그것이 전략적으로 타당하다면 동일한 카테고리로 독립항 2를 만들 수 있다. 그런 특허범위는 힘들 것 같다고 판단되면, 상이한 카테고리의 청구항을 모색한다. 독립항 1이 방법 카테고리였다면 물건(장치, 조성물, 매체, 시스템 등) 카테고리의 독립항 2가 가능한지를 살핀다. 실무자는 진보성을 염두에 둬야 하기 때문에 카테고리의 변경이 과연 진보성이 있을지를 따진다. 그것이 가능하다면 카테고리가 다른 특허범위로 독립항 2를 만든다. 독립항 2가 불가하다면 종속항을 작성한다. 독립항과 하위 종속항이 한 벌의 청구항 세트를 이룬다. 한 벌의 청구항 세트를 모두 작성한 다음에 마지막으로 그런 청구항 세트의 전부 또는 일부를 인용하면서 새롭게 독립항을 만들 수 있는지를 따져 본다. 그것이 가능하다면 독립항을 만들고, 불가능하다면 청구항 작성을 일단 마치고 특허문서의 다른 부분을 작성한다.

예제 133 <동적으로 위치하는 온스크린 키보드>는 그림 17처럼 화면으로 표시되는 키보드가 고정된 위치가 아니라 사용자 손가락의 위치를 검출해서 그 위치에 대응되도록 키보드의 위치도 변경해주는 발명에 대한 청구항의 독립항 세트다. 청구항 1은 장치에 관해서, 청구항 22는 방법에 관해서, 청구항 23은 기록매체에 관해서 특허를 청구한 독립항이다.

청구항을 작성할 때 실무자는 용어를 적절하게 창작해야 한다. 용어를 알맞게 만들어낼 수 있다면 청구항 작업은 한층 쉬워진다. 핵심을 결정한 다음에 그 핵심을 표현하기 위한 다양한 용어를 모색한다. 예제 133의 경우 사용자의 손가락 위치를 검출해서 키보드의 위치를 대응시키고, 손가락 위치가 이동했다면 키보드의 위치도 이동시키는 구성이 핵심이다. 예제 133의 실무자는 '홈-로우 규정 이벤트'라는 용어를 만들어냈다. 그 용어는 명세서에서도 충분히 설명돼 있겠지만, 청구항의 기재만으로도 파악하기 어렵지 않게 기재돼 있다. 예제 133 청구항은 '홈-로우 규정 이벤트'에 대한 설명과, 이 이벤트의 검출/변경에 따른 키보드의 위치 변동에 대한 설명으로 구성돼 있어서 비교적 알기 쉽게 작성돼 있다. 청구항 1은 장치에 관한 것이지만, 전자장치의 하드웨어 구성이 새로울 것은 없고 단지 소프트웨어 키보드의 기작이

307

새로운 구성이기 때문에 '프로세서'에 초점을 둔다. 청구항 1이 작성됐다면 청구항 22는 방법 카테고리에 맞게 표현만 단순 변경했을 뿐이다. 청구항 23은 컴퓨터-판독가능 저장 매체에 맞게 '명령어들을 저장하는 컴퓨터-판독가능 저장 매체로서, 상기 명령어들은 하나 이상의 프로세서에 의해 실행될 때, 상기 하나 이상의 프로세서로 하여금'이라는 표현을 추가했을 뿐이다. 요컨대 청구항 1만 제대로 작성했다면 청구항 22와 청구항 23은 수월하게 만들 수 있다.

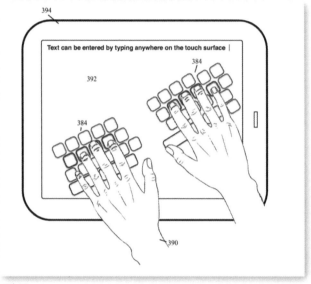

그림 17

예제 133 (특허 1578769) 독립항 세트

[청구항 1]
디스플레이와;
상기 디스플레이에 결합되고 감지 신호들을 발생시키도록 구성된 복수의 터치 센서;
움직임 신호들을 발생시키도록 구성된 하나 이상의 진동 센서;
상기 디스플레이, 상기 복수의 터치 센서 및 상기 하나 이상의 진동 센서와 신호 통신을 행하는 프로세서 를 포함하고,

상기 프로세서는,

홈-로우(home-row) 규정 이벤트를 검출하고 - 상기 홈-로우 규정 이벤트는

(1) 하나 이상의 터치 위치에서 상기 디스플레이에의 하나 이상의 감지된 사용자
 접촉에 기초하는 하나 이상의 감지 신호 및

(2) 상기 디스플레이 상의 하나 이상의 탭 위치에서의 하나 이상의 감지된 진동
 에 기초하는 하나 이상의 움직임 신호 중 적어도 하나를 포함함 -,

상기 홈-로우 규정 이벤트를 검출하는 것에 응답하여, 복수의 키를 가지는 온스크린
(onscreen) 키보드를 생성하고 - 상기 온스크린 키보드의 상기 복수의 키의 각 위
치들은 상기 홈-로우 규정 이벤트의 상기 터치 위치들 또 는 탭 위치들에 기초함 -,

상기 하나 이상의 감지된 사용자 접촉 중 적어도 하나가 상기 하나 이상의 터치
위치의 대응하는 터치 위치로부터 역치(threshold) 거리 이상 표류되었는지
(drifted) 여부를 판정하고,

상기 하나 이상의 감지된 사용자 접촉 중 적어도 하나가 상기 하나 이상의 터치 위
치의 대응하는 터치 위치로부 터 상기 역치 거리 이상 표류되었다는 판정에 따라,

상기 하나 이상의 감지된 사용자 접촉 중 상기 적어도 하나의 사용자 접촉의 표류
에 기초하여 상기 대응하는 터치 위치에 대응하는 상기 키보드의 적어도 하나의
키를 포 함하는 복수의 키를 이동시키도록 구성되는, 장치.

309

[청구항 22]

하나 이상의 프로세서, 메모리, 디스플레이, 상기 디스플레이와 결합되고 감지 신
호들을 발생시키기 위한 복수 의 터치 센서를 가지는 전자 장치에서,

홈-로우 규정 이벤트를 검출하는 단계 - 상기 홈-로우 규정 이벤트는

(1) 하나 이상의 터치 위치에서 상기 디스플레이에의 하나 이상의 감지된 사용자
 접촉에 기초하는 하나 이상의 감지 신호 및

(2) 상기 디스플레이 상의 하나 이상의 탭 위치에서의 하나 이상의 감지된 진동
 에 기초하는 하나 이상의 움직임 신호 중 적어도 하나를 포함함 -;

상기 홈-로우 규정 이벤트를 검출하는 것에 응답하여, 복수의 키들을 가지는 온스
크린(onscreen) 키보드를 생성하는 단계 - 상기 온스크린 키보드의 상기 복수
의 키의 각 위치들은 상기 홈-로우 규정 이벤트의 상기 터치 위 치들 또는 탭 위치
들에 기초함 -;

상기 하나 이상의 감지된 사용자 접촉 중 적어도 하나가 상기 하나 이상의 터치 위
치의 대응하는 터치 위치로부터 역치 거리 이상 표류되었는지 여부를 판정하는
단계; 및

상기 하나 이상의 감지된 사용자 접촉 중 적어도 하나가 상기 하나 이상의 터치 위치의 대응하는 터치 위치로부터 상기 역치 거리 이상 표류되었다는 판정에 따라, 상기 하나 이상의 감지된 사용자 접촉 중 상기 적어도 하나의 사용자 접촉의 표류에 기초하여 상기 대응하는 터치 위치에 대응하는 상기 키보드의 적어도 하나의 키를 포함하는 복수의 키를 이동시키는 단계를 포함하는 <u>방법</u>.

[청구항 23]

명령어들을 저장하는 컴퓨터-판독가능 저장 매체로서,

상기 명령어들은 하나 이상의 프로세서에 의해 실행될 때, 상기 하나 이상의 프로세서로 하여금,

홈-로우 규정 이벤트를 검출하는 동작 - 상기 홈-로우 규정 이벤트는

(1) 하나 이상이 터치 위치에서 디스플레이에의 하나 이상의 감지된 사용자 접촉에 기초하는 하나 이상의 감지 신호 및

(2) 상기 디스플레이 상의 하나 이상의 탭 위치에서의 하나 이상의 감지된 진동에 기초하는 하나 이상의 움직임 신호 중 적어도 하나를 포함함 -;

상기 홈-로우 규정 이벤트를 검출하는 것에 응답하여, 복수의 키를 가지는 온스크린 키보드를 생성하는 동작 - 상기 온스크린 키보드의 상기 복수의 키의 각 위치들은 상기 홈-로우 규정 이벤트의 상기 터치 위치들 또는 탭 위치들에 기초함 -;

상기 하나 이상의 감지된 사용자 접촉 중 적어도 하나가 상기 하나 이상의 터치 위치의 대응하는 터치 위치로부터 역치 거리 이상 표류되었는지 여부를 판정하는 동작; 및

상기 하나 이상의 감지된 사용자 접촉 중 적어도 하나가 상기 하나 이상의 터치 위치의 대응하는 터치 위치로부터 상기 역치 거리 이상 표류되었다는 판정에 따라, 상기 하나 이상의 감지된 사용자 접촉 중 상기 적어도 하 나의 사용자 접촉의 표류에 기초하여 상기 대응하는 터치 위치에 대응하는 상기 키보드의 적어도 하나의 키를 포함하는 복수의 키를 이동시키는 동작을 포함하는 동작들을 수행하게 하는 <u>컴퓨터-판독가능 저장 매체</u>

예제 133의 독립항 세트가 서로 다른 카테고리의 독립항이었다면 예제 134는 동일한 카테고리의 독립항 세트를 예시한다. 예제 134 <영상 보기 응용 프로그램>은 영상을 보여주는 애플리케이션의 그래픽 사용자 인터페이스Graphic User Interface: GUI에 관한 발명이다. 그림 18이 그 개요를

시각적으로 예시한다. 기본적으로 이 애플리케이션의 GUI는 두 개의 영역으로 구별되는데, 여러 개의 썸네일(Thumbnails: 명세서에서는 이를 '축소판'으로 표현했다) 집합을 보여주는 영역과 그 집합 중에서 어느 하나의 썸네일이 선택되는 경우 선택된 영상을 크게 보여주는 메인 영역이 그것이다. 예제 133 특허는 이 두 가지 영역의 관계를 다루지만, 그런 관계는 사용자의 터치입력에 의해서 결정된다. 이 특허는 여러 터치입력 중에서 '스와이프 제스처Swipe Gesture'를 중점적으로 다룬다. 실무자는 이제 이 영역들을 어떻게 표현하며, 또한 어떤 관계를 갖도록 할 것인가를 고민해야 한다.

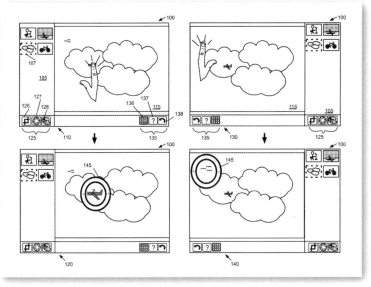

그림 18

예제 134 (특허 1580478) 독립항 세트

[청구항 1]

영상 보기 응용 프로그램에 대한 방법으로서,

축소판 디스플레이 구역에서의 제1 및 제2 선택된 축소판들에 대응하는 제1 및 제2 영상을 영상 디스플레이 구역에 디스플레이하면서, 상기 선택된 축소판들에 대한 제1 선택 표시를 디스플레이하는 단계;

상기 영상 디스플레이 구역을 통해 상기 디스플레이된 제1 영상의 선택을 수신하는 단계; 및

상기 디스플레이된 제1 영상의 선택에 응답하여:

상기 제1 영상만을 상기 영상 디스플레이 구역에 디스플레이하는 단계; 및

상기 제2 축소판에 대한 상기 제1 선택 표시를 유지하면서 상기 제1 축소판에 대한 제2 선택 표시를 상기 축소판 디스플레이 구역에 디스플레이하는 단계를 포함하는 방법.

[청구항 7]

영상 보기 응용 프로그램에 대한 방법으로서,

복수의 정렬된 축소판들을 포함하는 축소판 격자를 디스플레이하는 단계 - 상기 복수의 축소판들의 서브셋이 선택되고, 상기 서브셋은 순서가 연속적이지 않은 적어도 제1 및 제2 축소판을 포함함 -;

상기 제1 축소판에 대응하는 제1 영상을, 영상 디스플레이 구역에, 디스플레이하는 단계;

상기 영상 디스플레이 구역에 있는 상기 제1 영상 상에서의 수평 스와이프 제스처를 수신하는 단계; 및

상기 수평 스와이프 제스처에 응답하여, 상기 제2 축소판에 대응하는 제2 영상을 상기 영상 디스플레이 구역에 디스플레이하는 단계를 포함하는 방법.

[청구항 15]

영상 보기 응용 프로그램에 대한 방법으로서,

복수의 축소판들을 포함하는 축소판 격자를 디스플레이하는 단계 - 상기 복수의 축소판들의 서브셋이 선택되고, 상기 서브셋은 적어도 제1 및 제2 축소판을 포함함 -;

상기 제1 축소판에 대응하는 제1 영상을, 영상 디스플레이 구역에, 디스플레이하는 단계;

상기 영상 디스플레이 구역에 있는 상기 제1 영상 상에서의 수직 스와이프 제스

처를 수신하는 단계; 및

상기 수직 스와이프 제스처에 응답하여:

상기 제2 축소판에 대응하는 제2 영상을 상기 영상 디스플레이 구역에 디스플레이하는 단계; 및

상기 제1 축소판을 상기 선택된 축소판들의 서브셋으로부터 제거하는 단계를 포함하는 방법.

[청구항 19]

적어도 하나의 처리 유닛에 의해 실행되는 프로그램을 저장한 기계 판독가능 매체로서, 상기 프로그램은 제1항 내지 제18항 중 어느 한 항에 따른 방법을 구현하는 명령어들의 집합들을 포함하는 기계 판독가능 매체.

[청구항 20]

전자 장치로서,

터치스크린 디스플레이 스크린; 및

적어도 하나의 처리 유닛에 의해 실행되는 프로그램을 저장한 기계 판독가능 매체를 포함하고,

상기 프로그램은 제1항 내지 제18항 중 어느 한 항에 따른 방법을 구현하는 명령어들의 집합들을 포함하는 전자 장치.

예제 134 특허에서 실무자는 '제1, 제2' 등의 지시 보조어를 사용했다. 이런 식의 표현은 구성요소 사이의 관계를 잘 표현할 수 있다는 장점이 있다. 반면 제1 영상, 제1 축소판, 제1 선택 표시 등의 표현을 통해서 키워드 특정을 어렵게 함으로써 선행기술 키워드 검색을 효과적으로 회피할 수 있다는 부수적인 효과를 거둘 수 있다. 청구항 1은 애플리케이션의 GUI 구성에 있어 썸네일 집합이 표시되는 영역과 영상 디스플레이 구역 사이의 원론적인 관계를 청구한 독립항이다. 청구항 7은 애플리케이션의 GUI 구성에서 사용자가 디스플레이 화면에서 수평방향으로 스와이프 제스처를 했을 때의 화면 메커니즘을 청구한 독립항이다. 청구항15는 사용자가 이번에는 수직방향을 스와이프 제스처를 입력했을 때의 메커니즘을 청구항 독립항이다. 이들 세 개의 독

립항은 모두 방법 카테고리이며, 오브젝트가 <영상 보기 응용 프로그램에 대한 방법>으로 동일하다. 그러나 실제 발명을 바라보는 앵글이 각각 다르며, 따라서 특허의 내용도 달라졌다. 청구항 19는 매체이며, 청구항 20은 전자장치다. 청구항 19와 청구항 20은 다른 독립항(종속항일 수도 있다)을 인용하는 형식으로 기재돼 있지만, 한정하거나 부가하는 것이 아니므로 독립항으로 간주된다. 청구항 19와 청구항 20은 '프로그램'을 어떻게 활용해서 특허를 청구하는지를 보여주므로 실무상 흥미로운 기재라 할 수 있다. 한편 예제 134에서 특허는 여러 개의 출원으로 분할됐다.

예제 135 특허 <신규의 대두 유화조성물의 대두 유래 원료 함유 음식물에 대한 용도>는 대두를 원료로 하는 제품이 유제품, 발효유제품, 난황 등을 효과적으로 대체할 수 있으며, 혈청 콜레스테롤을 저감한다거나 신장기능을 개선해 주는 용도로 사용될 수 있다는 사실에서 출발한다. 그런데 대두로부터 유래된 원료는 별로 좋지 않은 풍미의 문제가 있다거나 물성면에서 결점이 있다는 것이고, 예제 135 특허는 이런 문제를 해결하기 위한 방법론, 즉 대두 유래 원료의 결점을 개량하고 품질을 현저하게 향상시킨 방법론을 특징으로 한다.

예제 135는 <건조물 당의 단백질 함량이 25중량% 이상이며 클로로포름/메탄올 혼합용매 추출물법에 의한 지질 함량이 단백질 함량에 대하여 100중량% 이상이며 또한 LCI값이 55% 이상인 대두 유화조성물>을 특징으로 한다. 이 부분이 예제 135 특허의 핵심이며, 나머지 사항은 한두 요소를 제외하고는 크게 중요하지 않은 것으로 보인다. 예제 135의 실무자는 종속항의 개수를 최소화하고, 대신 독립항의 개수를 최대화하는 전략을 택했다. 어차피 핵심에 해당하는 부분에 진보성이 있다면 그 핵심을 포함하는 다양한 오브젝트 또한 특허를 받을 수 있을 것이라는 전략이다. 그래서 다양한 유형의 음식물 표현을 오브젝트로 사용해 독립항을 늘렸다. 독립항은 10개지만 종속항은 5개에 불과하다.

예제 135 (특허 1576797) 청구항 세트

[청구항 1] (독립항)
건조물(乾燥物)당의 단백질 함량이 25중량% 이상이며 클로로포름/메탄올 혼합용매 추출물법에 의한 지질 함량이 단백질 함량에 대하여 100중량% 이상이며 또한 LCI값이 55% 이상인 대두 유화조성물(大豆乳化組成物), 또는 상기 대두 유화조성물을 포함하는 원료를 유산발효(乳酸醱酵) 혹은 산(酸) 첨가에 의해 산성화하여 얻어지는 산성 대두 소재(酸性大豆素材)를 함유하는 것을 특징으로 하는 대두 유래 원료 함유 음식물.

[청구항 2](종속항)
제1항에 있어서,
상기 대두 유화조성물은, 건조물당의 식물섬유 함량이 10중량% 이하이며 건조물당의 지질 함량이 35중량% 이상인 것을 특징으로 하는 대두 유래 원료 함유 음식물.

[청구항 3](독립항)
건조물당의 단백질 함량이 25중량% 이상이며 클로로포름/메탄올 혼합용매 추출물법에 의한 지질 함량이 단백질 함량에 대하여 100중량% 이상이며 또한 LCI값이 55% 이상인 대두 유화조성물 또는 상기 대두 유화조성물을 포함하는 원료를 유산발효 혹은 산 첨가에 의해 산성화하여 얻어지는 산성 대두 소재를 포함하는 것을 특징으로 하는 유제품 혹은 발효유제품 대체물.

[청구항 4](종속항)
제1항에 있어서,
상기 대두 유화조성물 또는 상기 산성 대두 소재를 포함하는 유제품 혹은 발효유제품 대체물이, 유제품 혹은 발효유제품의 일부 또는 전부의 대체로서 사용되는 것을 특징으로 하는 대두 유래 원료 함유 음식물.

[청구항 5](독립항)
건조물당의 단백질 함량이 25중량% 이상이며 클로로포름/메탄올 혼합용매 추출물법에 의한 지질 함량이 단백질 함량에 대하여 100중량% 이상이며 또한 LCI값이 55% 이상인 대두 유화조성물을 포함하는 원료를, 유산발효 또는 산 첨가에 의해 산성화하여 얻어지는 것을 특징으로 하는 산성 대두 소재.

[청구항 6](독립항)

건조물당의 단백질 함량이 25중량% 이상이며 클로로포름/메탄올 혼합용매 추출물법에 의한 지질 함량이 단백질 함량에 대하여 100중량% 이상이며 또한 LCI값이 55% 이상인 대두 유화조성물을 함유하는 것을 특징으로 하는 난황 대체 조성물.

[청구항 7](종속항)

제6항에 있어서,

상기 대두 유화조성물은, 건조물당의 식물섬유 함량이 10중량% 이하이며 건조물당의 지질 함량이 35중량% 이상인 것을 특징으로 하는 난황 대체 조성물.

[청구항 8](독립항)

제6항의 난황 대체 조성물이, 난황의 일부 또는 전부의 대체로서 사용되는 것을 특징으로 하는 난황 대체 식품.

[청구항 9](독립항)

건조물당의 단백질 함량이 25중량% 이상이며 클로로포름/메탄올 혼합용매 추출물법에 의한 지질 함량이 단백질 함량에 대하여 100중량% 이상이며 또한 LCI 값이 55% 이상인 대두 유화조성물이, 대두원료의 일부 또는 전부로서 사용되는 것을 특징으로 하는 대두 가공식품.

[청구항 10](종속항)

제9항에 있어서,

상기 대두 유화조성물은, 건조물당의 식물섬유 함량이 10중량% 이하이며 건조물당의 지질 함량이 35중량% 이상인 것을 특징으로 하는 대두 가공식품.

[청구항 11](독립항)

건조물당의 단백질 함량이 25중량% 이상이며 클로로포름/메탄올 혼합용매 추출물법에 의한 지질 함량이 단백질 함량에 대하여 100중량% 이상이며 또한 LCI 값이 55% 이상인 대두 유화조성물을 함유하는 혈청 콜레스테롤 저감용 혹은 신장기능 개선용 조성물.

[청구항 12] (종속항)

제11항에 있어서,

상기 대두 유화조성물은, 건조물당의 식물섬유 함량이 10중량% 이하이며 건조물당의 지질 함량이 35중량% 이상인 것을 특징으로 하는 혈청 콜레스테롤 저감용 혹은 신장기능 개선용 조성물.

I. 특허문서 작법

[청구항 13] (독립항)
제11항의 혈청 콜레스테롤 저감용 혹은 신장기능 개선용 조성물을 사용한 식품.

[청구항 14] (독립항)
음식물의 제조에 있어서, 건조물당의 단백질 함량이 25중량% 이상이며 지질 함량이 단백질 함량에 대하여 100중량% 이상이며 또한 LCI값이 55% 이상인 대두 유화조성물을, 유제품, 난황 및 대두원료로부터 선택되는 원료를 첨가하는 단계에서, 상기 원료의 일부 또는 전부와 대체해서 사용하거나, 또는 혈청 콜레스테롤 저감용 혹은 신장기능 개선용 조성물로서 사용하는 것을 특징으로 하는 대두 유래 원료 함유 음식물의 제조법.

[청구항 15] (독립항)
건조물당의 단백질 함량이 25중량% 이상이며 지질 함량이 단백질 함량에 대하여 100중량% 이상이며 또한 LCI값이 55% 이상인 대두 유화조성물을, 유제품, 난황 및 대두원료로부터 선택되는 원료를 첨가하는 단계에서, 상기 원료의 일부 혹은 전부와 대체해서 사용하거나, 또는 혈청 콜레스테롤 저감용 혹은 신장기능 개선용 조성물로서 사용함으로써, 대두 유래 원료 함유 음식물의 풍미 또는 식감을 개량하는 방법.

317

318

Ⅰ. 특허문서 작법

종속항 기재 방법

(1) 종속항의 기본 특성(인용되는 청구항과의 관계)

종속항은 이를테면 "제1항에 있어서"라는 표현으로 다른 청구항을 인용한다. 즉, 종속항은 반드시 인용관계를 표현하는 어구가 존재한다. 인용되는 청구항은 대개 독립항이지만 독립항이 아닌 다른 종속항일 수도 있다. 다만 종속항의 종속항은 독립항의 종속항의 속성을 그대로 지니기 때문에 여기에서는 편의상 독립항의 종속항만을 다루기로 한다. 종속항은 인용하는 청구항이며, 독립항은 말하자면 인용되는 청구항이다.

독립항과 종속항의 관계는 다음과 같이 요약할 수 있다. 종속항은 독립항을 인용한다. 그 인용은 독립항의 기재를 한정하거나 또는 부가하는 성격을 띤다. 종속항은 독립항의 어떤 구성요소를 한정함으로써 독립항보다 특허범위가 좁아진다. 또한 독립항에 어떤 구성요소를 추가적으로 부가하는 종속항의 경우에도 부가되는 요소를 반드시 포함해야 하므로 역시 특허범위가 좁아진다. 그러므로 종속항의 특허범위는 독립항의 특허범위보다 넓을 수 없다. 이런 특성 때문에 법리적으로 독립항이 종속항보다 더 중요하게 취급된다. 특허침해의 관점에서 독립항과 그것을 인용하는 종속항의 관계를 요약하면 다음과 같다.

첫째, 타인이 청구항 한 개의 특허를 침해한다면 다른 청구항을 살펴볼 필요 없이 특허침해를 구성한다. 물론 이론적으로 청구항마다 침해여부를 살펴야 하며, 실천적으로 여러 개의 청구항을 침해했음을 입증함으로써 소송과 협상을 주도할 수 있다는 장점이 있겠다. 그러나 청구항 한 개의 특허침해가 입증된다면 그 이후의 법리적인 효과가 청구항 두 개 이상의 침해와 동일하기 때문에 실무자는 청구항 한 개에 집중하게 마련이다.

둘째, 독립항을 침해하지만 종속항을 침해하지 않을 수는 있다. 독립항은 넓은 특허범위를 지닌다. 반면 종속항의 특허범위는 독립항보다 좁다. 독립항을 침해한다는 결론이 내려진다면 종속항의 침해여부는 옵션에 불과하다. 이 경우 실무적으로 종속항의 침해판단은 그렇게 중요하지 않다(단, 소송행위에서는 종속항의 침해여부까지 모두 분석한다).

셋째, 독립항을 침해하지 않는다면 그것을 인용하는 다른 종속항도 침해하지 않는다. 이것은 일종의 진리 명제다. 다만 종속항의 기재형식을 지니고 있어서 일견 종속항으로 보이지만, 인용되는 항을 한정하거나 부가하는 것이 아니라 구성요소를 대체하는 청구항도 존재한다. 이것을 우리는 '의사종속항'이라고 표현했다. 의사종속항은 종속항이 아니라 독립항이기 때문에 인용되는 항을 침해하지 않았더라도 의사종속항의 특허범위에 포함될 수 있다. 따라서 이 점을 실무적으로 유의한다.

320

(2) 종속항의 기재 유형

기본적인 유형

그림 19의 다이어그램 모델이 가장 단순하고 가장 기본적인 유형이며, 또한 가장 널리 사용되는 방식이다. 이 모델은 각 종속항이 독립항인 청구항 1만을 단순 인용하는 것이다. 제1항의 특정 요소를 한정하거나 또는 제1항에 특정 요소를 부가하는 방식으로 종속항을 늘려나간다. 이 경우 모든 종속항의 인용 표현은 '제1항에 있어서'가 되겠다.

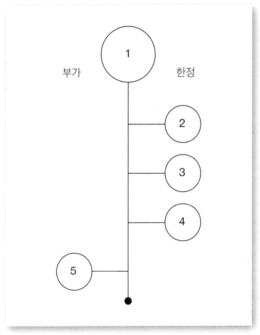

그림 19

종속항을 인용

그림 20의 다이어그램 모델은 종속항이 종속항을 인용하는 유형을 포함한다. 결과적으로 사슬형태를 지닌다. 특히 그림 20에서 청구항 3은 청구항 1의 종속항이다. 그런데 청구항 4가 청구항 3을 다시 인용한다. 이런 방식으로 특허범위를 좁혀나가면서 종속항을 추가한다.

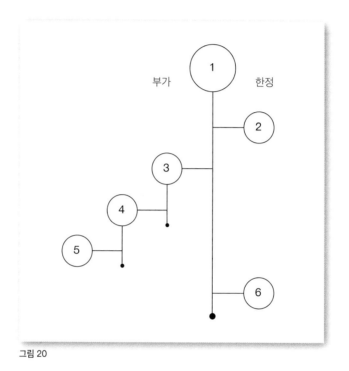

그림 20

그림 21과 그림 22는 그림 20과 기본적으로 같은 유형이다. 그림 20은 청구항 1에 특정 요소를 추가(부가)하는 방식으로 연쇄적으로 인용되는 구조지만, 그림 21은 청구항 1의 특정 요소를 한정하는 방식으로 연쇄적으로 인용되는 구조를 띠고, 그림 22는 청구항 2가 청구항 1에 특정 요소를 부가한 다음에 연쇄적으로 그 특정요소를 한정하면서 인용되는 복합 구조로 이루어진다.

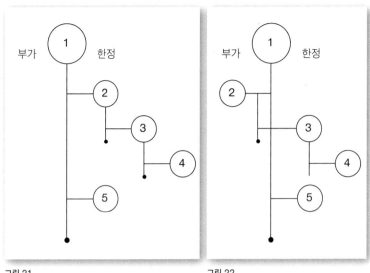

그림 21   그림 22

이런 유형의 종속항에서는 연쇄적으로 인용되는 청구항들은 특별한 기술적 관련성을 지닌다. 아마도 거기에 실무자가 생각하는 발명의 특징이 있을 가능성이 크다. 실무자는 독립항인 청구항 1과 가장 상위의 종속항 범위를 적정하게 설정해야 한다. 그림 20에서는 청구항 3이, 그림 21과 그림 22에서는 청구항 2가 가장 상위의 종속항이다. 독립항의 진보성이 부인될 때 상위 종속항이 그 독립항을 대체할 수 있을 정도의 진보성이 예상되는 범위로 기재하는 것이 좋다. 상위 종속항의 특허범위가 너무 좁으면 그것을 인용하는 나머지 종속항이 의미를 잃는다. 상위 종속항의 특허범위가 너무 넓으면 독립항의 특허요건을 보충하기 어려워진다.

　　그림 23은 다중종속항의 예를 극단적으로 표현하는 모델이다. 이런 방식의 청구항이 실무적으로 은근히 많다. 청구항 6은 "제1항 내지 제5항 중 어느 한 항에 있어서"라는 표현의 인용관계를 지닌다. 선행하는 복수의 청구항 모두에 공통된 한정을 하거나 공통의 부가요소를 추가하려고 할 때의 모델이다.

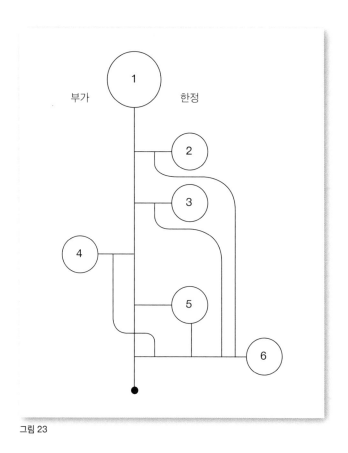

부가   한정

그림 23

등고선 모델링

청구항 세트는 대략 등고선으로 모델링할 수 있다. 이는 종속항의 기재를 실무적으로 설명하기 위해서 등고선 개념을 차용하는 것이므로 학술적인 모델은 아니다. 그림 24를 보자. 청구항을 연쇄적으로 인용한다면 (a)에 해당할 것이다. 이때 발명을 바라보는 가상의 카메라가 있다면 앵글의 초점거리를 좁혀가면서 청구항을 기재하게 된다. 발명과의 초점거리뿐만 아니라 앵글을 변화하면서 청구항을 기재한다면 (b)와 (c)가 될 것이다.

(a)

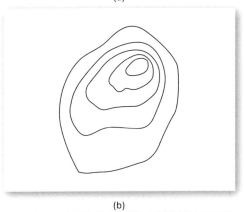

(b)

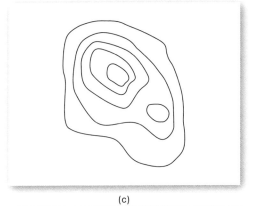

325

(c)

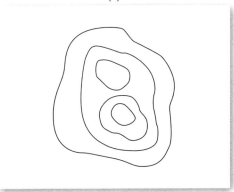

그림 24

4. 복수 청구항 · 종속항 기재 방법

그림 25와 그림 26은 그림 20과 그림 21에 각각 대응하는 등고선 모델이다. 이와 같은 도식을 통해서 동일한 독립항을 인용하는 종속항 세트라 하더라도 종속항마다 등고선이 다른 곳에 분포할 수 있고 이는 실무자가 앵글을 바꾼 것임을 이해할 수 있다.

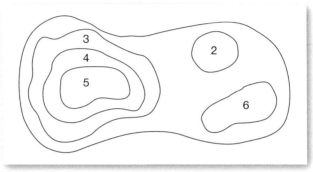

그림 25

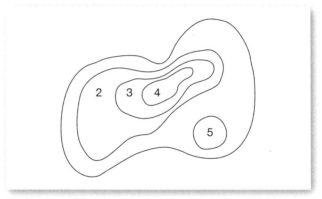

그림 25

또한 초점거리를 조정함으로써 등고선이 중첩될 수 있음을 알 수 있다. 앵글 사용법에 대해서는 제1장에서 상세히 설명했다. 초점거리를 사용하지 않고 앵글만을 사용해서 종속항 세트를 만들 수 있으며, 이는 그림 19의 기본 유형에 해당하고, 등고선은 그림 27과 같다.

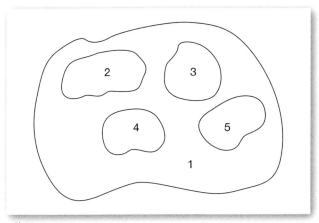

그림 27

예제 136 청구항은 다이어그램 모델 그림 19와 등고선 모델 그림 27 유형에 해당하는 종속항의 기재 유형을 예시한다. 청구항 2는 부가하는 유형의 종속항이며, 나머지 종속항은 한정하는 유형의 종속항이다. 다만 청구항 6은 청구항 1의 구성요소에 능동소자를 부가하면서 동시에 한정하는 방식을 사용했다. 청구항 6은 독립항을 부가하는 방식의 종속항이라고 규정해도 좋고, 독립항의 구성요소(여기에서는 오브젝트 자체)를 한정하는 방식의 종속항이라고 말해도 무방하다. 예제 136에서 상당수의 종속항이 독립항의 '위상 관계 판정 유닛'을 한정하고 있다. 이런 점을 감안한다면 독립항에서 '위상 관계 판정 유닛'의 역할이 가장 중요할 것으로 추정할 수 있고, 이러한 추정은 예제 136의 발명을 이해하는 데 유용하다.

예제 136 (특허 1576877) 청구항 세트 일부

[청구항 1] 독립항
지연 동기 루프형의 클록 신호 생성 회로에 있어서,
제1 클록 신호를 설정된 지연량만큼 지연시켜 출력하는 지연 선로;
출력단자로부터 출력되는 제2 클록 신호와 상기 제1 클록 신호와의 위상차에 기초하여 상기 지연 선로의 지연 시간 길이를 설정하는 지연 시간 길이 설정 유닛;

상기 제1 클록 신호와 상기 제2 클록 신호를 비교하여, 상기 제2 클록 신호의 위상이 상기 제1 클록 신호의 위상보다 앞서 있는 경우와 지연되어 있는 경우 중 어느 하나의 경우에, 반전 신호를 활성화하는 위상 관계 판정 유닛; 및

상기 반전 신호가 활성화되었을 때, 상기 지연 선로를 포함하는 송신 경로 상의 상기 제1 클록 신호를 위상 반전시키는 위상 반전/비반전 유닛을 포함하는 지연 동기 루프형의 클록 신호 생성 회로.

[청구항 2] 독립항에 구성요소를 부가하는 유형의 종속항

제1항에 있어서,

상기 제1 클록 신호와 상기 제2 클록 신호와의 의사 록 상태를 검출하는 의사 록 검출 유닛; 및

의사 록 상태의 검출시, 상기 위상 반전/비반전 유닛에 위상의 반전을 지시하는 의사 록 상태 해제 유닛을 <u>더 포함하는</u> 지연 동기 루프형의 클록 신호 생성 회로.

[청구항 3] 독립항의 구성요소를 한정하는 유형의 종속항

제1항에 있어서,

<u>상기 위상 관계 판정 유닛은</u>, 리셋 기간 중에 상기 제1 클록 신호와 상기 제2 클록 신호를 비교하여, 상기 제2 클록 신호의 위상이 상기 제1 클록 신호의 위상보다 앞서 있는 경우와 지연되어 있는 경우 중 어느 하나의 경우에, 리셋 기간의 종료 후에 상기 위상 반전/비반전 유닛에 위상의 반전 또는 비반전을 지시하는, 지연 동기 루프형의 클록 신호 생성 회로.

[청구항 4] 독립항의 구성요소를 한정하는 유형의 종속항

제1항에 있어서,

<u>상기 위상 관계 판정 유닛은</u>, 상기 제1 클록 신호와 상기 제2 클록 신호를 비교하여, 상기 제1 클록 신호의 위상에 대하여 상기 제2 클록 신호의 위상이 앞서 있는 경우에 반전 신호를 활성화하는, 지연 동기 루프형의 클록 신호 생성 회로.

[청구항 5] 독립항의 구성요소를 한정하는 유형의 종속항

제1항에 있어서,

<u>상기 위상 관계 판정 유닛은</u>, 상기 제1 클록 신호와 상기 제2 클록 신호를 비교하여, 상기 제1 클록 신호의 위상에 대하여 상기 제2 클록 신호의 위상이 지연되어 있는 경우에 반전 신호를 활성화하는, 지연 동기 루프형의 클록 신호 생성 회로.

[청구항 6] 독립항의 구성요소를 부가하고 한정하는 유형의 종속항
제1항에 있어서,
상기 지연 동기 루프형의 클록 신호 생성 회로를 구성하는 능동 소자는, 박막 형성 기술 또는 인쇄 기술을 사용하여 절연 기판 상에 형성되는, 지연 동기 루프형의 클록 신호 생성 회로.

예제 137 청구항은 그림 21의 다이어그램 모델을 포함하는 청구항 세트다. 다양한 인용관계들이 나타나 있다. 독립항을 인용하는 종속항, 종속항을 인용하는 종속항, 다중종속항, 독립항을 인용하는 독립항, 종속항을 인용하는 독립항이 각각 예시돼 있다.

예제 137 (특허 1588030) 청구항 세트 일부
[청구항 1] 독립항
유기 발광 디바이스로서,
제1 전극(1)과 제2 전극(2) 사이에 배열된 콜렉터 층으로서 적어도 하나의 유기 발광 층(3)을 포함하고,
상기 제1 전극(1)은 제1 이미터(emitter) 층(1E), 및 상기 제1 이미터 층(1E)과 상기 콜렉터 층(3) 사이에 배열된 제1 베이스 층(1B)을 포함하고, 상기 제2 전극(2)은 제2 이미터 층(2E), 및 상기 제2 이미터 층(2E)과 상기 콜렉터 층(3) 사이에 배열된 제2 베이스 층(2B)을 포함하는 것을 특징으로 하는 유기 발광 디바이스.

[청구항 2] 독립항을 한정하는 종속항
제1항에 있어서, 상기 제1 전극(1, 1B, 1E)은 가시광에 대해 투명한 것을 특징으로 하는 유기 발광 디바이스.

[청구항 3] 종속항을 한정하는 종속항
제2항에 있어서, 상기 제1 전극(1, 1E, 1B)의 물질은 하나 이상의 도핑 상태(들)의 GaN, InGaN, AlGaN, InAlN, GaInAlN, GaAs, AlGaAs, GaP, InP, 또는 In2O3, SnO2, ZnO 또는 CuAlO2와 같은 산화물 물질들의 그룹 중 적어도 하나의 물질을 포함하는 것을 특징으로 하는 유기 발광 디바이스.

[청구항 4] 다중종속항으로서 한정하는 종속항

제1항 내지 제3항 중 어느 한 항에 있어서, 상기 유기 발광층(3)은 제1 컬러의 광을 방출하기 위한 제1 하위 층(sub-layer), 및 상기 제1 컬러와 다른 제2 컬러의 광을 방출하기 위한 제2 하위 층을 적어도 포함하는 것을 특징으로 하는 유기 발광 디바이스.

[청구항 5] 다중종속항으로서 한정하는 종속항

제1항 내지 제3항 중 어느 한 항에 있어서, 상기 제1 전극(1)의 제1 이미터 층(1E) 및 제1 베이스 층(1B)은 개별적으로 동작하는 제1 전극들(1)의 픽셀들(4)의 어레이를 형성하도록 구조화되는 것을 특징으로 하는 유기 발광 디바이스.

[청구항 6] 독립항

제5항에 따른 디스플레이 디바이스로서,

순방향 바이어스 모드 또는 역방향 바이어스 모드에서 상기 픽셀들(4) 중 적어도 일부를 다른 픽셀들(4)과 독립적으로 조작하기 위한 조작 유닛(5)을 더 포함하는 디스플레이 디바이스.

[청구항 7] 독립항

제1항에 따른 유기 발광 디바이스를 동작시키기 위한 방법으로서,

상기 유기 발광 층을 통한 전하 캐리어들의 전송을 조정하기 위해 상기 제2 베이스 층(2B)과 상기 제1 베이스 층(1B) 사이에 제1 전압(UCB)을 인가하는 단계,

상기 제1 전극으로부터 상기 유기 발광층으로의 전자들 또는 정공들의 주입을 조정하기 위하여 상기 제1 이미터 층(1E)과 상기 제1 베이스 층(1B) 사이에 제2 전압(UEB)을 인가하는 단계, 및

상기 제2 전극으로부터 상기 유기 발광 층으로의 정공들 또는 전자들의 주입을 조정하기 위하여 상기 제2 이미터 층(2E)과 상기 제2 베이스 층(2B) 사이에 제3 전압(UEB2)을 인가하는 단계를 포함하는 방법.

예제 138 청구항 세트는 방법발명에서의 종속항을 만드는 방법을 예시한다. 종속항은 독립항에 구성요소를 부가하거나 또는 독립항의 구성요소를 한정하는 방식으로 기재해야 한다. 방법발명은, 구성요소는 기본적으로 단계(공정)로 이루어진다. 따라서 청구항의 특정 단계를 좀 더 구체적으로 한정하거나 또는 추가적인 단계를 부가하는 방식으로

종속항을 만들 수 있다. 그런데 방법발명의 각 단계에는 그 단계를 특정하는 내용이 있게 마련이며, 그 내용은 장치, 물건, 물질일 수도 있고, 컴퓨터 통신에 관한 분야에서는 데이터를 포함한다. 그러므로 방법발명의 종속항은 단계 자체가 아니라 각 단계에 포함되어 있는 장치, 물건, 물질 또는 데이터 따위를 한정하거나 부가하는 방식으로 기재될 수도 있다. 예제 138은 다양한 유형의 종속항을 선보인다.

예제 138 (특허 1587518) 청구항 세트 일부

[청구항 1]
무선 통신 방법으로서,
브로드캐스트를 위해 유니캐스트 자원을 사용할 의사를 나타내는 정보를 포함하는 제 1 브로드캐스트 신호를 브로드캐스트하는 단계; 및
상기 유니캐스트 자원에서 제 2 브로드캐스트 신호를 브로드캐스트하는 단계를 포함하는, 무선 통신 방법.

[청구항 2] 단계를 부가하는 종속항
제 1 항에 있어서,
추가 브로드캐스트 정보를 전송할 필요성으로 인해, 상기 제 2 브로드캐스트 신호를 브로드캐스트하는데 상기 유니캐스트 자원을 이용하기로 결정하는 단계를 더 포함하는, 무선 통신 방법.

[청구항 3] 데이터를 한정하는 종속항
제 1 항에 있어서,
상기 제 1 브로드캐스트 신호는 브로드캐스트 메시지를 더 포함하는, 무선 통신 방법.

[청구항 4] 데이터를 한정하는 종속항
제 1 항에 있어서,
상기 브로드캐스트를 위해 유니캐스트 자원을 사용할 의사를 나타내는 정보는, 상기 브로드캐스트에 사용될 유니캐스트 자원을 나타내는 정보를 포함하는, 무선 통신 방법.

[청구항 5] 데이터를 한정하는 종속항

제 4 항에 있어서,

상기 유니캐스트 자원은 복수의 유니캐스트 자원들을 포함하는, 무선 통신 방법.

[청구항 6] 단계를 부가하는 종속항

제 1 항에 있어서,

복수의 스케줄링 자원들 중에서 선택된 스케줄링 자원에서, 상기 유니캐스트 자원을 사용할 두 번째 의사를 전달하는 단계를 더 포함하는, 무선 통신 방법.

[청구항 7] 단계를 한정하는 종속항

제 6 항에 있어서, 상기 복수의 스케줄링 자원들 각각은 서로 다른 연관된 우선순위를 갖고, 상기 두 번째 의사가 전송되는 스케줄링 자원은 가장 높은 우선순위를 갖는, 무선 통신 방법.

[청구항 8]단계를 부가하는 종속항의 종속항

제 6 항에 있어서,

상기 유니캐스트 자원을 사용할 두 번째 의사를 전달하는 단계는, 상기 제 2 브로드캐스트 신호의 전송에 대한 의도된 전력과 동일한 전력으로 스케줄링 신호를 전송하는 단계를 포함하는, 무선 통신 방법.

[청구항 9]단계를 부가하는 종속항의 종속항

제 8 항에 있어서,

적어도 하나의 무선 디바이스까지의 거리를 결정하는 단계; 및

상기 거리가 임계 거리 미만인 경우, 상기 적어도 하나의 무선 디바이스에 대한 제 2 스케줄링 신호를 전송하는 단계를 더 포함하는, 무선 통신 방법.

[청구항 10] 단계를 부가하고 한정하는 종속항의 종속항

제 9 항에 있어서,

상기 임계 거리 내 상기 적어도 하나의 무선 디바이스 각각의 부근 안에서 무선 디바이스들의 밀도를 결정하는 단계를 더 포함하며,

상기 제 2 스케줄링 신호는, 상기 밀도가 상기 적어도 하나의 무선 디바이스 중 임의의 무선 디바이스에 대한 밀도 임계치보다 더 큰 경우에만 전송되는, 무선 통신 방법.

(3) 몇 가지 실무적 사항

종속항의 실무적 역할은 독립항을 보충하는 것이다. 심사단계에서는
진보성이 부인된 독립항의 특허성을 보충한다. 즉, 특허성이 인정된
종속항과 독립항을 결합하는 보정을 통해 독립항을 보충한다. 특허 이
후 단계에서는 타인의 특허 침해를 구성하는 독립항을 보충한다. 다시
말하면 독립항 침해를 전제로 종속항의 침해까지 주장할 수 있게 한다.

　　이런 종속항의 보충적 역할을 감안한다면 종속항의 개수는 적절
해야 한다. 먼저 심사단계를 살펴보자. 심사관은 청구항마다 특허성을
심사해야 한다. 청구범위가 복수청구항으로 이루어졌을 때 다음 세 가
지 중 어느 하나로 1차 심사결과가 나온다.

　　① 거절이유통지 없는 특허결정
　　② 청구항 일부 거절
　　③ 청구항 전부 거절

333

첫 번째 심사결과에서 독립항 자체가 특허성을 지닌 것으로 판단됐다.
따라서 특허심사를 통과하는 데 있어 종속항은 별로 의미가 없었다.
이 경우 심사관은 아마도 형식적인 기재불비 사항 외에는 종속항의 내
용은 살펴보지 않았을 것이다. 두 번째 심사결과에 대한 실무적인 취
급은 전형적으로 이러하다. 독립항의 특허성은 부인됐다. 그러나 일부
종속항의 특허성이 인정됐다. 이 경우 종속항의 보충적 역할이 실무적
으로 적극 발휘된다. 실무자는 특허성을 인정받은 종속항을 독립항과
결합하는 보정을 한다. 거절이유를 간단하게 극복하고 특허 취득을 도
모한다. 세 번째 심사결과는 나쁘다. 청구항 전부가 거절됐으므로 첫
번째의 경우처럼 종속항은 별로 의미가 없었다. 이 경우 심사관은 종
속항의 내용까지 고려했을 테지만, 특허성은 부인되고 말았다. 세 번
째 심사결과에 대한 구체적인 실무 취급은 『특허실무지식 Ⅱ』에서 다

룬다. 여기에서는 두 번째에서 작용되는 종속항의 문제점을 살핀다.

사람들은 다분히 이론적이거나 합리적으로 행동하기보다는 심리적으로 행동하며 그다지 교과서적이지는 않다. 일부 청구항에 특허가 인정되는 경우 일부 청구항을 거절한 심사결과에 정면으로 맞서기보다는 보정을 통해서 간명하게 해결하기를 원한다. 상당수의 실무자들이 습관적으로 이런 경향을 보인다. 종속항의 특허범위가 적정하다면 현명한 방법일 터다. 종속항의 특허범위가 지나치게 좁은 경우, 종속항이 비즈니스를 보호하지 못하는 경우, 발명자가 종속항의 의의를 몰랐고 알았다면 원하지 않았을 내용인 경우일 때 습관적인 실무가 변리업무를 핍박한다. 문제는 거의 은폐되겠지만 사후에 드러난다. 실무자는 특허를 받았다는 사실을 중시하고 의뢰인은 그런 사실에 현혹된다. 그러나 특허를 취득한 후 침해문제가 검토됐을 때 독립항과 종속항의 결합 문제점이 드러난다. "이것은 우리가 의도한 특허가 아니었잖아요?"

이런 문제는 상당히 곤란하고 완벽하게 예방되기 어렵다. 왜냐하면 이런 심사결과(독립항의 특허성은 부인되고 종속항의 특허성은 인정되는 심사결과)는 매우 빈번하며, 엄격한 심사 추세에 따라 특허를 받기가 점점 어려워지고 있고, 무엇보다 정면으로 맞서서 싸우는 일에는 상당한 노동이 투입된다. 그러나 그 노동에 대한 대가가 낮은 상황에서, 즉 매우 어렵고 정면으로 맞서는 것에 소요되는 노동이 저평가되고 있는 상황에서 쉬운 길을 택하려는 실무자의 심리가 강하게 작용하기 때문이다. 좋은 방책은 있다. 애당초 종속항을 만들 때 그 개수를 적정하게 통제하는 것이다. 의뢰인의 사업을 보호함에 있어 전혀 도움이 안 되는 특허범위라면 종속항을 만들지 않는다. 지나치게 특허범위가 좁다면 종속항을 만들지 않는다. 한편 명백한 공지기술로 독립항을 한정하거나 부가하는 정도의 종속항이라면 독립항을 보충해주지 못한다. 그러므로 그런 종속항도 가급적 만들지 않는다. 이렇게 하면 종속항의 개수를 적정하게 유지할 수 있어서 경제적이다. 또한 종속항마다 고객의 비즈니스를 보호하는 역할을 하기 때문에 종속항과 독립항의 합체

334

가 일견 특허범위 감축처럼 보이지만, 결국 고객의 시장활동을 여전히 보호할 수 있는 특허로 작동할 수 있게 된다.

종속항의 보충적 역할은 특허 등록 이후에도 지속된다. 앞에서 말한 것처럼 종속항은 타인의 특허침해를 구성하는 독립항을 보충한다. 특허침해의 상대방이 특허의 무효를 주장할 때 종속항을 이용해서 독립항을 정정함으로써 공격을 회피한다거나 일부 종속항만은 살아남을 수 있도록 대응할 수 있다. 특허권자는 일반적으로 독립항의 침해를 주장한다. 마찬가지로 상대방도 독립항으로부터의 회피를 강구한다. 종속항의 특허범위가 지나치게 좁다면 그 종속항은 권리로서 무용지물이다. 첫째, 독립항을 회피한다면 종속항 침해는 성립할 수 없기 때문이며, 둘째, 독립항 침해가 문제되더라도 그 종속항은 침해할 리 없기 때문이다. 그저 매년 특허료로 납부할 때에만 실무적으로 고려될 뿐이다. 종속항이 공지기술에 불과한 경우라면 독립항에만 집중하게 마련이다. 그러므로 특허 이후의 보충적 역할을 고려해서도 종속항의 개수는 적정하게 유지할 필요가 있다.

이처럼 발명을 특허로 보호하는 역할은 주로 독립항에 의해 행해진다. 그러므로 종속항 작성에 지나치게 많은 에너지를 쓰지 않아도 좋다. 그런 점에서 종속항의 개수는 적절해야 한다. 독립항의 진보성이 인정된다면 그 독립항의 종속항 세트 모두 진보성이 인정된다. 특허받은 청구항이 많으면 많을수록 더 많이 보호되는 것인가? 그렇지도 않다. 특허침해 문제는 결국 독립항의 문제이며, 일부 종속항만이 관여할 뿐이다.

이제 종속항의 개수는 적절해야 한다는 사실에 실무자들은 동의할 수 있으리라. 종속항의 개수가 적절해야 한다고 습관처럼 생각하고 있다면 쓸데없는 종속항 선정 문화를 극복할 수 있다. 비록 잠깐이었지만 앞에서 다음과 같은 종속항에 대해서 회의적인 의견을 개진했다.

335

- 특허범위가 지나치게 좁은 종속항
- 비즈니스를 보호하지 못하는 종속항
- 발명자가 종속항의 의의를 몰랐고 알았다면 원하지 않았을 내용의 종속항
- 명백한 공지기술로 이루어진 종속항

이런 종속항에 대한 회의적인 시각을 재구성해보자. 그러면 종속항 선정방법의 대략적인 지침을 얻을 수 있다. 실무자는 독립항을 작성했다. 다음으로 종속항을 작성하려고 한다. 1개 이상의 독립항만으로도 특허출원이 가능하기 때문에 실무자가 보기에 독립항 1개만으로도 발명을 충분하게 보호할 수 있다고 판단한다면 종속항을 만들지 않아도 좋다. 대개 발명의 구성과 특징이 간단하고 명백한 경우가 그러하다. 1개 이상의 종속항을 선정하는 경우에 다음과 같은 지침을 염두에 둔다.

청구항은 고객의 아이디어야 한다. 마찬가지로 종속항은 의뢰인이 생각한 사항이어야 한다. 따라서 실무자가 함부로 자기 생각을 종속항으로 추가하지 않는다. 그 종속항이 보정을 통해 독립항에 포함될 우려가 있고, 그 경우 의뢰인의 의도와는 다른 엉뚱한 특허가 만들어질 가능성이 있기 때문이다. 다만 고객의 생각은 명시적이거나 묵시적이다. 노련한 실무자일수록 비즈니스 관점으로 후자를 적절히 발굴한다.

종속항은 그것이 언제든지 독립항과 결합될 수 있다는 생각을 실무자는 잊지 말아야 한다. 그 종속항이 독립항과 결합되어 특허범위가 좁혀졌을 때 과연 의뢰인의 비즈니스를 보호하는 데 도움이 되는가를 묻는다. 그런 특허범위로는 사실상 시장에서의 다양한 실시를 커버할 수 없다면 종속항으로 삼지 않는다.

특허의 권리행사라는 높은 차원의 목적보다는 특허취득이라는 사실이 중요한 경우도 물론 있다. 이따금 의뢰인은 계약체결, 실적평가, 마케팅에서의 활용 등 '특허번호'만 필요로 한다. 이런 경우 실무자는 특허범위를 아예 중시하지 않을 수도 있겠다. 하지만 사람들은

망각에 취약하다는 점을 잊지 말자. 의뢰인은 언제든지 특허취득뿐이라는 애당초의 목적을 잊어버리고는 특허범위를 따지곤 한다. 이런 현실을 감안한다면 실무자는 '오로지 특허취득'이라는 목적이 명확하더라도 특허범위를 염두에 두며 종속항을 작성한다. 그 아이디어가 의뢰인의 진정한 발명이 아니라면(실무적으로 이런 경우가 가끔 발생한다) 특허를 받을 만한 특허범위만을 생각한다. 이런 사정에 있다면 굳이 시장에서의 실시 따위를 고려하지 않게 된다. 선행기술로 검색되기 어려운 언어를 택해서 구성을 구체화해 종속항을 한두 개 선정한다. 의뢰인이 장차 부당하게 권리행사를 의욕하지 않도록 특허범위를 통제한다. 특허취득이라는 사실이 중요하긴 해도 그 아이디어가 의뢰인의 진정한 발명이라는 실체가 있다면 어쨌든 의뢰인의 시장활동에 도움을 주는 특허범위를 고려한다. 실무자는 시장에서의 실시와 특허범위, 이 두 가지 사항을 동시에 고려하면서 특허범위가 어디까지 구체화되는 것이 적당한지 그 경계선을 탐색한다. 그리고 경계선 근방의 종속항을 선정한다.

특허심사에서 판단자의 주관과 독자적인 견해를 배제하기란 쉬운 일이 아니다. 다양한 판례와 심사지침이 있기는 하지만, 심사관에게는 '당업자에게 자명', '주지관용기술의 전용', '단순한 설계변경' 등의 강력한 전가의 보도가 있다. 이들 단어는 독립항의 진보성 심사에서 발명의 차이성을 기각할 때에 종종 사용되며, 또한 종속항의 진보성을 부인할 때 자주 등장한다. 특별한 증거자료나 명징한 논증을 제시하지 않은채 — 그러므로 심사관의 주관성이 강하게 개입한다 — 어쨌든 특허성을 인정할 수 없다는 표현이다. 그런 표현들이 남발될수록 국가 행정처분으로서의 심사행정의 객관성을 담보하기는 어렵다. 이러한 심사관행은 개선돼야 한다. 국가의 행정처분은 법률에 근거해 공무원의 지적인 판단에 의해 행해진다. 특허법 제29조 제2항은 원칙만을 선언할 뿐이어서 추상적이다. 그렇다면 심사관의 판단은 구체적이어야 한다. 구체성은 논리적이어야 하며, 따라서 진보성 판단은 논증이어야 한다.

337

하지만 심사관은 법 제도에서는 기관이겠지만 실질은 사람이다. 심사관 개인의 주관을 배제하기는 힘들다. 그렇다면 실무자도 심사관의 주관성을 고려해서 전략적인 준비를 해야 한다. 심사관이 '당업자에게 자명', '주지관용기술의 전용', '단순한 설계변경' 등의 추상적인 표현에 의지하는 경향이 강하다면 종속항의 특허성이 제대로 평가되지 못할 현실적인 우려가 있다. 종속항 전체가 간명하게 진보성이 부인됐다면 종속항의 일부를 독립항과 결합해 대응하는 방법으로는 심사관을 설득하기 어렵다. 보정은 무력하며 오직 의견서를 통해서 이미 부정적인 판단을 내린 심사관을 설득해야 한다. 이런 설득은 설령 정면으로 맞서야 할 때가 있더라도 쉽지 않은 작업이다.

이런 현실을 감안해서 명세서에 기재돼 있는 발명의 모든 특이점을 종속항으로 만들지 않는 방법을 생각해 볼 만하다. 예컨대 은밀한 청구요소 한두 개 정도는 상세한 설명에만 기재해 놓는 방법이다. 그리고 심사관이 어떤 인용문헌을 제시하면서 심사결과를 내놓는지를 보고, 미리 준비한 은밀한 청구요소를 필요에 따라 독립항의 구성으로 추가하는 것이다.

이따금 법리적으로 볼 때 쓸데없어 보이는 사항을 종속항으로 만들어야 할 때가 있다. 대부분 명백한 공지기술을 독립항에 부가하거나 한정하는 경우며, 주로 고객의 니즈 때문이다.

5. 특허문서 작법 각론

340

가 / 발명의 명칭

(1) 일반론

특허문서를 작성하는 실무자가 가장 먼저 하는 일은 발명의 명칭을 정하는 일이다. 완력을 쓰는 운동에는 준비운동이 필요한 것처럼, 귀찮더라도 발명의 명칭을 적는 곳이 시작점이다. <발명의 명칭>은 특허문서의 공식적인 이름이다. 사람들은 발명의 명칭으로 특허문서를 식별하고 호칭한다. 실무자는 가장 먼저 <발명의 명칭>을 적으면서 특허문서를 작성하기 시작한다. 이 발명이 무엇에 대한 것인지를 명료하게 나타낼 수 있도록 적는다. 발명의 명칭은 대개 5~15 단어 이내로 정하는 것이 통례다. 발명의 영문 명칭은 대문자로 적는다. 소문자로 적어도 실무적으로 문제되는 것은 아니지만 대문자로 표시하는 것이 국제 관습에 어울린다.

특허청 심사지침서가 안내하는 사항과 실제의 실무 사이에 간극이 있다. 예컨대 심시지침서는 '개량된, 개선된' 등의 표현을 발명의 명칭에 포함해서는 안 된다고 안내한다. 그러나 "개량된 접이식 의자"(특허 1468009), "개선된 LED 구조"(특허 1552366) 같이 '개량된' 혹은 '개선된'이라는 단어가 발명의 명칭으로 사용된 특허는 상당히 많다. 특허청 심사지침서는 "명세서에 기재하는 발명의 명칭은 그 발명의 내용에 따라 간결하고 명료하게 기재하여야 한다"고 선언하고 있지만, 발명의 명칭이 부적절하다는 이유만으로 거절결정을 할 수는 없기 때문에 적절하지 않은 발명의 명칭이라 하더라도 버젓이 특허를 취득한 경우가 많다. 다음의 예제 139 내지 예제 145는 이미 특허를 취득한 발명의 명칭 사례다.

예제 139 (특허 1478330)
비디오 디스플레이 디바이스의 전력 소비의 자동감소

예제 140 (특허 1478150)
관능화된 입자 및 이들의 용도

예제 141 (특허 1478419)
디바이스들의 임시등록

예제 142 (특허 1478415)
가입 기반 서비스에 액세스하기 위한 등록 및 크리덴셜 롤 아웃

예제 143 (특허 1477970)
특히, 자동차용 머리 받침대

예제 144 (특허 1216040)
무좀 예방 및 치료기능이 탁월한 기능성 양말

Ⅰ. 특허문서 작법

예제 145 (특허 613825)
플라보노이드 제제 및 화장품에서의 탁월한 그 용도

국가행정 지침은 모범답안을 제시하려는 관성 때문에 다소 경직되게 마련이며, 특허청 심사지침도 그러하다. 그렇지만 규정이 많을수록 유연함을 잃고, 아무런 의심 없이 그 규정을 준수하려고 노력할수록 창의성을 잃는다. 심사지침서는 "청구범위에 2 이상의 카테고리의 청구항(물건, 제조방법, 제조장치, 사용방법 등)을 기재하는 경우에는 이들 복수의 카테고리를 모두 포함하는 간단하고 명료한 명칭으로 기재하여야 한다"고 규정하고 있지만, 꼭 그래야만 하는 것은 아니다. 그런 방식을 기계적으로 고수하면 발명의 명칭이 간명해지기는커녕 복잡해지고 만다. 또한 "보정에 의하여 청구범위에 기재된 발명이 변경되는 경우에는 발명의 명칭도 이에 부합되도록 보정하여야 한다"라고 규정돼 있지만, 임의 규정에 불과하다.

343

(2) 소극적 명칭과 적극적 명칭

발명의 명칭을 선택함에 있어 실무적으로 두 가지 흐름이 있다. 첫 번째 흐름은 포괄적으로 간단하게 기재하면서 그 발명의 정체성을 숨기는 방법이다(방법 1). 이런 방법에 의해 작성된 발명의 명칭을 '소극적 명칭'이라고 표현할 수 있겠다. 두 번째 흐름은 발명의 명칭을 통해 그 발명의 정체성을 드러내는 방법이다(방법 2). 방법 2에 의해 작성된 발명의 명칭은 '적극적 명칭'이라고 부를 수 있다. 일본 기업의 특허문서는 전통적으로 소극적 명칭이 사용되는 것 같다. 반면 미국 기업의 특허문서에는 적극적 명칭이 자주 등장한다. 한국 실무는 혼재돼 있다. 기술분야와 발명의 명칭 차이를 구별하기 힘들 정도로 소극적 명칭 사용을 극단적으로 선호하는 대기업도 있다.

예컨대 휴대폰에 설치된 카메라 모듈의 시야 각도를 개선하는 기술임에도 그 발명의 명칭을 단순히 '이동단말기'라고 적는다면 그것은 방법 1에 따르는 실무다. 방법 1은 발명의 정체성을 은폐한다. 이는 사실상 기술분야를 발명의 명칭으로 삼는 것이지만, 이런 실무는 특허문서 작성자가 발명의 명칭이 갖는 순기능을 제대로 고려하지 않았거나 혹은 자기 특허문서가 경쟁자에 의해서 제대로 파악되지 않도록 숨기려는 의도가 들어 있다. 다음과 같은 이유로 방법 1의 입장을 따르지 않는다. 즉, 방법 2에 따라 발명의 명칭을 적극적으로 기재한다.

첫째, 특허문서를 읽는 주된 독자를 누구로 볼 것인지에 대한 진지한 성찰이 필요하기 때문이다. 특허문서를 읽는 독자는 '우리'와 '남'이 있다. 지금까지의 주류 특허실무는 '남'만을 고려했다. 어차피 특허문서는 공개된다. 그리고 경쟁자가 '우리의 특허문서'를 수집해서 분석하는 것은 특허시스템에서는 자연스러운 일이다. 특허권자는 가급적 자신의 특허가 수집되지 않기를 바라며, 또한 잘 검색되지 않기를 바란다는 것이 전통적인 생각이었다. 권리는 주장하고 싶으나 기술공개를 꺼리는 모순된 욕망은 기술공개를 통한 혁신 성과의 공유라는 특허시스템의 합목적성을 방해하고 침해한다. 그런 욕망이 소극적 명칭 실무를 낳은 것이다.

둘째, 방법 1에 따라 발명의 명칭을 소극적으로 기재함으로써 검색을 어렵게 하려는 의도는 별로 효과적이지 못하고 실익이 없기 때문이다. 기술 수준이 과거와 다르다. 오늘날 검색과 언어처리 기술이 크게 발전했고, 그에 따라 경쟁자의 특허동향과 정보를 더욱 효과적으로 파악하고 있다. 발명의 명칭에서 기술내용의 정체성을 숨겼다고 해서 특허검색을 피하지는 못한다. 즉, 경쟁자인 '타인'의 수집과 분석을 방해하려고 했지만, 그렇게 성과를 거두기는 어렵다는 이야기다.

셋째, 방법 1이 오히려 불이익을 초래하기 때문이다. '우리가' 우리 자신의 특허를 파악하고 관리하기 어렵게 만든다. 그 발명을 특정하여 이해하고 소통함에 있어 지나치게 넓은 의미로 문자를 사용했기 때문에 <발명의 명칭>은 소통의 도구로서의 기능을 잃는다. 발명의 명칭의 언어적 의미만으로는 도저히 자기 특허조차 어떤 내용의 특허인지를 파악할 수 없다. 예컨대 휴대폰 카메라의 시야각을 개선하는 기술에 관한 특허이지만, 단순히 '이동단말기'로 발명의 명칭이 기재됐다면 그 명칭만으로 특허의 내용을 짐작할 수 없다. 보유하고 있는 특허가 많으면 많을수록 발명의 명칭은 특허관리에 아무런 기능을 하지 못한다. 그렇기 때문에 사람들은 발명의 명칭의 언어적 기능을 체념하고, 관리번호나 출원(특허) 번호와 같은 코드에 의존해서 그 발명을 특정하고 이해하며 소통하게 된다.

우리 인간은 어떤 대상을 인식하고 소통하는 도구로서 문자와 코드를 사용한다. 문자는 의미를 이해함에 있어 직관적인 특성을 띤다. 반면 코드는 우회적인 특성을 갖는다. 코드의 경우 그 코드가 지칭하는 의미에 대해서 사전에 규칙을 정해 놓고서 관리해야 한다. 코드의 의미는 미리 정해진 테이블의 약속에 따른다. 이 코드는 이것이며, 저 코드는 저것을 지칭한다는 약속을 거쳐서 의미를 파악하게 마련이다. 이는 특별한 불이익을 낳으니 정보의 독점 혹은 정보의 편재(偏在)다. 충분한 훈련으로 사전에 코드를 인식하는 방법을 아는 일부 관리자만 정보를 독점하게 된다. 정보 독점은 사내의 지식 전파에 가장 커다란 장애다. 인간의 두뇌는 문자를 이용해서 이해하고 소통한다. 이것이 컴퓨터와 다른 인간의 특성이다. 인간은 컴퓨터가 아니다.

반면 방법 2에 따라서 발명의 명칭을 적극적으로 작성했다면 사용된 문자 표현에 의해 이 특허가 무엇에 관한 것인지를 어느 정도 직감할 수 있다. 문자와 코드를 동시에 사용해 소통할 수 있고 관리할 수 있다는 의미가 된다. 그리고 특허에 대한 이해와 소통을 더욱 신속하게 해낼 수 있는 이점이 있다. 코드의 의미가 무엇을 뜻하는지 모르는 사람도 발명의 명칭으로 적힌 문자의 의미로 그 발명의 내용이 무엇인지 파악하기 쉽기 때문에 기업의 특허관리 입장에서는 정보의 독점이

345

나 편재 문제를 조금이나마 완화할 수 있다.

넷째, 이제 다시 '남'에 대해서 이야기를 돌려보자. '우호적 타인'에 대한 발명의 명칭이 갖는 순기능은 우리로 하여금 방법 2를 선택하게 한다. 발명을 사업화하면서 '우리'는 투자자, 라이선시, 국가나 공공기관의 각종 지원이나 평가 사업에서의 평가자, 특허실시의 협력 파트너 등의 경쟁자가 아닌 다양한 종류의 '남'을 만나게 된다. 이러한 제3자는 우호적이다. 특허권자는 제3자와의 우호적인 관계를 만드는 과정에서 계약서, 신청서, 설명서 등의 중요한 비즈니스 문서에 발명의 명칭을 적는다. 그때 발명의 명칭이 기술내용의 정체성을 잘 드러내도록 표현돼 있다면 그 문서의 신뢰도를 향상시킬 수 있다. 이런 이점을 당사자들은 좋아한다.

다섯째, 포괄적인 발명의 명칭은 심사를 통과하는 데에도 도움을 주지 못한다. 기술은 충분히 탐험돼 왔다. 대부분의 발명은 기존 기술을 개선하고 개량한 발명이다. 언뜻 이 기술과 저 기술이 비슷비슷해 보인다. 발명자는 그 개선과 개량을 과거보다 더 열심히 강조해야 한다. 그 차이점이 명료할수록 심사를 받을 때 유리하다. 독창성이 발명의 명칭에 반영돼 있는 경우라면 의견서를 작성할 때 종래기술과의 차이를 더욱 선명하게 드러낼 수 있다는 실무적 이점이 있다.

따라서 특허문서를 작성하는 실무자는 방법 2에 따라 발명의 명칭을 적는다. 가급적 핵심 특징이 잘 반영되도록 적극적 명칭으로 적는다. 이 특허문서의 내용이 좀 더 수월하게 파악될 수 있도록 함으로써 그 내용을 파악하는 데 소요되는 의뢰인(발명자)의 시간을 절약해주도록 배려하는 게 좋다. 방법 1은 컴퓨터 시스템에는 맞지만 인간의 시스템에서는 적절하지 않다. 특허 관리는 사람이 하는 것이지 기계가 하는 게 아니다. 또한 적극적 명칭으로 발명의 명칭을 기재하는 것이 특허제도의 공공성에도 기여하는 태도다. 뿐만 아니라 고객의 비즈니스에도 이롭다. 특허문서는 단순히 권리장전으로서의 의미만 갖는 게 아니다. 그것은 한편으로는 법률문서이지만, 다른 한편으로는 비즈니스 문서다. 일관되게 비즈니스 관점을 유지한다. 의뢰인이 발명의 명칭에 특정 표현이 들어가기를 원한다면 특허문서로서의 문법에 지나치게 어긋나지 않는 한 그런 표현의 사용을 적극적으로 검토해도 괜찮다. 의뢰인의 명시적이거나 묵시적인 요구는 필경 이유가 있다. 예제 139 내지 예제 145의 발명의 명칭을 다시 보라. 그런 명칭으로 작성된 특허가 어떤 아이디어에 관한 권리인지 직관적으로 파악할 수 있지 않은가? '특허'가 무엇에 관한 권리인지 대략 알 수 있어서 사내 소통에도 이로울 뿐만 아니라, 대외협력, 홍보, 마케팅 등 특허를 대외적으로 활용하기에도 이롭다.

(3) 실무적 고려사항

<발명의 명칭> 실무에 있어 추가적으로 두 가지 검토사항이 있다.

첫째, 특허범위 관련성 이슈다. 적극적으로 작성된 발명의 자세한 명칭으로 말미암아 특허범위가 좁혀지지 않을까라는 의문이 들 수 있겠다. 관습적으로 청구항의 오브젝트와 발명의 명칭을 일치시키는 경향이 있기 때문이다. 특허범위는 청구항의 기재에 의해 결정된다. 그런 고로 청구항의 오브젝트는 특허범위를 결정하는 데 영향을 미치기는 한다. 청구항의 기재는 모두 중시해야 하기 때문이다. 그러나 청구항의 오브젝트와 발명의 명칭을 반드시 일치시킬 필요가 없다는 점을 고려한다면 특허범위에 관련한 의문은 그다지 현실적이지 못하다. 발명의 명칭은 좁은 범위로 기재하고 특허범위의 오브젝트는 가급적 넓게 특정하는 것이 가능하다. 그렇게 하기를 권유한다.

흔히 사람들은 화장실에 들어갈 때와 화장실에서 나올 때가 다르다고 한다. 일상생활에서도 바람직하지 않겠지만 법률의 관점에서는 더더욱 바람직하지 못한 태도다. 법적으로 모순된 거동은 위법한 태도로 해석한다. 특허를 받기 위해 특허범위를 좁혔다가 정작 특허를 받은 다음에는 과거의 태도에 아랑곳하지 않고 더 넓은 특허범위를 주장하는 경우가 종종 있다. 비전문가인 의뢰인은 그럴 수 있다고 하더라도 전문가가 그런 의뢰인에게 냉정하게 조언하지 못할 망정 욕망을 부채질하면서 위법한 행위에 편승해서는 안 된다. 실무자는 발명자의 인식한도를 무제한적으로 확장할 수 없다. 실무자가 할 수 있는 것은 청구항을 적절히 기재하고, 발명자의 인식의 폭을 제한된 범위에서 넓히고 다양하게 변형될 수 있는 여지를 명세서에 마련해 놓는 것뿐이다 (확장해석의 언어적 근거[29]).

방법 2에 따라 적극적 명칭으로 발명의 명칭을 자세히 기재했는데, 특허침해 이슈가 발생했다고 가정하자. 그 경우 경쟁자의 모방(모방으로 의심되는 모방)이 청구항에 기재된 사항에서 확실히 벗어나 있다면 발명의 명칭이 소극적으로 기재되었든 적극적으로 기재되었든 특허침해가 아니다. 문제는 청구항에 기재된 사항에서 미묘하게 벗어난 경우인데(실무적으로 균등론이 이슈가 될 것이다), 명세서의 기재를 보건대 발명의 인식에서 벗어난 것으로 보이고, 확장해석의 언어적 근거가 없거나 있다고 해도 그 근거에 합리적으로 포섭되기 힘들다면 발명의 기재가 적극적으로 기재된 것을 탓하기는 어렵다. 소극적으로 기재했다고 하더라도 특허침해를 주장할 수 없기 때문이다. 발명의 명칭을 소극적으로 기재했기 때문에 특허범위가 넓게 해석된다는 명제는 성립하지 않는다. 특허범위는 청구항에 기재된 사항에 의해 결정될 뿐이다. 균등론의 적용 여부를 판단함에 있어서도 발명의 명칭의 기재는 고려사항이 아니다. 발명의 명칭을 적극적으로 기재하면 아무래도 균등론 해석 시에 불이익이 생기지 않을까라고 막연히 우려할 수 있을 뿐인데, 그런 감각적인 우려는 발명의 명칭을 소극적으로 기재함으로써 해결되지도 않는다. 균등론을 고려해서 확장해석의 언어적 근거를 합리적이고 논리적으로 명세서에 기재함으로써 대략 해결된다. 즉, '이 문제(발명의 명칭의 기재방법의 문제)'가 아니라 '그 문제(상세한 설명의 기재방법의 문제)'가 쟁점이다.

둘째, 시리즈 특허 이슈다. 실질은 하나의 발명(혹은 한 가족의 발명)이지만, 다양한 앵글로 여러 건의 특허출원을 진행할 때가 있다. 그렇게 함으로써 전략적으로 유용한 특허 포트폴리오를 구성할 수 있다. 이때의 안건들을 '시리즈 특허'라 부른다. 다수의 실무자가 특별한 의문 없이 시리즈 특허의 명칭을 동일하게 기재한다. 인간은 망각에 취약하다는 사실을 간과한 것이다. 또한 인간은 컴퓨터가 아니어서 무엇인가를 기억할 때 코드보다는 문자에 의지하는 특성을 생각하지 못한 태도다. 시간이 지남에 따라 실무자도 몹시 헷갈릴 것이다. 고객은 더 헷갈린다. 시리즈 특허의 동일한 명칭은 의뢰인과 실무자의 신속하고 직관적인 소통을 방해한다. 그러므로 실무자는 특별히 망각과 소통을 고려해 시리즈 특허의 명칭을 다소 차이가 나도록 결정하는 것이 유용하다.

349

350

기술분야

발명의 명칭을 잠정적으로 선택한 실무자는 다음으로 <기술분야>를 적는다. 기술분야 항목에는 그 발명이 속하는 기술분야만 간단하게 적는다.

여기는 아이디어의 범주를 특정해주는 역할을 하는 곳이다. 아이디어의 새로운 특징은 그 아이디어의 내용을 구성하지 범주를 구성하지는 않는다. 기술의 새로운 특징이 '그 기술의 분야'가 될 수는 없다. 내용 자체가 범주가 되려면 그 내용이 널리 알려져야 한다. 새로운 기술과 분야가 서로 등치되려면 제법 긴 시간이 필요하다. 그 기술이 일단 공지돼야 하며 많은 당업자의 참여가 있어야 한다. 그러므로 기술분야 항목에는 명백하게 혹은 암묵적으로 납득할 수 있는 그 발명이 속하는 분야만을 간명하게 적으면 족하다. 이곳은 한두 문장이면 충분하다. 여기서 발명의 내용을 요약하지 않는다. 일반적으로 "본 발명은 A에 관한 것이다"라고 적으면 된다. 여기에 한 문장을 더할 수 있다.

"본 발명은 A에 관한 것이며, 특히 A'에 관한 것이다"라거나, "본 발명은 A에 관한 것이며, 더욱 상세하게는 A'에 관한다"라고 적는다.

상당수의 실무자가 기술분야에 습관적으로 발명의 특징을 적는다. 아마도 오래 전에 수입된 일본 실무의 경향 때문이었으리라 생각한다. 여기서 발명을 간명하게 요약하면 이제부터 본격적으로 특허문서를 쓰려는 실무자로 하여금 생각이 다소 정리되는 듯한 기분이 들게 한다. 그렇지만 장인은 자기에게 이로운 요령보다는 덕^{Arete}을 추구해야 한다. 실무자들의 실수 유형은 크게 두 가지로 행해진다. 가장 잦은 첫 번째 실수가 A'에 발명의 특징을 적는 것이다. 즉, A에는 기술분야를 적고, A'에는 발명의 특징을 적는 방법이다. A와 A'로의 전개는 독자의 이해를 위해 더 큰 기술분류와 더 작은 기술분류를 동시에 적어준다거나 기호적 범주와 의미적 범주를 함께 적어준다는 정도에 불과하다. 이처럼 기술분야 항목 자체가 사실상 공지된 기호 체계를 기재하는 영역이어서 A'에 발명의 특징을 적는 것은 적당하지 않다.

352

두 번째 실수는 아예 A에 버젓이 발명의 특징을 옮겨놓고서 A'에 그 특징을 더욱 구체화하는 경우다. 예제 146은 아토피 피부질환 치료 성분이 함유된 마이크로겔 제조방법에 관한 발명에 관한다. 기술분야에 발명의 특징을 일목요연하게 이중으로 요약하고 있다. 그저 "본 발명은 알레르기성 피부질환 치료기술에 관한 것이며, 더욱 상세하게는 알레르기성 피부질환에 효능이 있는 마이크로겔과 그것의 제조방법에 관한 것이다"라는 문장으로 족하다.

예제 146 (특허 1418084)

<기술분야>

본 발명은 생체적합성 고분자로 캡슐화한 아토피 피부질환 치료성분이 함유된 마이크로겔 제조방법에 관한 것으로, 아토피성 피부질환 예방 및 치료효과가 있는 식물추출물과 베타글루칸 및 생체적합성 고분자를 혼합하여 캡슐화한 마이크로겔로 형성하도록 한 생체적합성 고분자로 캡슐화한 아토피 피부질환 치료성분이 함유된 마이크로겔 제조방법에 관한 것이다

기술분야의 기재를 지나치게 좁히면 특허범위가 제한될 수 있다. 앞에서 말한 것처럼 <기술분야> 자체가 본디 공지기술을 적는 곳이기 때문이다. 그렇다고 해서 기술분야에 너무 넓은 범위의 표현을 넣으면 논리적 가독성을 떨어뜨린다. 예컨대 발명은 스마트폰에서의 모바일 광고 방법에 관한 것인데 "본 발명은 전자 장치에 관한 것이다"라거나 "본 발명은 콘텐츠 제공 방법에 관한 것이다"라는 등의 지나치게 상위 개념으로 기술분야를 선언한다면 특허문서를 읽는 제1독자(고객)를 갸우뚱하게 만들 수 있다. 가장 큰 문제는 논리적인 출발지점이 잘못됐기 때문에 기술분야의 다음 항목인 <배경기술>의 논리체계가 흐트러질 염려가 있다는 점이다. 논리적이면서도 가독성이 뛰어난 특허문서를 작성하고 싶다면 <기술분야>가 <배경기술>의 동향과 문제점을 지적하는 출발점으로서의 의미를 지니도록 표현하는 것이 좋다. <배경기술>에서 스마트폰 기술의 동향을 간략하게 언급한 다음에 거기에서의 기존 광고방법의 문제점과 한계를 지적하겠다는 논리를 생각해뒀다면 <기술분야>에서는 "본 발명은 스마트 디바이스에 관한 것이며 특히 스마트 디바이스에서의 광고 방법에 관한 것이다"라고 적으면 된다. 그러면 글의 논리가 산다.

353

　　몇 가지 사례를 더 들어 보자. 앞에서 지적한 바와 같은 실무상의 문제점은 꽤나 보편화돼 있어 특허공보에서도 쉽게 발견할 수 있다. 예제 147의 기술분야보다는 "본 발명은 교통카드 서비스 이용방법에 관한 것이며, 특히 모바일 단말을 이용한 교통카드 서비스 방법에 관한다"로 간명하게 기재하는 것이 좋다. '해외 교통카드 서비스'는 발명의 특징을 나타내는 언어이므로 기술분야 항목에서 제외한다. 'NFC 지원'이라는 단어는 특허범위에 나쁜 영향을 미치는 단어이므로, 특허문서에 NFC라는 단어가 범람할 정도로 기재돼 있어 그 발명이 근거리 무선 통신에 포커싱된 것이 아닌 한 기술분야에서 당연히 제외해야 한다.

예제 147 (특허 1504663)

<기술분야>

본 발명은 국내 교통 카드 서비스 가입자에게 해외 교통카드 서비스를 제공하는 방법 및 장치에 관한 것으로서, 구체적으로는 국내 교통카드 서비스 가입자가 NFC 지원 모바일 단말을 이용하여 해외 교통카드 서비스를 사용할 수 있도록 하기 위한 방법 및 장치에 관한 것이다

예제 148의 기술분야에서는 '무선 보안이 강화된'이라는 표현이 문제라면 문제다. 보통 '강화된'이라는 표현은 발명의 특징에 관련되는 수사다. 따라서 '무선 보안이 강화된'이라는 표현보다는 '무선 보안 기술이 적용된'이 좋겠다. 차량 타이어에 무선 보안 기술이 적용된 경우가 종래에는 없었거나 매우 드물었다면 "본 발명은 차량의 타이어 압력 관리 시스템에 관한 것이다"라는 문장만으로 기술분야의 기재는 충분하다.

예제 148 (특허 1548954)

<기술분야>

본 발명은 차량의 타이어 압력 관리 시스템에 관한 것으로, 보다 상세하게는 무선 보안이 강화된 타이어 압력 관리 시스템 및 그 제어방법에 관한 것이다

예제 149도 기술분야에서 발명을 요약한 것이다. "본 발명은 금속 파이프 가공기술에 관한다. 더욱 구체적으로는 인발된 파이프의 진원 및 진직가공을 위한 교정기에 관한 것이다."라고 기재하는 것이 좋다.

예제 149 (특허 1424629)

<기술분야>

본 발명은 파이프 교정기용 교정롤러의 간격 및 각도 조정장치에 관한 것으로 교정기의 내측 상,하부에 설치된 교정롤러의 사이 간격과 회전 각도를 보다 정밀하게 조정하기 위한 수단으로 간격 조정부, 각도 조정부, 제동수단 등을 이용하여 금속 파이프의 진원 작업을 이루어지게 하는 파이프 교정기용 교정롤러의 간격 및 각도 조정 장치에 관한 것이다.

예제 150의 기술분야도 매우 복잡하고 장문이다. 또한 발명을 과하게 요약했다. 이런 문장은 독자로 하여금 맨 처음부터 특허문서를 읽기 싫게 만든다. 즉, 몰입을 방해한다. "본 발명은 와이드 비드의 제조장치와 그 비드를 제조하는 방법에 관한 것이다"로 충분하다.

예제 150 (특허 1548070)

<기술분야>

본 발명은 와이어 비드용 비드 튜브 제조장치 및 방법에 관한 것으로, 특히 압착공에 삽입된 튜브의 주변에 비드 파우더를 채우고 압착 프레스와 하부 펀치를 사용하여 비드 파우더를 압착성형하여 튜브의 측면에 비드가 부착되도록 성형함으로써 철분과 황동분 등의 저가 분말을 사용하여 저압성형으로 무압 소결이 가능하도록 하여 인건비와 생산비를 절감하여 제품의 단가를 낮출 수 있고 비드의 직경을 작게하여 절단되는 석재 및 콘트리트 재료의 소모량을 줄일 수 있는 와이어 비드 제조장치 및 방법에 관한 것이다.

예제 151의 문장 구조는 기술분야와 발명의 효과를 동시에 기재한 구조다. 모든 방음 패널이 효과가 뛰어나다거나 시공이 간편하다고 말할 수는 없고, 그런 효과는 필경 그 발명의 특유한 효과일 것이다. 그런데 공지기술을 적는 기술분야에 특유한 효과를 적는 작업은 실무자의 덕이 아니다. "본 발명은 방음패널에 관한 것이며, 특히 공동주택의 층간 바닥구조에 시공되어 층간소음을 완화하는 방음 패널에 관한 것이다"라는 문장이 개념에 맞다. 예제 152도 발명의 특징을 기술분야로 선언한 문장이다. "본 발명은 엔테로 바이러스 관련 질환의 예방 및 치료용 조성물에 관한다"라고 간명하게 기재하는 것이 멋진 작업술이다.

예제 151 (특허 1542421)

<기술분야>

본 발명은 공동주택의 층간 바닥구조에 시공되어서 층간소음을 완화시키는 층간소음 방음 패널에 관한 것으로서, 방음(소음저감)효과가 뛰어나고, 생산성이 뛰어나고 저렴하며, 설치시공이 간편한 층간소음 방음 패널에 관한 것이다.

예제 152 (특허 1543720)

\<기술분야\>

본 발명은 아이비엽 추출물 및 이로부터 분리된 화합물을 유효성분으로 함유하는 엔테로 바이러스 관련 질환의 예방 및 치료용 조성물을 제공한다.

356

다 /

배경
기술

(1) 배경기술의 의의

실무자는 이제 세 번째로 <배경기술>을 작성한다. 매우 진지한 자세가
필요하다. 특허문서는 기본적으로 아이디어의 독창성과 그것이 갖는 탁
월한 효과를 논증하는 것이다. 남을 설득하는 문서이므로 논리가 필요
하다. 논리 없는 설득은 어렵기 때문이다. 일반적으로 '독창성'이나 '탁
월한 효과'라는 것은 비교 대상이 존재해야만 하는 개념이어서, 그 개
념에 맞게 비교 대상을 소개함으로써 특허문서의 논리가 제시된다. 배
경기술은 특허문서의 논리가 시작되는 곳이다. 여기에서 논리가 맞지
않으면 특허문서 전체의 논리가 훼손되고 엉망으로 작성될 우려가 있
다. 논리는 남을 위한 것이기도 하지만 실무자 자신을 위한 것이기도
하다. 특허문서를 작성하는 실무자가 논리를 꿰차고 있으면 문서 전체

가 초점을 잃지 않고 아이디어의 독창성을 설명하거나 진술할 수 있게 된다. 반대로 논리를 잃어버리면 횡설수설하는 듯한 문서가 되고 당최 무슨 말을 하는지 알 수 없는 지경에 이른다. 우리가 특허문서를 작성함에 있어 논리를 중시한다면 배경기술의 작법 또한 중요하다. 다시 말하건대 배경기술에서 특허문서의 논리가 시작된다.

기술분야를 한두 문장으로 적은 다음에 배경기술을 적는다. 기술분야가 새로운 아이디어가 속하는 범주를 정하는 곳이라면 배경기술은 새로운 아이디어와 대비할 수 있는 비교 대상을 적는 곳이다. 우리는 때때로 주체와 객체의 관계로 세상을 인식하곤 한다. 비유해서 말하면 이러하다. 특허문서에 적을 우리 발명이 주체라면 그 주체와 비교할 객체가 필요하다. 배경기술이 객체가 된다.[30] 배경기술에는 이 발명을 완성하게 된 역사를 기술한다. 사실과 인식으로 구성된다. 여기에서 사실이라 함은 종래기술에 대한 사실적인 설명을 뜻한다. 특허문헌이나 논문에 의해 뒷받침되는 객관적인 사실이어도 좋지만, 진술자가 말하는 추정적 사실이라고 해서 잘못은 아니다. 배경기술에서는 사실 그 자체보다는 발명자의 '인식'이 더 중요하기 때문이다. 여기에서 말한 '인식'은 종래기술의 문제점에 대한 발명자의 인식이다. 물론 실무적으로는 발명자와 발화자(특허문서 작성자)가 다르다. 발명자는 의뢰인이며, 발화자는 변리사다. 그렇지만 특허문서 작성행위는 대리행위이므로 특허문서에서 글로 표현된 '인식'은 전적으로 발명자의 인식으로 간주된다. 배경기술에 적힌 사실과 인식은 발명자가 생각하는 기술의 공지 영역을 확정한다. 배경기술이 갖는 특허문법상의 의의가 공지기술이 표현되는 곳이기 때문이다.

이런 이유로 한동안 혹은 여전히 실무자들은 배경기술을 성실히 기재하기를 꺼렸다. 여기에 적힌 글로 말미암아 발명의 진보성이 부인될 수 있다는 막연한 유령이 구전됐다. 특허를 취득한 다음에 더 넓은 권리를 주장하기를 원하는 욕망에서는 글을 더하는 것보다 덜하는 것이 낫다고 여겨졌다. 배경기술에 적힌 내용이 불충분하거나 비논리적이어도 그것만으로 문제가 되지 않는다. 그렇다면 법논리적으로는 배경기술을 굳이 성실히 적을 필요가 없는 것이다. 하지만 이는 과거에 속하는 생각이며, 이제 그래서는 안 된다. 특허문서는 법률문서일 뿐만 아니라 비즈니스 문서이기도 하며, 지식을 담는 문헌이기도 하기 때문이다.

기술과 법률, 이 두 가지 관점만으로는 현대 사회에서 일어나는 특허의 실존과 동적 역학을 제대로 이해할 수 없다. 어째서 이렇게 많은 특허출원이 행해지며, 이 수많은 특허 중에서 제대로 쓰여지거나 변리사에 의해서 소중히 다뤄진 특허는 어느 정도이며, 기업에서 중요하다고 '기억되고 있는' 특허는 또 어느 정도이고, 어떤 특허가 분쟁에 사용되는지, 혁신적인 기술을 담아내는 특허가 어째서 힘을 한 번 못 쓰고 사멸하는지에 대하여, 기술과 법률이라는 두 가지 앵글로는 제대로 고찰할 수 없다. 나는 비즈니스 관점으로 특허를 봐야 한다고 주장했다. 시장, 법률, 기술이 각각 특허의 3요소를 구성하며, 그중에서 가장 규정적인 것은 시장이다. 같은 관점이 특허문서 작성 실무에 적용된다. 또한 그런 관점에서 생각하면 오랫동안 실무적으로 경시된 배경기술의 중요성이 드러난다. 그 까닭은 이러하다.

특허문서에는 독자가 있다. 가장 중요한 1차 독자는 발명자이며 의뢰인이다. 특허문서는 발명자가 속해 있는 기업과 변리사와의 거래행위에 의해서 작성된 문서다. 개인발명이 아니라면 1차 독자는 단수가 아니라 복수로 존재한다. 발명자, 담당자, 경영자를 포함한 사내 구성원이 특허문서를 읽을 수 있다. 이들 모두 특허문서를 읽고 이해할 권한이 있다. 이 문서에는 또 다른 독자가 있다. 의뢰인의 파트너다. 거래처일 수 있으며, 때때로 아이디어를 지원하거나 평가하는 사람들일 수 있고, 투자자일 수도 있다. 이 특허문서가 고객의 파트너에게 전해질 때 그들도 이 특허문서를 읽고 이해할 권한이 있다. 그러나 그런 권한은 현실적으로는 기각 당한다. 저마다 특허문서를 읽는 인내와 문장 이해력이 다른 것도 이유이지만, 무엇보다 지금까지 실무에서는 특허문서가 지나치게 난해하게 작성돼서 그 내용을 파악하기 몹시 어렵기 때문이다. 자, 이 문제를 어떻게 해결할 것인가? 특허가 진실로 중요하다면 권리자가 자기 특허를 잘 이해할 수 있어야 한다. 권리자가 자기 특허 내용을 잘 몰라도 된다면 그것은 기실 중요한 특허라고 말하기 어렵다.

흥미로운 경향이 있다. 이러한 상황에서도 1차 독자들은 적어도 배경기술만큼은 꼼꼼히 읽으려 한다. 이유는 간단하다. 그 독자가 이 문서의 직접적인 이해관계자일뿐더러 무엇보다 배경기술이 특허문서의 시작 부분이기 때문이다. 이 난해한 문서를 읽으려는 인내심은 아직 사라지지 않았다. 그렇기 때문이라도 실무적으로 배경기술이 중요하다. 이것을 잘 쓰면 특허문서에 관한 실무자와 의뢰인 사이의 소통을 고양할 수 있다. 실무자가 과연 자기 문제의식을 제대로 이해했는지를 의뢰인이 알 수 있는 부분이 배경기술이며, 배경기술이 잘 쓰여 있다면 의뢰인은 자기 일이 제대로 진행되고 있다며 안심한다. 더욱이 배경기술에 그치지 않고 발명의 상세한 설명까지 읽으려는 의욕을 촉발한다. 그러려면 배경기술이 쉽고 논리적으로 쓰여야 한다.

한편 실무자가 특허문서를 쓰려면 아이디어의 내용과 그것이 지니는 의미를 적절히 이해해야만 한다. 글로 표현되지 못한 생각은 아직 생각이 아니다. 생각은 휘발성이 강해서 흔적 없이 사라지고 만다. 마찬가지로 글로 표현되지 않은 이해는 충분히 이해한 것이 아니다. 무질서 속에 헤매는 이해는 언제든지 오해로 변질될 수 있다. 논증 세계에서는 본질과 비본질이 같은 중량을 지닐 수 없다. 그러므로 실무자는 무질서한 이해에 질서를 부여해야 한다. 본질과 비본질을 구별해야 한다. 특허문서를 쓰는 까닭은 아이디어가 독창적이기 때문이다. '독창성'이라는 성질은 '기존의 것'과 비교됨으로써 의미를 지닌다. 그러므로 아이디어의 본질과 비본질을 결정하는 요소는 비교 고찰을 통해 결정된다. 그리고 비교 고찰을 함으로써 아이디어에 대한 이해의 질서가 생긴다. 그것이 바로 <배경기술>의 역할이다. 실무자가 진지하게 배경기술을 작성하다 보면 자연스럽게 특허문서에 적힐 글의 향방이 정해진다. 무엇을 강조하면서 글을 작성할지 결정된다.

이제부터 배경기술 작법을 구체적으로 설명한다. 기본적인 방법론을 먼저 설명한 다음에 실제 사례를 제시한다. 독자가 이해하기 쉬운 아이디어를 실제 사례로 선별했다. '기술적 구성'을 지나치게 중시하는 실무자라면 다음 사례들은 상담 단계에서 의뢰인으로 하여금 특허신청을 포기하게끔 유도했을지도 모른다. 하지만 모두 특허를 취득했다.

(2) 앵글 사용법

당신은 지금 가상의 카메라를 갖고 있다. 이 카메라는 의뢰 받은 아이디어를 대상으로 삼는다. 실무자는 이 카메라의 앵글을 통제한다. 대상은 입체적이다. 앵글은 입체의 모든 면을 속속들이 담지는 못한다. 실무자가 해야 할 가장 중요한 역할은 앵글을 잘 조작해 아이디어의 특징에 적절히 포커싱하는 일이다. 특허문서가 난해해지고 비논리적이 되는 대부분의 이유는 실무자가 앵글 조작을 잘 못했기 때문이다. 많은 실무자가 앵글을 사용하지 않거나 앵글을 남용하거나 혹은 앵글을 잘못 사용한다. 무앵글, 앵글남용, 오앵글의 문제가 허다하다. 무엇인가를 설명하거나 진술했는데, 논리가 없고 무질서하게 느껴지는 경우 대개 글에 앵글이 없기 때문이다. 앵글을 남용하면 아이디어의 모든 면을 비춰서 설명하게 된다. 언어를 낭비하는 행위이며, 특허문서를 복잡하게 만든다. 특히 실무자의 의욕이 과할 때 생긴다. 앵글을 잘못 사용해서 엉뚱한 곳을 강조해서도 안 된다. 실무자가 의뢰인의 아이디어를 경청하지 않고 자의적으로 해석할 때 종종 발생한다. 노련한 실무자조차 종종 오앵글의 함정에 빠진다.

앵글 사용법에 대해서는 제1장에서 자세히 다뤘다. 배경기술에서도 앵글 사용법이 중요하다. <배경기술>란에는 어떤 글을 쓸 것이며,

어떤 문장으로 시작해서 어떻게 글을 전개해 나갈 것인가? 이 문제는 배경기술의 어떤 부분에 가상의 카메라의 첫 앵글을 비추면서 그 앵글을 움직여 나갈 것인지에 관한 문제다.

(3) 차이점 탐색

배경기술에서 앵글 사용법은 우리 아이디어와의 비교해서 종래기술의 여러 차이점을 탐색하고 그중 가장 중요한 차이점을 부각시키는 작업이다. 우리 아이디어의 특징과 별로 관련 없는 종래기술은 그다지 다루지 않는다. 즉, 우리 아이디어와 비교해서 차이가 없거나 차이를 언급할 만한 내용이 아니라면 배경기술에서 다루지 않는다. 그리고 그 차이점 설명은 우리 아이디어가 제안되어야 하는 필연성을 드러내야 한다. 오늘날 대부분의 특허는 개량발명에 관한다. 특허출원이 매년 수십만 건을 상회하는 상황에서는 아이디어의 독창성이 쉽사리 인정되기 어렵다. 진보성은 언제나 문제가 될 것이다. 그러므로 차이점을 추출해내서 그것을 일관되게 강조할 수 있어야 한다. 특허문서는 결과적으로 차이점을 글로 설득력 있게 표현해 논증하는 문서다.[31]

   이곳에서 차이점이 명확하게 표현되면 특허문서를 읽는 독자가 발명의 특징을 이해하기 수월해진다(누누히 강조하지만 그 독자는 심사관과 제3자도 있지만 무엇보다 의뢰인이 독자다). 또한 실무자 자신의 머릿속에 차이점이 각인됨으로써 이후에 무엇을 강조하면서 특허문서를 작성할지 설계할 수 있다.

   차이점을 너무 많이 추출할 필요는 없다. 두세 개 정도의 차이점만을 일단 추출한다. 한두 개여도 좋다. 차이점의 집합이 갖는 기술구성상의 속성은 청구항으로 작성될 것이고, 그것이 특허범위를 결정할 터다. 반면 차이점의 집합이 갖는 산업상의 의미는 <발명의 목적>과 <발

명의 효과> 부분에서 진술되곤 한다. 배경기술에서는 설명되거나 진술되는 차이점은 종래기술의 문제점이라는 관점에서 다뤄지며, 적대적 대립쌍으로 기재된다. 다만 우리 아이디어의 내용을 적어서는 안 된다. 그 내용은 일단 감춰지며, 그것과 대립되는 종래기술의 문제점만 글로 표현한다.

(4) 논리적 구체화

종래기술을 비추는 가상의 카메라를 먼저 먼 거리에 위치시킨 다음에 종래기술의 핵심적인 문제점(우리 아이디어의 특징과의 핵심적인 대립쌍)에 앵글을 맞추면서 근접시키는 방식의 서술형태가 좋다. 이런 방법을 논리적 구체화라 한다. 물론 단도직입적으로 우리 아이디어와 대비되는 종래기술의 문제점을 언급해도 좋다. 그러나 모든 문제에는 <맥락>이 있다. 특허문서는 텍스트Text만을 담는 것이 아니라 맥락Context을 포함해야 한다. 종래기술의 문제점도 맥락이 있어야 한다. 특허문서에서 맥락은 독자 스스로 궁리해서 깨닫는 것이 아니라 실무자가 명료하게 알려주는 것이다. 실무자는 종래기술의 문제점을 언급하면서 우리 발명이 제안돼야 하는 필연적인 맥락이 생기도록 종래기술의 문제점을 구체화한다.

363

특허문서는 수사적일 수밖에 없다. <배경기술>에서 우리 발명이 제안될 수밖에 없던 필연적인 맥락을 글로 잘 표현하면 심사를 받는 과정에서 의견서를 제출할 때 특허취득 후 권리행사에 관하든 특허무효를 방어하든 특허범위를 해석함에 있어 이 발명이 갖는 의미를 강조할 때 상당히 유용하다. 그런 경우를 두루 감안한다면 무작정 종래기술의 문제점을 설명하기보다는 우리 발명과의 핵심 차이점, 즉 핵심적인 문제점으로 점점 더 구체화되도록 배경기술을 서술하는 것이 좋다.

(5) 초점거리

초심자들은 종래기술의 어떤 부분부터 진술하면서 배경기술을 시작해야 할지 모른다. 종래기술에 관한 초점 거리의 문제다. 특허문서를 쓰기 전에 먼저 우리 아이디어가 종래기술과 어떤 차이점이 있는지를 깊이 탐색하면 대략적인 특허범위가 어렴풋이 나온다. 청구항에서 작성할 특허범위가 넓고, 그 특허범위가 미치는 비즈니스 영향력이 강할 것으로 기대하며, 또한 특허를 받을 가능성도 크다면 초점거리를 길게 가져간다. 즉, 넓은 범위로 종래기술을 고찰하기 시작한다. 종래기술의 문제점을 언급함에 있어서 지나치게 구체적일 필요도 없다. 때때로 종래기술의 문제점을 간명하게 고찰하고 다음 단계로 넘어가는 것이 현명할 수도 있겠다. 반면 청구항에서 작성할 특허범위가 비교적 좁고 그 특허범위가 미치는 비즈니스 영향력이 제한적이며 특허 취득 가능성도 그리 크지 않다면 초점거리를 짧게 가져간다. 비교적 좁은 범위에서 종래기술을 고찰하기 시작하면서 종래기술의 문제점을 명료하게 설명한다.

경험 많은 실무자일수록 직감과 직관이 있다.특허문서에 담을 아이디어가 수많은 선행기술의 숲 속을 헤쳐나가야 함을 인식하며, 특허를 받기까지 어느 정도 험난할지를 대략 직감한다. 부정적인 전망이 느껴진다면 우리 아이디어가 해결하려는 종래기술의 문제점을 기재할 때 뒤에서 설명할 콘트라스트를 적극적으로 이용한다.

(6) 문장의 분량

앞에서 언급한 것처럼 실무자는 종래기술을 비추는 앵글을 이동시키면서 문장을 다룬다. 중요하지 않은 부분에 대해서는 빠르게 이동한다. 중요한 부분에서는 느리게 이동하거나 멈춰서 자세히 비춘다. 앵글의 속도에 따라서 문장의 분량이 정해진다. 다시 말하면 문장의 분량을 적절히 통제해야 한다. 실무자의 앵글은 종래기술의 문제점을 비춘다. 초점 거리가 먼 곳은 문장의 분량을 적게 할애한다. 초점 거리가 짧아서 종래기술의 문제점을 자세히 다루고자 할 때에는 문장의 분량을 더 많이 할애한다. 우리 아이디어와의 관련성이 적은 부분에 지나치게 많은 문장을 할애해서는 안 된다. 그런 경우 가급적 짧은 문장을 사용한다. 우리 발명과 직접 비교되면서 대척점에 있는 언급한 종래기술의 문제점을 서술하는 경우 더 많은 문장을 할애한다.

(7) 콘트라스트

종래기술을 설명할 때 콘트라스트Contrast를 적절히 사용한다. 개척기술이라거나 선행기술이 별로 없을 것 같다는 생각이 든다면, 또한 아이디어의 독창성을 고려할 때 특허취득 가능성이 크다고 여겨진다면 콘트라스트는 비교적 중요하지 않다. 그 경우 배경기술을 담백하게 진술하는 것에 그친다. 때때로 종래기술에 어떤 문제점이 있었는지에 대해서 구체적으로 기술하지 않은 채 그 분야의 기술 흐름을 개략적으로 설명해도 좋다.

그런데 우리 발명의 진보성에 영향을 미치는 선행문헌을 실무자가 사전에 인지하기도 한다. 명백히 유사한 선행문헌을 인지하지 못했다 하더라도 직감적으로 우리 아이디어에 나쁜 영향을 미치는 선행문헌의 존재를 강하게 추정할 수도 있다. 이런 경우에는 종래기술의 문제점을, 그 선행문헌을 직접 언급하든 언급하지 않든 간에 매우 구체적으로 설명할 필요가 있다. 과장이 필요하다면 여기서 과장해야 한다. 종래기술의 문제점은 선명하게 드러나야 하며, 증폭되어야 한다. 기술적인 어려움, 사용자들의 불편함, 산업상의 불이익 등이 명시적으로 거론돼야 한다. 이때 사용되는 논리는 변증론이 되겠다.

인지된 종래기술이 테제(정)가 되고, 그것의 문제점이 안티테제(반)가 되며, 테제와 안티테제 사이의 모순을 우리 발명이 지양하면서 진태제(합)에 이르는 논리를 적극적으로 사용할 수 있다.[32] 이런저런 종래기술의 개요와 이력을 간략하게 설명할 것이다. 그런 다음에 그 종래기술이 직면한 어떤 문제를 진술한다. 이때 도면을 참조해 설명하면 더욱 선명하게 콘트라스트가 생긴다. 특허문서의 독자가 배경기술에서 언급된 종래기술의 문제점을 해결해야 할 필요성을 자연스럽게 느꼈다면, 그리고 그것에 대한 대책으로서 우리 발명의 특징이 설명될 것 같다고 예상할 수 있다면 배경기술이 잘 작성된 것이다.

권리화를 의욕하는 모든 특허문서는 특허심사라는 난해한 과정을 통과해야 한다. 그러므로 변리사의 역할은 특허문서 작성 작업에서 끝나지 않는다. 특허심사 과정에서 필경 진보성을 인정받기 위해서 의견서를 제출하게 될 것이다. 의견서를 통해 선행기술과의 차이점을 강조해야 하는 것이 예정돼 있다면 미리 배경기술에서 논리적 장치를 마련해 놓는 것이 효과적이다. 추후 심사과정 혹은 심판과정에서 발명이 갖는 의미를 논증할 때 상당한 도움을 얻을 수 있다. 아이디어의 독창성이 빼어나서 특허받기 쉬울 것 같다면 종래기술의 문제점은 선명하게 표현하지 않아도 좋고, 우리 발명이 생기게 된 논리적인 배경을 쓴다. 그러나 아이디어의 독창성이 연약하고 특허받기 어려울 것 같다면 종래기술의 문제점은 선명하게 표현돼야 한다.

(8) 선행문헌정보

특허법 제42조 제3항 제2호는 "그 발명의 배경이 되는 기술을 적을 것"이라고 명시하고 있다. 과거와 달리 선행문헌을 명시적으로 적지 않으면 심사관은 거절이유를 발급한다. 실무자는 이런 심사실무를 두려워할 까닭이 없다. 그와 같은 거절이유가 발급되더라도 보정을 통해서 간단하게 극복할 수 있기 때문이다. 선행문헌정보를 기재할지 말지, 어떤 문헌을 기재할지는 실무자의 전략적인 선택에 의한다.

혹자는 선행문헌정보를 기재할 의무가 마치 개인의 양심의무를 규정하는 것으로 이해하기는 하지만 동의하기 어렵다. 모든 사람이 자기가 알고 있는 지식을 명백히 표현해야 할 법적/도덕적 의무는 없다. 특허문서는 발명자와 발화자가 분리돼 있는 대리업무다. 대리인은 의뢰인의 양심까지 함부로 책임질 수는 없으며, 자신의 지식을 의뢰인의 지식으로 대체할 수도 없는 노릇이다. 그렇다고 대리인을 고용하지 않은 개인에게 대리인을 고용했을 때보다 더 큰 법적 책무를 요구할 수도 없겠다. 그러므로 선행문헌정보의 기재는 실무자의 전략적인 결정에 따른다. 실무자는 선행문헌을 기재하지 않을 수 있다. 또한 진정한 선행문헌, 즉 우리 발명이 극복하려는 대상으로서의 지위를 갖는 선행문헌이 아니라, 다음과 같은 이유로 선행문헌정보를 기재하는 경우도 허다하다.

367

- 특허법 제42조 제3항 제2호 규정의 적용을 피하기 위한 형식적인 선행문헌정보의 기재
- 우리 발명이 그 선행문헌에 의해서 진보성이 부인될 가능성이 없을 정도로 직접 관련되지는 않지만 이미 언급된 종래기술의 문제점을 문헌적으로 뒷받침하기 위한 선행문헌정보의 기재
- 참고를 해보라는 취지로 스쳐지나가듯 언급되는 선행문헌정보의 기재

한편 우리 발명이 개량발명이며, 그 개량의 대상이 되는 선행문헌이 있었고, 어차피 그 선행문헌이 우리 발명의 진보성을 부인하는 근거로서 장차 인용참증으로 제시될 것을 실무자가 충분히 예상할 수 있었다면 그 선행문헌을 명시적으로 언급해 두는 것이 더 효과적일 때가 있다. 우리 발명과의 대립관계를 머릿속에 염두에 두면서 그 선행문헌의 문제점을 적나라하고 구체적으로 기재한다. 앞에서 설명한 '콘트라스트'를 매우 선명하게 사용해야 한다. 그렇게 기재를 해놓으면 심사/심판 단계에서 '그 기재사항'을 활용할 수 있으므로 상당히 도움이 된다.

다만 이 경우 실무자는 그 선행문헌과의 관계만을 생각해서는 안 된다. 심사관이 진보성을 부인할 때에는 복수의 인용참증을 제시할 수 있는데, 그 선행문헌에 '어떤 문헌인지는 알 수 없으나 장차 제시될 다른 인용참증'과 결합된다고 가정해서 행여 '그 결합발명'에 의해 우리 발명의 진보성이 부인될 가능성은 없는지 논리적으로 추론해봐야 한다. 배경기술의 기재는 하나의 인용참증이기 때문이다.[33] 배경기술에 기재한 선행문헌에 다른 인용참증이 결합돼서 결합발명에 의해 진보성이 부인될 것처럼 느껴진다면 선행문헌정보를 굳이 기재하지 않는다. 다만 그런 경우에도 심사/심판단계에서의 활용을 위해서 '감춰진' 선행문헌의 문제점을 적나라하고 구체적으로 기재해 놓는다.

368

(9) 배경기술 연습

예제 153에서 발명자는 사회인 야구동호회의 멤버였다. 야구경기를 기록해야 하는 데 기존의 기록 방법이 매우 불편했다. 통상 종이 기록지를 이용해서 기록했지만, 제대로 기록하려면 전문적인 지식이 필요했다. 특별한 지식이 없어도 쉽게 기록을 할 수 있는 방법이 있다면 좋겠다고 의뢰인은 생각했다. 그가 생각해낸 것은 스마트폰(혹은 태블릿 PC)

에서 손가락 제스처로 투구나 타구를 모방해서 입력하는 방법이었다. 말하자면 공의 궤적을 흉내내는 모방 제스처가 특징이었다. 그리고 그런 특징을 지닌 야구경기 기록용 모바일 애플리케이션을 개발할 계획이었다. 또한 의뢰인은 야구뿐만 아니라 다른 구기종목에 대해서도 특허를 받으면 좋겠다고 생각했다.

예제 153 (특허 1549882)

<배경기술>

야구는 기록의 스포츠로 알려져 있다. 기록은 야구에서 대단히 중요한 의미를 지닌다. 감독과 선수들은 팀의 승리를 위한 전략을 짜고 상대편 선수들을 분석하기 위해서 기록을 연구한다. 기록은 팀과 선수들의 능력, 습관과 경향, 성과를 통계적으로 보여준다. 기록을 활용하기 위해서는 과거의 기록이 저장된 기록 데이터베이스가 있어야 한다. 기록 데이터베이스를 구축하기 위해서는 매경기 실시간으로 데이터를 기록해야 한다. 요컨대 야구 경기가 행해질 때마다 누군가는 데이터를 기록해야 한다.

프로야구의 경우에는 프로 리그를 운영하는 기관에서 공식 기록원을 통해 전문적으로 기록을 입력하고 관리한다. 프로야구팀에서도 저마다 전문적으로 기록하고 관리한다. 그 기록방법이 전문적이고 복잡하기 때문에 일반인이 전문 기록원처럼 야구 데이터를 기록하는 것은 불가능하다. 프로 리그의 기록은 원칙적으로 전문 기록원의 수작업에 의존하고 있다.

야구 스포츠는 프로야구만 있는 것은 아니다. 다양한 형태의 아마추어 야구가 있다. 나이별로 학생 리그와 지역별로 사회인 야구 리그가 있으며, 각 리그마다 수많은 야구팀이 참여한다. 그런데 상당수 야구팀과 리그의 경우, 기록이 제대로 관리되고 있지 못한 실정이다. 기록을 관리하기 위해서는 우선 매경기 실시간으로 기록을 입력해야 한다. 종이에 기재를 하든 컴퓨터에 기록하든 어쨌든 실시간으로 기록을 만들어야 한다. 그러기 위해서 필요한 전문 기록원이 부재한 현실이며, 무엇보다 기록방법이 어렵기 때문이다. 야구 경기는 투구와 타구가 계속 이어지며, 이런 연속성이 몇 시간 이상 지속되기 때문에 기록을 위해서는 신속하고 정확하게 입력되어야 한다.

대한민국 공개특허 제2001-0105115호는 야구경기 기록 데이터베이스 작성 방법을 제안한다(특허문헌 1). 이 특허문헌 1은 수작업을 기록하는 방법을 대체하기 위해서 경기 중에 발생하는 모든 경기정보 및 경기내용을 모두 코드화해서 코드로 컴퓨터에 입력하는 방법을 특징으로 한다. 그러나 그와 같은 방법의 야구 기록은 정해진 코드를 모두 숙지하지 않으면 불가능하다. 따라서 전문 수작업자를 전문 컴퓨터 작업자로 대체하는 것이 목적이 아니라면 상기 특허문헌 1의 기술내용을 이용할 수는 없다.

대한민국 특허 제1118175호는 좀더 전향적인 방법을 제안하였다(특허문헌 2). 이 특허문헌 2는 전문 기록원이 아니더라도 모바일 기기를 이용하여 좀더 쉽게 야구 경기를 기록할 수 있는 애플리케이션 소프트웨어를 제안한다. 이 특허문헌 2의 게임기록 서브모듈은 야구장 형상의 그래픽 위에 데이터를 기록한다. 특허문헌 2는 특허문헌 1보다는 좀더 입력이 쉬울 것이다. 코드 입력이 아니라 메뉴 선택 입력이기 때문이다. 그러나 게임기록 서브모듈은 복잡한 메뉴에 포함된 리스트와 매우 많은 위자드 프로그램을 불러와야 하며, 그때마다 다수의 선택항목을 선택하면서 입력해야 하기 때문에, 어떤 위자드를 선택해야 할지 직관적으로 이해하기 어렵고, 잘못 입력할 수 있으며, 야구 경기의 진행 속도보다 기록 입력이 느려지는 문제가 있었다.

본 발명의 발명가는 이러한 문제를 해결하기 위해 온갖 궁리와 노력을 다한 끝에 본 발명을 완성하게 되었다.

370

예제 153의 <배경기술>을 자세히 들여다 보자. 실무자는 발명자와의 상담 내용을 정리하고 선행특허문헌을 조사하면서 아이디어의 독창성을 탐색했다. 선행기술조사 결과, 야구경기만을 오브젝트로 삼기로 했다. 다른 구기종목까지 욕심내다가는 선행기술의 범위가 확대됨으로써 아예 특허자체를 취득하지 못할 수 있다고 결론을 내렸다.

한편 선행기술조사 결과 흥미로운 선행특허문헌이 발견됐다. 아이디어의 특징은 다르지만 야구경기 기록방법이라는 점이 같고 컴퓨터 프로그램을 이용해서 야구경기를 입력한다는 점에서 공통점이 있었다. 이 문헌을 종래기술로 특정해서 거론하면 배경기술에서 '콘트라스트'가 잘 표현될 수 있을 것 같았다. 또한 그 문헌은 심사과정에서 심사관의 인용참증으로 사용될 수 있을 것 같았다. 그래서 실무자는 그 선행문헌정보를 배경기술에 기재하기로 했다. 어차피 의견서에서 다툴 것이라면 미리 차이점을 강조해 두는 것이 낫다. 우리 아이디어의 핵심 차이점은 '투구와 타구의 궤적과 움직임을 모방하여 손가락 제스처로 야구경기 기록을 자동으로 입력하는 것'이다. 효과에 관한 키워드는 직관성, 용이성, 신속성, 효과적인 DB 구축 등의 단어였다.

언제나 첫 문장이 중요하다. 단순히 '야구' 자체로 시작하는 것은 지나치게 멀다. 그래서 '야구 기록'부터 시작했다. 배경기술의 도입부 단락은 이러하다.

> "야구는 기록의 스포츠로 알려져 있다. 기록은 야구에서 대단히 중요한 의미를 지닌다. 감독과 선수들은 팀의 승리를 위한 전략을 짜고 상대편 선수들을 분석하기 위해서 기록을 연구한다. 기록은 팀과 선수들의 능력, 습관과 경향, 성과를 통계적으로 보여준다. 기록을 활용하기 위해서는 과거의 기록이 저장된 기록 데이터베이스가 있어야 한다. 기록 데이터베이스를 구축하기 위해서는 매경기 실시간으로 데이터를 기록해야 한다. 요컨대 야구 경기가 행해질 때마다 누군가는 데이터를 기록해야 한다."

37¹

도입부 단락을 통해 야구경기에서 '기록'이 갖는 의미가 환기됐다. 이제 실무자는 가상의 카메라를 켜고 현실을 진단한다. 본격적으로 종래기술을 설명하는 것이다. 우리 아이디어의 특징과 대비되는 차이를 표현하는 단어로 '전문성'과 '수작업'이라는 낱말을 선택했다.

> "프로야구의 경우에는 프로 리그를 운영하는 기관의 공식 기록원이 야구 경기 기록을 입력하고 관리한다. 프로야구팀에서도 저마다 전문적으로 기록하고 관리한다. 그 기록방법이 전문적이고 복잡하기 때문에 일반인이 전문 기록원처럼 야구 데이터를 기록하는 것은 불가능하다. 프로 리그의 기록은 원칙적으로 전문 기록원의 수작업에 의존하고 있다."

이제 앵글을 움직이기 시작한다. 종래기술의 문제점을 본격적으로 언급한다. '전문 기록원의 수작업'에 어떤 문제가 있는지를 구체적으로 설명한다. 전문 기록원이 존재하지 않는 현실을 언급한다. 이런 현실적인 문제점은 일반인이 전문 기록원의 역할을 대체할 수 없음을 진술함으로써 더욱 증폭된다. 따라서 그 부분도 함께 기재한다.

> "야구 스포츠는 프로야구만 있는 것이 아니다. 다양한 형태의 아마추어 야구가 있다. 나이별로 학생 리그와 지역별로 사회인 야구 리그가 있으며, 리그마다 수많은 야구팀이 참여한다. 그런데 상당수 야구팀과 아마추어 리그의 경우, 기록이 제대로 관리되고 있지 못한 실정이다. 기록을 관리하기 위해서는 우선 매경기 실시간으로 기록을 입력해야 한다. 종이에 기재를 하든 컴퓨터에 기록하든 어쨌든 실시간으로 기록을 만들어야 한다. 하지만 그러기 위해 필요한 전문 기록원이 실상은 없다."
>
> "무엇보다 기록방법이 어렵다. 야구 경기는 투구와 타구가 계속 이어지며, 이런 연속성이 몇 시간 이상 지속되기 때문에 기록을 위해서는 신속하고 정확하게 입력되어야 한다."

여기서 유의해야 할 사항은 전문 기록원의 수작업 자체에 대한 문제점 지적으로 배경기술의 기재가 끝나서는 안 된다는 점이다. 배경기술에서 언급되는 종래 기술의 문제점은 우리 발명이 지니는 특징과 대척점에 있어야 한다. '전문 기록원의 수작업'만을 언급하고 만다면 컴퓨터 프로그램을 이용해서 기록 입력을 하는 선행문헌과의 차이점이 흐려진다. 실무자는 컴퓨터 프로그램으로 야구 경기 기록을 입력하는 선행문헌을 입수한 상태이며, 그것이야말로 우리 아이디어와 직접 비교되는 기술이다. 따라서 여기에서 콘트라스트를 적극적으로 사용한다. 밑줄 친 곳이 실무자가 사용한 진짜 콘트라스트다.

> "대한민국 공개특허 제2001-0105115호는 야구경기 기록 데이터베이스 작성 방법을 제안한다(특허문헌 1). 이 특허문헌 1은 수작업을 기록하는 방법을 대체하기 위해서 경기 중에 발생하는 모든 경기정보 및 경기내용을 모두 코드화해서 코드로 컴퓨터에 입력하는 방법을 특징으로 한다. 그러나 그와 같은 방법의 <u>야구기록은 정해진 코드를 모두 숙지하지 않으면 불가능하다.</u> 따라서 전문 수작업자

를 전문 컴퓨터 작업자로 대체하는 것이 목적이 아니라면 상기 특허문헌 1의 기술내용을 이용할 수는 없다."

"대한민국 특허 제1118175호는 좀더 전향적인 방법을 제안하였다(특허문헌 2). 이 특허문헌 2는 전문 기록원이 아니더라도 모바일 기기를 이용하여 좀더 쉽게 야구 경기를 기록할 수 있는 애플리케이션 소프트웨어를 제안한다. 이 특허문헌 2의 게임기록 서브모듈은 야구장 형상의 그래픽 위에 데이터를 기록한다. 특허문헌 2는 특허문헌 1보다는 좀더 입력이 쉬울 것이다. 코드 입력이 아니라 메뉴 선택 입력이기 때문이다. 그러나 게임기록 서브 모듈은 복잡한 메뉴에 포함된 리스트와 매우 많은 위자드 프로그램을 불러와야 하며, 그때마다 다수의 선택항목을 선택하면서 입력해야 하기 때문에, 어떤 위자드를 선택해야 할지 직관적으로 이해하기 어렵고, 잘못 입력할 수 있으며, 야구 경기의 진행 속도보다 기록 입력이 느려지는 문제가 있었다."

그런 다음에 다음과 같은 문구로 배경기술의 기재를 끝냈다.

"본 발명의 발명가는 이러한 문제를 해결하기 위해 온갖 궁리와 노력을 다한 끝에 본 발명을 완성하게 되었다."

예제 154의 배경기술을 살펴보자. 발명자는 레이스 전문가였다. 그녀는 오랫동안 레이스를 제조/무역하는 사람이었으며, 새로운 개념의 레이스 원단 샘플을 가져왔다. 원단 뒷면에 핫멜트 코팅층이 형성된 레이스였다. 이 레이스 원단을 피부착물에 댄 다음에 다림질만 하면 어디에든지 편리하게 레이스를 부착할 수 있다는 게 아이디어의 전부였다. 물론 어떤 방식으로 레이스 원단 뒷면에 핫멜트를 부여할 것인지에 대해서는 과제가 남아 있기는 했지만, 핫멜트 공정은 비본질적이라고 볼 수 있었다. 발명자는 특허를 의욕하였다.

예제 154 (특허 1457548)

<배경기술>

의복이나 봉제 인형 등의 산업분야에서는 장식 수단으로서 레이스 원단이 널리 사용되고 있다. 레이스 원단은 독립된 부자재로 유통되기도 하며, 의복이나 봉제 인형에 부착된 채로 유통되기도 한다. 어떤 유통 경로를 거치든 레이스 원단은 결국 베이스가 되는 피부착물에 부착되어 사용되게 마련이다. 그런데 레이스 원단을 피부착물에 부착함에 있어서 종래기술은 많은 어려움과 기술적 한계가 있었다. 다른 원단과 달리 레이스 원단의 경우에는 대개 경편기를 이용하여 편직하여 제조되는데, 구멍 부위가 많아서 원단의 전체 면적에서 부착면이 차지하는 면적이 매우 작다. 메시 구조는 다양한 원단에서 발견될 수 있다. 예컨대 섬유와 섬유 간의 상호 얽힘으로 평면을 이루는 부직포나, 경사와 위사의 메시 구조로 이루어지는 니트 원단이 대표적이다. 이들 부직포나 니트 원단의 평면의 면적에서 일정 단위 면적당 경사 및 위사(또는 섬유)가 차지하는 면적의 정도, 즉 Cover Factor(피복도)가 크기 때문에 피부착물에 원단을 부착하는 작업이 어렵지 않다. 그러나 레이스 원단의 경우에는 피복도가 극히 약하고 게다가 얇기 때문에 의복이나 봉제 인형 등의 피부착물에 부착하는 작업이 까다롭게 되는 것이다.

종래기술에 따르면 피부착물에 레이스 원단을 덧대고 레이스 원단의 가장자리에 시접을 만든 다음에 미싱을 이용하여 시접 부분을 피부착물에 박음질함으로써 봉제하는 방식이 주를 이루었다. 그러나 레이스 원단 사용자가 전문가가 아니라면 베이스 부재에 레이스 원단을 정확하게 봉제하기 어렵고 신속한 봉제 작업은 더더욱 어려웠다. 특히 구멍이 많아서 피복도가 매우 약한 디자인으로 이루어진 레이스 원단의 경우에는 그와 같은 기술적 어려움이 배가되었다.

그러므로 본 발명의 발명가는 위와 같은 일반적인 종래기술과는 달리 레이스 원단을 소망하는 크기로 절단하고, 절단된 레이스 원단을 접착제를 이용하여 베이스 부재에 본딩하는 방법을 탐구하였다. 그러나 사용자가 레이스 원단을 사용하면서 그 배면에 직접 접착제를 도포하는 작업은 레이스 원단의 낮은 피복도로 말미암아 매우 어렵다. 따라서 레이스 원단을 제조하는 공정에서 레이스 원단의 한 표면에 접착제 층을 구성하는 기술을 적용하는 것이 더 좋아 보인다. 예컨대 대한민국 특허 제549816호에 개시된 열가열성 의류 접착용 원단 제조방법을 고려할 수 있다.

상기 종래 특허문헌의 경우에는 레이스 원단이 아니라 장식무늬가 형성된 원단에 관한 것이고, 접착용 필름과 장식원단을 롤러에 의해 합지한 후에 제조장치의 반칼커터로 합지된 원단을 반복 커팅하는 기술을 개시하였다. 그러나 이 종래기술을 레이스 원단에 적용할 수는 없었다. 왜냐하면 첫째 레이스 원단은 디자인이 매우 다양한데 그때마다 레이스 원단의 디자인에 맞춰 제조장치의 반칼커터 커팅 패턴을 조정하는 것은 번거롭고 경제적이지 못하기 때문이다. 또한 레이스 원단은 직조의 거칠기와 수많은 구멍으로 구성되어서 접착용 필름과 제대로 합지될 수 없으며 그로 말미암아 레이스 원단을 피부착물에 부착하기 곤란하기 때문이다. 설령 접착용 필름이 레이스 원단에 부착되었다 하더라도 많은 구멍으로 말미암아 사용자가 접착용 필름을 레이스 원단으로부터 용이하게 분리할 수 없다는 치명적인 문제점이 있었다.

본 발명의 발명가는 위와 같은 문제점을 근본적으로 해결하기 위하여 오랫동안 연구 노력한 끝에 본 발명을 완성하게 되었다.

예제 154의 아이디어의 구성은 몹시 간단하였다. 레이스 원단은 공지된 물건이요, 핫멜트 접착 자체도 오래전부터 사용되어 온 공지된 기술이었다. 그런데 이 두 가지 요소의 결합이 이 발명의 특징이었다. 하지만 발명자가 레이스 전문가였고, 적어도 그녀의 오랜 경험과 지식에 기초한 증언에 의하면 확실히 새로운 개념의 원단이었다. 구성은 지극히 간단하다. 그런데 효과는 탁월하며, 발명자는 확신에 찬 신념을 지니고 있다. 받은 자료라고는 '원단 샘플밖에' 없었다. 이런 경우의 배경기술을 작성하는 앵글 사용법은 예제 153과 사뭇 다르다. 아이디어에 최근접시켜서 배경기술을 진술한다. 너무 멀리서 아이디어를 관조하면 그것과 대척점에 있는 종래기술의 문제점도 넓게 진술되게 마련이다. 그러면 특허문서 전체적으로 우리 발명은 '구성이 참 간단하다'라는 인상을 주게 된다. 그런 인상은 우리 발명의 혁신성을 잠식한다. 무엇보다 특허 받기 어려워진다.

그렇기 때문에 레이스 원단의 구조를 좀 더 가까이에서 바라봐야 한다. 그러면 무엇인가 보인다. 이렇게 해서 레이스의 특성을 탐구하고, 그것을 강조하면서 종래기술의 문제점을 발굴한다. 그리고 그 문제를 과장한다. 선행문헌을 동원해 그 과장을 다시 과장한다. 이때의 선행문헌은 우리 아이디어가 극복하려는 종래기술로서 지위를 갖는 게 아니라 종래기술의 문제점을 과장하기 위한 장치다. 물론 종래기술의 문제점과 대립하는 쌍은 우리 아이디어의 특징이다. 레이스는 구멍이 많다. 이것을 강조하는 것이 중요하다. '피복도'라는 단어가 선택됐다.

배경기술 도입부에서부터 레이스를 피부착물에 부착할 때 많은 어려움이 있음을 진술한다. 첫 단락부터 종래기술의 문제점을 기술하기 시작한다.

> "의복이나 봉제 인형 등의 산업분야에서는 장식 수단으로서 레이스 원단이 널리 사용되고 있다. 레이스 원단은 독립된 부자재로 유통되기도 하며, 의복이나 봉제 인형에 부착된 채로 유통되기도 한다. 어떤 유통 경로를 거치든 레이스 원단은 결국 베이스가 되는 피부착물에 부착되어 사용되게 마련이다. 그런데 레이스 원단을 피부착물에 부착함에 있어서 종래기술은 많은 어려움과 기술적 한계가 있었다."

376 다음으로 앞 단락에서 진술한 종래기술의 문제점에 대해서 구체적으로 설명하기 시작한다. 앵글을 종래의 '레이스' 자체에 대해 최근접하여 자세히 비춘다. 어째서 레이스 원단을 피부착물에 부착함에 있어 기술적 어려움이 있었는지 누구든지 쉽게 납득할 수 있도록 설명한다.

> "다른 원단과 달리 레이스 원단의 경우에는 대개 경편기를 이용하여 편직하여 제조되는데, 구멍 부위가 많아서 원단의 전체 면적에서 부착면이 차지하는 면적이 매우 작다. 메시 구조는 다양한 원단에서 발견될 수 있다. 예컨대 섬유와 섬유 간의 상호 얽힘으로 평면을 이루는 부직포나, 경사와 위사의 메시 구조로 이루어지는 니트 원단이 대표적이다. 이들 부직포나 니트 원단의 평면의 면적에서 일정 단위 면적당 경사 및 위사(또는 섬유)가 차지하는 면적의 정도, 즉 Cover Factor(피복도)가 크기 때문에 피부착물에 원단을 부착하는 작업이 어렵지 않다. 그러나 레이스 원단의 경우에는 피복도가 극히 약하고 게다가 얇기 때문에 의복이나 봉제 인형 등의 피부착물에 부착하는 작업이 까다롭게 되는 것이다."

도입부에서 제시한 종래기술의 문제점의 연유에 대해 설명했다. 문제가 있다면 해결책도 있다. 종래의 해결책을 제시한다. 종래기술은 오래된 문제점이 있었고 그것을 해결하려는 기존의 고단한 역사가 있었음을 실무자는 진술하기로 했다. 그런 전략이라면 종래의 해결책이 여러 개 제시되는 것이 좋다. 먼저 실무자는 가장 오래된 전통방식을 해결책 1로 제시했다.

> "종래기술에 따르면 피부착물에 레이스 원단을 덧대고 레이스 원단의 가장자리에 시접을 만든 다음에 미싱을 이용하여 시접 부분을 피부착물에 박음질함으로써 봉제하는 방식이 주를 이루었다. 그러나 레이스 원단 사용자가 전문가가 아니라면 베이스 부재에 레이스 원단을 정확하게 봉제하기 어렵고 신속한 봉제 작업은 더더욱 어려웠다. 특히 구멍이 많아서 피복도가 매우 약한 디자인으로 이루어진 레이스 원단의 경우에는 그와 같은 기술적 어려움이 배가되었다."

이제 해결책 2를 제시한다. 다만 그 해결책은 우리 아이디어보다 열악한 것이어야 한다. 콘트라스트를 사용하기 위해 선행문헌을 구체적으로 제시하는 것이 좋다. 이때의 해결책은 오히려 또 다른 문제점 또는 기술적 불이익을 낳고 말았다는 점이 강조돼야 한다. 그렇지 않다면 굳이 선행특허문헌을 제시할 까닭은 별로 없다.

377

> "본 발명의 발명가는 위와 같은 일반적인 종래기술과는 달리 레이스 원단을 소망하는 크기로 절단하고, 절단된 레이스 원단을 접착제를 이용하여 베이스 부재에 본딩하는 방법을 탐구하였다. 그러나 사용자가 레이스 원단을 사용하면서 그 배면에 직접 접착제를 도포하는 작업은 레이스 원단의 낮은 피복도로 말미암아 매우 어렵다. 따라서 레이스 원단을 제조하는 공정에서 레이스 원단의 한 표면에 접착제 층을 구성하는 기술을 적용하는 것이 더 좋아 보인다. 예컨대 대한민국 특허 제549816호에 개시된 열가열성 의류 접착용 원단 제조방법을 고려할 수 있다."

이제 이 해결책의 구체적인 내용을 소개하면서 그것이 낳은 기술적 불이익과 새로운 문제점을 강조하면서 두 번째 콘트라스트를 사용한다. 다음과 같이 진술함으로써 논리적으로 새로운 해결책의 필연성이 만들어졌다.

"상기 선행 특허문헌은 레이스 원단이 아니라 장식무늬가 형성된 원단에 관한 것이고, 접착용 필름과 장식원단을 롤러에 의해 합지한 후에 제조장치의 반칼커터로 합지된 원단을 반복 커팅하는 기술을 개시하였다. 그러나 이 종래기술을 레이스 원단에 적용할 수는 없었다. 왜냐하면 첫째 레이스 원단은 디자인이 매우 다양한데 그때마다 레이스 원단의 디자인에 맞춰 제조장치의 반칼커터 커팅 패턴을 조정하는 것은 번거롭고 경제적이지 못하기 때문이다. 또한 레이스 원단은 직조의 거칠기와 수많은 구멍으로 구성되어서 접착용 필름과 제대로 합지될 수 없으며 그로 말미암아 레이스 원단을 피부착물에 부착하기 곤란하기 때문이다. 설령 접착용 필름이 레이스 원단에 부착되었다 하더라도 많은 구멍으로 말미암아 사용자가 접착용 필름을 레이스 원단으로부터 용이하게 분리할 수 없다는 치명적인 문제점이 있었다."

그런 다음에 다음과 같은 문구로 배경기술의 기재를 끝냈다.

"본 발명의 발명가는 위와 같은 문제점을 근본적으로 해결하기 위하여 오랫동안 연구 노력한 끝에 본 발명을 완성하게 되었다."

예제 155를 보자. 발명자는 모바일 광고에 대한 간명한 아이디어에 대해 특허를 받고자 했다. 스마트폰 애플리케이션을 실행할 때, 그리고 종료할 때 그 앱에서 제공하는 어떤 메시지가 있는 경우에 그 메시지와 동시에 광고를 보여주는 방법에 대한 특허의뢰였다. 그 밖의 부가적인 아이디어는 모두 부수적인 사항으로 보였다.

　　간단한 아이디어였다. 게다가 '모바일 광고'에 관한 것이므로 울창한 선행기술의 숲을 통과해야 할 것 같았다. 이 아이디어가 스마트폰의 사용자 인터페이스가 중시되는 새로운 기술환경에 편승한 흥미로운 비즈니스 모델을 제안하지만, 이런 분야의 발명은 쉽게 진보성이 부인될 것이며 통상 결합발명으로 인용문헌이 제시될 것이다. 선행문헌정보를 기재해서 그 문헌의 내용과 콘트라스트를 사용하기는 곤란하다. 비교대상이 될 문헌을 선별하기도 어렵고 또 그 문헌이 진보성 판단 시 불리한 작용을 할 위험도 있기 때문이다.

실무자는 두 가지를 생각했다. 첫째, 아이디어가 간단하더라도 스마트폰 애플리케이션이라는 개념이 과거에는 없었으므로 선행기술의 존재를 두려워하지 말자. 둘째, 의뢰인은 회사의 특허자산들을 이용해서 펀딩을 받고자 부지런히 실천하고 있으므로, 펀딩을 받는 데 도움이 될 수 있는 특허문서를 만들자. 이 특허문서는 혹시 투자자가 읽을지도 모른다. 그렇다면 그 투자자가 이 문서를 읽으면서 의뢰인에게 설득될 수 있는 배경기술이 낫지 않겠는가? 그래서 실무자는 전통적인 특허문법에 의한 배경기술을 적기보다는 일반인이 읽으면서 설득될 수 있는 그런 문장과 맥락을 만들기로 했다. 선행기술문헌정보는 적지 않았다. 그러나 심사과정에서 문제가 되지는 않았다. 종래기술의 현황과 문제점이 매우 구체적으로 특정돼 있기 때문이다.

예제 155 (특허 1365238)

<배경기술>

스마트폰이나 태블릿 PC 시장이 모바일 산업의 중심을 차지하자, 종래의 피처 폰 중심의 이동 통신 서비스는 큰 변화를 맞이하게 되었다. 스마트폰은 단순히 휴대 전화로서 기능하는 것이 아니라 손 안의 작은 컴퓨터로 기능함으로써 이전에 볼 수 없었던 다양한 기능이 구현되었다. 또한 새로운 서비스의 제공이 가능해졌다. 향상된 컴퓨팅 기능을 기반으로 스마트 디바이스는 운영체제 소프트웨어와 연동하여 구동하는 애플리케이션 환경이 제공되었다. 다양한 애플리케이션의 유통을 보장하는 플랫폼이 만들어졌다. 그 플랫폼을 경유하여 사용자의 선택에 의해 스마트 디바이스에 설치되고 다양한 유틸리티와 게임 환경을 제공하는 애플리케이션들이 존재한다. 사용자들은 다양한 애플리케이션을 자신의 스마트 디바이스에

설치함으로써 새로운 사용자 경험을 만끽한다.

이러한 애플리케이션 소프트웨어로는 모바일 인스턴트 메시지의 플랫폼 역할을 하는 메신저 애플리케이션, 페이 스북이나 트위터와 같은 SNS 애플리케이션, 그밖에 게임 애플리케이션, 유틸리티 애플리케이션 등이 있다.

한편, 광고는 어떤 플랫폼에서나 뜨거운 이슈이다. 광고주는 더 많은 대중에게 보다 높은 효과의 광고를 원한다. 광고를 대행하는 플랫폼 운영자들은 그런 광고를 제공함으로써 수익을 창출하려고 한다. 그런데 문제는 플랫폼에서 광고가 남용되면 사용자들이 그 플랫폼을 떠날 수 있다는 위험이다. 그리고 이런 위험이 두려워서 적극적으로 광고를 하지 않는다면 광고 효과가 떨어지는 불이익이 수반된다.

스마트폰은 완전히 새로운 광고 플랫폼을 제공하였다. 스마트폰에서 실행되는 브라우저를 이용한 광고는 종래의 인터넷 광고와 본질적으로 차이가 있지는 않았다. 또한, 사용자 화면에서 이루어지는 배너광고 또한 종래의 웹상에서의 배너광고와 기술적으로 달라지는 것은 없었다. 그러나 스마트폰의 플랫폼(운영체제 소프트웨어에 의해 정의되는 플랫폼, 및 운영체제 소프트웨어와 연동하는 다수의 애플리케이션 소프트웨어에 의해 정의되는 플랫폼)들은, 종래의 PC 플랫폼과 달리, (1) 데이터 과금의 문제, (2) 모바일 디바이스의 경우 사용자 화면의 크기 제한 문제, (3) 터치입력에서의 사용자의 잦은 실수, (4) 잦은 애플리케이션의 실행과 종료 등에 의해서 끊임없이 "문"이 열리고 닫히는 문제. 플랫폼으로 들어가는 문이 열렸다가 닫혔다가를 반복하는 것이다.

이는 마치 전통적인 TV 방송에서의 프로그램이 끝나거나 잠시 멈추는 것과 같은 특성이 있다. 광고는 이와 같이 문이 열리고 닫힐 때 가장 효과가 있게 마련이다. 애플리케이션 소프트웨어의 문이 열리고 닫힐 때의 스마트폰에서의 광고 기법은 그러나 알려지지 않았다.

스마트폰은 하나의 생태계를 동반했다. 이 생태계에서는 수많은 애플리케이션이 개발되고 유통된다. 이 생태계에서 생존하기 위해서는 애플리케이션 개발자에게 수익이 보장되어야 한다. 애플리케이션을 유상으로 배포하여 수익을 창출하거나 또는 애플리케이션에 광고모델을 결합하여 수익을 창출할 필요성을 느낀다. 무료 애플리케이션이 많은 상황에서 유료로 배포하는 것에 한계가 있다. 그렇기 때문에 후자의 광고모델을 결합하는 비즈니스 모델이 중요하게 고려된다.

하지만 광고모델은 사용자에게 불편함과 불쾌감을 초래할 수 있다는 치명적인 한계가 있다. 광고모델은 비즈니스적으로 매혹적임에도 불구하고, 사용자에게 너무 멀거나(광고효과가 미약) 아니면 너무 가깝다(사용자의 불만 고조). 사용자가 광고 콘텐트를 직접 찾아서 봐야 하는 Pull 형태의 광고기법은 광고효과가 너무 낮다. 그렇다고 Push 형태로 광고 콘텐트를 느닷없이 표시하면 사용자는 몹시 불쾌하게 생각한다.

바람직하게는 Push 형태로 광고 콘텐트를 사용자 디바이스 화면에 나타내면서도 사용자가 느낄 수 있는 불쾌감을 최소화하기 위한 기술 수단이 필요하다. 그리고 그런 기술 수단은 스마트폰 플랫폼에 최적화되어야 한다. 본 발명의 발명가는 위와 같은 문제점을 해결하고 새로운 접근 방식을 제안하기 위하여 오랫동안 연구 노력한 끝에 본 발명을 완성하게 되었다.

예제 156은 앞의 예제 155와 비슷한 성격의 배경기술을 보여준다. 의뢰인의 아이디어는 객관식 질문과 답변을 통해 성향을 파악한 다음에 성향이 비슷한 사람을 서로 매칭하는 시스템이었다. 의뢰인은 소셜 네트워킹과 남녀매칭방법을 결합해서 사업을 전개하고자 했다. 실무자는 남녀매칭을 위한 성향파악 시스템만으로는 특허를 받기 어렵다고 판단했다. 또한 아이디어의 본령은 객관식 질문과 답변을 통한 성향 파악이지, 남녀매칭 자체는 결과에 지나지 않다고 조언했다. 인과관계 중에서 원인에 대해 특허를 신청할 수 있으며, 결과에 대해서도 특허를 신청할 수 있다.

예제 156의 아이디어는 SNS를 통해 객관식 질문을 생성하고 퍼뜨리는 부분과, 그 질문에 대한 답변이 생성되고 축적되는 부분과, 성향 데이터를 처리해서 유의미한 결과를 제공하는 부분으로 구성돼 있다. 하지만 아이디어를 기술적으로 구현하는 내용이 적힌 문서는 없었다. 의뢰인은 컨셉과 시나리오만으로 특허출원을 의뢰했다. 실무자는 이 발명을 하드웨어/소프트웨어/통신방법 등의 구체적인 기술수단으로 설명하기보다는 특허문서 전체를 추상화하고 수학적인 용어와 철학적인 용어로 개념화하는 전략을 택했다. 다소 엉뚱하지만 인문학적인 용어를 사용해서 개념화하는 것이 우리 아이디어의 독창성을 어필하는 데 이롭다고 생각했기 때문이다.

그 까닭은 이러하다. 예제 156의 아이디어를 피상적으로 이해한다면 <지식검색>이나 <설문조사> 등의 종래기술과 차별성이 별로 없어진다. 소셜 네트워크와 객관식 질문, 아이디어의 핵심 키워드가 너무 익숙한 나머지 당연히 진보성이 거절될 것 같았다. 익숙한 느낌이 나쁜 인상을 불러낸다. 그렇지만 아이디어에 대한 나쁜 인상을 차단하는 것이 실무자의 역할이기도 하다. 실무자는 이 아이디어에 대한 '익숙한 느낌'을 '낯설게' 만드는 것, 그것을 배경기술 작법의 목표로 정했다. 그래서 낯선 인문학적 개념화를 택한 것이다. 특허와 투자 모두를 고려했다.

예제 156 (특허 1543714)

<배경기술>

인간은 질문을 던진다. 세계에 대해서 질문을 던지면서 인간은 성장하고 인류는 발전해 왔다. 질문은 다양한 내용의 답을 찾는다. 인간은 아주 오래전부터 세계의 본질과 다양한 현상에 대해서 질문을 던져 왔다. 그리고 질문에 대한 답과 해명을 찾아가면서 철학, 정치학, 경제학, 사회학 등의 학문을 발전시켜 왔다. 문학과 예술도 세계와 존재에 대한 질문을 통해서 자기 위상을 정립했다. "왜?", "그것은 무엇인가?"라는 추상적이고 근원적인 질문에서부터, "어떻게 할 것인가?", "무엇을 선택할 것인가?"라는 실천적이고 구체적인 질문에 이르기까지 다양한 질문으로 가득하다. 질문과 그 질문을 찾아가는 여정이 곧 인류의 역사다.

질문은 거의 무한대의 영역으로 반복되며 새롭게 생성된다. 인간의 모든 이성적인 인식, 일련의 행위, 기호, 감정, 그리고 관계들은 그와 관련된 다양한 질문에 대해 개인적으로 혹은 집단적으로 해답을 찾아가는 과정 또는 결과로 이해될 수 있다.

인식론적인 차원이 아닌, 실천적이고 행동적인 관점에서도, 즉 인간 상호 간의 <관계>라는 관점에서도 질문은 매우 중요한 역할을 한다. 마치 어린 아이들이 스스로에게 혹은 타자에게 질문을 하면서 세상을 인식하고 관계를 맺어가는 것처럼, 모든 인간은 질문과 해명이라는 프레임 속에서 살아간다. 인간의 인식과 행위는 근원적으로 질문에서 나온다. 인간은 질문을 끊임없이 되풀이한다.

지식은 범람하고 있다. 특히 인터넷의 등장으로 지식은 온라인 세계에서 가득하다. 그것은 신속하고 광범위하며 제한 없이 유통되기 때문이다. 그러나 지금까지의 지식은 어딘가에 존재했던 질문에 대한 해명자료들에 초점이 맞춰있다. 흥미로운 사실은 동일하고 유사한 내용의 지식이 반복적으로 축적된다는 점이다. 이는 이미 남이 했던 질문을 또 다른 개인이 반복하기 때문이다. 답을 찾아가는 과정은 모든 인간에서 선험적으로 주어지는 것이 아니라, 개별적인 탐구과정을 거친다는 것이다. 즉, 지식은 반복적으로 개별화된다.

이것은 어떤 질문을 던지고 또한 그 질문에 대해서 어떻게 답하느냐에 따라 개인의 관심사, 가치관, 성정, 정체성 등에 있어 특정한 공통점이 생김을 의미한다. 개인의 관심사, 가치관, 성정, 정체성 등이 전혀 다른 사람들은 전혀 다른 질문을 던지거나 혹은 전혀 다른 해명을 얻는다. 우리는 살면서 매우 많은 사람을 만나고 관계를 맺는다. 그러나 그런 만남과 관계가 '근원적인 유대감'을 보장하는 것은 아니다. 사회 생활 과정에서 만나서 지인이 됐으나, 관심사가 다르고 가치관이 다르며 개인의 성정과 정체성에 큰 차이를 보이는 경우가 많다. 그렇기 때문에 주위에 많은 사람이 있음에도 불구하고 우리는 '외로움'을 느낀다. 관계 속에서 유대감을 느끼고 즐거워하는 게 아니라, '스트레스'를 받는 경우가 많다. 오늘날처럼 네트워크가 발달하여 인간관계 그 자체는 온라인에서든 오프라인에서든 폭발적으로 팽창했지만, 오히려 자살률은 증가했다.

오늘날 개인 간의 소셜 네트워크 서비스는 컴퓨팅 환경에서 널리 보편화되고 있다. 그런 서비스로 대표적인 것이 페이스북™과 트위터™다. 이들의 네트워킹의 방법은 어떤 관계에 대한 인적 정보에 기초하여 이뤄진다. 이메일 정보, 현재 맺고 있는 친구 혹은 팔로우 관계에 대한 정보, 공개된 계정 정보, 그 혹은 그녀가 네트워크에 업로드한 텍스트 혹은 이미지 등을 활용하여 개인의 네트워킹을 유인한다. 그러나 이러한 소셜 네트워크 서비스는 인간 관계의 양적 팽창과 관계의 확대 재생산을 불러왔지만, 그것이 근원적인 유대감의 증가라는 질적인 팽창을 불러오지는 못했다. 수많은 네트워크 내에 존재하는 '친구'가 즐거움을 주고, 경제적 혹은 정보취득에 관련한 유용성을 불러올지는 몰라도, 개인의 외로움을 치유하거나 어떤 친밀한 유대감을 불러오는 것은 아니다.

앞서 말한 것처럼, 어느 한 개인이 어떤 질문을 던지고 어떤 해명을 선택하느냐에 따라서 사람마다 개인의 관심사, 가치관, 성정, 정체성 등이 드러난다. 예컨대 두 사람이 있다고 가정하자. 같은 질문과 같은 해명을 선택하는 것이 많으면 많을수록 그 두 사람의 근원적인 유대감은 증가한다. 반대로 같은 질문과 같은 해명을 선택하는 것이 적으면 적을수록 그 두 사람의 근원적인 유대감은 감소한다. 이런 성찰에 기초하여 서비스되는 네트워킹 시스템은 알려진 바가 없다.

종래의 네트워킹 시스템은 개인과 개인의 광범위한 연결에만 초점을 두고 있는 관계로, 한 개인의 실존의 문제를 해결하지 못한다. 이를테면, 페이스북에 많은 친구가 등록되어 있고, 트위터에 많은 팔로워 혹은 팔로잉 숫자가 많음에도 불구하고, 개인의 성향파악이 제대로 고려되지 않기 때문에, 그 네트워크 자체가 개인의 외롭고 쓸쓸한 감정이나 상처에 위로가 되지는 못한다. 종래의 네트워크 서비스가 사회적, 정치적 혹은 경제적인 공감을 형성할 수 있을지언정, 개인의 실존적 공감을 나누기는 어렵다.

한편, 오프라인에서 인간적인 공통점이나 유대감을 느끼는 사람을 만나는 것도 극히 어려운 일이다. 그렇기 때문에 온라인을 통한 연결은 그 넓이와 우연성이라는 관점에서 여전히 중요한 의미를 갖는다. 거리와 환경을 초월하여 만나고 싶은 사람을 만나는, 그런 가능성에 대해서는 오프라인보다는 온라인에서 더 용이하게 구현될 수 있다. 결국 종래의 소셜 네트워크 서비스를 새롭게 재구성할 필요성이 제기된다.

이런 필요성은 특히 오늘날 자주 제기되는 이종 영역의 융합이나 통합이라는 관점에서도 유의미성을 지닌다. 인간의 모든 영역은 질문이라는 행위에서 모두 연결되기 때문이다. 본 발명의 발명가는 위와 같은 문제점을 해결하기 위하여 오랫동안 연구 노력한 끝에 본 발명을 완성하게 되었다.

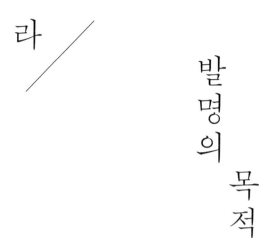

라 / 발명의 목적

<배경기술>을 작성하자마자 <발명의 목적>을 적는다. 발명의 목적은 기술적 과제라 불리기도 하며, 문서작성기 소프트웨어의 경우 해결하고자 하는 과제 부분이다.

특허문서는 결국 배경기술에서 서술한 종래의 문제점에 대한 해결책에 관한 것이다. 배경기술에는 문제점만 적었다. 그렇지만 배경기술을 통해서 실무자는 독자로 하여금 지적돼 있는 문제에 관한 해결책의 필연성을 느끼게 했다. 논리적으로 매끄럽게 연결되도록 이 특허문서에서 그 해결책을 제안하겠다는 명시적인 선언이 필요하다. 그 선언이 바로 발명의 목적이다. 이제부터 '우리 발명'에 대한 이야기가 시작된다.

사실 대충 적어도 큰 문제는 없다. 심지어 발명의 목적을 기재하지 않아도 된다. 이곳에서 특허범위가 정해지는 것도 아니며, 발명의 목적을 적지 않았다는 이유만으로 거절이유가 통지되지도 않는다. 하지만 특허문서의 제1 독자는 적어도 발명의 목적까지는 성실히 읽는다는 점, 따라서 실무자가 어느 정도까지 발명을 이해하고 썼는지를 그 독자가 알 수 있다는 점, 진보성이 부인된 경우 심사관이 제시한 선행문헌과의 차이점을 강조함에 있어 발명의 목적이 유용하게 작용할 수 있다는 점, 특허를 취득한 후 특허분쟁 시에 발명의 목적을 강조해야 할지도 모른다는 점 등을 두루 고려하면 여러 모로 충실히 기재하는 것이 좋다.

통상 해결과제는 "본 발명의 목적은 A라는 방법을 제공함에 있다"라거나, "본 발명은 A 방법을 제공하는 것을 목적으로 한다"라는 형식으로 기재한다. 그러나 형식에 얽매이지 않고 좀 더 자유롭게 기재해도 괜찮다. 다만 배경기술에서 언급한 종래기술의 문제점과 쌍을 이루어야 한다.

앞에서 살펴본 예제 153에서는 <배경기술>에 이어서 다음과 같은 목적을 기재했다. 첫 번째 문장에서 심사관은 '직관적이고 간편하고 신속하게'라는 형용 표현보다는 '야구 경기에 관한 기록을 입력'이라는 표현에 시선을 빼앗길 것 같았다. 형용 표현은 자주 무시된다. 하지만 대부분의 개량개선 발명에서는 그런 형용 표현이 목적과 효과를 결정하기 때문에 매우 중요하다. 실무자는 그래서 두 번째 문장을 배치했다.

> "본 발명의 목적은 모바일 디바이스를 이용하여 직관적이고 간편하고 신속하게 야구 경기에 관한 기록을 실시간으로 입력할 수 있는 신규한 방법을 제공함에 있다. 이런 목적은, 본 발명의 신규한 야구 경기 기록 입력 방법이 실제 야구경기의 공의 위치와 궤적을 모방하여 미리 정해진 규칙에 대응하는 터치 모션에 기반함을 전제한다."

예제 154에서는 먼저 발명의 넓은 목적을 천명한 다음에 좀 더 구체화해서 기재했다. 실무자는 발명 자체의 구성이 매우 간단하기 때문에

386

오해와 편견을 예방하기 위해 특허문서 곳곳에 특징과 효과를 반복적으로 강조하고자 했다.

> 본 발명의 목적은 경제적이며 피부착물에 편리하게 부착하여 사용할 수 있는 신규한 레이스 원단을 제공함에 있다.
> 본 발명의 발명가는 핫멜트 기술을 사용하기로 했다. 그러나 레이스 원단을 직조한 다음에 핫멜트 층을 부여하는 기술("기술 A"라 칭하며, 이는 대한민국 특허출원 제10-2014-0015187호로 출원되었다)을 먼저 적용해 보았다. 그러나 직조된 레이스 원단을 핫멜트 코팅을 위해서 기계적이고 화학적인 공정 안으로 반송해야 한다. 레이스 원단에는 구멍이 많아서 핫멜트가 그 구멍을 통해서 흘러나올 수 있다는 문제(Strike back 현상)를 해결하기가 쉽지는 않았다. 기술 A가 스트라이크 백 문제를 개선할 수는 있어도 완벽하게 해결하기는 어려웠던 것이다. 본 발명의 목적은 이러한 문제를 기술적으로 확실히 개선할 수 있도록 하는 것이다. 요컨대 핫멜트 기능을 갖는 신규한 레이스 원단을 제조하기 쉽고, 동시에 사용함에 있어 기술적 불이익이 초래되지 않는 혁신 기술을 제안한다.

예제 155의 발명의 목적도 배경기술의 논리에 따라 발명의 목적을 기재했다. 실무자는 틀림 없이 진보성을 부인하는 심사결과가 발급될 것으로 예상했기 때문에 장차 의견서에서 사용할 표현을 발명의 목적란에 미리 적어두려고 했다. 첫 번째 단락은 배경기술의 논리를 받아온 것이다. 중요한 것은 두 번째 단락의 기재가 되겠다.

> 본 발명의 목적은 스마트폰이나 태블릿 PC와 같이 스마트 디바이스에서 실행되는 다양한 애플리케이션 소프트웨어와 연동하는 신규한 광고 방법을 제공함에 있다.
> 발명의 다른 목적은 광고 콘텐트를 사용자의 디바이스에 표시함에 있어서 사용자의 심리적인 불쾌감과 거부감을 최소화 함과 동시에, 뛰어난 광고 효과를 거둘 수 있는 광고 방법을 제공함에 있다.
> 본 발명의 또 다른 목적은 광고를 제공하는 방법이 애플리케이션 소프트웨어의 실행에 방해가 되어서는 안 된다는 가이드라인을 옹호함에 있다.

예제 156 특허에서는 배경기술을 인문학적인 개념의 낯선 스타일로 적었다. 그러므로 발명의 목적도 그런 문장 스타일을 유지했다. 예제 156 발명도 심사과정에서 진보성이 틀림없이 거절될 것이다. 그렇다면 장차 의견서에 주장하고 논증할 중요 문구들을 특허문서에 미리 기재해 놓는 것도 좋다. 그런 관점으로 발명의 목적도 다양한 앵글로 포섭되도록 했다.

본 발명의 기본적인 목적은 인간의 근원적 유대감을 네트워크로 불러들이고자 한다. 이를 위해서 <질문>에서부터 시작하여 네트워크에 존재하는 단말들의 관계 맺기가 형성되도록 함에 있다. 인간은 개체든 집단이든 누구나 질문의식을 갖는다. 본 발명에서 질문이 네트워크에서 끊임없이 표현되고 생성되도록 보장한다. 시스템은 질문이 표현될 수 있는 수단을 제공하고, 그 수단을 이용하여 누구나 질문을 표현하도록 보장한다. 또한 타인의 질문에 대해서 누구나 답할 수 있으며, 이 질문과 답변이 거대한 데이터베이스로 구축되도록 할 수 있다. 본 발명에서는 질문 그 자체가 콘텐트로 간주된다.

본 발명의 다른 목적은 사용자 단말 혹은 운영자 서버가 능동적으로 <선택형 질문>을 던지고, 그 질문에 답하는 다른 사용자 단말이 선택한 결과를 이용하여 네트워크에서의 관계를 생성하는 새로운 소셜 네트워크 서비스를 제공함에 있다. 질문은 주관식으로도 가능하다. 그러나 주관식은 답변을 모호하게 만들고 데이터 처리와 모델링 작업에서의 단순성을 방해하는 단점이 있다. 따라서 본 발명은 선택형 질문 콘텐트를 기본으로 한다.

본 발명의 또 다른 목적은 개인의 성향이 잘 드러나도록 하는 수단을 제공함에 있다. 본 발명은 자기가 생각하는 질문에 대한 해답과, 타인이 생각하는 질문에 대한 해답을 비교할 수 있도록 네트워크에서 가시화한다. 이로써 자기와 근접한 성향을 갖고 있는 사람을 용이하게 발견하도록 한다. 즉, 본 발명은 단순한 소셜 네트워크 서비스가 아니라, <Soul Network Service>를 지향한다. 페이스북이나 트위터 등의 SNS는 관계를 확장하고 더 많은 친구, 더 많은 팔로워를 지향한다. 관계 지향의 특성을 갖는다. 그러나 본 발명의 목적은 그것과는 반대로 자기 성향과 더 가까운 사람을 자연스럽게 찾아가도록 한다. 본 발명의 네트워킹은 인간의 근원적인 속성과 성향을 지향한다. 그 결과 보다 증진된 유대감을 느낄 수 있는 네트워킹이 가능하도록 보장한다. 이로써 인간의 보편적인 속성인 <외로움>

388

이 자기와 비슷한 성향이 확인된 사람들간의 네트워킹을 통해서 해소될 수 있도록 도와준다.

본 발명의 또 다른 목적은 사회 속에서 개인이 느끼는 실존성을 네트워크에서 드러나도록 함에 있다. 인간은 사회적인 관계를 맺는다. 그런데 나의 성향(생각이나 기호나 감정)을 스스로 평가할 수 있는 기회는 많지 않다. 평가를 할 수 있는 뚜렷한 기준이 없는 까닭이다. 예컨대 일반적으로 혹은 어떤 주제에 관하여, 자신이 다수자에 속하는지 혹은 소수자에 속하는지 정확히 알 수 없다. 하지만 이는 자기 자신을 성찰함에 있어 매우 중요한 정보다. 이런 정보를 얻기 위해서는 유의미한 데이터가 누적되어야 한다. 본 발명은 이런 누적정보를 제공하고자 한다. 이것은 개인이 능동적으로 참여한 다수의 질문과 다수의 해답이 축적됨으로써 얻어질 수 있다.

본 발명의 또 다른 목적은 개인의 성향과 사회적 실존성을 보다 정확하고 용이하게 파악될 수 있도록, 질문들을 분류하여 광범위하게 축적된 데이터베이스를 제공함에 있다

실무적으로 <발명의 목적>에서 가장 중요한 사항은 <배경기술>과의 논리적 정합성이다. <기술분야>에서 시작해서 <배경기술>을 거쳐 여기 <발명의 목적>에 이르기까지 일관된 논리가 유지돼야 한다. 기술분야는 아이디어가 속한 공지의 기술분야를 간략히 특정하고, 배경기술에서 우리 발명과 대립쌍이 되는 종래기술의 문제점을 거론한 다음에 그 문제점에 적확하게 대응하는 발명의 목적을 기술한다면 특허문서는 대략 논리적이 된다. 이 세 항목이 특허문서의 앞부분을 구성한다. 그러므로 여기서 글의 전개가 논리정연하지 못하면 특허문서 전체가 제대로 작성되지 않은 듯한 인상을 주게 된다.

소통과 이해와 질서가 있는 곳에는 언제나 논리가 중요하다. 논리야 어찌 되었건 온전한 자유의 영역에서는 자기 생각을 마음껏 글로 표현할 수는 있다. 그러나 실무자는 의뢰를 받은 대리인이며, 특허문서는 '내 생각'이 아니라 '의뢰인의 생각'을 적는 것이므로 마음껏 표현해서는 안 된다. 실무자가 적은 내용을 의뢰인이 알아야 하며, 그런고로 의뢰인과의 소통과 이해를 위해 논리가 중요하다. 특허문서의 독자로는 심사관과 판사와 공중이 있다. 심사를 받는 문서라는 점을 감

389

안한다면 특허문서 전체가 설득력이 있어야 하고, 그러려면 또한 논리적이어야 한다. 가장 중요한 논리 요소 중 하나는 '인과관계'다. 입력이 있다면 출력이 생겨야 한다. 결과가 있다면 그것의 원인이 있을 것이다. 입력을 설명해 놓고서 출력에 대한 언급이 없다면, 그리고 결과만 설명하고 원인에 대해 침묵한다면 그것은 특별한 사정이 없는 한 논리적이지 못한 글이다.

특히 특허문서에 표현되는 것이 '기술'이라는 점에서 논리가 중요하다. 자연은 자연법칙에 따른다. 기술은 자연법칙을 이용하므로 이치에 맞는다. 그런 이치를 구성하는 기술 집합들과 함수들이 있다. 사람들은 그 모든 것을 알 수는 없으며, 일부를 선택해서 기술을 만들어낸다. 또한 그중 독창적인 기술이 발명을 이룬다. 특허문서를 작성하는 실무자에게 요청되는 능력은 단순히 기술에 대한 지식이 아니다. 그 기술의 드러난 이치를 이해하고 감춰진 이치를 탐색하는 능력이다. 의뢰인의 발명을 그것이 제안된 배경과 목표와 내용과 효과 등을 논리적으로 설명하다 보면 실무자는 다음과 같은 지적인 체험을 할 수 있다.

첫째, 특허문서에 자세히 기재해야 할 본질적인 부분과 비교적 간단하게 설명하거나 설명할 필요조차 없는 비본질적인 부분을 구별할 수 있다. 그럼으로써 글의 분량을 적절히 배분할 수 있다.

둘째, 논리적으로 글을 쓰다 보면 기술적인 불합리나 부작용을 발견할 수 있다. 실무자는 이에 대한 의뢰인의 의견을 구한다.

셋째, 이따금 발명의 내용을 온전히 이해하지 못한채 실무자가 특허문서를 작성해야 할 때가 있는데, 그럴 때조차 배경기술부터 논리적으로 글을 전개하다 보면 발명자에게 무엇을 더 물어봐야 할지, 무엇을 중심으로 글을 써야 할지, 어떻게 특허범위를 설정해야 할지 깨닫게 된다.

넷째, 논리는 합당한 인과관계를 불러내기 때문에 어째서 발명자가 특허신청을 결심했는지 그 연유에 닿을 수 있다. 무엇보다 발명자가 말하지 않은 빈 공백을 찾아낼 수 있다. 발명자가 설명하지 않았거나 간과했던 부분이 탐색된다. 예컨대 (x - y - z) 순서로 구성돼야 하는 발명인데, 발명자의 자료에는 (x - z) 순서만 설명돼 있곤 한다. 발명자가 y에 대한 설명을 간과한 것이다. 이 경우 논리는 y를 발견케 한다. 실무자는 y를 추가한다. y에 대한 설명이 어렵다면 실무자는 발명자에게 질문해서라도 (x - y - z) 순서의 구성을 완성해야 한다.

앞에서 언급한 것처럼 <기술분야>, <배경기술>, <발명의 목적>은 논리적으로 긴밀하게 연결돼 있고, 말하자면 하나의 논리집합이 된다. 그러나 실무적으로는 비논리적인 작법이 자주 발견되는데, 대표적으로 이러하다. 배경기술에 적한 내용이 기술분야가 특정한 분야를 벗어난 경우, 배경기술에서 지적한 종래기술의 문제점이 해결과제에서는 전혀 언급되지 않는 경우, 배경기술에서 전혀 문제 삼지 않은 사항을 아무런 맥락 없이 발명의 목적으로 천명하는 경우 등이다. 다음으로 발명의 목적을 기재함에 있어 몇 가지 실무상 쟁점을 설명한다.

39¹

(1) 인지된 선행기술이 존재하는 경우다. 특허문서를 작성하다 보면 실무자는 유사하거나 매우 근접한 선행문헌을 인지하는 경우가 종종 있다. 그런 경우 그 선행문헌정보를 실제 그 특허문서에서 명시적으로 밝힐지는 앞에서 말한 것처럼 실무자의 전략적인 선택에 따른다. 그러나 그 선행문헌이 심사관에 의해 진보성 부인의 인용발명으로 제시될 우려가 있으며, 심사과정에서는 무사히 위험을 피했으나 특허 취득 후에 사후적으로 특허의 하자를 증명하는 비교대상발명으로 발견될 수 있음을 실무자는 유념해야 한다. 위험이 클수록 아이디어를 향한 앵글을 정교하게 통제해야 한다. 설령 바라보는 대상이 같아도 그 대상을 바라보는 각도가 서로 다르고, 그럼으로써 표현되는 언어가 완전히 달라지면 종종 진보성이 부인되는 위험을 효과적으로 회피할 수 있다. 어쨌든 인지된 선행기술이 존재하는 경우에 실무자는 그 선행기술과의 관계를 염두에 두면서 가능하다면 발명의 목적을 기술할 때에 그

선행기술과의 차별성을 강조할 수 있는 문장을 분명하게 기재해 두는 것이 좋다. 특허를 받기 위해서는 선행기술의 숲을 헤쳐나가야 하며, 그러기 위해서는 특허문서 곳곳에 우리 발명의 차별성을 강조해야 한다.

(2) 구성으로 목적을 대체하는 경우다. <발명의 목적>에는 그 발명이 해결하려는 과제를 적어야 하는데, 목적 대신에 구성을 적는 사람들이 많다. 발명의 목적란에 구성을 적는다고 해서 위법한 작법은 아니다. 게다가 장점도 있다. 심사/심판 과정에서 목적의 특이성을 주장하기 용이한 것처럼 보인다. 당연하다. 목적 대신에 구성을 적어 놓았기 때문이다. 그러나 단점이 있다. 앞에서 설명한 것처럼 해결과제의 역할은 목적의 특이성을 선언함과 동시에 특허문서의 논리성을 확보한다는 의미가 있다. 배경기술에서 지적한 종래기술의 문제점을 해결하겠노라고 선언하는 것이 발명의 목적의 논리성이고, 그렇다면 "어떻게 해결할 것인가?"라는 질문에 응답하는 것이 이어지는 <과제해결원리>다. 그런데 구성으로 목적을 대체하면 논리가 틀어진다. 틀어진 논리로 말미암아 특허문서가 난해해지고 만다. 예를 들어 보자.

> **예제 157 (특허 15433553)**
> <발명의 목적>
> 본 발명은 상기와 같은 문제점을 해결하기 위해 안출한 것으로, 테이블에 고정되는 고정브라켓에 접촉판을 설치하여 의자와 연결된 회전하우징의 마개와 밀착되게 함으로써 마찰력에 의해 회전력을 제한하고, 가압부재를 통해 접촉판의 밀착력을 조절하여 사용자가 원하는 회전력으로 조절할 수 있도록 한 절첩식 의자 일체형 테이블을 제공함에 목적이 있다.

예제 157의 특허문서에는 목적이 적힌 것처럼 보이지만, 실은 구성을 기재한 것이다. 배경기술에서 문제 삼은 종래기술의 불편함을 고려해 볼 때 밑줄 친 부분을 삭제하는 것이 좋다. "본 발명은 상기와 같은 문제점을 해결하기 위해 안출한 것으로 사용자가 원하는 회전력으로 조절할 수 있도록 한 접철식 의자 일체형 테이블을 제공함에 목적이 있다."

예제 158 (특허 1544161)

본 발명은 상기 문제점을 해결하기 위하여 안출된 것으로서, 본 발명은, PI 및 PET와 같은 연성의 절연 필름상에 구리 및 니켈-크롬합금 스퍼터링 공정을 수행하여 전도층과 박리층이 구비된 캐리어 필름을 형성한 다음 상기 캐리어 필름상에 롤투롤 방식의 전기 동도금공정을 수행함으로써 초박막형 동박에 해당하는 두께의 얇은 막으로 동박을 형성할 수 있을 뿐만 아니라 상기 캐리어필름을 박리하더라도 박막상태를 안정적으로 유지할 수 있으며, 매끄러운 표면층을 제공하여 다양한 제품에 응용할 수 있으면서도 박리가 용이하여 양산성 및 생산성을 향상시킬 수 있는 초박막형 동박 제조방법을 제공하는데 목적이 있다.

예제 158에 기재된 발명의 목적을 독자가 읽다 보면 숨이 찰 것 같다. 발명의 목적까지는 독자가 쉽게 읽을 수 있어야 한다. 여기서 구성을 걷어내면 다음과 같다. "본 발명의 목적은 초박막형 동박 제조방법을 제공하는 것에 있다. 또한 본 발명의 다른 목적은 초박막형 동박 상태를 안정적으로 유지하여 양산성을 높이고 다양하게 제품화할 수 있는 방법을 제공함에 있다." 이렇게 간명하게 해결과제를 기재한 다음에 이어지는 과제해결수단에서 구체적인 구성을 기재하면 족하다.

(3) 세 번째 실무상 쟁점은 '발명자가 알려준 목적에 대한 취급'이다. 발명기안서[34] 혹은 그와 유사한 문서로 아이디어의 특징을 정리할 때 발명자는 자유롭게 글을 적는다. 그리고 실무자는 발명기안서에 기초해서 특허문서를 작성한다. 이때 실무자는 발명자가 알려준 발명의 목적을 적절히 취급해야 한다. 발명자는 특허법리에 정통한 전문가가 아니라는 점이 고려돼야 한다. 발명자가 알려준 목적에는 선행기술과 차

별성이 없는 진술, 지나치게 일반적이어서 우리 발명의 차이점을 강조하기에 적합하지 않은 목적, 기술특징에 착목하는 '기술적 과제'라기보다는 시장에서 당연히 기대할 수 있는 정도에 그치는 진술 등이 포함될 수 있다. 실무자는 발명자의 인식과 진정한 의사를 탐색해 우리 발명의 특허성에 도움이 될 수 있도록 해결과제를 취사선택하며, 가장 적절한 표현으로 수정하도록 노력한다. 발명자가 알려준 목적의 상당수는 특허문서에 채택되지 않을 수도 있다.

394

마

특허
청구
범위

<발명의 명칭>, <기술분야>, <배경기술>, <발명의 목적>을 순서대로 작성한 다음에 바로 <청구범위>를 작성한다. 1개 이상의 청구항을 작성한다. 청구항 작성 방법에 대해서는 제3장, 제4장에서 자세히 살펴봤으므로 그 작법에 관한 설명은 생략한다. 이때 작성한 청구범위는 특허문서를 작성하는 과정에서 여러 번 수정될지 모른다. 자연스러운 일이다. 그러므로 이때 작성된 청구범위는 임시적인 것이다. 특허문서 작업이 완료될 때까지 계속 검증을 받는다.

발명의 목적을 적은 다음에 청구범위를 작성하는 까닭은 이러하다. 그보다 먼저 작성하기에는 실무자의 두뇌가 논리적으로 충분히 활성화돼 있지 않다. 그보다 늦게 작성한다면 실무자의 두뇌 활동에 편향이 생길 정도로 활성화돼 있어서 문제다. 후자에 대해 집중적으로 살펴본다.

청구범위는 발명의 상세한 설명의 기재로부터 영향을 받는다. 명세서에서 가장 많은 분량을 차지하는 <발명의 구성>에는 부득이하게 발명의 특징과는 별로 관련이 없는 비본질적인 부분도 기재될 수밖에 없다. 그런 기재사항이 청구항의 본질 영역 안에 함부로 포함되면 특허문서는 손상을 입는다. 사람은 단기적으로도 망각하기 십상이며, 착각과 오해 따위의 자잘한 실수를 범한다. 특허문서 작성 시간이 길어질수록 더 그럴 것이다. 특허문서의 분량이 많을수록, 실무자가 더 많은 노력을 투자할수록, 혹은 실무자가 한 가지 일만 하는 게 아니라 여러 다른 일도 병행해야 하는 상황(능력 있는 실무자일수록 그러하다)이라면 발명의 구성을 설명하면서 쓰인 비본질적인 기재사항이 청구범위 안으로 자꾸 침범하게 된다. 그런 일을 예방하기 위해서라도 발명의 구성을 쓰기 전에 청구범위를 작성하는 게 낫다.

한편, 세계를 인식하고 자기의 세계관을 표현하는 두뇌 활동에는 추상에서 구체화하는 활동과 그 반대로 구체에서 추상화하는 활동이 있다. 실무자는 청구범위를 기재함에 있어 가급적 추상적인 언어를 탐색한다. 청구범위에서는 독자의 이해보다 넓은 특허범위가 중요하기 때문이다. 반면 발명의 구성을 설명할 때에는 가급적 구체적인 언어를 사용한다. 특허범위에 대한 강박관념보다는 독자의 이해가 중요하기 때문이다. 그럼 점에서 청구범위를 작성한 다음에 발명의 구성을 작성한다면 그것은 추상에서 구체화하는 논리에 해당하고, 거꾸로 발명의 구성을 설명한 다음에 청구범위를 작성한다면 구체에서 추상화하는 논리에 해당한다 하겠다.

추상에서 구체화, 그리고 구체에서 추상화, 이렇게 두 가지 방법이 있다. 전자는 질서를 추구하고 후자는 선별을 택한다. 논리적 정합성은 후자보다 전자가 우월하다. 이미 작성된 청구범위는 어떤 구성을 집중적으로 설명해야 하는지 가르쳐주는 기준이 되기 때문에 그 기준에 따라 발명의 구성을 작성한다면 자연스럽게 질서가 잡힌다. 그러나 발명의 구성에서 청구범위를 선별하는 작업은 구체적인 언어로 작성

396

된 발명의 여러 구성 중에서 본질적인 구성을 추려야 하며, 다시 추상적인 언어로 재언어화해야 한다. 물론 상당수의 실무자가 일단 구체적인 내용을 기재한 다음에 어려운 것은 나중에 생각하자는 태도로 청구범위를 쓰기 전에 발명의 구성을 쓰기도 하며, 다소 실무자 개인의 취향이 개입하기도 하지만, 구체에서 추상화 작법은 마지막까지 정신적인 긴장을 유지해야 하기 때문에 상당히 피곤한 일이다. 그런 방법으로도 문서의 통일성과 가독성을 유지하려면 실무자의 지적 능력이 남달라야 한다. 범인이라면 지나치게 두뇌를 소모하며, 그것으로 말미암아 실무자는 지친다. 그런 고로 수십 년 실무 생활을 지속하려는 의지가 있는 사람에게는 차마 권하지 못하겠다.

나는 추상에서 구체화하는 작법을 권한다. 청구범위를 먼저 쓴다. 그런 다음에 도면을 준비한다. 그 후에 발명의 구성에 대해 쓴다. 그런 방식이 논리에 더 적합하고, 특허문서 전체를 질서 있게 통제할 수 있기 때문이다. 논리에 의해 글이 적절히 통제돼 있다면 특허문서의 가독성을 높인다. 또한 청구범위가 먼저 작성되어 있다면 발명의 구성을 설명할 때에 어느 부분에 글의 분량을 늘이고 줄일 것인지를 미리 알 수 있고, 비본질적인 요소보다는 본질적인 특징에 가중치를 부여하면서 발명의 내용을 설명해낼 수 있다. 이는 매우 빼어난 장점이다.

따라서 <발명의 목적>을 적은 다음에 <발명의 구성>을 바로 설명하지 않고 <특허청구범위>를 먼저 작성한다.

397

398

I. 특허문서 작법

바

도 면

작 법

(1) 어떻게 도면을 준비하는가?

청구범위를 작성한 다음에 도면을 준비한다. 대상을 이해함에 있어 사람들은 문자의 배열보다는 시각적인 직관을 선호한다. 전자장치의 사용방법을 깨알 같이 문자로만 설명한 매뉴얼을 사람들이 좋아할 리 없다. 직관적으로 의미를 전달하는 아이콘과 그림을 활용해서 매뉴얼을 제작한다. 이케아의 조립 가구 설명서에는 문자가 없다. 어려운 낱말을 탐구하면서 문장을 독해하기보다는 한눈으로 의미를 파악하기를 사람들이 원하고, 또 그것이 자연스러운 현상이어서 특허문서 또한 시각화가 요긴할 터다. 새로운 물건이나 기존 물건의 새로운 기능에 관한 아이디어가 있다고 가정하자. 혹은 이것과 저것의 새로운 관계를 제안하는 아이디어여도 좋다. 당신은 그 아이디어를 설명해야 한다.

문자만으로는 설명하기 쉽지 않을 것이다. 단순한 설명이 아니라 새로운 아이디어에 대한 설명이며, 기존에 없던 아이디어의 구성을 이해시켜야 하기 때문에 문자의 배열만으로는 부족하다. 게다가 문자는 휘발성이 강해서 금방 잊힌다. 그래서 모종의 그림이 필요하다. 특허문서에 그림이 첨부돼 있다면 유용할 것이다. 그런 유용성이 '특허도면'의 역할이다. 도면은 특허문서에 적힌 아이디어가 잘 파악되도록 하고, 그로 말미암아 특허문서가 더 잘 소통되도록 도와주는 기능을 한다. 글로 표현된 아이디어가 대체 무엇에 관한 것이며 무엇이 중요한지를 도면은 단숨에 설명한다. 물론 역기능도 있다. 도면이 잘못됐다면 발명은 오해될 것이다. 이제부터 도면이 어떻게 아이디어[35]를 시각화하는지 설명할 것이다. 그런데 어떻게 도면을 준비해야 하는가?

실무자는 캐드 작업자가 아니다. 실무자는 캐드 작업자가 캐드 소프트웨어로 도면작업을 할 수 있는 무엇인가를 준비하면 족하다. 그것을 '기초 도면'이라고 칭해 보자. 실무자는 기초 도면을 준비하고 캐드 작업자는 특허문서에 실제로 첨부될 완성된 도면 파일을 준비한다. 캐드 작업자의 도면파일은 TIFF 포맷이 바람직하다. 그레이스케일 또는 칼라 사진의 취급에 대해서는 아래에서 다시 설명한다. 실무자의 기초 도면은 형식이 없다. 자유롭게 준비한다. 스케치여도 좋고 사진이어도 좋다. 펜과 종이만 있으면 된다. 실무자는 한 벌의 기초 도면을 모두 준비한 다음에 캐드 작업자에게 작업을 부탁한다. 실무자는 화가나 삽화가가 아니기 때문에 형상을 완벽하게 그려낼 수는 없다. 캐드 작업자를 배려하면서 적절하게 그리면 족하다. 때때로 작업 설명이 필요할 것이다. 캐드 작업자가 참고할 수 있도록 간단하게 메모를 남긴다. 메모는 글일 수 있으며, 말이어도 좋다. 실무자의 기초 도면과 캐드 작업자의 완성된 도면 파일의 양상을 몇 가지 소개한다.

먼저 스마트폰 애플리케이션 아이디어다. 실무자는 애플리케이션 화면이 어떻게 구성되는지를 보여주고자 했다. 작성된 청구범위의 기재사항과 의뢰인이 제공한 자료를 참조한다. 실무자는 그림 28처럼 기초 도면을 스케치했다.

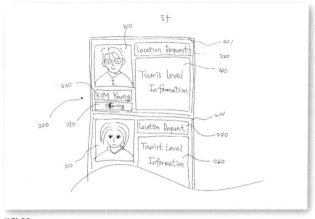

그림 28

캐드 작업자의 손을 거쳐 그림 29와 같은 도면이 완성됐다. 캐드 작업
자는 스케치의 형상에 따르지 않고 인물 그림을 바꿨다. 괜찮다. 아이   401
디어의 내용에서 인물 그림이 어떤 얼굴인지는 비본질적이므로 캐드
작업자의 자유와 선택을 존중한다.

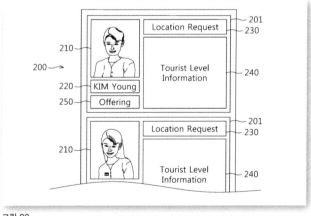

그림 29

이번에는 요실금 패드에 관한 아이디어였다. 샘플을 보고 실무자가 스케치를 했다. 이처럼 물건의 샘플을 보고 그림을 그려야 할 때가 생긴다. 그 경우 캐드 작업자가 미리 샘플의 3D 도면 파일을 만들어놓을 수도 있겠고, 그것이 편리한 것처럼 보이지만 항상 그렇지는 않다. 모든 일에는 그것에 맞는 때가 있는 법이다. 특허문서 실무자가 아이디어에 집중하기 전에 캐드 작업자가 도면을 먼저 그리면 실무자의 상상력이 제한될 우려가 있다. 피곤하고 귀찮겠지만 서툴더라도 도전한다.

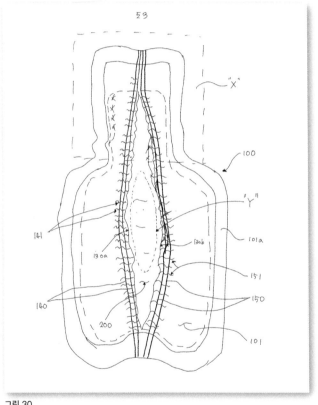

그림 30

특허문서 실무자는 평면을 잘 표현하지만 입체 표현에는 서투르다. 그것은 캐드 작업자의 몫이다. 캐드 작업자가 입체를 잘 표현하도록 실무자가 안내하면 족하다. 캐드 작업자는 다음과 같이 표현했다.

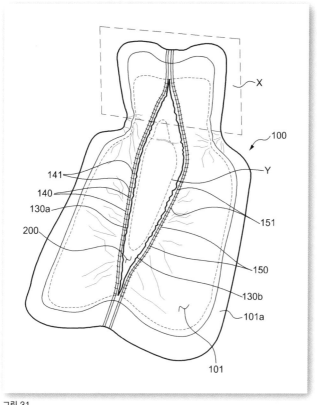

그림 31

(2) 무슨 도면을 준비하는가?

도면의 가시적 형상에서 특허라는 권리가 결정되지 않는다. 심지어 도면 제출이 필수적이지도 않다. 도면의 존재 이유는 앞에서 설명한 것처럼 특허문서를 이해함에 있어 도움을 주기 위함이다. 도면은 아이디어의 시각화를 통해서 특허문서를 보충할 뿐이다. 이런 보충성이 곧 특허문서의 소통성이고, 결과적으로 '도면의 자유도'가 생긴다. 실무자는 전략적으로 자기 판단에 의해서 자유롭게 도면을 선택할 수 있다. 물론 무제한적인 자유는 아니다. 나중에 다시 설명하겠지만, 특허문서의 분량 과반을 점유하는 <발명의 구성>[36]은 실무적으로 도면을 참조하고, 도면번호를 인용하면서 작성된다. 그러므로 첨부된 도면이 무엇이냐에 따라 특허문서 전체가 영향을 받을 수밖에 없다. 도면의 보충성으로 말미암아 이론적으로 도면은 중요하지 않다. 그러나 특허문서에 미치는 도면의 영향력 때문에 실무적으로는 매우 중요하다. 도면의 종류, 형상, 순서에 의해서 <발명의 구성>에 적힐 내용이 사실상 결정되고 만다. 도면을 잘 준비하면 특허문서의 품질이 향상된다.

　　우리는 현재 <발명의 명칭>부터 <청구범위>까지 작성했다. 우리 아이디어의 차별점이 무엇이며, 어느 부분에 권리를 신청하고 있는지가 어느 정도 분명해진 상황이다. 그렇다면 그 차별점을 시각화해서 나타내기만 하면 된다. 차별점을 시각화함에 있어 아이디어의 속성을 고려한다. 무모하게 아이디어의 차별점만을 시각화하는 도면은 실패한다. 특허는 새로운 아이디어를 보호하는 것이기는 하지만, 그 새로움은 그다지 순수하지 않다. 아이디어의 내용에는 새로운 것도 있고, 공지의 것도 있게 마련이다. 말하자면 신규성과 공지성이 일체로 결합됨으로써 발명이 된다. 순수하게 새로운 것과 순수하게 공지의 것은 실제로는 좀처럼 분리하기 어렵다. 개념적으로만 분리되기 쉬울 것이다. 그렇다면 도면 준비는 이러하다. 순수하게 공지의 것은 굳이 도면으로 준비할 필요가 없다(대개 종래기술로 제시될 뿐이다). 순수하게 새로운 것,

즉 오로지 차별적인 부분만으로 도면을 준비하는 것은 무모하다. 진주 하나는 수많은 진주 속에서는 의미를 잃는다. 진흙과 함께 있을 때 진주 하나가 빛난다. 1개 이상의 도면 안에는 반드시 발명의 특징이 포함되겠지만, 1개 이상의 도면 안에는 반드시 공지의 것이 포함되게 마련이다.

기술분야마다 달라지고 아이디어의 수준마다 다르겠지만 도면 작법의 대강은 이러하다. 장치에 관한 발명이라면 그 장치의 전체를 보여주는 도면을 준비한다. 장치의 일부분에 특징이 있는 아이디어라면 그 일부분을 확대해서 가시화한 도면이 필요하다. 물론 그 일부분이 축소되어 다른 부분과 함께 가시화되는 도면도 필요하다. 물건은 입체적이다. 다양한 각도의 도면을 준비할 수 있겠지만, 우리 아이디어의 차별점을 두드러지게 시각화할 수 있는 각도의 도면을 선택해서 그것을 준비한다. 물건의 단면을 보여줘야 할 때가 있다. 단면도를 준비함으로써 특징요소의 존재와 그것이 다른 공지요소에 미치는 영향을 직관적으로 보여줄 수 있다. 방법에 관한 발명이라면 전체 프로세스를 보여주는 블록도가 요긴하다. 프로세스의 일부분에 특히 특징이 있겠지만, 그 특징만을 도시화하면 맥락을 잃고 만다. 시스템에 관한 발명에서도 맥락이 중요하다. 특징 요소와 공지 요소와의 관계를 보여주는 도면도 필요하겠지만, 대체 무엇에 관한 시스템인지를 나타내기 위해 공지요소만의 시스템 구성도여도 좋다. 다만 그 시스템 구성도를 확대함으로써 특징요소가 드러날 수 있는 도면도 함께 준비한다. 회로도의 경우 실제 전자회로를 설계한 도면이 아니라 블록도 수준이면 충분하다.

때때로 실무자는 아이디어의 차별점을 강조하기 위해서 구성보다는 개념을 가시화하는 도면을 스케치할 수도 있다. 만화나 웹툰 스타일의 도면을 준비해도 좋다.

405

예제 159 (특허 1525964)

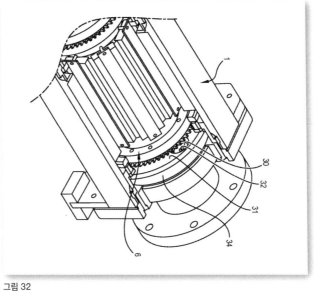

그림 32

예제 159는 편심 회전자 모터에 관한 도면 사례다. 예제 159의 도면인 그림 32는 모터의 외부 구성을 사시도로 표현했다. 그러나 이 발명의 특징이 내부 구성에 있다면 이 도면으로는 불충분하다. 기계 장치발명 중 상당수는 내부 구성에 특징이 있다. 그런 경우 단면 도면을 준비한다. 어느 방향으로 단면을 자르냐에 따라 그림이 달라지기 때문에 실무자는 단면 방향을 잘 고려해야 한다. 그림 33은 편심 회전자 모터의 종방향 단면도다.

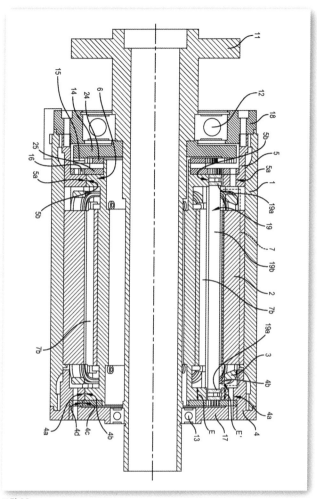

그림 33

상당한 전문가가 아니라면 내부 구성을 알아보기는 어렵다. 즉 이것만 으로는 아이디어의 소통성을 확보하지 못한다. 그래서 편심 회전자 모 터의 횡방향 단면도가 제시됐다. 그림 34가 그것을 나타낸다.

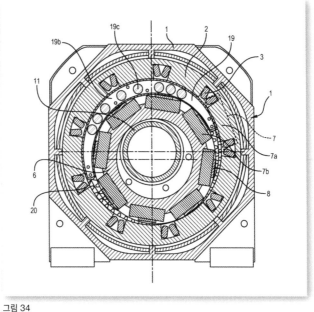

그림 34

예제 159의 도면(그림 32, 그림 33, 그림 34)은 측면 단면과 상면 단면을
활용해서 모터의 내부 구성을 전체적으로 시각화했다. 그러나 실무자
는 내구 구성을 이런 방식으로 보이는 것에 그쳐서는 안 된다. <특징이
되는 부분을 특히 시각화하는 도면>이 필요하다. 예제 159의 실무자는
그림 35, 그림 36, 그림 37과 같은 도면을 충실히 준비했다.

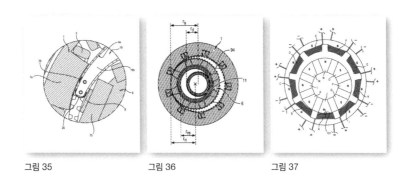

그림 35   그림 36   그림 37

I. 특허문서 작법

그림 35는 특정 부분을 확대해서 구성을 사실적으로 묘사한 도면이다. 그림 36은 구성을 단순화해서 발명의 특징적인 원리를 설명하는 도면으로 준비됐다. 그림 37은 다른 방식으로 특징적인 원리를 설명하는 도면이다. 이처럼 중요한 부분을 확대해서 주요 구성을 사실적으로 묘사한다거나 사실적인 묘사 대신에 효과적으로 원리를 설명하기 위해서 단순화를 시도한 도면 등 실무자는 다양한 상상력을 동원할 수 있다.

예제 160 (특허 1611069)

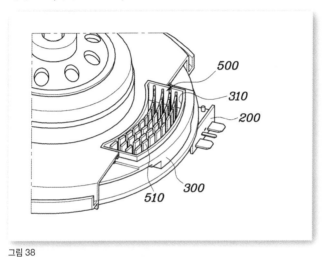

409

그림 38

예제 159 특허 도면처럼 장치발명은 일반적으로 그 전체 구성을 먼저 제시한 다음에 그 원리와 특징적인 부분들을 가시화하는 방법으로 도면을 준비한다. 예제 160은 차량용 블로어 모터의 방열장치에 관한 도면이다. 그림 38처럼 특징이 되는 주요 부분만을 확대해서 가시화하는 도면 작법은 장치발명에서는 매우 관용적인 수법이다. 그런데 도면은 가급적 사실적으로 묘사돼야 하며, 구성마다 모두 설명돼야 하는가? 꼭 그렇지는 않다. 예제 161을 보라.

예제 161 (특허 1600083)

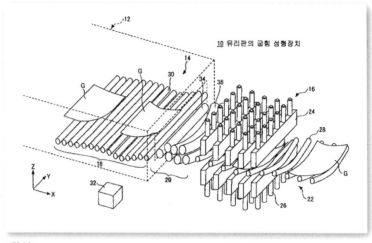

그림 39

도면의 보충성을 기억하자. 실무자에게는 도면작법의 자유도가 주어진다. 그러므로 도면의 형상이 반드시 사실적일 필요는 없다. 발명의 원리나 구성이 어떻게 이뤄지는지를 도면이 충분히 설명하고 있는지 그 여부가 중요하지, 사실적인 묘사이건 개념적인 형상화이건 완벽하건 개략적이건 그것은 부수적인 문제이다. 때때로 사실적으로 표현한 도면을 준비하고 때때로 개념적으로 표현한 도면을 준비한다.

예제 161은 유리판의 굽힘 성형 장치에 관한 도면이다. 이 장치(10)는 유리판(G)을 굽힘 성형하는 장치의 원리를 표현한다. 그러나 어느 모로 보나 장치는 사실적이지 않으며, 완성돼 있지 않은 것처럼 보인다. 심지어 컨트롤러는 정육면체 형태의 32로 나타내고 있다. 하지만 특허문서의 다른 부분이 충실해서 발명의 내용을 이해하는 데 어려움이 없다면 문제가 되지 않는다. 이런 방식의 장치 도면이 때때로 사실적인 묘사보다 더 유용할 때가 많다.

예제 162 (특허 1608886)

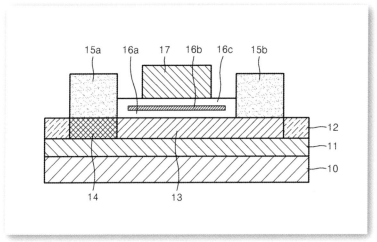

그림 40

예제 162는 비휘발성 메모리 소자에 관한 특허 도면이다. 앞에서 제시
한 예제와 달리 예제 162는 눈으로 보기 힘든 작은 세계의 물건에 관
한다. 반도체 소자에 관한 특허 도면은 입체적으로 표현하기 어렵기
때문에 주로 단면을 제시한다. 기판(10), 산화층(11), 절연층(12) 위에
전극(15a, 15b)이 형성되는 구조는 익히 알려져 있다. 여기에 터널링층
(16a), 정보 저장층(16b), 블로킹층(16c)을 구조화한 다음에 게이트(17)
가 형성된 구성을 그림 40으로 제시했다. 이처럼 미시 세계의 소자에
관해서는 관용적으로 단면도를 준비한다.

예제 163 (특허 950831)

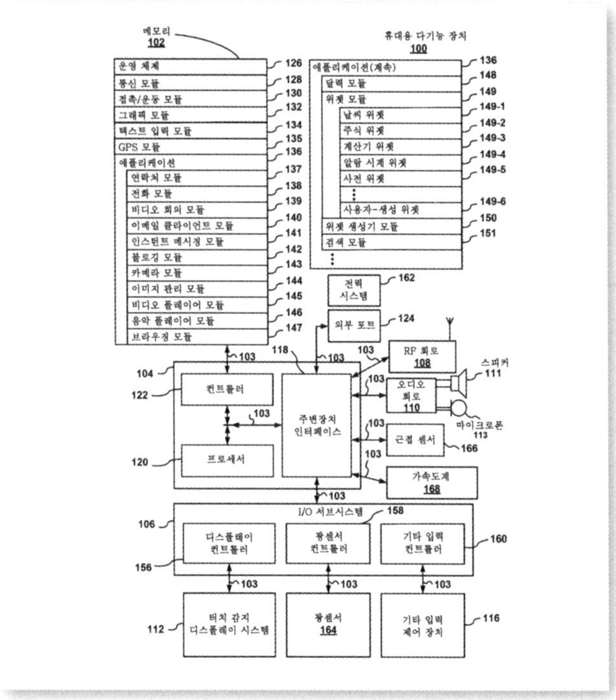

그림 41

예제 163은 스마트폰이나 태블릿 PC와 같은 소형 전자장치의 전자적
구성을 나타냈다. 예제 162가 반도체 소자에 관한 특허 도면이었다면
예제 163은 반도체 소자로 이루어진 집적회로와 그 집적회로를 포함
하는 소형 장치를 나타내는 도면이다. 예제 163의 특허도면인 그림 41
의 흥미로운 점은 하드웨어 구성과 소프트웨어 구성을 동시에 표현했
다는 점이다. 보통 하드웨어 구성은 실제 회로도로 표시하지 않고 블
록으로 단순화한다. 마찬가지로 소프트웨어 구성도 실제 코드로 표현
하지 않고 모듈의 배열로 단순화한다. 다만 그림 41에서 하드웨어 구
성에 대해서는 블록 간의 관계를 화살표를 이용해서 나타냈다. 소프트
웨어 모듈은 위계로 구조화했다.

Ⅰ. 특허문서 작법

예제 164 (특허 1614677)

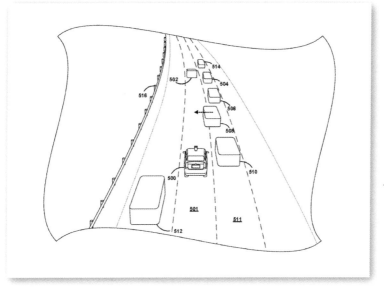

그림 42

예제 164의 특허 도면인 그림 42는 무인 자율 주행을 위한 방법의 개념을 나타냈다. 자율 주행을 위해서는 차량의 속도를 제어해야 하며, 그것을 위해 예측 추론을 해야 한다. 이 도면은 이 특허문서가 무엇에 관한 발명인지 직관적으로 나타낸다. 실무자가 이런 도면을 준비할 수 있다면 여러 모로 유용하다. 특허문서 독자와의 소통에 이익이 됨은 물론이거니와 이 도면이 있음으로써 나중에 <발명의 구성>란을 기재할 때 원리를 먼저 제시한 다음에 그 원리에 합당한 자세한 구성을 순차적으로 설명할 수 있다. 자연스럽게 글에 질서가 잡히고 체계적인 설명이 가능해진다. 그림 42는 개념과 원리에 관한 도면이므로 이 도면 다음에는 발명의 구체적인 구성을 나타내는 도면이 준비될 것이다. 무인 자율 주행에 관련한 구체적인 전자적 구성은 어느 정도 자세하게 표현돼야 할까? 이에 대해 그림 43이 슬기로운 해답을 제시한다.

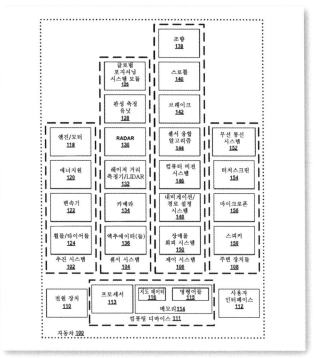

그림 43

그림 43도 예제 164의 특허도면이다. 이 도면은 자율 주행에 필요한 자동차의 전자적 구성을 매우 간단하게 다수의 블록으로 처리했다. 하드웨어 구성 사이의 관계조차 생략돼 있다. 하지만 4개의 블록 스택은 각각 추진 시스템(102), 센서 시스템(104), 제어 시스템(106), 주변장치들(108)로 잘 분류돼 있다. 이런 방식의 시각적 단순화는 실무적으로 유용하다. <발명의 구성>을 작성할 때 도면의 분류구조에 따라서 글을 쓰도록 안내하기 때문에 자칫 특허문서가 무질서해지고 복잡해지는 것을 예방한다. 또한 본 발명의 전자적 구성에 대한 실무자의 오해도 방지한다. 관계형 도면(예컨대 그림 41의 하드웨어 구성 사이의 관계를 나타내는 부분을 보라)보다는 분류형 도면이 실무자의 오해와 오류를 방지하기에 유리하다. 한편 이런 방식의 도면을 실무자가 준비했다면 이

는 도면에 표시된 구성들의 구체적인 내용이나 관계를 <발명의 구성>
란에서 글로 설명하겠다는 의도다.

예제 165 (특허 1429555)

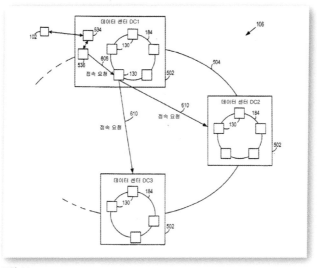

그림 44

예제 165는 네트워크 스토리지 시스템에 관한 특허 도면이다. 예제
165 특허는 복수의 데이터 센터마다 독립적인 다층 고리 구조의 호스
트 관계를 구축하고, 이것들을 다시 고리로 연결하는 아이디어를 제
시한다. 정보통신기술을 이용한 네트워크 시스템에 관한 발명을 다루
는 경우 실무자는 언어적 추상화를 꾀할 것이다. 물건이나 물질에 관
한 특허가 아니고 '관계'에 관한 특허이며, 게다가 통신으로 연결되는
원거리 시스템에 관한 아이디어를 실무자가 다룬다고 가정하자. 이런
아이디어는 어떤 언어로 표현되느냐에 따라 그 정체성이 정의될 수밖
에 없다. 필경 작성한 청구항에서도 언어의 추상화를 시도했을 것이다.
그렇다면 도면에서도 관계를 추상적으로 표현한 도면이 필요하다. 그
림 44는 그런 성격의 특허도면이다.

예제 166 (특허 1475449)

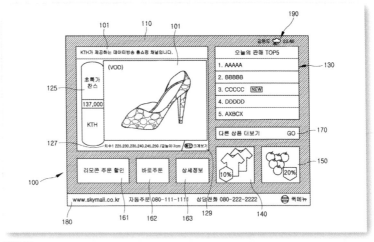

그림 45

예제 166은 TV 홈쇼핑 방송의 사용자 인터페이스 화면에 관한 특허문서에 첨부된 도면이다. 최근 사용자 인터페이스에 대한 특허가 늘었다. 화면 구성이 무슨 특허가 되겠냐며 부정적인 견해를 가질 수도 있겠다. 그러나 화면 구성은 일러스트레이터의 디지털 그림이 아니다. 전자장치의 화면 구성에 관한 아이디어는 영역마다 소프트웨어 모듈에 의해 정해진 기능을 갖는다. 그리고 그 기능을 수행하면서 다양한 하드웨어 요소가 동작한다. 이러한 아이디어에 관한 특허문서를 작성하는 실무자는 내부의 전자적 구성을 나타내는 도면을 준비한다. 예제 163의 그림 41의 특허 도면을 참조할 만하다. 그런 블록도를 먼저 제시한 다음에 그림 45처럼 화면의 구성을 대략적으로 나타내는 도면을 준비한다. 예제 166의 그림 45는 구두, 옷, 앵두 이미지를 넣음으로써 화면에 생동감을 부여했다. 이렇게 함으로써 특허문서에 기재된 아이디어의 소통성을 강화할 수 있다. 어차피 특허범위는 도면에서 나오는 것이 아니므로 정확하지 않아도 좋다. 그러나 귀찮더라도 더 분발해서 좋은 도면을 준비하는 것이 실무자의 덕이다.

예제 167 (특허 1610431)

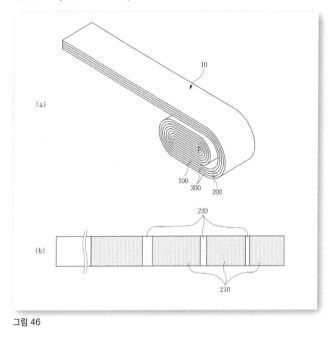

그림 46

예제 167의 그림 46은 이차전지에 포함되는 전극조립체에 관한 특허 도면이다. 이 전극조립체(10)는 음극(100)과 양극(200)과 분리막(300)이 순차적으로 적층된 다음에 롤 형태로 권취된 구성이 첫 번째 특징이요, 양극 집전체에는 양극 활물질이 코팅된 부분(210)과 코팅되지 않은 부분(220)이 형성된 구성이 두 번째 특징이요. 세 번째 특징은 롤 형태의 전극조립체(10)에서 복수의 만곡부가 있는데, 그 만곡부의 곡률반경의 수치적인 한정이다. 예제 167의 그림 46의 (a)는 첫 번째 특징을 사시도면으로 보여주고, (b)는 평면도면으로 두 번째 특징을 나타냈다. 이 도면만으로 세 번째 특징을 나타내지는 못했다. 도면 하나로 아이디어의 모든 특징을 나타내기 어렵다면 추가 도면이 필요하다. 세 번째 특징을 나타내기 위해서 그림 47처럼 전극조립체(10)의 단면을 준비했다.

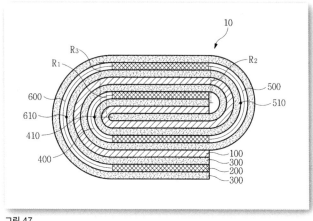

그림 47

예제 168 (특허 1609271)

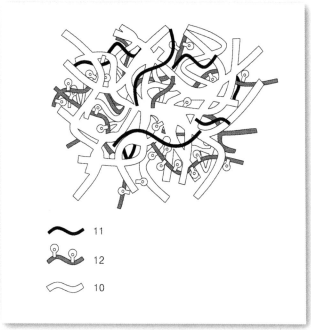

그림 48

I. 특허문서 작법

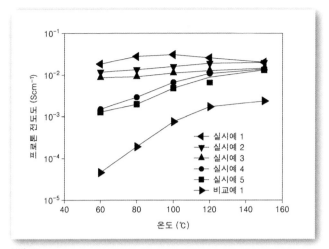

그림 49

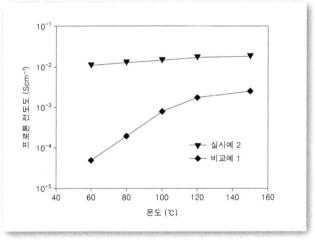

그림 50

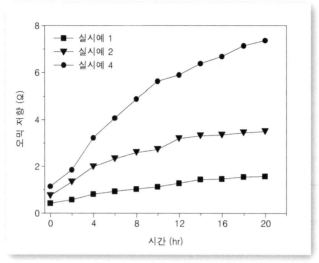

그림 51

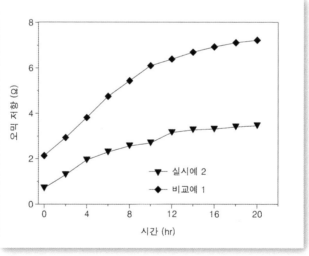

그림 52

Ⅰ. 특허문서 작법

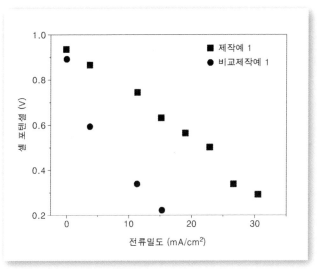

그림 53

예제 168의 그림 48 내지 그림 53의 도면 세트는 연료전지에 사용되는
유무기 복합 프로톤 전도체에 관한 발명에 관한 것이다. 이 발명의 유
무기 복합 프로톤 전도체는 $M_{1-a}N_aP_2O_7$(M은 산화수가 4가의 금속 원소
이고, N은 알칼리 금속이며, a는 0.01 내지 0.7이다)의 화학식으로 표시되는
무기 이온 전도체와 탄화수소계 고분자를 포함하는 물질이다. 이 물질
을 이용해 고온에서 사용할 수 있는 고분자 전해질막을 얻을 수 있다
는 것이 예제 168의 특징이다. 이런 화학발명에서는 굳이 도면이 필요
없다. 글과 기호와 숫자로 발명의 내용이 특정될 수 있으며, 시각화할
형태랄 게 없기 때문이다. 이론적으로는 도면을 준비하지 않는 것이
자연스럽다. 하지만 실무적으로는 그렇지 않다. 화학발명은 그 물질의
효과를 강조하기 위해 기존의 물질과 특성을 비교하게 마련이다. 우리
발명은 실시예가 되고, 종래는 비교예가 된다. 비교하는 데이터를 얻
기 위한 실험은 실험예다. 화학발명의 차별성은 실험을 통해 확인되는
귀납적인 데이터이며, 그 데이터는 표로 나타낼 수도 있고 그래프로도
나타낼 수 있다. 표라면 도면이 아니라 특허 명세서 안에 들어간다. 그

래프라면 도면으로 제출된다. 때때로 그 물질을 관찰하기 위한 주사 전자 현미경(SEM) 사진이 도면으로 제출되기도 한다. 이런 까닭에 화학물질발명임에도 도면이 들어간 실무 예가 잦다.

예제 168의 한 벌의 특허 도면 중 그림 49 내지 그림 53은 그런 전형적인 그래프를 보여준다. 그림 48은 재미있다. 그림 48은 유무기 복합 프로톤 전도체를 모식적으로 나타내는 도면이다. 11은 탄화수소계 고분자이며, 12는 인산기를 갖는 친수성 고분자 포스머이며, 10은 무기 이온 전도체다. 사실 이런 도면은 없어도 된다. 물질은 모식으로 특정되는 것이 아니라 화학식이나 그것에 준하는 방법으로 특정되기 때문이다. 하지만 이런 도면이 첨부됨으로써 특허문서의 생동감을 고양하고 아이디어의 소통성을 강화한다.

예제 169 (특허 1614063)

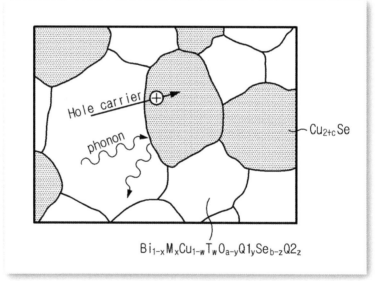

$$Bi_{1-x}M_xCu_{1-w}T_wO_{a-y}Q1_ySe_{b-z}Q2_z$$

그림 54

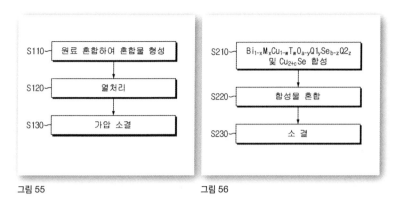

그림 55   그림 56

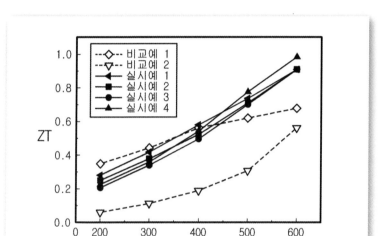

그림 57

예제 169는 예제 168과 더불어 화학발명의 도면 취급 실무의 전형을 보여준다. 예제 169는 그림 55와 그림 56에 나타난 것처럼 제법을 나타내는 프로세스가 추가돼 있다. 이 발명은 태양전지 등에 사용될 수 있는 신규 화합물 반도체 물질에 관한 것이다. 단지 특허만 받는 데 그 목적이 있다면 예제 169의 도면 세트는 모두 필요 없다. 그림 54, 그림 55, 그림 56은 모두 글로 대체할 수 있으며, 그림 57은 표를 사용하면 그만이기 때문이다. 그러나 예제 169처럼 도면을 준비함으로써 실무자는 안정감 있게 특허문서를 작성할 수 있는 이점이 있다. 먼저 화학식을 설명하면서 신규한 화합물 반도체 물질의 정체를 밝히고, 그림 54를 참조해 포논을 효과적으로 산란시키는 이종 계면이 형성되는 구성을 설명하고, 그림 55를 참조하면서 화합물 반도체 제조 방법을 설명하고, 그림 56을 언급하면서 제법의 다른 방법을 제시한 다음에 실시예와 비교예를 특정한다. 실시예와 비교예는 단수여도 무방하지만 복수여도 좋다. 마지막으로 그림 57을 참조해 실시예가 비교예보다 우월함을 설명한다.

(3) 도면의 순서는 어떻게 정하는가?

어떤 아이디어이며 어떤 특허전략이냐에 따라 달라지지만, 도면은 1개여도 무방하고 복수여도 좋다. 보통 복수 개의 도면을 준비한다. 준비된 도면이 많을수록 그것에 비례해 특허문서의 분량이 증가한다. 도면이 많다고 좋은 것은 아니다. 특허 도면은 아이디어의 소통성에 공헌하지만 자칫 발명에 대한 오해를 초래할 수도 있다. 도면이 특허문서에 미치는 사실적인 영향력이 워낙 크기 때문에 그 개수가 많아질수록 실무자는 도면의 영향을 적절히 통제하기 위해서 노력해야 한다. 도면을 통한 시각적 묘사가 아이디어를 왜곡하지는 않은지, 잘못 예시하고 있지는 않은지, 비본질적인 부분을 지나치게 도식화하는 것은 아닌지, 도면 부분과 설명 부분에 모순이 발생하는 것은 아닌지 등을 점검하면서 도면의 개수를 늘려나간다. 시간과 수고가 증가한다.

노련한 실무자는 순서를 생각하면서 복수의 도면을 준비한다. 아이디어를 향한 자유로운 상상력이 더 중요하므로 순서에 개의치 않고 하나하나의 도면에 집중해도 좋다. 청구범위를 미리 작성한 이상 독창적인 부분이 확정돼 있다. 청구항이 도면에 방향성을 부여한다. 특별한 사정이 없는 한 청구항에서 언급되지 않는 사항을 군이 시각화할 필요는 없다. 도면은 청구항에 작성된 독창적인 부분을 강조하는 방식으로 준비될 것이다. 청구항에서 특히 강조되는 부분은 도면에서도 특히 시각화된다. 그럼에도 여전히 순서를 정하는 작업은 남아 있다. 도면마다 도면번호가 할당되기 때문이다.

일반적으로는 앞에서 설명한 '앵글 사용법'을 사용한다. 실무자는 머릿속에 가상의 카메라를 켠다. 그 카메라는 특허의 대상이 되는 부분, 즉 오브젝트를 앵글에 담는다. 나는 제1장에서 특허문서의 작법 논리는 '역피라미드 방식'을 택한다고 말했다. 도면의 순서는 특허문서에서 발명의 내용을 설명하는 글의 순서와 거의 일치한다. 실무자는 오브젝트와 앵글 사이의 거리를 통제한다. 그 거리가 멀수록 오브젝트는 더 많이 보이며, 그 정체를 알 수 있다. 거리가 가까울수록 오브젝트 중에서도 특이점이 가시화된다. 반대로 거리가 멀수록 '다른 것과의 차별성'은 잘 드러나지 않는다.[37] 거리가 가까울수록 어떤 오브젝트인지 파악하기 어렵다. 이런 점을 감안해서 오브젝트와 앵글 사이의 거리가 먼 도면일수록 더 빠른 순번을 배정한다. 초점거리가 가까울수록 더 늦은 순번이 좋다.

앵글은 오브젝트의 다른 부분을 비출 수 있다. 동일한 앵글의 도면들에 순차적인 번호를 매긴다. 앵글이 왔다갔다 하면서 도면 번호가 순차적으로 부여된다면 도면을 설명하는 글도 왔다갔다 하게 마련이어서 결국 특허문서 자체가 무질서해진다.

이것을 다시 요약한다면 이러하다. 가상의 카메라와 오브젝트 사이의 거리와 각도를 생각한다. 먼 거리에서 가까운 거리로 접근하면서 가상의 카메라가 찍는 영상 순서대로 도면을 준비한다. 먼 거리에서 찍은 영상이 도 1이 되는 것이고, 클로즈업한 도면이 도 2가 된다. 어떤 시스템의 특정 부분에 독창성이 있는 발명이라면 전체 시스템 구성이 도 1이 되고, 그 시스템에서 특정 부분을 강조하는 도면이 도 2가

425

된다. 발명의 전체를 조망할 수 있는 도면이 도 1이 되고, 카메라 각도가 바뀌어서 본격적으로 특이점을 잡는다면 그것이 도 2가 된다. 다른 쪽 각도로 바라본 발명의 내용이 필요하다면 카메라 앵글을 바꾸고 그때의 도면이 도 3이 된다.

　　흥미롭게도 아이디어의 독창성을 두드러지게 시각화하는 도면을 잘 준비하고, 그 순서를 위와 같이 앵글을 사용하여 정하면 대강의 논리와 질서가 따라온다. 자연스럽게 논리적이며 질서 잡힌 글이 된다. 특허문서는 도면을 참조하거나 인용하면서 서술되기 때문이다. 여하튼 도면을 잘 준비하면 특허문서 전체가 충실해진다. 독자들이 덜 고생하면서 발명의 내용을 이해할 수 있을 것이다. 독자가 발명자라면 실무자와 발명자 사이의 소통에 어울리는 특허문서가 만들어진다. 특허지식을 사내 유통할 때에도 특허문서가 도움이 될 것이다. 이런 소통의 장점은 이 특허문서를 우호적인 관점으로 읽는 의뢰인의 비즈니스 파트너에게도 미친다. 독자가 심사관이나 판사와 같은 판단자인 경우에 그들로 하여금 발명의 특징을 파악하는 데 시간을 덜 낭비하도록 도와준다. 독자가 공중이라면 발명공개를 구조화한 특허제도의 목적에 부합한다.

(4) 잘못된 도면 작법

특이점의 문제

도면의 포커싱에 관한 문제가 있다. 도면이 무엇을 포커싱해서 시각화하고 있느냐의 문제. 발명은 기술집합으로 구성되는 까닭에 그중에는 특이점(독창적인 부분)과 비특이점(공지기술을 이용하는 부분)이 함께 포함되게 마련이다. 특허문서는 비특이점을 배제한 채 순수하게 독창적인 부분만을 채울 수 없다. 아이디어의 이해와 실시를 위해서 당연히 비특이점에 관한 언급과 설명도 포함된다. 도면도 마찬가지다. 모든 도면이 특이점에 정확히 포커싱하기 힘들다.

그런데 도면이 특이점보다는 비특이점에 더 많은 비중을 둔다면 발명의 특이점이 은폐되고 만다. 그러면 발명에 대한 오해가 발생한다. 그러므로 실무자는 준비하고 있는 도면이 특이점에 관한 것인지 점검해야 한다. 자기가 준비한 도면이 발명의 특이점과 별로 상관이 없는 것이라면 정말 그 도면이 필요한 것인지를 고민한다. 반대로 어떤 도면이 발명의 특이점을 나타내고 있어도 그 도면이 나타내는 특이점만으로 충분한지에 대해서도 자문한다. 부족하다면 새로운 도면을 추가한다.

명세서와 도면의 불일치

특허명세서와 도면의 불일치는 기재불비의 문제다. 잘못된 도면을 첨부해서 완벽하게 불일치한 경우도 있고, 도면을 잘못 시각화함으로써 생기거나, 또는 도면부호의 실수에서 비롯된 부분 불일치가 발생하곤 한다. 실무적으로 후자의 불일치가 자주 발생한다. 도면이 보충적이라 하더라도 도면이 특허문서에 미치는 영향이 크기 때문에 기재불비의 문제를 초래한다. 기재불비로 거절될 수 있으며, 특허를 받더라도 무효가 될 수 있다. 판례를 보자.

> "특허권의 권리범위는 특허청구범위에 기재된 사항에 의하여 정하여지는 것이어서 특허청구범위의 기재가 명확하게 이해될 수 있는 경우에 출원명세서의 발명의 상세한 설명이나 첨부된 도면 등의 기재에 의하여 특허청구범위를 보완하거나 제한하여 해석할 것은 아니지만(대법원 2001. 9. 7. 선고 99후734 판결, 대법원 2006. 10. 13. 선고 2004후776 판결),
>
> 특허청구범위에 기재된 발명은 원래 출원명세서의 발명의 상세한 설명이나 첨부된 도면을 전혀 참작하지 않는다면 그 기술적인 의미가 정확하게 이해될 수 없는 것이므로 출원발명에 특허를 받을 수 없는 사유가 있는지 여부를 판단함에 있어

서 특허청구범위의 해석은 특허청구범위에 기재된 문언의 일반적인 의미를 기초로 하면서 동시에 출원명세서의 발명의 상세한 설명이나 첨부된 도면을 참작하여 객관적·합리적으로 하여야 한다(대법원 2007. 9. 21. 선고 2005후520 판결)"

대법원 734 판례와 776 판례는 도면의 보충성을 확인하고 특허청구범위 기재가 특허범위를 결정하는 준거임을 명확히 하였지만, 520 판례는 발명이 기술에 관한 것이어서 도면을 참작할 수 없는 현실을 고려할 수밖에 없다는 현실을 말한다. 따라서 도면의 잘못이 권리 자체의 하자를 낳는다.

> "명세서가 보정되어 특허청구범위가 통합되거나 변경되었음에도 이를 뒷받침하는 발명의 상세한 설명이 이에 맞추어 보정되지 아니함으로써 특허청구범위와 발명의 상세한 설명의 각 내용이 각 청구항 별로 일치하지 하니하여 그 명세서만으로는 특허청구범위에 속한 기술구성이나 그 결합 및 작용효과를 일목요연하게 이해할 수 없는 경우에는 특허청구범위가 발명의 상세한 설명에 의하여 명확히 뒷받침되고 있다고 할 수 없다 할 것이고, 또한 명세서에서 출원서에 첨부된 도면을 들어 당해 발명의 특정한 기술구성 등을 설명하고 있는 경우에 그 명세서에서 지적한 도면에 당해 기술구성이 전혀 표시되어 있지 않아 그 기술구성이나 결합관계를 알 수 없다면, 비록 그러한 오류가 출원서에 첨부된 여러 도면의 번호를 잘못 기재함으로 인한 것이고, 당해 기술분야에서 통상의 지식을 가진 자가 명세서 전체를 면밀히 검토하면 출원서에 첨부된 다른 도면을 통하여 그 기술구성 등을 알 수 있다 하더라도 이를 가리켜 명세서의 기재불비가 아니라고 할 수 없다(대법원 1999. 12. 10. 선고 97후2675 판결)."

대법원 2675 판례 사건은 일본 기업이 특허출원인이었다. 즉, 특허문서의 원본은 일본어 특허문서다. 발명의 상세한 설명에서 청구항 번호를 직접 인용해 청구항의 기재와 상세한 설명의 기재를 일치시키는 것[38]이 일본의 오랜 특허문서 작법 문화였다. 그런데 이 사건에서 청구항을 보정하면서 청구항 1이 바뀌었는데 상세한 설명을 보정하지 않음으로써 상세한 설명의 청구항 1과 청구범위의 청구항 1이 달라진 것이 기재불비가 됐다. 또한 명세서와 도면의 부분 불일치로 말미암아 그것이 발명의 기술구성이나 결합관계를 알 수 없을 지경에 이른다면 그 불일치가 도면부호(도면의 번호)의 실수라 하더라도 기재불비에 해당한다는 점을 2675 판례는 교시한다. 다음은 특허법원 판례다.

> "이 사건 출원발명의 명세서는 도면에 표시된 도면부호 '25, 26' 및 '4 내지 14'에 대하여 용어 자체의 의미도 불분명하고 용어 상호간에도 의미가 다른 4~5개의 용어를 함께 혼용하여 사용함으로써 이 사건 출원발명의 명세서만으로는 특허출원된 발명의 내용을 제3자가 쉽게 알 수 없어 특허권으로 보호받고자 하는 기술적 내용과 범위가 매우 불분명하게 되었다고 할 것이고, 그에 따라 이 사건 출원발명의 상세한 설명은 당해 기술분야에서 보통 정도의 기술적 이해력을 가진 자가 정확하게 이해하고 이를 재현할 수 있는 정도로 기재되었다고 보기 어려우므로 특허법 제42조 제3항에 위배되고, 특허청구범위는 발명이 명확하고 간결하게 기재되었다고 보기 어려우므로 특허법 제42조 제4항에 위배된다고 할 것이다(특허법원 2005. 2. 16. 선고 2004허2345 판결)."

이 특허법원 판례는 동일한 도면부호에 대해서는 동일한 용어를 사용할 것을 교시한다. 특허문서를 작성하다 보면 더 나은 용어의 탐색이라는 이유로 용어를 변경하는 경우가 생긴다. 동일한 도면부호에 대해서 언어 표현이 작업 중에 바뀌는 이런 일은 실무적으로 자연스럽다. 실무자의 두뇌가 활발하게 더 나은 개선을 탐색하고 있기 때문이다. 다만 기존의 표현을 깜빡하고 미처 바꾸지 못하는 일이 발생할 때 앞 특허법원 판례와 같은 문제가 발생한다. 실무자는 특허출원 전에 용어와 도면부호가 서로 통일적으로 사용되고 있는지를 꼼꼼하게 체크한다. 특허출원 후 심사과정에서 지적됐거나 발견됐다면 보정해 하자를 치유한다.

"이 사건 특허발명의 특허청구범위 기재로부터 파악되는, 이 사건 특허발명의 제2 성형공정의 결과로 형성되는 소재의 단면 형상은, '전체적으로 직사각형 형상을 가지고 있으나, 그 중 한 변이 직선이 아닌 곡선 형상을 가진 것'인데 비하여, 이 사건 특허발명의 명세서 전체적인 기재와 도면의 도시를 종합하여 파악되는, 이 사건 특허발명의 제2 성형공정의 결과로 형성되는 소재의 단면 형상은, '외경 쪽의 폭은 크게 하고, 내경 쪽의 폭은 작게 하며, 내경은 라운딩 면으로 형성된 단면' 즉, '한쪽 면에 라운딩 면을 가지는 사다리꼴형상의 단면'으로서 서로 일치하지 않게 된다. 그런데 이 사건 특허발명에서 코일형상으로 성형하기 직전 소재의 단면 형상에 대한 한정은 이 사건 특허발명을 종래기술과 차별화시키는 가장 중요한 사항임에도 불구하고, 아래와 같은 사정에 비추어 보면, 이 사건 제1항 발명의 특허청구범위는 "제1 성형공정에 이어서 제2 압연로울에 의하여 한쪽 면에 라운딩 면을 가지는 장방형상의 단면으로 성형하는 제2 성형공정"이라고 기재함으로써, 발명의 구성을 불명료하게 표현하는 용어를 사용한 경우에 해당되고, 이러한 기재가 발명의 상세한 설명 및 도면과도 부합하지 않으므로, 결국 특허청구범위가 불명료하게 되었다고 할 것이다. 즉, ① '장방형'은 사각형 중에서도 그 내각이 모두 직각형태인 직사각형을 의미하는 용어이므로 '사다리꼴형상'까지 '장방형'에 포함된다고 볼 수는 없고, ② 이 사건 특허발명의 상세한 설명 및 도면의 전체적인 취지상, 후육둘레면(13) 발생이라는 종래기술의 문제점을 해결하기 위해서는, 코일링시 압축성형에 의한 응력변형을 보상할 수 있도록, 코일형상으로 성형하기 직전 소재의 단면을 '외경 쪽의 폭은 크게 하고, 내경 쪽의 폭은 작게 하며, 내경은 라운딩 면으로 형성된 단면'으로 형성하여야 하므로, 이와 달리, '내경과 외경의 폭을 동일하게 하면서 한쪽을 라운딩 면으로 형성하는 구성'만으로는 이 사건 특허발명의 목적을 달성하기 어렵다고 보인다. 따라서 이 사건 제1항 발명의 특허청구범위 기재는 발명이 명확하게 기재되지 않은 경우에 해당하여 특허청구범위 기재불비에 해당하고, 이를 인용하고 있는 이 사건 제2항 발명의 특허청구범위 기재 역시 동일한 사유로 특허청구범위 기재불비에 해당한다(특허법원 2010. 10. 29. 선고 2010허3622 판결)."

특허법원 3622 판례는 도면에 관한 규범이라기보다는 청구항에 사용된 용어 해석의 엄격함에 관련한 규범으로 보이기는 한다. 사안에서 특허법원은 '장방형'이라는 용어의 의미를 엄격하게 해석해 사다리꼴

형상을 포함하지 않는다고 판단했다. 그 결과 청구항의 기재와 상세한 설명 및 도면의 표현 사이에 모순이 발생한 것이다. 그 모순이 발명의 특이점과 무관하다면 문제될 소지는 거의 없다. 그러나 발명의 특이점과 관련된다면 모순은 결정적으로 작용한다. 그러므로 실무자는 청구범위의 중요 용어가 도면의 표현과 모순되지는 않는지를 주의한다. 적어도 도면의 표현은 청구범위의 기재에 포섭돼야 한다.

(5) 기타 실무적 사항

앞에서 설명하지 않은 특허 도면에 관련한 기타 실무적 쟁점들을 구체적으로 설명한다.

도면 파일의 포맷

특허청 서식작성기 소프트웨어에서 도면을 첨부할 수 있는 파일 포맷은 TIFF와 JPEG 포맷이다. 바람직하게는 TIFF 포맷으로 도면 파일을 준비한다. 특허 도면은 국제적으로 흑백 도면 제출을 원칙으로 한다. 특별한 사정이 없는 한 그레이스케일 또는 컬러 이미지 제출을 허용되지 않는다. 도면작업의 중복을 피하기 위해서 국내 특허출원 시에 PCT 국제출원할 때 첨부할 수 있는 사이즈의 TIFF 파일을 준비하는 것이 좋다.

사진 이미지의 사용

많은 실무자가 발명자에게서 받은 사진 이미지를 도면으로 사용한다.

심지어 컬러 이미지를 그대로 사용하는 경우도 많다. 매우 저렴한 실무 행태인데, 바람직하지 못하다. 웹 화면이나 모바일 애플리케이션 화면조차 실무자는 번거롭고 수고스럽더라도 발명자로부터 받은 사진 이미지는 참고로만 사용하고, 새롭게 도면은 준비한다. 심사청구를 하지 않을 특허출원, 해외에서의 권리화를 전혀 고려하지 않는 경우 주사 전자 현미경으로 촬영한 이미지 파일로서 발명의 내용상 그것을 사용할 수밖에 없는 경우에만 예외적으로 사진 이미지를 도면으로 사용한다.

표

표는 원칙적으로 명세서 안에 글과 함께 배치한다. 보통은 발명의 구성을 설명할 때 들어가는 것이지 도면으로 들어가는 항목은 아니다.

도면부호

도면부호는 아라비아 숫자를 위주로 사용하며, 때때로 문자나 기호를 사용한다. 문자는 영어 알파벳이나 그리스 문자를 사용한다. 기호는 특허청 서식작성기가 허용하는 통상의 기호를 사용한다. 도면부호를 정함에 있어 특별한 규칙이나 규범이 있는 것은 아니다. 실무적으로는 이해의 편의와 오류의 예방을 위해서 도면부호 배당에 질서를 부여한다. 예컨대 어떤 장치 A가 있는데, 그 장치에 도면부호 100이 부여됐다면 그 장치에 종속하는 각종 구성도 100번의 파생 번호(예컨대 101, 110, 120, 150 따위)를 배당한다. 장치 A와 명확히 구별되는 장치 B의 경우 200번을 배당했다면 그 장치에 종속되는 각종 구성은 200번의 파생번호를 부여한다. 일군의 실무자들은 도면부호를 정함에 있어 도면의 번호에 종속되도록 한다. 예컨대 도 1의 도면부호들은 100번의 파생번호, 도 2는 200번의 파생번호식이다. 이런 형식규범은 아이디어의 소통에 별로 도움이 되지 못할 뿐더러 실무자의 자유로운 상상력을 제한한다.

한편 같은 구성요소에는 같은 도면부호를 배당하는 것이 올바른 실무이지만, 유념해 될 사항이 있다. 동일한 구성요소라 하더라도 실시예가 달라짐으로써 관계에 변화가 생겼다면 도면부호의 변경을 고려하는 것이 좋다. 예를 들어 실시예 1과 실시예 2가 있다고 생각해보자. 그리고 실시예 1과 실시예 2 모두 핵심 구성요소 A가 있고, 실시예 1에서는 도면부호가 100이었다고 가정하자. 역할에 미묘한 차이가 있으며, 그 미묘한 차이가 청구항에도 반영돼 있다면 실시예 2에서는 구성요소 A에 도면부호 100을 부여하기보다는 다른 숫자를 사용하는 것이 좋다. 한편 도면부호의 크기가 너무 작으면 잘 보이지 않으므로 적당한 크기를 갖도록 한다. 특히 PCT 국제출원의 경우 국제공개공보에 게재하기 적당하지 않을 정도로 도면부호의 크기가 작으면 보정명령을 받는다.

433

도면에 포함되는 텍스트의 취급

도면은 아이디어의 내용을 시각화하는 데 목적이 있으므로 텍스트가 들어갈 필요는 없다. 전통적으로 기계 장치 분야에서는 도면에 문자를 사용하지 않는다. 실제 물건을 형상화하기 때문에 그림과 지시선과 도면번호면 충분했다. 하지만 기술발전에 따라서 특허를 받을 수 있는 기술 영역이 팽창했으며, 도면의 양상도 많이 달라졌다. 더 자주, 그리고 더 많이 텍스트가 도면에 표시되고 있다. 시스템의 관계나 전자 구성 등을 나타내는 블록에는 자연스럽게 단어가 사용된다. 프로세스를 나타내는 블록에는 어구나 문장이 사용된다. 전자장치의 화면 구성을 예시하는 도면에는 다양한 단어, 어구, 문장이 포함되곤 한다. 아이디어의 소통성을 생각한다면 도면에는 더 많은 텍스트가 포함될 수도 있다.

도면에 표시되는 텍스트의 취급에 관해서 실무적으로 유념해야 할 사항이 몇 가지 있다. 해외에서 한국으로 들어오는 특허문서의 경우 텍스트를 한국어로 번역한다. 번역 표현은 명세서의 번역과 일치시키는 것이 좋다. 실무자는 거꾸로 한국 특허출원이 해외로 넘어가는 국면을 생각하지 않을 수 없다. 한국어를 영어로 번역할 때 텍스트의 길이가 증가하는 경향이 있다. 이것을 고려해 텍스트가 표현되는 영역의 크기를 충분히 고려한다. 외국어 특허문서를 한국어로 번역할 때에는 도면에 있는 단어조차 한국어로 번역한다. 그런데 국내 특허문서의 도면에 기재된 텍스트의 경우 지나치지 않는 한 한국어 대신 영어로 쓰더라도 특별히 문제 삼지 않는다. 즉, 외국어 특허문서 도면의 'MEMORY'는 한국 특허출원 시에 '메모리'로 번역한다. 반면 한국어 특허 문서인 경우 '메모리' 대신 'MEMORY'로 표시해도 무방하다. 실무적으로 기이한 면이 있는 관행이지만 문제 삼을 만하지는 않다.

434 실무자가 기초 도면을 캐드 작업자에게 넘기는 시점

실무자가 기초 도면을 캐드 작업자에게 넘기는 시점은 실무자마다 성향이 있겠으나 일반적으로 기초 도면이 완성된 시점이 좋다. 실무자가 기초 도면을 이용해 발명의 내용을 작성하는 동안 캐드 작업자는 도면 파일을 완성한다. 실무자는 두 가지 추가 작업을 수행한다. 특허문서를 작성하면서 도면의 수정이나 추가가 필요할 수 있다. 그 경우 신속하게 캐드 작업자에게 그 사실을 자료와 함께 알린다. 캐드 작업자의 완성된 도면 파일에 철자, 도면부호, 화살표의 방향 같은 세세한 잘못이 없는지 관찰하면서 주요 도면의 시각적 이미지에 잘못이 없는지 검토한다. 도면에 수정사항이 있는데, 긴급한 요청 등 사정에 의해서 수정할 시간이 없다면 실무자는 문제가 커지지 않도록 <발명의 구성>란을 적으면서 도면에 맞게 표현을 변경해 도면의 부정확성을 글로 보완한다.

사

발명의
구성

이제 실무자는 <발명의 구성>을 적어야 한다. 그것은 발명의 구체적인 내용이며, 흔히 <발명의 상세한 설명>으로 이해되곤 한다. 특허청 서식작성기에서는 <발명을 실시하기 위한 구체적인 내용>란에 해당한다. 이 아이디어가 무슨 내용인지, 구체적으로 어떻게 이루어지는지 설명하는 부분이며, 특허문서에서 가장 많은 분량을 차지한다. 초급자에게는 막막할 수 있겠으나 발명의 구체적인 내용을 적는 작업은 노련한 실무자에게는 그리 어렵지 않다. 왜냐하면 이미 실무자에게는 청구범위와 도면이 준비되어 있기 때문이다. 실무자는 컴퓨터 화면 한쪽에 청구범위를 띄워 놓는다. 그리고 책상 위에 기초 도면을 놓는다. 청구범위와 기초 도면을 참조하면서 발명의 구성을 설명한다. 청구범위를 참조하는 까닭은 용어의 통일을 도모하면서 청구범위가 발명의 내용에 의해 잘 뒷받침되도록 하고, 특이점 위주로 구성을 설명할 수 있도록 하기 위함이다. 도면을 참조하는 까닭은 장황하게 서술하는 것을 방지하면서 글의 논리를 확보하기 위함이다. 청구범위와 도면을 참조하는 것만으로도 대강의 문서를 작성할 수 있다. 부족한 부분은 실무자의 경험에 의해 채워질 터지만, 이하에서는 실무자의 경험을 돕기 위한 내용을 소개한다.

　　우리는 발명의 명칭부터 기술분야, 배경기술, 발명의 목적까지 쓴 다음에 청구범위와 도면을 준비했다. 종래기술의 문제점을 밝히면서 우리 아이디어가 무엇을 해결하려고 하는지, 그리고 어디에 차이점이 있는지 논리적으로 예측 가능해졌으며, 청구범위를 작성해 둠으로써 아이디어의 내용 중에서 특이점과 비특이점의 경계, 독창적인 부분과 공지 부분의 경계를 대강 획정했다. 즉, 특허문서에서 아이디어의 무엇을 강조하며 어디에 초점을 맞추면서 분량을 할애할 것인지, 즉 글의 기준이 생긴 것이다. 또한 도면까지 준비함으로써 무턱대고 생각나는 대로 글을 쓰기보다는 도면번호를 차례대로 인용하면서 글을 쓸 수 있게 되었다. 도면을 잘 준비했다면 <발명의 구성>은 자연스럽게 질서를 지닌다. 이처럼 글의 기준과 질서가 있으므로 구체적인 내용을 서술하는 데 큰 문제가 없다.

436

(1) 설명

<발명의 구성>은 아이디어를 설명하는 것이다. 아이디어의 모든 내용을 설명할 수는 없다. 아이디어는 특이점과 비특이점이 섞여 있다. 전자를 설명하되 필요할 때마다 후자에 대해서도 설명한다. 더 많은 분량을 특이점에 할애한다. 특이점에 대해서만 설명하면 난해한 문서가 된다. 과하지 않게 비특이점에 대해서도 설명한다. 발명을 실시하는 데 필요한 비특이점에 대해서도 설명하되 더 적은 분량으로 다룬다. 기본

적으로 청구범위에 적힌 사항을 위주로 설명한다. 특이점과 긴밀하게 결합돼 있는 비특이점에 대해서는 그 구성을 설명해야 한다. 특이점과 긴밀하게 결합돼 있지 않은 공지된 부분은 설명을 생략할 수 있다.

설명의 사전적 의미는 '어떤 일의 내용이나 이유 따위를 상대편이 잘 알 수 있도록 밝혀 말함'이다. 아이디어의 내용을 특허문서의 독자들이 알기 쉽게 글로 적는다. 도면의 순서를 염두에 두면서 논리적으로 적되, 인간이란 망각하기 쉽고 심리적인 편향에 노출되기 십상이란 점을 감안해서 아이디어의 특이점을 자주 환기시키면서 특징적인 부분을 설명한다. 설명에 그치지 않고 설득하기 위해 노력한다.

(2) 용어

특허문서는 실제 제품이나 서비스가 아니다. 실제 제품이나 서비스를 만들기 위한 아이디어다. 그리고 그 아이디어를 언어로 표현한 문서다. 언어에 의존하고 있는 것이지만, 그렇다고 해서 실제 제품이나 서비스를 설명하기 위한 설명서, 매뉴얼, 설계문서도 아니다. 그런 유형의 문서보다는 더 넓은 의미의 문서다. 넓다는 것은 잠재적 가능성을 뜻하는 디나미스dynamis이지 현실태를 말하는 에네르게이아energeia가 아니다. 아마추어는 특허문서를 작성함에 있어 그것을 아이디어의 형상으로 여겨서 사실적이며 구체적인 언어를 사용한다. 프로페셔널은 특허문서를 아이디어의 재료(질료)로 보아 개념적이고 추상적인 언어를 사용한다. 실무자는 비전문가처럼 형상이 정해져 있는 확정적인 언어를 사용하기보다는 다양한 형상을 가질 수 있는 해석적인 언어를 사용한다. 그러므로 가능태로서의 특허문서는 더 다양한 제품이나 서비스로 실물화(實物化)될 수 있는 잠재적 가능성의 속성을 지닌다.

특허문서를 현실태로서 작성한다면 발명의 구성을 설명하는 문

437

장의 서술어는 단정적으로 표현될 것이다. '할 수 있다'가 아니라 '한다' 혹은 '했다'다. 용어는 구체적으로 정해질 것이다. 현실태의 모든 감각적인 존재는 구체적이기 때문이다. 그러나 특허문서는 원칙적으로 <실제로 존재하는 것>을 설명하는 게 아니라 <실제로 존재할 수 있는 것>을 설명하는 문서임을 잊지 말자. 전자는 단수의 속성을 띠지만, 후자는 기본적으로 복수성을 지닌다. 다만 <실시예>, <실험예>, <비교예>는 <실제로 존재하는 것>을 설명하기 때문에 단수성이다. 따라서 용어는 구체적이어야 한다. 또한 그 서술어도 '할 수 있다' 등의 가능형 표현으로 기재되기 어렵다. 기재불비에 해당한다.

제1장에서 나는 용어 사용법에 대해 설명했다. 거기에서 설명한 내용을 참고하라. 한편 잠재적 가능성을 뜻하는 디나미스라고는 해도 무제한적이거나 무질서하게 언어화되지는 않는다. 우선 <그 발명이 속하는 기술분야에서 통상의 지식을 가진 사람이 그 발명을 쉽게 실시할 수 있도록 명확하고 상세하게 적을 것>이라는 법률의 규정에 묶인다. 실무자는 발명의 구체적인 내용을 적절히 기재함으로써 '반복재현성'을 확보해야 한다. 실무자가 개념적이고 추상적인 언어를 사용한다고 해서 모든 단어를 개념화하고 모든 문장을 추상화할 수는 없다. 그렇게 해서는 발명을 이해할 수 없는 지경에 이른다. 단순한 문장과 알려진 기술지식과 구체적인 표현으로 발명의 내용을 설명하되, 아이디어의 범위에 영향을 미치는 주요 구성과 그 작용을 표현함에 있어 알맞은 개념어를 탐색한다.

이런 성격으로 말미암아 실무자는 새로운 용어를 정의해 사용할 수 있다. 용어 정의를 통해 실무자는 개념어를 만들어낼 수 있다. 개념어를 선택하거나 창조함으로써 실무자는 아이디어를 추상화한다. 특허문서는 쉽게 이해돼야 하는데, 대부분의 난해함은 용어의 낯섦에서 비롯된다. 또한 용어가 선뜻 무슨 말인지 알 수 없다면 그 설명을 이해하기 어렵게 되고, 일반적으로 통용되는 의미와 지나치게 다르다면 기재불비에 직면한다. 그러므로 새로운 용어를 정의하더라도 기술 상식에 어긋나지 않게 적당히 정한다.

좀 더 정리해서 설명하자면 그 용어가 학술용어 혹은 전문용어라면 별도로 정의하지 않고 그것을 사용해 발명을 설명할 수 있다. 이 경우 그 용어가 발명의 내용을 설명하는 데 적합해야 한다. 그 용어 자체가 학술용어도 전문용어도 아니지만, 실무자의 필요에 의해 선택되는 경우가 있다. 그렇다면 상세한 설명에 그 용어를 적절히 정의한다. 이때 그 용어가 누가 봐도 실무자에 의해서 만들어진 조어여서 무슨 말인지 모르면 몰랐지, 기존의 다른 관념이 연상돼서 정의된 용어의 의미가 연상된 관념과 헷갈리지 않는다면 용어 정의가 잘된 것이다. 그런데 실무자가 용어를 선택할 때에는 기존 단어를 차용하거나 단어의 조합으로 만드는 경우가 있다. 조심해야 한다. 당업자에게 의미적 혼란을 초래하지 않도록 한다. 왠지 상식적인 의미와 다르고 오해할 여지가 있다면 다른 용어를 재탐색한다. 우려가 있어도 실무자가 그 단어를 고집하고 싶다면 그 용어를 정의하면서 당업자의 오해를 예방하기 위한 문구를 덧붙이는 것이 좋다.

예제 170은 모바일 동영상 광고 기술에 관한 특허다. 모바일 광고를 화면에서 3D로 구현하는 기술에 관한 아이디어였다. 원리는 뷰어와 광고를 일체화해서 이미지 시퀀스로 구현하겠다는 것이고, 그로 말미암아 코덱이 필요 없게 된다. 예제 170의 실무자는 전략적으로 '동영상 콘텐트'라는 용어를 택했다. 광고라는 단어보다는 콘텐트라는 단어가 더 넓은 범위의 언어다. 그런데 일반적으로 동영상 코덱이 필요한데, 우리 발명에는 그렇지 않다는 점을 강조하기 위해 다음과 같이 정의하는 단락을 기재했다. 이런 정의는 상세한 설명 시작 부분에 넣는 것이 보통이다.

439

예제 170 (특허 1608145)

<발명의 구성>

본 명세서에서 언급되는 "동영상 콘텐트"는 코덱을 사용하지 않는다. 즉 미디어 플레이어를 실행하지 않는다. 따라서 본 명세서 언급되는 "동영상 콘텐트"는 코덱을 사용하지 않는 파일로 이해되어야 한다. 이하에서 자세히 언급되겠으나, 그것은 뷰어와 일체화된 콘텐트를 지칭한다. 또한, 본 명세서에 언급되는 "무비 뷰어"는 동영상을 보여주는 콘텐트와 일체화된 플레이어이며, 바람직하게는 3D 엔진에서 구동하고 터치입력에 반 응하여 입체적으로 변위하는 것으로 "3D 인터랙티브 무비 뷰어"를 뜻한다.

한편 용어는 기본적으로 한글인 것이 좋다. 국어사전에 등재된 한국어여야 하는 것은 아니다. 어차피 용어를 정의할 수 있다면 영어 단어의 음역도 좋고, '제1', '제2' 따위의 지시 보조어를 사용해도 좋다. 또한 실무자가 잊지 말아야 하는 것은 상세한 설명 내에서 사용하는 용어를 통일해야 하며, 청구범위의 기재된 표현과도 일치시켜야 한다는 점이다. 앞에서 살펴본 대법원 2004후486, 2003후2072 판결과 특허법원 2004후5962 판결을 참조하라.

(3) 주어

특정 구성요소에 대해 설명할 때에는 가급적 주어를 잊지 않고 사용한다. 한국어는 주어 없이도 의미가 소통되는 언어적 특징이 있기는 하다. 그래서 주어를 생략하는 경우가 종종 생긴다. 하지만 특허문서의 실무자는 가능한 한 주어를 사용하는 것이 좋다. 외국어로 번역될 수 있다는 점을 염두에 둬야 하기 때문이다. 주어가 없으면 오역이 발생할 수 있다.

한편 주어를 사용하는 경우 주격조사가 붙는다. 주격조사를 혼동하는 실무자가 있다. 특정 구성요소에 대해 설명하거나 진술을 할 때에는 '은/는'을 사용한다. 대부분의 주격조사는 '은/는'이 될 것이다. 다만 어떤 구성 사이의 관계를 나타내거나 특정 구성요소가 발휘하는 기능이나 효과를 나타낼 때에는 '가/이'를 사용한다.

예제 171 (실용신안 480288)

<발명의 구성>

(1) 수직 지지대(120)가 수평 지지대(110) 상에서 전방이나 후방 또는 좌우 방향을 움직이면서 다양한 크기의 대상물(J)이 안착될 수 있도록 움직일 수 있다.

(2) 수직 지지대(120)의 하측에 형성된 결합 구멍(125)을 통하여 결합 볼트(127)가 전후 이동 유닛(130)에 체결되며, 그에 따라 수직 지지대(120)가 전후 이동 유닛(130)에 결합될 수 있다.

예제 171의 (1)에서는 주격조사가 잘못됐다. 특정 구성요소에 대해서 설명할 때에는 '가' 대신에 '는'이 들어가야 자연스럽다. 반면 (2)의 주격조사 '가'는 문법에 맞고 자연스럽다. 구성 사이의 관계를 설명하기 때문이다.

(4) 술어

<발명의 구성>란에서는 발명의 원리, 그 발명을 이루는 각 구성이 갖는 의미, 구성요소 사이의 관계를 주로 설명한다. 실무자는 술어 취급을 어떻게 할지 사소한 갈등을 겪는다. 넓은 특허범위의 문서를 만들어야 한다는 강박관념 때문이다. '~한다'라는 술어와 '~할 수 있다'라는 술어 사이에서 갈등하는 것이다. 일반적으로 이런 갈등은 효과보다는 구성을 설명할 때, 사소한 구성보다는 중요한 구성을 설명할 때, 구성 자체보다는 구성 사이의 작용관계를 설명할 때 생긴다. 실무자가 발명

의 내용을 잘 이해했다면 어느 부분이 중요하고 또 어느 부분에서 변형 가능성이 있는지 경험적으로 알게 된다. 그것에 따라 서술어의 표현을 택하면 될 것 같다. 술어 표현의 영향은 언어학적 의미로부터 비롯되는 뉘앙스의 문제인데, 실제 특허성과 특허범위에 미치는 영향력은 제한적이다.

아래의 표는 술어를 일반형 서술 표현과 가능형 서술 표현으로 나누고, 각각을 비교해 나타냈다. 장단점을 파악해서 발명의 내용에 맞게 서술표현을 선택하면 되겠다.

	일반형 서술 표현	가능형 서술 표현
예	~이다, ~한다, ~였다, ~했다	~할 수 있다, ~일 수 있다, ~여도 좋다, ~좋다, ~바람직하다
속성	폐쇄형 표현	개방형 표현
단점	그 구성의 의미가 확정적이어서 다른 해석은 어려울 것 같은 느낌을 준다.	부자연스러운 표현이어서 발명의 내용을 파악하는 데 방해가 된다.
장점	문장이 발명의 구성을 명확하게 설명한다.	그 구성의 의미가 더 다양하게 해석될 수 있다는 느낌을 준다.
주의점	구성 사이의 작용관계가 다양하게 변형될 수 있고, 발명이 그 변형을 포함하고 있다면 가능형 서술 표현이 더 적합하다.	① 실시예, 실험예, 비교예를 설명할 때에는 가능형 서술 표현을 쓸 수 없다. 단, 실시예를 설명하기 전에 통상적으로 먼저 설명되는 화합물이나 조성물에 대한 설명에서는 가능형 서술 표현을 한다. ② 다른 가능성이 있을 리 없는 너무나 당연한 인과관계는 가능형 서술어를 사용하지 않는다.

발명의 내용에 따라서는 '~해야 한다'라는 표현이 사용될 수도 있다. 그런 의미의 제한성이 강한 술어를 사용하면 당연히 의미가 강조된다. 특허문서에서 그런 술어를 사용해서까지 의미를 강조하는 까닭은 해당 구성이 발명의 핵심과 본질에 가깝기 때문이다. 그때의 구성은 발명의 본질이어서 특허범위의 제한이고 말고도 없다. 오히려 의견서를

쓸 때 도움이 된다.

한편 특허법은 술어가 어떠해야 한다는 규정은 없다. 그러므로 '~습니다'와 같은 술어 형식도 가능하다. 물음표나 느낌표 기호도 가능함은 물론이다.

(5) 실시예/비교예/실험예

특허문서에서 실시예는 광의의 의미와 협의의 의미가 있다. 광의의 실시예라 함은 발명의 상세한 설명에 기재돼 있는 사항을 지칭한다. 특허범위는 상세한 설명에 기재된 사항에 의해 정해지지 않고, 특허청구범위에 기재된 사항에 의해 정해진다면 전자는 예시적인 설명사항이며, 후자는 확정된 권리사항으로 이해할 수 있다. 이때의 예시적인 설명사항 전체를 일컬어 실시예라고 말할 수 있고, 이때의 실시예는 광의의 실시예가 되겠다.

그런데 화학분야나 바이오분야 등 실험과학분야의 기술에서는 협의의 실시예로서 이 단어를 사용한다. 발명을 재현하는 실시를 함에 있어 각 구성을 정확하게 특정하면서 제시하는 예가 되겠다. 발명의 반복재현에 필요한 구체적인 데이터가 제시돼야 한다. 또한 귀납적인 경험(실험)이 전제돼야 하기 때문에 술어는 보통 과거형을 사용해서 표현한다.

비교예는 실시예 구성의 유리한 효과를 비교열위적으로 나타내는 예가 된다. 우리 발명과 비교되는 종래기술의 예다. 비교대상의 예가 돼야 하기 때문에 실시예와 관련성이 적다면 경험논리에 적합하지 않다. 보통 기술적으로 가장 가까운 것을 비교예로 삼는다. 가령 복수의 성분이 포함돼 있는 조성물 발명의 경우 우리 발명의 핵심 성분이 하나씩 없거나 혹은 수치범위가 다른 실시예가 비교예로 제시된다.

실험예는 실시예와 비교예의 효과를 평가 요소에 따라 나타내기 위해서 실험하는 예다. 평가 요소에 대한 실험 데이터를 기재한다. 특별한 실험조건이나 물질이 필요하다면 그것에 대한 구체적인 수치 데이터가 제시돼야 한다. 유리한 효과를 확인함으로써 실시예의 특허성을 강조하기 위한 것이므로 그 효과를 수치적으로 입증할 수 있는 평가 요소가 선별된다. 불리한 요소는 제외한다. 불리한 요소를 극복하는 또 다른 기술이 제안될 수 있겠으나 그것은 별개의 특허출원으로 평가를 받는 게 좋다. 실험 데이터는 일반적으로 실시예와 비교예가 열 또는 행으로 배치되고 각각 평가요소에 대한 수치가 기재돼 있는 표로 나타낸다. 또한 주사전자현미경 사진이나 효과를 나타내는 실험 결과 그래프가 도면으로 첨부될 수 있다. 실험예가 반드시 구체적인 수치를 제시해야 하는 것은 아니다. 발명의 내용에 따라서는 우수, 양호, 불량 등의 관능검사 데이터를 사용해도 좋다.

예제 172는 경질 폴리우레탄 폼을 제조하는 실시예, 비교예, 실험예를 각각 나타낸다. 복수의 비교예의 선정을 통해 예제 172 발명의 주요 구성을 알 수 있다. 퍼플루오로알칸과 덴드리머가 중요한 구성요소며, 퍼플루오로알칸의 경우 수치한정이 청구범위에 기재될 것이다.

예제 172 (특허 1645117)

<실시예 1>

폴리올, 아민계 촉매, 발포제, 폴리올 중량 100g을 기준으로 퍼플루오로알칸(perfluoroalkane) 1.0 중량% 및 덴 드리머(dendrimer)를 5.0 중량%를 혼합한 후, 기계적 교반장치(mechanical stirrer)를 이용하여 3분간 500 내지 3000 rpm의 저속으로 교반한 후(1단계 교반), 이후 2분간 3000 내지 5000 rpm의 고속으로 교반하였다(2단계 교반). 그 후, 디이소시아네이트를 첨가하고 상온에서 기계적 교반 장치를 이용하여 1분간 5000 rpm으로 교반한 후, 오픈 몰드에서 경질 폴리우레탄 폼을 제조하였다. 상기 1단계 교반 및 상기 2단계 교반에서의 반응 온도는 15도 내지 25도 였고, 일반적인 수동식 회전 교반 장치를 사용하여 교반하였다.

<비교예 1>

퍼플루오로알칸 및 덴드리머를 첨가하지 않은 것을 제외하고는, 상기 실시예 1과 동일한 방법으로 경질 폴리우 레탄 폼을 제조하였다.

<비교예 2>

퍼플루오로알칸을 0.5 중량%로 첨가하고 덴드리머를 첨가하지 않은 것을 제외하고는, 상기 실시예 1과 동일한 방법으로 경질 폴리우레탄 폼을 제조하였다.

<비교예 3>

덴드리머를 첨가하지 않은 것을 제외하고는, 상기 실시예 1과 동일한 방법으로 경질 폴리우레탄 폼을 제조하였다.

<비교예 4>

퍼플루오로알칸을 1.5 중량%로 첨가하고 덴드리머를 첨가하지 않은 것을 제외하고는, 상기 실시예 1과 동일한 방법으로 경질 폴리우레탄 폼을 제조하였다.

<비교예 5>

퍼플루오로알칸을 2.0 중량%로 첨가하고 덴드리머를 첨가하지 않은 것을 제외하고는, 상기 실시예 1과 동일한 방법으로 경질 폴리우레탄 폼을 제조하였다.

447

<평가예 1>

상기 실시예 1 및 상기 비교예 1 내지 5에서 제조된 경질 폴리우레탄 폼의 셀 크기, 밀도 및 열전도도를 측정하여, 그 결과를 하기 표 1에 나타내었다.

실시예가 많으면 많을수록 좋다고 여겨지지만, 그런 실시예가 제시되는 까닭은 그 실시예의 유리한 효과를 밝히려는 것이기 때문에 효과가 없거나 알 수 없는 실시예는 제외한다. 실시예/비교예/실험예가 분리되지 않고 한 세트로 적히는 까닭은 발명의 유리한 효과를 <발명의 구성>에서 즉시 증명하기 위함이다. 이처럼 실험과학 기술은 구성과 효과가 긴밀하게 결합돼 있다.

(6) 효과의 기재

특허문서에는 효과를 기재하는 란이 따로 정해져 있다. 초급 실무자들은 발명의 효과를 그 <발명의 효과>란에만 기재하는 것으로 오해한다. 그렇지 않다. 특허문서는 단지 발명을 설명하는 데 그치지 않고 발명의 독창성을 설득해야 하는 문서다. 또한 마치 기술이 포화된 것처럼 보이고 개량개선 발명이 주를 이루고 있는 현실에서는 그러한 설득작업이 더욱 요청된다 하겠다. 독창적이거나 유리한 효과는 도처에 강조돼도 좋다. 따라서 구성을 설명하는 이곳에서도 필요하다 싶으면 그 구성의 장점과 효과를 적는다. 화학분야 발명에서는 실험예를 통해서 구체적인 데이터로 장점이 어필된다. 그리고 이것은 매우 자연스럽다. 장치와 전자 분야 발명은 비록 실험예와 같은 구체적인 데이터를 기재하지 않는 것이 보통이지만, 인과관계로 장점을 강조할 수 있다. 우리 발명의 특이점에 해당하는 구성이 글로 설명된다면 그 구성을 원인으로 한 결과로서의 장점과 효과를 거기에서 바로 적을 수 있다. 구성과 효과가 긴밀해진다. 설득력이 강화되며, 향후 의견서를 작성할 때에도 적지 않은 도움이 된다.

낱낱의 구성마다 효과를 적는 것은 구차하고 위험하다. 특허를 받기까지 적지 않은 시간이 걸린다. 그래서 그 발명의 특징은 실무자의 망각으로부터 자유롭지 못하다. 게다가 실무자가 교체되는 것까지 고려해야만 한다. 서로 다른 구성에 대한 효과를 지나치게 많이 적으면 중간사건을 거치면서 보정을 할 때 청구항에 들어가면 안 될 구성까지 특허범위에 추가될 우려가 있다. 그러므로 이곳에서는 발명의 특이점, 즉 핵심 구성과 특징에 대해서만 효과를 적는다.

(7) 역피라미드 전개

우리는 현재 청구항을 이미 작성해뒀다. 도면도 준비돼 있다. 적어야 할 글의 기준이 마련돼 있기 때문에 실무자는 빠짐 없이 발명의 구성을 적으면 된다. 특허문서의 독자가 당신이 작성한 특허문서를 더 쉽게 이해할 수 있도록 배려한다면 논리가 필요하다. 심사관으로 하여금 더 신속히 심사를 할 수 있도록 도와주면서 동시에 심사관을 설득하고자 한다면, 무엇보다 고객으로 하여금 자신의 특허내용을 정확히 이해할 수 있도록 하고 싶다면, 그리고 의견서나 심판소송의 서면을 작성할 때 특허문서의 기재사항을 더 효과적으로 인용하게끔 만들고 싶다면 논리가 필요하다.

앞 문장과 뒷 문장을 인과관계로 잘 연결하고, 앞 단락과 뒷 단락 사이에 맥락을 넣어주면 좋은 글이 된다. 발명의 구성란 전체를 생각한다면 제1장에서 설명한 역피라미드 방식을 쓴다. 전체를 조망한 다음에 핵심 구성을 설명한다. 도면 작법에서 설명한 도면의 순서가 무척 중요하다. 도면의 순서가 발명의 전체를 보여주면서 핵심 구성을 가시화되는 순서로 정해져 있다면 도면을 참조하면서 발명의 구성을 하면 대략 역파리미드 방식으로 적히게 마련이다.

발명의 구성에는 여러 실시예가 포함될 수 있다. 기술 원리의 공통점을 갖지만 핵심 구성이 상이한 복수의 실시례를 설명할 때 자칫 글이 무질서해 질 수 있다. 대표 실시예를 <파트 1>이라고 하고, 다른 실시예를 <파트 2>라고 불러 보자. 꼭 정해진 것은 아니지만, 파트 1을 모두 설명한 다음에 파트 1과의 차이점을 중심으로 파트 2를 설명한다.

실무자는 종종 어디에서부터 무슨 문장부터 시작해야 할지 갈등을 겪는다. 흔한 글쓰기의 어려움이다. 일반적으로 말한다면 이러하다. 먼저 한 단락의 <관용적인 표현>을 간명하게 쓴다. 그런 다음에 문장을 생각하기 전에 '단어'를 먼저 생각한다. 실무자가 이미 작성해 놓은 청구범위에서 포함된 용어가 있을 것이다. 용어에 대한 정의, 그 용어

447

에 대한 부가적인 설명, 특허문서에서 중요하게 고려되는 어떤 단어나 표현에 관련한 개념 설명 등이 필요한지 검토한다. 필요하다면 그것에 관해서 간명하고 풍부하게 해설한다. 이런 해설작업이 필요하지 않다면, 또는 해설작업을 마쳤다면 이제 본격적으로 도면을 이용해서 서술한다. 도 1을 불러낸다. 도면이 없는 화학발명이라면 실시예/비교예/실험예를 설명하기 전에 특허범위가 넓게 해석될 수 있도록 먼저 발명을 구성하는 여러 물질, 화학식, 임계적 의의를 기본 원리, 반응식, 공정 등에 대해서 구체적이고도 풍부하게 설명한다.

(8) 도면을 불러내는 방식

도 1을 참조해서 설명하고, 다음으로 도 2를 참조해서 설명한다. 도 2를 설명한 다음에 도 3을 참조한다. 이런 방식으로 도면의 순서에 맞춰 발명의 구성을 질서 있게 설명한다. 물론 도면의 순서를 무시하고 구성을 설명해도 문제가 있는 것은 아니다. 도면이 왔다갔다 하면서 덩달아 설명도 산만해진다. 독자에게 일부러 불편함을 주려는 것이 아니라면 도면 순서에 따라 도면을 불러내며, 발명의 구성을 설명한다. 그래야만 글이 정돈된다.

나는 바목 도면 작법에서 도면 순서를 정하는 방법에 대해 설명했다. 이제 우리는 그것이 단순한 도면의 순서에 그치지 않으며, 특허문서에서 가장 많은 분량을 차지하는 <발명의 구성>의 질서를 결정한다는 사실을 안다.

예제 173은 <모바일 애플리케이션을 실행한 화면에서의 가상의 3D 콘텐트 재생 방법>이라는 제목의 특허문서의 일부다. 그림 58의 도 1은 이 방법이 구현되는 하드웨어 시스템에 관한 도면이며, 그림 59의 도 2는 개념원리를 나타내는 도면이다. 도 3은 사용자 디바이스에 설치된 애플리케이션의 소프트웨어 모듈 구성을 블록도로 나타낸 것이었다. 도 1에 너무 많은 분량을 할애할 필요는 없다. 시스템 구성에 필요한 부분만 설명하면 족하다. 도 2는 아이디어를 추상화한 것이고, 구체적인 구성에 관한 것이 아니므로 예제 173처럼 간략하게 기재하는 것으로 충분하다. 도 3부터 구체적인 구성수단이 등장하며, 그때부터 글의 분량을 늘려가면 된다. 아래에서 보는 것처럼 도 1을 참조한 글을 쓴 다음에 도 2로 넘어가고, 도 2를 참조해서 발명을 설명한 다음에 도 3으로 자연스럽게 넘어간다.

예제 173 (특허 1637958)

<발명의 구성>

도 1은 본 발명의 개략적인 시스템 구성 예를 나타낸다. 본 발명의 시스템은 도시되어 있는 것처럼, 두 개의 독립된 프로세스에 의해 구축되어 있다. 제 1 프로세스를 통해서 애플리케이션 소프트웨어가 사용자에게 제공된다. 제 1 프로세스는 애플리케이션의 메인 콘텐츠의 제공, 관리, 갱신, 데이터 송수신 등에 관하며, 애플 리케이션 서버(1)와 모바일 디바이스(10) 사이의 프로세스이다. 제 2 프로세스를 통해서 3D 콘텐트가 사용자에게 제공된다. 제 2 프로세스는 3D 콘텐트의 제공, 관리, 갱신, 데이터송수신 등에 관하며 광고 서버(20)와 모바일 디바이스(10) 사이의 통신 프로세스다.

(중략)

제 1 프로세스와 제 2 프로세스의 관계가, 애플리케이션 서버(1)와 광고 서버(20) 사이의 관계로 본 발명의 정신이 해명될 때, 모바일 디바이스(10)의 상이한 애플리케이션 화면 계층에 관한 개념론이 거론되어야 한다. 제 1 프로세스의 화면 계층과 제 2 프로세스의 화면 계층은, 계층이 다르다는 측면에는 서로 다른 층위의 세계에 속하지만, 사용자의 디바이스(10)의 화면이라는 2차원적 세계로 보자면 동일한 세계에 속한다.

도 2는 본 발명의 이러한 개념론을 도식적으로 나타내고 있다. 도 2는 모바일 애플리케이션을 실행했을 때 모바일 디바이스(10)의 화면을 통해 표시되는 애플리케이션 화면을 나타낸다. 애플리케이션 화면이 도 2와 같이 물리적으로 깊이를 갖는 것은 아니다. 단지 개념적인 계층 구별을 위한 편의적 설명임을 첨언한다. 제 1 프로세스에 의해서 통제되는 메인 콘텐츠는 제 1 액티비티 계층의 애플리케이

449

션 화면(이를 "제 1 액티비티 화면"이라는 용어로 정의한다, 100)을 통해 표시된다. 이 제 1 액티비 화면(100) 위에 제 2 액티비티 화면(200)이 놓인다. 이 제 2 액티비티 화면(200)을 통해서 제 2 프로세스에 의해서 통제되는 광고 콘텐츠가 표시된다. 바람직하게는 3D 콘텐트가 제 2 액티비티 화면(200)에 표시된다. 종래에는 광고 콘텐트가 메인 콘텐츠와 제 1 액티비티 화면 (100)에 함께 표시되었다. 그렇기 때문에 전술한 종래의 문제들이 발생했던 것이다.

본 발명의 기본적인 기술사상은 이러하다. (중략) 이렇게 개념화하여 화면을 코딩함으로써 새롭고 다양한 모바일 광고를 구현할 수 있다.

도 3은 본 발명의 모바일 애플리케이션의 간략한 구성에 관한 두 가지 실시예를 제안한다. 물론 반드시 도 3의 구성으로 제한되는 것은 아니다. 도 3(a)에서 보는 바와 같이, 모바일 애플리케이션(50)은 메인 콘텐츠에 관련한 메인 앱(51), 3D 호출 키트(53), 3D 엔진(55)이 포함되어 구성될 수 있다.(후략)

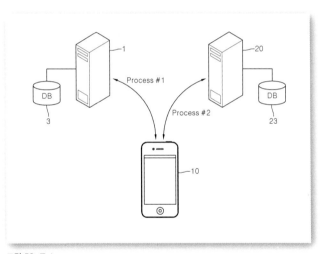

그림 58 도 1

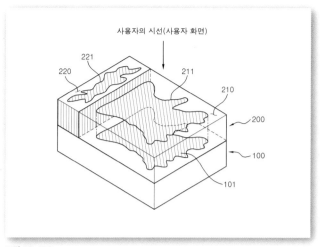

사용자의 시선(사용자 화면)

그림 59 도 2

(9) 수식/반응식/화학식

<발명의 구성>에 수학적 표현을 사용할 수 있다. 그런 수학적 표현으로는 수식, 반응식, 화학식이 있다. 파라미터 발명의 경우 간단한 수식을 사용하곤 하는데, 그런 경우라면 서식작성기를 통해 수식을 삽입한다. 복잡한 수식은 TIFF 포맷의 이미지로 첨부할 수 있다. 반응식과 화학식은 원칙적으로 이미지로 첨부한다. 수식, 반응식, 화학식을 때때로 도면으로 첨부하는 경우가 있다. 그것을 두고 잘못이라고 말할 수는 없지만, 바람직하지는 않다. 특허문서의 독자가 바로 그 설명부분에서 해당 식을 볼 수 있는데 구태여 첨부된 도면을 찾아서 왔다갔다하며 읽도록 귀찮게 할 필요는 없기 때문이다.

(10) 관용적인 표현

특허문서에는 관용적인 표현이 자주 사용된다. 그냥 쓰는 것이다. 예컨대 나는 "이하, 첨부된 도면을 참조하여 본 발명의 실시를 위한 구체적인 내용을 설명한다. 그리고 본 발명을 설명함에 있어서 관련된 공지기능에 대하여 이 분야의 기술자에게 자명한 사항으로서 본 발명의 요지를 불필요하게 흐릴수 있다고 판단되는 경우에는 그 상세한 설명을 생략한다."라는 문구를 <발명의 구성>을 설명할 때 가장 먼저 사용한다. 그리고 발명의 구체적인 내용을 모두 서술한 다음, 마지막 문장에 "본 발명의 보호범위가 이상에서 명시적으로 설명한 실시예의 기재와 표현에 제한되는 것은 아니다. 또한 본 발명이 속하는 기술분야에서 자명한 변경이나 치환으로 말미암아 본 발명이 보호범위가 제한될 수도 없음을 다시 한 번 첨언한다."라는 관용 표현으로 특허문서의 대미를 장식한다.

다양한 관용 표현이 실무자의 취향에 따라 선택된다. 관용적인 표현은 대개 당연한 문구이며, 아이디어의 구체적인 구성과는 그다지 상관이 없기 때문에 필수사항은 아니어서 있어도 되고 없어도 그만이지만, 최근에는 과용되는 감이 없지 않다.

대부분의 관용 표현은 미국실무의 영향을 받았기 때문이라고 생각한다. 미국기업들의 특허문서가 한국에 많이 진입하면서 그 특허문서에 적힌 표현들이 번역되고 소개되면서 실무자끼리 자연스럽게 공유한 것이다. 그렇게 공유해서 사용하는 것이야 괜찮겠는데, 발명 내용과의 정합성이 있었으면 좋겠다.

예제 174는 소프트웨어 발명을 설명한 명세서에 기재된 관용적인 표현을 나타낸다. 사실 이런 관용적인 표현이 있다고 해서 예제 174의 특허범위가 그런 표현에 의해 정해지지도 않을 뿐더러 그런 표현을 참고하면서 특허요건이나 특허범위의 해석을 하는 것은 아니다. 그래도 특허범위가 넓게 해석되기를 희망하는 실무자의 선량한 노력이라고 나는 이해한다. 그 발명은 소프트웨어에 의해 수행되는 여러 개의 단계로 구성돼 있는데, 각 단계의 순서를 약간 변용하거나 추가해서 모방하는 것을 막고자 실무자가 그런 표현을 썼을 것이다. 그리고 이런 표현은 발명의 내용과 정합성이 있다. 그런데 예제 174와 같은 관용 표현이 기재돼 있는데(실무자는 관용 표현을 복사해서 붙인다), 실제 발명의 내용 어디에도 단계나 블록이 전혀 기재돼 있지 않은 경우가 실무상 종종 발생한다. 그런 정합성 없는 관용적인 표현은 있는 것보다는 없는 게 낫다고 생각한다. 독자를 기이하게 만들 뿐이다.

예제 174 (특허 1645753)

<발명의 구성>

본 발명자들은 청구된 주제 대상이 다른 현재의 또는 장래의 기술들과 함께 본 명세서에 기술된 단계들과 상이한 단계들 또는 유사한 단계들의 조합을 포함하는 다른 방식들로 구현될 수도 있음을 고려하였다. 더욱이, "단계" 및/또는 "블록"이라는 용어들은 본 명세서에서 채택된 방법들의 상이한 요소들을 의미하는 것으로 사용될 수 있지만, 이러한 용어들은 개별적인 단계들의 순서가 명시적으로 기술되는 경우가 아니면 그 경우를 제외하고는 본 명세서에 개시된 다양한 단계 사이의 어떠한 특정한 순서를 암시하는 것으로 해석되지 않아야 한다.

453

흔한 관용 표현 중에 "명세서 전체에 걸쳐서 동일한 참조번호들은 동일한 구성요소들을 나타낸다."라는 표현이 있다. 이런 표현은 사용하지 않는 게 좋다. 실시예가 달라서 해당 구성요소에 약간의 변형이 있지만 동일한 참조번호를 부여하는 경우도 있고, 가끔 종래기술을 나타내는 도면에서 사용한 참조번호와 우리 발명의 참조번호를 동일하게 표시한 경우도 있다. 기재불비에만 해당하지 않는다면 해석은 다양한 것이 좋으므로 지나치게 제한적인 표현은 삼간다. 군이 사용하려면 '가급적'이라는 단어를 넣는 게 좋겠다. "명세서 전체에 걸쳐서 동일한 참조번호는 가급적 동일한 구성요소를 나타내도록 하였다."라는 표현이 낫겠다.

(11) 본질과 비본질에 대한 분량 할당

제1장 <앵글 사용법>에서 충분히 설명했다. 우리 발명의 특이점을 보여주는 본질적인 요소에 대해서는 자세히 설명한다. 반면 비본질적인 구성에 대해서는 기재불비로 지적받지 않을 정도의 범위에서 적절한 분량을 할애한다. 대개 그런 사항은 공지 구성에 대한 설명이다. 강조해봤자 소용이 없다. 그러므로 비본질에 대해서 과하게 많은 글의 분량을 할애하지는 말자. 그것은 특허문서에서 본질을 흐린다. 특허발명의 특징과 차별성을 은폐해버리는 불이익을 낳는다. 실무상 더 큰 불이익이 있는데, 중간사건 과정에서 실무자로 하여금 시장에서의 특허실시에 반하는 비본질적인 사항을 청구항에 필수요소로 추가하게끔 할 위험을 유발한다.

(12) 특허청구범위와의 관계

나는 청구항을 먼저 준비한 다음에 상세한 설명을 작성해야 한다는 입장이다. 그 까닭은 앞에서 충분히 설명했다. 실무자에게는 두 개의 기준이 있다. 하나는 청구항 세트이며, 다른 하나는 도면 세트다. 그 둘을 참조하면서 <발명의 구성>을 적게 된다. 이것은 일종의 상호 작용이다. 청구항의 기재와 도면의 표현은 발명의 구체적인 내용이 어떻게 작성돼야 한다며 지속적으로 명령하지만, 발명의 구성을 적으면서 실무자의 생각이 더욱 정교해지면서 청구항의 기재와 도면의 표현을 변경해야 한다는 내면의 목소리가 나온다. 실무자는 그 목소리를 경청하면서 청구항을 더욱 가다듬는다. 이런 점을 감안한다면 처음 청구항을 미리 작성할 때 지나치게 완벽함을 추구하지 않아도 된다. 청구항을 사전에 정확히 작성하는 것은 중요하지만 어디까지나 잠정적인 수준에 그치며, <발명의 구성>에 의해 검증을 받는다. 발명의 구체적인 내용을 모두 기재했을 때 비로소 청구항에 대한 검증이 끝나고 특허청구범위는 완성된다.

한편 도면의 수정은 옵션이다. 특허문서에 첨부될 이미지 파일을 수정하지 않고 도면에 대한 설명을 바꿀 수도 있기 때문이다.

455

456

아

나머지
사항

이제 특허문서의 작성은 사실상 끝났다. <발명의 명칭>, <기술분야>, <배경기술>, <해결과제>, <청구항>, <도면>, <발명의 구성>을 순서대로 작성하고 준비했다. 가벼운 마음으로 나머지 사항을 기재한다. <발명의 효과>, <과제해결수단>, <도면의 간단한 설명>, <요약서>를 적은 다음에 전체적으로 다시 한 번 읽어보고 맞춤법을 수정한다. 그러면 특허문서는 대략 완성된다.

(1) 발명의 효과

<발명의 구성>에서 발명의 특이점을 설명하면서 적시에 발명의 효과를 효과적으로 기재할 수 있다. 대개 화학물질발명은 <발명의 구성>란에서 실시예와 실험예 등을 통해 효과를 기재한다. 의약용도발명의 경우 <발명의 구성>에서 약리 데이터로 발명의 효과를 명확하게 제시하지 못하면 미완성발명에 해당하기 때문에 유의한다. 어차피 구성란에서 효과를 적절히 기재해 놓았다면 <발명의 효과>란에 별도로 효과를 기재하지 않아도 무방하다고 보겠다. 그래도 실무적으로는 독자를 위해 <발명의 효과>란에서 효과를 기재한다. 세 가지 사항을 기억한다.

첫째 대법원 판례를 기억한다. 대법원 113 판결은 실무적으로 상당히 중요하다. 효과 기재의 자유도를 준다는 점에서 의미가 있기는 하지만, 그것보다는 중간사건에서 인용발명과 대비할 때 명세서에 기재돼 있지 않은 효과를 주장할 수 있는 근거가 된다는 점에서 실무적으로 의의가 있다고 하겠다. 판례에서 이 사건 등록고안에는 '학습판의 수명을 연장하는 효과'에 대해서는 명시적으로 기재돼 있지 않다. 그러나 대법원은 명세서에 기재돼 있지 않은 효과를 중시해 그 효과를 유발하는 구성의 차이에 근거해서 등록고안의 진보성을 인정했다.

> 대법원 2004. 2. 13. 선고 2003후113 판결
> <1>명세서의 상세한 설명란에 직접 기재되어 있지 아니한 고안의 효과라도 그 기술분야에서 통상의 지식을 가진 사람이 그 상세한 설명이나 도면에 기재된 고안의 객관적 구성으로부터 쉽게 인식할 수 있는 정도의 것이라면 그 고안의 작용효과로 인정하여 진보성 판단에 참작할 수 있다.
> <2> 원심이 이와 같은 취지에서 이 사건 등록고안(등록번호 제161796호)에 관한 등록공보의 상세한 설명란의 기재를 종합하여, 이 사건 등록고안의 보호필름은 학습판의 법랑(琺瑯) 처리한 표면이 마커펜 잉크에 의하여 변색이 되는 것을 방지하도록 법랑 처리한 표면에 부착하는 얇고 투명한 보호막으로서, 마커펜을 자주 사용하여 보호필름이 변색이 되더라도 법랑 처리부는 변색이 되지 않을 뿐

만 아니라, 보호필름이 변색이 되는 경우에는 학습판을 분해하여 새로운 보호필름으로 교체함으로써 학습판의 수명을 연장하는 효과를 달성할 수 있다고 인정한 것은 정당하며, 거기에 상고이유에서 주장하는 바와 같은 이 사건 등록고안의 기술구성 및 작용효과의 인정에 관한 채증법칙의 위배나 심리미진의 위법이 있다고 볼 수 없다.

둘째, 당연한 것을 기재하지 않는다. 발명의 효과는 그냥 써야 하니까 쓰는 것이 아니다. 언제 어떻게 제시될지 모를 인용발명과의 차이점을 효과적으로 주장하기 위함이다. 당연한 효과가 기재돼 있다면 심사관은 효과의 차이가 없다고 판단할 것이다. 당연한 효과가 곧 불리한 효과로 작용한다. 발명의 특이점에서 직접 유발되는 효과를 위주로 적는다.

셋째, 어울림을 생각한다. <발명의 목적>란에 기재된 목적의 특이성과 어울리도록 적는다. 목적과 효과는 서로 쌍을 이루기 때문이다. 또한 <배경기술>에 적시된 종래기술의 문제점을 해결했다는 효과가 적혀야 한다. 그렇지 않으면 특허문서가 어딘가 이상하게 작성된 것이다.

예제 175는 예제 153과 같은 특허다. 예제 175의 <발명의 효과>와 예제 153의 <배경기술>이 서로 어울려야 한다. 예제 153의 배경기술을 읽어보라. 배경기술에서 종래의 야구 경기 기록 방법이 직관적으로 이해하기 어렵고, 잘못 입력할 수 있으며, 야구 경기의 진행 속도보다 기록 입력이 느려진다는 문제점을 지적하고 있었다. 또한 전문기록원에 의존하는 문제에 대한 지적도 있었다. 예제 175에서 밑줄 친 부분이 배경기술의 기재와 어울린다.

예제 175 (특허 1549882)

<발명의 효과>

본 발명에 따르면 공의 실제 궤적을 이용하여 야구 경기를 기록할 수 있기 때문에, 매우 직관적이고 간편하며 또한 신속하고 정확하게 야구 경기의 기록을 실시간으로 입력할 수 있다는 뛰어난 효과가 있다.

또한, 본 발명에 따르면 기록 전문가가 아니더라도 용이하게 야구 경기 기록이 가능하며, 실시간 기록되는 데이터를 선수별로 저장할 수 있기 때문에 선수별 데이터베이스를 구축하고, 그 데이터베이스를 검색할 수 있는 모바일 환경을 만들 수 있다. 이에 따라 전문적인 기록 전문가가 없거나 드문 사회인 야구팀이나 학생 야구팀이 선수의 기록 관리를 함에 있어 특히 유용하다. 이와 같이 선수별 데이터베이스를 체계적으로 구축하고 관리할 수 있는 환경을 조성하게 되면, 야구 게임에 임할 때 상대팀의 데이터를 분석하여 다양한 전략을 구사할 수 있게 된다.

한편, 여기에서 명시적으로 언급되지 않은 효과라 하더라도, 본 발명의 기술적 특징에 의해 기대되는 이하의 명세서에서 기재된 효과 및 그 잠정적인 효과는 본 발명의 명세서에 기재된 것과 같이 취급됨을 첨언한다.

예제 176은 예제 154와 같은 특허다. 밑줄 친 부분이 특히 주요한 효과가 되겠다. 예제 154의 <배경기술>에 기재된 사항과 어울린다. 예제 176 특허는 워낙 구성이 간단하기 때문에 명세서 전체에 걸쳐 효과를 어필하고자 하였다. 발명의 효과에서는 표현을 과장하는 수식어가 관습적으로 사용된다.

예제 176 (특허 1457548)

<발명의 효과>

본 발명에 따르면 여러 가지 의류나 봉제인형 등에 레이스 원단을 쉽고 편리하게 부착할 수 있는 혁신적인 장점이 있다. 접착 필름을 전혀 사용하지 않기 때문에 용이하게 제조할 수 있을 뿐만 아니라, 사용 또한 극히 용이하다. 레이스 원단을 피부착물에 덧댄 다음에 다림질하는 것만으로 레이스 원단의 부착이 간단히 완성된다.

본 발명의 레이스 원단을 사용함으로써 의복에 관하여 다양한 패션 연출이 가능해지는 것은 물론이거니와, 페브릭 DIY에 레이스 원단을 적극적으로 이용할 수 있다는 새로운 산업상 이용 가능성을 제시할 수 있다.

예제 177은 예제 155에 대응한다. 이 특허의 <발명의 목적>란에는 "본 발명의 목적은 스마트폰이나 태블릿 PC와 같이 스마트 디바이스에서 실행되는 다양한 애플리케이션 소프트웨어와 연동하는 신규한 광고 방법을 제공함에 있다. 발명의 다른 목적은 광고 콘텐트를 사용자의 디바이스에 표시함에 있어서 사용자의 심리적인 불쾌감과 거부감을 최소화 함과 동시에, 뛰어난 광고 효과를 거둘 수 있는 광고 방법을 제공함에 있다. 본 발명의 또 다른 목적은 광고를 제공하는 방법이 애플리케이션 소프트웨어의 실행에 방해가 되어서는 안 된다는 가이드 라인을 옹호함에 있다."라고 기재되어 있다. 이러한 기재와 예제 177의 효과 기재는 서로 어울린다. 또한 이런 효과의 기재는 종래기술에서 지적된 문제점을 해결한 의미를 갖는다. 예제 155에서는 종래기술의 핵심적인 문제점으로서 "하지만 광고모델은 사용자에게 불편함과 불쾌감을 초래할 수 있다는 치명적인 한계가 있다"고 기재되어 있다.

예제 177 (특허 1365238)

<발명의 효과>

위와 같은 과제해결수단에 의해서 본 발명은 스마트 디바이스에 설치된 애플리케이션 소프트웨어와 광고 콘텐트의 결합을 용이하게 달성할 수 있는 뛰어난 효과가 있다. 애플리케이션 소프트웨어는 저마다 본래의 기본 기능이 있으나, 그 기능이 실행되어 사용자가 이용하고 있을 때에 광고 콘텐트를 노출하는 것은 광고 효과가 크지 않다. 사용자는 기본 기능에 집중하고 있기 때문이다. 그러나 본 발명에 따르면 애플리케이션 소프트웨어가 실행되기 바로 직전, 그리고 실행된 후 종료되기 직전에 광고 콘텐트를 중요한 메시지와 함께 노출하기 때문에, 광고 효과가 높을 뿐만 아니라, 사용자에게 심리적 불쾌감을 초래하지 않는 장점이 있다.

예제 178은 예제 156과 같은 특허다. 이 또한 예제 156의 <배경기술>에 기재된 사항, 그리고 <발명의 목적>란에 기재된 사항과 어울리도록 효과가 기재되어 있다. 이렇듯 발명의 효과를 적을 때에는, 배경기술에서 어떤 문제점을 지적하였으며, 어떻게 기술과제를 천명하였는지를 살펴 보고 거기에 어울리게 기재한다.

예제 178 (특허 1543714)

<발명의 효과>

본 발명의 위와 같은 해결수단을 통해서, 사용자의 관점에서는 자기 자신과 유사한 성향을 갖고 있는 다른 사용자를 네트워크에서 매우 쉽게 찾을 수 있다. 그 결과 그와 관계 맺기를 함으로써 새로운 SNS를 이용할 수 있다는 뛰어난 효과가 있다.

또한, 맹목적인 관계의 확장이 아니라 자신과 근원적인 유대감과 공감을 느낄 수 있는 사람을 네트워크에서 찾을 수 있기 때문에 색다른 즐거움을 경험할 수 있다. 이것은 인간의 "외로움"을 네트워크에서 보다 적절하게 위로할 수 있는 계기가 될 수도 있다. 더욱이 다른 사람들의 일반적인 성향까지 알 수 있다는 장점이 있다. 또한, 본 발명의 효과는 이 네트워크를 운영하는 운영자의 관점에서 고찰할 수 있다. 성향에 관련된 광범위한 데이터베이스를 얻을 수 있다는 뛰어난 장점이 있다. 인터넷 세계에서는 어디에서나 광범위한 정보를 얻을 수 있다. 그러나 개인과 사회의 성향을 정확하고 신속하게 파악할 수 있는 정보를 구하는 것은 매우 어려운 일이다. 본 발명의 성향 정보 데이터베이스는 네트워크에 속한 사용자들의 자발적인 참여에 의해서 누적된 것이므로, 기존의 어떤 데이터베이스보다 정확하고 경제적이라는 특징을 갖는다. 이러한 광범위한 정보는 경제적, 정치적, 학문적으로 인류 사회에 크게 기여할 수 있을 것으로 전망한다.

(2) 과제해결수단

<과제해결수단>은 청구항의 기재를 반복해서 적는다. 다만 한정해석을 조금이나마 방지한다는 측면에서 술어에 유의한다. 예제 179의 밑줄 친 부분은 과제해결수단을 기재할 때 관용되는 수법의 표현이다. 그 밖의 사항은 청구항과 동일하다. 각각 청구항 1, 청구항 2, 청구항 3에 해당한다.

예제 179 (특허 1595451)

<과제해결수단>

위와 같은 과제를 해결하기 위한 본 발명은 모바일 디바이스에 내장된 디지털 카메라에 의해 제작되는 동영상 파일의 생성 방법으로서:

(a)입력수단이 모바일 디바이스에 설치된 카메라 애플리케이션을 실행하여 카메라 모듈을 활성화하는 단계;

(b) 상기 카메라 모듈을 이용하여 동영상 촬영을 개시하고 사용자 제작 동영상 데이터를 획득하는 단계;

(c)상기 모바일 디바이스의 프로세서가 상기 사용자 제작 동영상 데이터의 마지막 프레임에 상기 모바일 디바이스의 메모리에 미리 저장되어 있는 디바이스 영상을 결합하는 단계; 및

(d) 상기 사용자 제작 동영상 데이터와 상기 디바이스 영상이 결합된 파일로 인코딩을 하여 1개의 오리지널 동 영상 파일을 생성하는 단계;를 포함하는 것을 특징으로 한다.

본 발명의 바람직한 일 실시예에 따른 모바일 디바이스에 내장된 디지털 카메라에 의해 제작되는 동영상 파일의 생성 방법에 있어서, 상기 디바이스 영상은, 상기 오리지널 동영상 파일을 재생할 때 마지막 프레임에서 전자장치의 미디어 플레이어를 통해 가시화되는 정지영상인 것이 좋다.

또한, 본 발명의 바람직한 다른 실시예에 따른 모바일 디바이스에 내장된 디지털 카메라에 의해 제작되는 동영상 파일의 생성 방법에 있어서, 상기 디바이스 영상은 동영상일 수 있다.

(3) 도면의 간단한 설명

<도면의 간단한 설명>은 실무자의 취향과 자유도를 존중한다. 과거에는 사시도, 단면도, 평면도, 모식도 등으로 도면의 종류를 특정하는 방식으로 도면을 설명하였다. 예제 180을 보라. 그러나 최근에는 매우 자유롭게 도면의 간단한 설명을 기재하는 경향을 보인다. 예제 181과 예제 182를 보라. 실무자의 자유도의 관점에서 최근의 경향을 지지한다.

디자인출원조차 도면에 대한 설명이 상당히 자유로워졌다는 점을 감안하면 올바른 방향이라고 생각한다.

예제 180 (특허 752122)

도 1은 본 발명에 따른 염화칼륨 공급관의 부착물 제거장치가 설치된 믹싱조를 나타내는 부분절개 사시도.

도 2는 본 발명에 따른 염화칼륨 공급관의 부착물 제거장치를 나타내는 단면도.

도 3은 도 2의 A부분을 나타내는 상세도.

도 4는 본 발명에 따른 염화칼륨 공급관의 부착물 제거장치를 나타내는 저면도.

도 5는 본 발명에 따른 회전날개블록의 분리사시도.

예제 181 (특허 1647411)

도 1은 본 발명의 예시적인 실시예에 따른 유리 성형 장치를 개략적으로 도시한 것이다.

도 2는 도 1에 도시된 유리 성형 장치를 이용한 성형 공정에서, 성형 몰드 위에 마련된 유리 소재에 예열용 레이저빔과 성형용 레이저빔이 조사되는 모습을 도시한 것이다.

도 3은 도 1에 도시된 유리 성형 장치에서 성형 몰드 및 성형 롤러의 단면을 도시한 것이다.

도 4a 내지 도 4d는 도 1에 도시된 유리 성형 장치를 이용하여 유리 소재를 성형하는 과정을 도시한 것이다.

도 5는 도 4a 내지 도 4d에 도시된 공정들에 의해 성형된 유리 소재를 도시한 사시도이다.

도 6은 본 발명의 다른 예시적인 실시예에 따른 성형 몰드를 도시한 것이다.

도 7a 및 도 7b는 도 6에 도시된 성형 몰드를 이용하여 유리 소재를 성형하는 모습을 도시한 것이다.

도 8은 본 발명의 또 다른 예시적인 실시예에 따른 성형 몰드를 도시한 것이다

예제 182 (특허 1595663)

도 1은 본 발명에 있어서 동영상 파일로부터 시퀀스 이미지와 사운드를 추출하는 개념을 나타내는 도면이다.

도 2는 본 발명의 바람직한 일 실시예에 따라 3D 인터랙티브 무비 뷰어를 만드는 절차를 개략적으로 나타내는 도면이다.

도 3은 본 발명의 바람직한 일 실시예에 따라 설정되는 애니메이션 기능이 무비 뷰어에서 실행되는 시나리오를 나타내는 도면이다.

도 4는 본 발명의 일 실시예에 따른 전자장치의 내부 구성을 개략적으로 나타내는 도면이다.

도 5는 본 발명의 바람직한 일 실시예에 따른 방법의 전체 프로세스를 개략적으로 나타내는 도면이다.

※ 첨부된 도면은 본 발명의 기술사상에 대한 이해를 위하여 참조로서 예시된 것임을 밝히며, 그것에 의해 본 발명의 권리범위가 제한되지는 아니한다.

도면부호에 대한 설명은 임의적이다. 적어도 좋고, 적지 않아도 좋다. 발명이 기계적 구성에 관한 것이고, 구성요소가 많고 복잡하다면 적어 주는 것이 좋다. 구성이 비교적 간단하다면 굳이 도면부호를 설명하지 않아도 된다.

465

(4) 요약서

요약서는 특허문서로 작성된 발명을 요약해준다. 특허범위에 영향을 미치지 않는다. 기재불비와도 상관이 없다. 그저 특허정보를 효율적으로 관리하고 안내하기 위한 실용적 기능밖에 없다. 한 문장만 적어도 법적으로 문제는 없겠지만, 대개 두세 단락의 분량으로 500자를 넘지 않는 선에서 발명을 요약한다.

대부분의 실무자는 요약서를 대충 작성한다. 과거에는 나도 그랬다. 명세서 실무를 십 년 넘게 해 오면서도 요약서를 대수롭게 생각했던 것이다. 마치 두뇌활동을 멈춘 상태에서 요약서를 작성했다. 청구항 제1항을 복사해서 <요약서>란에 붙이는 것이다. 예제 183은 요약서의 전형을 보여준다. 첫 단락에서 청구항 제1항의 오브젝트를 기재한다. 다음 단락에 청구항의 구성집합을 그대로 옮긴다. 요약서 183은 다소 친절하게 청구항의 구성집합을 이루는 구성요소에 도면부호를 병기했다.

예제 183 (특허 1459338)

<요약서>

본 발명은 초음파를 이용한 피부 각질 제거용 휴대용 피부 미용 장치에 관한 것이다. 본 발명의 장치는 진동자 어셈블리(130)를 내장하며 상기 하우징 전방을 밀봉하는 제 1 밀봉부재(115)를 갖는 상기 하우징의 제 1 챔버(120)와, 제 1 챔버(120)의 뒤쪽에 위치하며, 제 1 챔버(120)와 물리적으로 공간을 구별하는 제 2 밀봉부재(145)를 통해서 밀봉하며, 배터리(150) 및 전자회로부(160)가 설치되는 하우징의 제 2 챔버(140)와, 제 1 챔버(120) 안에서부터 1 밀봉부재(115)를 통과하여 하우징 전면부로 노출되며, 진동자 어셈블리(130)와 결합되는 금속재질의 탄성을 가진 블레이드(110)와, 제 2 챔버(140)를 보호하는 제 3 밀봉부재(175)가 설치되는 하우징의 후면부(170)에 설치되며, 제 2 챔버의 전자회로부(160)와 전기적으로 연결되는 스위치(171)를 포함하는 것을 특징으로 한다

하지만 이런 실무는 특허삼원론의 관점에서는 적합하지 않다. 요약서가 비록 법적으로 아무런 기능을 하지 못하고, 잘 써도 그만 못 써도 그만이더라도, 요약서가 갖는 실용적 기능은 상당히 중요한 역할을 한다. 그 발명이 무엇인지 직관적으로 파악해주도록 안내하는 기능이 요약서이다. 그런 기능이 제대로 발휘되려면 요약서에 적힌 글의 내용이 쉽게 파악될 수 있어야 한다. 그래서 그 발명이 무엇에 관하며 어디에 특징이 있는지 직관적으로 이해되도록 한다. 특허문서의 독자 관점에서 생각하자. 특히 그 독자가 <우리>일 때 매우 중요하다. 특허권을 소유한 기업이 자기 특허가 무엇인지조차 제대로 파악하지 못하는 경우가 허다하다. 인간은 망각에 취약하다. 특허출원 당시에는 어떻게든

466

자기 특허를 이해했을지도 모르지만, 시간이 지남에 따라 잊힌다. 게다가 작은 기업은 전문용어가 낯설어서 더 빨리 잊히고, 큰 기업은 특허가 너무 많아서 역시 빨리 잊힌다. 다소 낯선 생각이겠으나, 기업의 특허관리의 요체는 망각과의 싸움이자 발명의 재인식이며 지식의 공유라고 생각한다.

한편 독자가 요약서를 읽을 때에는 발명의 내용을 신속하게 파악하고 싶은 것이다. 그런데 예제 183의 요약서만으로는 발명이 잘 요약되지 않는다. 당연하다. 사람은 언어를 통해 이해한다. 추상적인 언어보다는 구체적인 언어가 신속한 이해에 효과적이다. 청구항은 특허 범위를 넓히기 위해서 추상적으로 기재되어 있다. 사람은 전문적인 표현보다는 그렇지 않은 표현을 더 선호한다. 낯선 단어가 출현하면 의미 파악이 늦는다. 청구항에는 전문적인 표현이 많고 낯선 단어도 많다. 특이점과 비특이점이 섞여 있으면 이 아이디어의 특징과 차이점을 파악하기 힘들다. 그런데 청구항에는 특이점과 비특이점이 섞여 있으면서 특이점이 밑줄로 표시되어 있는 것도 아니다. 그럼에도 우리 실무자들은 아랑곳하지 않고 청구항의 기재사항을 복사해서 요약서에 붙인다. 그러면 발명은 요약될 수 없다.

467

그러므로 귀찮더라도 실무자는 <요약서>를 작성할 때, 두뇌활동을 멈추지 말고 진실로 아이디어의 내용이 글로 잘 요약될 수 있도록 노력한다. 효과가 잘 드러나도록 기재하고, 구성은 발명의 특이점 위주로 기재한다. 몇 년 후에도 이 특허가 무엇에 관한 것인지 의뢰인이 쉽고 신속하게 파악되도록 하겠다고 생각한다면, 길이 보인다.

(5) 실무자 코멘트

특허문서 작성이 끝났다면, 실무자와 의뢰인 사이의 소통 작업만 남는다. 실무자가 자기 두뇌활동을 통해서 글을 썼지만 그 글은 실무자 이름이 아닌 의뢰인 이름으로 특허청에 제출되고 공개된다. 특허문서는 의뢰인의 것이다. 특허문서는 실무자의 생각을 적는 문서가 아니라 의뢰인의 생각을 표현하는 문서이다. 그러나 생각의 주체와 발화자가 분리되어 있어서 그것을 일치시키는 작업이 필요하다. 우리가 지금까지 논의했던 철학과 방법으로 특허문서를 작성했고, 요약서까지 끝냈다면 의뢰인에게 초안을 송부하면서 꼼꼼히 검토해 달라고 요청하면 그만일지도 모르겠다. 그러면 의뢰인이 실무자의 작업결과를 읽으면서 일이 잘 진행되었는지를 검토하게 된다. 특허문서가 쉽고 논리적으로 작성되었다면 의뢰인이 초안을 검토하는 것만으로 실무자의 글과 의뢰인의 생각을 일치시키는 작업은 순조롭게 끝날 것이다.

468

하지만 그렇다라도 실무자가 어떤 전략을 갖고 이 특허문서를 작성했으며, 무엇에 유의하였고, 특별히 어떤 용어를 선택했는지 등에 대한 실무자의 코멘트가 특허문서에 붙어 있다면, 의뢰인이 그 특허문서를 검토할 때 도움이 될 것이다. 실무자 코멘트의 분량이 너무 많거나 표현이 어려워서는 안 된다. 특허문서 맨 앞에 붙어 있는 것이 좋고, 대략 500자 이내로 적으면 충분하리라 생각한다.

예제 184는 실무자 코멘트를 예시하고 있다. 발명자가 내용을 검토할 때 알아야 할 핵심 용어를 안내하고 있다. 또한 예제 184의 코멘트에 따르면 특허문서에 다수의 질문이 표시되어 있는 것을 알 수 있다. 이 정도로 간략하게 코멘트하는 것으로도 충분하다고 생각한다. 나머지 사항은 발명자가 읽으면 충분히 납득할 수 있다.

예제 184 (특허 1553177)

<실무자 코멘트>

이 문서는 특허권을 신청하기 위한 특허문서입니다. 이 특허문서에서는 기업의 CTI에서 발신하는 outbound call을 제1 통신 프로세스로 명명하고, 개인키로 암호화된 발신 정보를 전송하는 데이터 통신을 제2 통신 프로세스로 명명하였습니다. 또한, 사용자 디바이스는 스마트폰에만 국한하지 않고, 웨어러블 디바이스, 태블릿 PC, 스마트TV까지 포함해 두었으니 참고하시기 바랍니다. 몇 가지 궁금한 사항에 대해서는 해당 부분에 질문을 표시해두었습니다. 질문에 명쾌하게 답을 해주시면 고맙겠습니다. 일단 특허신청이 되면 고치기 어렵습니다.

한편, 사용자 스마트폰에 설치되는 앱에 대해서 만일 보호하고자 한다면 별건의 특허로 진행해야 합니다(그 이유에 대해서는 이메일로 자세히 설명드린 적이 있습니다). 그 점 또한 검토해 주시기 바랍니다.

예제 185의 코멘트를 읽어 보면, 의뢰인이 특허출원을 의뢰할 때 여러 가지 사항에 대해서 실무자에게 설명했던 것처럼 보인다. 의뢰인이 설명한 모든 사항이 특허문서에 들어가야 하는 것은 아니다. 예제 185의 실무자는 <비투명재 시트와 도광판 사이의 관계>를 중심으로 특허문서가 작성되었음을 안내하는 한편, 발명자의 설명사항 중 불이익이 될만한 사항은 특허문서에서 언급하지 않았다고 설명하고 있다. 예제 184와 같이, 예제 185에서도 질문사항이 있었으며, 그것에 대한 언급이 코멘트에 들어 있다.

469

예제 185 (특허 1500982)

<실무자 코멘트>

의뢰하신 특허내용에 대해서 비투명재 시트와 도광판 사이의 관계를 중심으로 설명하였습니다. 그 부분의 우리 아이디어의 핵심이기 때문입니다. 비투명재 시트는 석재, 인조석재, 목재, 금속재로 한정했습니다. 플라스틱재의 경우에는 널리 광고판으로 널리 천공하거나 식각하는 것이어서 우리 발명의 특징을 보다 강조하기 위해서는 언급하지 않는 것이 낫겠다고 판단하였습니다.

또한, 수치를 한정함에 있어서, 보내주신 자료에 임계수치에 대한 언급이 전혀 없는데, 이것은 바람직한 특허문서에는 좋지 않습니다. 우리가 언급해야만 하는 임계수치에 대해서는 본 특허문서에서 물음표로 기재하였으며 붓칠로 표시해 두었습니다. 그 부분에 대한 데이터 또는 설명이 필요합니다.

(6) 초안 송부와 출원 이후의 관리

나는 특허문서를 MS워드로 작성하고, 그것을 PDF로 변환해서 워드 파일과 PDF 파일을 동시에 보낸다. MS워드 대신에 아래아 한글로 작성해도 되겠다. 그러나 초안을 보낼 때에는 반드시 PDF 파일도 함께 보내야 한다. PDF 포맷의 문서가 범용성과 정합성이 뛰어나기 때문이다. 텍스트를 작성하는 소프트웨어인 경우, 그 소프트웨어가 사용자 디바이스에 설치되어 있어야 한다. 그렇지 않으면 열어볼 수가 없다. 설령 설치되어 있어도 작성자의 디자인이 깨지기도 한다. 갈수록 중요해지고 있는 모바일 환경에서는 특히 그러하다. 어도비의 PDF 리더는 대부분의 디바이스에 설치되어 있고, 모바일 환경에서도 제작 그대로의 문서를 볼 수 있는 장점이 있다.

초안검토가 완료되고 수정작업도 끝나면 의뢰인의 지시에 의해서 해당 특허문서를 특허청에 접수한다. 이 접수작업을 특허출원이라고 말하며, 스태프가 한다. 실무자는 스태프한테 필요정보를 정확히 알려줘야 한다. 그런 정보로는 출원인 정보, 발명자 정보, 심사청구여부, 우선권주장여부, 제30조에 관한 사항, 국가연구과제번호, 미생물수탁에 관한 정보 등이 있다. 접수하자마자 특허출원번호가 나온다.

그런 다음에 출원인에게 사본을 송부하고 정식 보고를 한다. 그러면 이제부터 그 안건에 대한 정규 관리가 시작된다. 특허출원 안건을 어떻게 관리하는 것이 좋을까? 이 문제에 관해서 나는 통념과 다른 견해를 지니며 다르게 실천하려고 노력 중이다. 앞에서 언급했지만, 기업의 특허관리의 요체는 망각과의 싸움이자 발명의 재인식이고 지식의 공유이며, 특허사무소의 특허관리의 핵심은 의뢰인 기업의 특허관리를 적극적으로 도와주는 것에 있다. 아쉽게도 그 방법론에 대한 자세한 설명은 별개의 출판작업이 될 것 같다.

472

I. 특허문서 작법

미

주

1. 개념상의 구분이다. 실제로는 이 두 가지 유형이 함께 나타나는 등 좀 더 복잡한 경향을 보인다.

2. 이 책에서 나는 출원인과 발명자를 명확히 구별하지 않았다. 시장에서는 '의뢰인'이라고 말하고, 위임 사무 관점에서는 '위임인'으로 칭하며, 특허법에서는 '출원인'이 되고, 발명의 관점에서는 '발명자'가 되는데, 이들 낱말이 뜻하는 의미가 면밀하게는 각각 다르지만, 실무자의 작업에 대해 설명하려는 이 책의 목적에서는 구별의 실익이 없다. 특별한 사정이 없는 한 이들 단어는 이 책에서 같은 의미로 사용된다. 그 의미는 '실무자의 고객'으로도 이해될 수 있다.

3. 이와 관련해 확립된 대법원 판례 입장은 이러하다. <'그 발명이 속하는 기술분야에서 통상의 지식을 가진 자가 용이하게 실시할 수 있을 정도'라 함은 보통 정도의 기술적 이해력을 가진 자, 평균적 기술자가 당해 발명을 명세서 기재에 의하여 출원시의 기술수준으로 보아 특수한 지식을 부가하지 않고서도 정확하게 이해할 수 있고 동시에 재현할 수 있는 정도를 뜻하는 것이라고 할 것>(대법원 1995. 7. 14. 선고 94후654 판결). 또한 <특허발명의 명세서는 특허발명을 실시함에 있어서 발생될 수 있는 모든 문제점에 대하여 해결방안을 제시하여 하는 것은 아니>(대법원 2006. 11. 24. 선고 2003후2072 판결)라는 판결을 참조할 만하다.

4. <특허출원서에 첨부하는 명세서에 기재될 '발명의 상세한 설명'에는 그 발명이 속하는 기술분야에서 통상의 지식을 가진 자가 당해 발명을 명세서 기재에 의하여 출원시의 기술 수준으로 보아 특수한 지식을 부가하지 않고서도 정확하게 이해할 수 있고 동시에 재현할 수 있도록 그 목적·구성 및 효과를 기재하여야 하고, 특히 약리효과의 기재가 요구되는 의약의 용도발명에 있어서는 그 출원 전에 명세서 기재의 약리효과를 나타내는 약리기전이 명확히 밝혀진 경우와 같은 특별한 사정이 있지 않은 이상 특정 물질에 그와 같은 약리효과가 있다는 것을 약리데이터 등이 나타난 시험예로 기재하거나 또는 이에 대신할 수 있을 정도로 구체

적으로 기재하여야만 비로소 발명이 완성되었다고 볼 수 있는 동시에 명
세서의 기재요건을 충족하였다고 볼 수 있다>(대법원 2001. 11. 30.
선고 2001후65 판결). <화학물질의 발명은 그 구성이 화학물질 자체
이므로 출원 당시의 명세서에 의하여 그 화학물질의 존재가 확인될 수
있어야 할 것인바, 화학발명은 다른 분야의 발명과 달리 직접적인 실험
과 확인, 분석을 통하지 아니하고는 발명의 실체를 파악하기 어렵고, 화
학분야의 경험칙상 화학이론 및 상식으로는 당연히 유도될 것으로 보
이는 화학반응이 실제로는 예상외의 반응으로 진행되는 경우가 많으
므로, 화학물질의 존재가 확인되기 위해서는, 그 화학물질의 합성을 위
하여 명세서에 개시된 화학반응이 당업자라면 누구나 수긍할 수 있을
정도로 명확한 것이 아닌 한, 단순히 그 화학구조가 명세서에 기재되
어 있는 것으로는 부족하고 출원 당시의 명세서에 당업자가 용이하게
재현하여 실시(제조)할 수 있을 정도로 구체적인 제조방법이 필수적
으로 기재되어 있어야 하고, 원소분석치, NMR(Nuclear Magnetic
Resonance; 핵자기공명) 데이터, 융점, 비점 등의 확인자료가 기재
되어 있는 것이 바람직하고, 특히 출원 당시의 기술수준으로 보아 당업
자가 명세서의 기재만에 의하여 화학물질을 제조할 수 있는지 여부가
의심스러운 경우에는 이들 확인자료가 필수적으로 기재되어 있어야 한
다.>(특허법원 2006. 8. 3. 선고 2005허5693 판결).

5.   <명세서는 당업자가 당해 발명의 내용을 명세서 자체의 기재에 의하여
출원 당시의 기술수준으로 보아 특수한 지식을 부가하지 않고서도 명
확하게 이해하고 재현할 수 있을 정도로 기재되어야 하고, 특허를 발명
을 공개한 대가로서 부여되는 독점적 권리이므로 발명의 내용을 공개
할 것인지 여부는 물론 그 공개의 범위를 어디까지로 할 것인지를 결정
하는 것 또한 출원인의 자유에 속하나, 발명의 구성 가운데 일부를 공
개하지 아니하고 이를 영업비밀로 보유하려 한다면 출원인으로서는 그
로 인하여 당해 출원이 명세서 기재불비에 빠질 위험 또한 감수하여야
한다.>(특허법원 2006. 3. 23. 선고 2005허3581 판결) <이 사건
출원발명의 우선일 전에 그 개개 활성성분인 암로디핀의 약리기전과
아토르바스타틴의 약리기전이 개별적으로 공지되었다거나 암로디핀과
로바스타틴을 병용하는 경우 동맥경화증 등의 질환에 효과가 있다는

사실이 공지되었다는 사정만으로는 이 사건 제1항 출원발명의 암로디핀과 아토르바스타틴의 배합물에 관한 약리기전이 명확하게 밝혀졌다고 할 수 없음에도 불구하고, 명세서에 그 배합물의 약리효과에 관하여 약리데이터 등이 나타난 시험예로 기재하거나 이에 대신할 수 있을 정도로 구체적으로 기재하지 아니하고 있으므로, 그 약리효과를 그 발명이 속하는 기술분야에서 통상의 지식을 가진 자가 용이하게 이해할 수 있도록 명확하게 기재한 것으로 볼 수 없고, 나아가 약리기전이 명확하게 밝혀지지 아니한 이 사건 제1항 출원발명에 대하여 그 출원일 후에 약리데이터 등을 제출함으로써 약리효과를 입증하려는 것은 허용될 수 없다>(대법원 2007. 3. 30. 선고 2005후1417 판결).

6. 이 책에서 <발명>과 <아이디어>는 같은 뜻으로 사용됐다. 특허법적인 표현으로는 <발명>이 정확하다. 발명이라는 단어는 '고도한 것'이라고 취급되지만, 현장에서 실무자는 무엇이 고도한지를 함부로 판단하기 어렵고, 실무적으로 '고도성'은 '진보성'으로 대체된다는 점, <아이디어>라는 단어를 사용하는 것이 설명하기 편하고 또 알아 듣기도 쉽다는 점 때문에 이 책에서는 <발명>이라는 단어 대신에 <아이디어>라는 단어를 선택해 사용했다. 어쨌든 적어도 이 책에서는 두 단어는 같은 의미로 쓰였다.

7. 청구항에서 정의되는 오브젝트에 관해서는 3장의 <다. 오브젝트와 카테고리>를 보라.

8. 여기에서 말하는 비즈니스 모델은 BM 특허에서의 비즈니스 모델을 의미하는 것은 아니다. 기술을 사용해서 이윤을 창출하는 모형의 의미로 사용했다.

9. A~E는 구성요소를 나타내는 것이 아니다. 다섯 가지 <실시예>로 생각한다면 이해하기 쉽다.

10. 그림 10~그림 14, 표 1은 나사 웹사이트의 퍼블릭 도메인 자료를 사용했다.

11. 의약의 투여용법과 투여용량의 특허대상 적격성에 대한 전원합의체 판결이다. 이 판결에 의해서 투여주기와 단위투여량은 조성물인 의약물질을 구성하는 부분이 아니라 의약물질을 인간 등에게 투여하는 방법이어서 특허를 받을 수 없는 의약을 사용한 의료행위이거나, 조성물 발명에서 비교대상발명과 대비 대상이 되는 그 청구범위 기재에 의하여 얻어진 최종적인 물건 자체에 관한 것이 아니어서 발명의 구성요소로 볼 수 없는 취지로 판시한 대법원 2009. 5. 28. 선고 2007후2926 판결, 대법원 2009. 5. 28. 선고 2007후2933 판결이 변경되었다.

12. 이 책의 제4장 복수청구항에서 예제 131로 상세히 살펴볼 것이다.

13. 청구항에서 구성요소를 복수로 표현할지 혹은 단수로 표현할지에 대해 실무적으로 고심할 때가 종종 생긴다. 한국어 문법에서는 사물에 대해 좀처럼 복수 표현을 하지 않는다. 그러므로 특별한 사정이 없는 한 단수와 복수의 차이는 그리 중요하지 않다. 복수라는 한정이 없는 한, 또는 그 반대로 단수라는 한정이 없는 한, 구성요소를 뜻하는 명사는 단수와 복수 모두를 포괄할 수 있다. 그러므로 셀 수 있는 명사는 단수로 표현한다. 적어도 한국에서는 그렇다. 하지만 영어에서는 단수와 복수가 큰 의미적 차이가 있을 수 있다. 따라서 실무자는 항상 영어 번역을 염두에 둬야 한다는 점을 고려한다. 번역자 혹은 연계된 외국 실무자가 청구항 분석 시에 단수/복수를 명쾌히 파악하도록 하는 것이 중요하다면 그런 사정을 고려해서 적절히 단복수 표현을 한다.

14. 그러나 의약용도발명의 오브젝트는 실무적으로 달리 취급될 필요가 있다. 의약용도발명 청구항에서는 오브젝트에 용도가 일체로 결합돼서 표현되는데, 그런 경우에는 오브젝트에 결합돼 간략하게 표현된 용도는 중요한 기술 특징을 구성한다. 오브젝트에 표현된 용도에 의해 특허성이 결정되곤 하며, 또한 특허범위가 정해진다.

15. 예제 23은 퀄컴의 특허다. 퀄컴의 특허 상당수가 이런 스타일로 쓰였다. 청구항의 의미를 파악하기 어려운 케이스가 많지만 그것 때문에 특허가치가 올라가는 것은 아니다. 퀄컴의 특허경쟁력은 특허문서 자체의 경쟁력이라기보다는 우수한 기술과 빼어난 시장이라고 나는 생각한다. 특허는 기술과 시장을 보조한다.

16. 인커밍 사건, 즉 해외기업의 한국출원에 관한 번역 실무에서는 민감하게 작용할 수 있다.

17. <미국에서는 특허발명의 청구범위 해석에 있어서 특허청구항 중 전제부(preamble)와 본체부(body) 등을 연결하는 전환부 용어를 3종류로 나누고 있는데, 그 3종류의 연결부는 개방형(청구항에 기재된 구성요소와 그 외 추가 구성요소를 갖는 것을 권리범위로 포함하는 청구항)으로 해석되는 'comprising'과 폐쇄형(청구항에 기재된 구성요소 이외의 다른 구성요소를 포함하지 아니하는 청구항)으로 해석되는 'consisting of', 그 중간 단계인 'consisting essentially of'로 구분하고 있다. (중략) 그런데 우선 이 사건 계쟁부분 중 한글 부분의 기재를 보면 원래 필수적 구성요소로만 기재하게 되어 있는 청구항에 위와 같이 '이루어지는'이라는 표현에다가 '필수적으로'라는 단어를 부가·유지함으로써 '그 구성요소가 필수적으로 그 청구항에 기재된 염기서열로만 이루어진다'는 의미인지, 아니면 '그 청구항에 기재된 구성요소는 필수적으로 포함되고 그 외 별도의 구성요소 추가를 허용한다'는 의미인지부터가 불분명하다. 더구나 앞서 본 이 사건 출원발명의 용도 등 내용, 이 사건 거절결정을 전후한 몇 차례의 의견제출통지 및 그 보정과정에서 나타난 출원인의 태도 등에 비추어 본다면 이 사건 출원발명의 청구범위 해석과 관련된 제1항 발명의 계쟁부분은 미국식 특허청구항 중 개방형이거나 적어도 반(半) 개방형인 'consisting essentially of'를 염두에 둔 것으로 보이나, 원고는 원심에 이르러서는 이와 달리 단순히 '이루어지는'의 의미에 불과하다고 주장하고 있는데, 이 사건 계쟁부분 중 영문 부분은 이러한 원심에서의 원고 주장과 일견 상충되는 미국식 특허청구항 중 반(半) 개방형으로 이해되는 'consisting

essentially of'가 괄호하고 병기되어 있어 오히려 염기서열에 대한 이 사건 출원발명의 청구범위에 관하여 불명료한 한글 부분의 의미를 더욱더 불명료하게 하였다고 할 것이다. 따라서 이는 앞서 본 법리에 비추어 본다면 그 자체로 구 특허법 제42조 제4항 제2호의 명세서 기재요건을 구비하지 못한 기재불비에 해당된다고 볼 것이다.>(대법원 2007. 10. 11. 선고 2007후1442 판결)

18. 특허발명은 특허청구범위에 "A+B+C+D"로 구성된 장치이며, 생략발명은 D의 기술적 의미가 작을 때에 "A+B+C"만으로 구성된 장치를 지칭한다.

19. <특허발명의 청구항이 '어떤 구성요소들을 포함하는 것을 특징으로 하는 방법(물건)'이라는 형식으로 기재된 경우, 그 특허발명의 청구항에 명시적으로 기재된 구성요소 전부에 더하여 기재되어 있지 아니한 요소를 추가하여 실시하는 경우에도 그 기재된 구성요소들을 모두 포함하고 있다는 사정은 변함이 없으므로 그와 같은 실시가 그 특허발명의 권리범위에 속함은 물론이며, 나아가 위와 같은 형식으로 기재된 청구항은 명시적으로 기재된 구성요소뿐 아니라 다른 요소를 추가하여 실시하는 경우까지도 예상하고 있는 것이다.>(대법원 2006. 11. 24. 선고 2003후2072 판결)

20. 다만 조성물에 관한 화학발명에 있어서는 구성의 추가로 말미암아 그 물성이 완전히 달라질 수 있다는 사실을 감안하면 추가적인 논의가 필요하다.

21. 전제부에서 '~장치에 있어서'라고 표현하고, 오브젝트가 '~방법'이면 기재불비에 해당한다.

22. 조현래, 경북대학교 법학연구원 <법학논고> 제36집 79~106면 (2011. 6)에서 재인용

23. <특허의 명세서에 기재되는 용어는 그것이 가지는 보통의 의미로 사용하고 동시에 명세서 전체를 통하여 통일되게 사용하여야 하나, 다만 어떠한 용어를 특정한 의미로 사용하려고 하는 경우에는 그 의미를 정의하여 사용하는 것이 허용되는 것이므로, 용어의 의미가 명세서에서 정의된 경우에는 그에 따라 해석하면 족하다.>(대법원 1998. 12. 22. 선고 97후990 판결)

24. <비록 특허명세서에서 어떠한 용어를 특정한 의미로 사용하려고 하는 경우에 그 의미를 명세서에서 정의하여 사용하는 것이 허용된다 하더라도 그러한 정의와 사용이 당업자에게 이해되고 용인될 수 있는 범위 내에서 그렇다는 것이지 이 건에 있어서와 같이 폴리(아릴-아릴렌 포스페이트) 또는 폴리(아릴-아릴렌 포스포네이트)를 폴리(아릴-아릴렌 하이포 포스파이트)와 같은 다른 화합물까지 포괄하는 용어로 사용하는 것은 화학에 있어서 공인된 물질의 명명법을 무시하고 마음대로 용어 정의를 하는 것에 해당하여 허용될 수 없는 노릇이고, 오히려 이 건 명세서에서 위와 같은 다른 화합물까지 포괄하는 상위개념의 명칭으로 기재하지 아니하고 "폴리(아릴-아릴렌 포스페이트) 또는 폴리(아릴-아릴렌 포스포네이트)"라고 하여 도저히 상위개념이 될 수 없는 구체적 화합물의 명칭으로 기재하고 있는 것을 보면 이 2개의 화합물에 대하여서만 방염제로 청구하고자 한 것으로 봄이 합리적인 해석이라 할 것이므로 원고의 위 주장은 이유 없다.>(특허법원 1999. 7. 1. 선고 98허9840 판결)

25. <청구범위에 기재된 도면의 인용부호는 특별한 사정이 없는 한 청구범위에 기재된 사항을 이해하기 위한 보조적인 기능을 가질 뿐 그러한 범위를 넘어 청구범위에 기재된 사항을 한정하는 것으로 볼 수 없다>(대법원 2001. 9. 18. 선고 99후857 판결)

26. 심사관이 어떤 단어의 불명확함을 지적해 거절이유를 통지한 경우 실무자들은 특허범위에 영향을 미치지 않는 한 간명한 보정으로 대응하는 것이 좋다. 그러나 특허범위에 영향이 생긴다면 지적받은 표현을 보

481

정하지 않고 심사지침의 그와 같은 선언을 인용하면서 발명의 특정에 문제가 없음을 논리적으로 설명한다.

27. 대법원 2001. 9. 18. 선고 99후857 판결, 특허법원 2012. 8 10. 선고 2012허2104 판결, 특허법원 2006. 12. 21. 선고 2006허1599 판결, 특허법원 2006. 5. 19. 선고 2005허5938 판결, 특허법원 2007. 5. 3. 선고 2006허4598 판결

28. 대법원 2015.01.22. 선고 2011후927 전원합의체 판결에 의해서 변경됨

29. 5장의 사목 (10)을 보라.

30. 특허문서에 실험예를 기록할 때가 있다. 우리 아이디어는 실시예로, 종래 기술은 비교예로 구별된다. 그 경우 우리의 실시예는 주체가 되고, 종래기술의 비교예는 객체가 된다고 말할 수도 있겠다.

31. 차이점을 탐색하지 않아도 되고, 그러므로 차이점을 특허문서에 기술하지 않아도 된다. 그러면 그 특허문서는 설명문의 성격을 지닌다. 특허문서를 논증문서로 볼 것인지 설명문서로 볼 것인지는 견해가 달라질 수 있겠다. 학자는 후자로 이해해도 좋다. 그러나 실무자는 전자로 여겨서 특허문서를 작성할 것을 나는 권장한다.

32. 단, 우리 발명의 내용은 <배경기술>에서 직접 언급하지 않는다. 배경기술은 공지된 기술을 적는 곳이기 때문이다. 미주 33 참조.

33. <구 실용신안법(2001. 2. 3. 법률 제6412호로 개정되기 전의 것, 이하 같다) 제5조 제1항은 실용신안등록출원 전에 국내에서 공지되었거나 공연히 실시된 고안(제1호) 및 실용신안등록출원 전에 국내 또는 국외에서 반포된 간행물에 기재된 고안(제2호)은 등록을 받을 수 없음을, 제2항은 실용신안등록출원 전에 그 고안이 속하는 기술분야에

서 통상의 지식을 가진 자가 위 제1항 각 호의 1에 해당하는 고안에 의하여 극히 용이하게 고안할 수 있는 고안은 실용신안등록을 받을 수 없다고 규정하고 있으므로, 같은 법 제9조 제2항에 따라 실용신안등록출원서에 첨부한 명세서에 종래기술을 기재하는 경우에는 출원된 고안의 출원 이전에 그 기술분야에서 알려진 기술에 비하여 출원된 고안이 신규성과 진보성이 있음을 나타내기 위한 것이라고 할 것이어서, 그 종래기술은 특별한 사정이 없는 한 출원된 고안의 신규성 또는 진보성이 부정되는지 여부를 판단함에 있어서 같은 법 제5조 제1항 각 호에 열거한 고안들 중 하나로 보아야 할 것이다.>(대법원 2005. 12. 23. 선고 2004후2031 판결)

34. 특허신청용으로 발명 내용을 정리하는 사내 문서를 말한다

35. 혹은 '발명'. 이 책에서 '아이디어'는 '발명'과 같은 뜻으로 취급되고 있다. '엄격성'이 요구되는 맥락에서는 '아이디어'보다는 '발명'이라는 단어가 적합하기는 할 것이다. 미주 6 참조.

36. 특허청 전자문서 서식작성기 프로그램에서는 <발명을 실시하기 위한 구체적인 내용> 항목에 해당한다.

37. 발명의 내용에 따라서는 앵글이 멀어질수록 특이점이 가시화되는 경우도 있음을 참조하라. 때때로 초점거리는 특별히 고려하지 않으면서 앵글의 각도만 변경하면서 도면을 정하고 순서를 배당한다. 예컨대 서버와 클라이언트 사이의 하드웨어/소프트웨어에는 특이점이 없지만 네트워크 시스템의 전체 구성이 특이한 발명이라면 초점거리를 조절한 도면작법이 필요하지 않을 수도 있겠다. 서버 측으로, 사용자 단말 측으로, 특정 하드웨어나 소프트웨어 모듈 구성으로 앵글을 클로즈업하면 오히려 공지기술과의 차이점이 사라진다면 앵글의 초점거리를 조절하기보다는 차원을 바꾸는 것이 나을지도 모른다. 가령 전체 시스템 구성을 바라본 도면을 준비한 다음에 시스템의 특정요소를 향해서 초점거리를 가깝게 만들기보다는 개념적인 차원의 앵글로 이 시스템 구성

의 원리나 개념을 모식화하는 도면을 준비한다거나, 프로세스 차원의 앵글로 시스템에서 이루어지는 프로세스를 블록도로 나타내는 도면을 준비하는 것이 효과적일 것이다.

38. 한국실무에서는 청구범위를 <과제해결수단>에서 반복 기재하더라도 청구항 번호까지 기재하는 일은 좀처럼 없다. 그러나 일본실무에서는 청구항 번호까지 일치시켜 상세한 설명에 청구범위를 반복 기재하는 경우가 많다. 물론 다 그런 것은 아니다.

찾아보기

에이콘출판의 기틀을 마련하신 故 정완재 선생님 (1935-2004)

특허실무지식 I : 특허 문서론

인　쇄 | 2016년 12월 19일
발　행 | 2017년　1월　4일

지은이 | 정 우 성

펴낸이 | 권 성 준
편집장 | 황 영 주
편　집 | 나 수 지
디자인 | 구 희 선

에이콘출판주식회사
서울특별시 양천구 국회대로 287 (목동 802-7) 2층 (07967)
전화 02-2653-7600, 팩스 02-2653-0433
www.acornpub.co.kr / editor@acornpub.co.kr

한국어판 ⓒ 에이콘출판주식회사, 2017, Printed in Korea.
ISBN 978-89-6077-923-5
ISBN 978-89-6077-964-8 (세트)
http://www.acornpub.co.kr/book/patent-knowledge1

이 도서의 국립중앙도서관 출판시도서목록(CIP)은 서지정보유통지원시스템 홈페이지(http://
seoji.nl.go.kr)와 국가자료공동목록시스템(http://www.nl.go.kr/kolisnet)에서 이용하실 수
있습니다.(CIP제어번호: CIP2016031269)

책값은 뒤표지에 있습니다.